多様な派遣形態とみなし雇用の法律実務

――派遣・請負・業務委託・出向・協業等、労働契約申込みみなし制度の問題――

偽装請負防止のために

弁護士 安西 愈 著

労働調査会

は じ め に

　労働者派遣法と通称される「労働者派遣事業の適正な運営の確保及び派遣労働者の就業条件の整備等に関する法律」（昭和60年法律第88号）は、1985（昭和60）年7月5日に公布され、翌年の1986（昭和61）年7月1日から施行されたので、すでに30年以上を経過している。

　この労働者派遣制度は、それまで労働者供給事業として禁止されていたものを、大臣の許可・届出制により専門的・技術的業務など特定の業務に限って認める事業としてスタートした。しかしそれは「雇用」と「使用」の分離という画期的な雇用形態の法制化であり、産業構造の変化と労働者の就業意識の多様化の中において労働力の需給のニーズに対応する立法化として評価され、わが国の雇用制度に大きなインパクトを与えるものであった。

　この法律については、立法時から賛否両論があったように、この30年の間に、主要な法改正が7回行われた。その内容は、派遣可能業務が拡大されたり、規制されたり、禁止や解禁となったり、政権の変動等もあったりして、法律の中でも特に大幅に揺れてきたのがこの労働者派遣法である。法律の題名も2012（平成24）年の改正で、「労働者派遣事業の適正な運営の確保及び派遣労働者の保護等に関する法律」と改められた。また、2015（平成27）年成立の改正法案にしても、2回の廃案から3度目の政府提出という政争的事態を経てようやく成立したというもので、この法律の問題点を象徴しているといえる。

　本書は、このような労働者派遣法の現在の適用について、なお複雑さの残るわが国の労働者派遣の適正な活用と予想されるトラブルを防止し、適法な運営に資することを目的として、もともと立法化のときから内包している、人材サービス産業としての労働者の派遣という他人の労働力の利用形態をめぐる多様な活用形態、現在コンプライアンス上問題となっている労働者派遣と請負・業務委託や出向・二重派遣といった労働者派遣と類似した制度に関し、その区分を明確にし、適法な請負・業務委託等とするため、近年問題となっているあり方、そして2015年10月1日から施行されている「労働契約申込みみなし」制度という、従前にな

i

い、合意に基づかない派遣先への直接雇用の成立といった新しい制度についての法解釈と運用について述べているものである。

　本書の構成としては、4部に区分し、第1部では労働者派遣の活用上の多様な形態についての法適用上の問題、第2部では偽装請負問題を念頭に「労働者派遣事業と請負により行われる事業との区分に関する基準」（告示）を中心に請負・業務委託の問題、第3部では偽装目的請負契約等、違法派遣の役務を受けた派遣先や発注者への「労働契約申込みみなし」について解説し、第4部では改正労働者派遣法に基づく最新の労働者派遣基本契約と労働者派遣（個別）契約のモデル例と解説を掲載し、労働者派遣法の全体的な理解を願うこととした。

　本書が関係者の適正な労働者派遣関係の設定と請負・業務委託の適正化及び違法派遣の受入れによる派遣先等の「労働契約申込みみなし」等多くの難解な本制度に関するトラブル防止にささやかでも役立つことができればと願ってやまない。

　平成29年9月

著者　安西　愈

目　次

はじめに

第1部　労働者派遣と多様な利用形態をめぐって

第1章　労働者派遣法の意義と展開 ———————— 1

1 労働者派遣法の意義とインパクト▶雇用と使用の分離◀ ············· 2

2 労働者派遣法の目的と問題点 ···································· 4

　　1　労働者派遣法の目的　4

　　2　労働者派遣法の問題点と雇用の多様化・複雑化を背景とする
　　　　現代的意義　5

3 労働者派遣法のポイントと派遣労働関係 ···················· 7

　　1　労働者派遣法のポイント　7

　　2　労働者派遣の定義と派遣労働関係　9

　　3　労働者派遣の三面関係　13

4 職安法の労働者供給事業禁止と労働者派遣法との関係は ········· 17

　　1　職安法上の労働者供給事業との関係　17

　　2　労働者供給と労働者派遣との違い　23

第2章　多様な労働者派遣の形態と労働者派遣法の
　　　　　適用上の問題 ———————————— 27

1 他人の労務の多様な利用形態と労働者派遣法 ················· 28

　　1　「他人の労務を利用する」契約形態　28

　　2　適正な請負・業務委託は自由　29

2 「一時的臨時的派遣」・「応援派遣」と労働者派遣法の適用 ········ 30

　　1　「業」として行う場合とは　30

　　2　「業」として行わないなら労働者派遣法の適用はないか　33

3 取締役・一人親方と労働者派遣法の適用
　　▶労働者派遣法の対象となる労働者とは◀ ····················· 35

　　1　労働者派遣法が適用される労働者の要件　35

　　2　取締役は労働者派遣法の適用対象となるか　37

　　3　一人親方（フリーランス）は労働者派遣法の適用対象となるか　38

iii

4 労働者派遣のあっせん・家庭への派遣と労働者派遣法の適用
▶派遣先の指揮命令とは◀ ──────────────────── 39

1 労働者派遣のあっせんは違法か　39

2 派遣先が指揮命令しない場合は　41

3 介護保険の指定居宅介護サービス事業者への派遣と家庭派遣　43

4 要支援の個人へのボランティア等の支援派遣は　45

5 店員派遣・代理店派遣等の自社業務派遣と労働者派遣 ───── 47

1 店員派遣等の形態と労働者派遣との差異　47

2 派遣先に派遣店員や派遣駐在員の管理を委託した場合　49

3 店員派遣形態の場合の労基法等の適用と派遣先業務従事の場合の
問題　53

第2部　労働者派遣と請負・業務委託、労働者供給をめぐって

第1章　労働者派遣と請負・業務委託等をめぐる問題 ── 55

1「請負」ならば法規制を受けない ──────────────── 56

2 請負、業務委託等と労働者派遣 ──────────────── 59

1 「区分告示」にいう「請負」と民法上の「請負」とは同じか　59

2 請負、業務委託等と労働者派遣との差異　62

3 製造業における「労働者派遣」と「請負」との区分の重要性　65

3 いわゆる偽装請負をめぐる問題 ──────────────── 69

1 労働者派遣といわゆる偽装請負をめぐる問題　69

2 いわゆる偽装請負と安全管理体制の問題　73

3 いわゆる偽装請負をめぐる労災保険と安全配慮義務の問題
──補償と賠償の分離　80

4 個人情報保護法における労働者派遣と請負・業務委託との
差異 ──────────────────────────── 87

1 個人情報保護法における雇用管理情報の取扱いの差異　87

2 守秘義務・個人情報の安全管理措置における労働者派遣と請負・
業務委託との差異　104

（様式例）守秘義務誓約書　108

第2章 「労働者派遣事業と請負事業との区分告示」を めぐる問題 ———————— 111

1 「労働者派遣事業と請負事業との区分告示」をめぐって ……… 112
　1　請負事業と認められる要件——いわゆる偽装請負との区分は　112
　2　「区分告示」及び「業務取扱要領」とその解説　113
　　①　「区分告示」の目的　113
　　②　労務管理上の独立性　115
　　③　労働時間の管理　129
　　④　企業秩序・服務規律・労働者の配置の管理　135
　　⑤　事業資金・業務処理の独立性と責任負担の確立　146
　　⑥　機械・設備・資材の自己調達　152
　　⑦　専門性　162
　　⑧　偽装・脱法　165

2 個人業務受託者（インディペンデント・コントラクター）は 独立事業主か ………………………………………………… 167
　1　個人業務委託（請負）は適法か　167
　2　個人業務受託者（インディペンデント・コントラクター）と 労働者性　173

3 請負と労働者供給事業との区分 …………………………… 186
　1　職安法施行規則第4条の請負の判断基準は ——請負と労働者供給事業との区分　186
　2　請負と労働者供給の具体的区分基準は　188

4 請負または業務委託と労働者派遣の具体的判断基準の検討 … 194

5 製造請負適正化ガイドラインの取扱い ▶「区分基準」の判断に影響はない◀ ……………………………… 203
　1　製造請負適正化ガイドラインとは　203
　2　製造請負適正化ガイドラインの内容　205

第3章 業務請負・業務委託契約書例と解説 ———— 217

1 業務請負・業務委託契約書の要点 ▶適正な請負契約締結のために◀ ……………………………………… 218
　1　請負契約締結にあたっての留意事項　218
　2　業務請負契約書のモデル例と解説　225
　　業務請負・業務委託契約書モデル例（筆者試案）　226

2 「区分基準」による請負事業か否かのチェックポイント ········· 259

　　1　契約書上のチェックポイント　259

　　2　現実の業務遂行方法、業務上の指示その他の管理上のチェック
　　　　ポイント　266

　　3　労働時間等の管理上のチェックポイント　269

　　4　服務規律の決定・管理上のチェックポイント　270

　　5　要員の配置決定・変更上のチェックポイント　273

　　6　請負業務等の自己の業務としての独立処理上のチェックポイント　275

3 地方公共団体の外部委託契約と派遣 ······························· 279

　　1　地方公共団体等のいわゆる民活と業務委託の問題　279

　　2　地方公共団体の業務委託契約書・仕様書の例と留意事項　281

　　　　地方公共団体の業務委託契約書（例）　283

　　　　○○業務委託仕様書（例）　288

　　3　司書補助、給食調理補助等「補助業務」の「委託」は可能か　293

第4章　労働者派遣と出向との区別をめぐる問題 ─── 297

1 労働者派遣と出向との差異 ··· 298

　　1　出向とは　298

　　2　労働者派遣と出向との違いは　299

2 「業務取扱要領」における労働者派遣と出向との区分 ·············· 301

3 労働者派遣と出向との具体的な労務管理上の差異 ················· 305

　　1　従業員としての地位の有無　305

　　2　労務管理上の差異　306

4 出向労働の成果を「売上高」とする場合

　　▶出向が「業」として行われる場合◀ ····························· 308

　　1　人事異動・雇用調整目的の出向　308

　　2　出向が「業」として行われる場合は労働者派遣に該当　309

5 脱法的出向で「労働者派遣」となる場合▶偽装出向◀ ·············· 311

6 全面的な転籍・出向型のアウトソーシングと労働者派遣 ········· 315

　　1　「在籍型出向」と「移籍型出向」の労基法等の適用関係　315

　　2　アウトソーシングの多様な形態　317

第5章　いわゆる二重派遣的形態をめぐる問題 ――― 323

1 二重派遣とは ……………………………………………………… 324

2 なぜ二重派遣は禁止か▶二重派遣のパターン◀ ……………… 326
1　自己の雇用しない者の派遣は労働者供給　326
2　業務委託の再委託か二重派遣か――多様なパターン　328
3　派遣元事業者間の応援派遣は二重派遣か――ウラ手数料の問題　332

3 二重派遣に該当しない場合 …………………………………… 334
1　業務請負とする方法　335
2　注文者と事業者の間を請負とし自己の業務へは派遣とする方法　336
3　出向社員を派遣する方法　336

4 事業者間の協力・協業形態と二重派遣 …………………… 339
1　親会社の一部門の管理業務形態の場合　339
2　親会社の業務代理形態の場合　340
3　労働者派遣契約のあっせんと保証形態の場合　342
4　共同企業体（JV）形態の場合　345

5 プロジェクトチーム形態の場合 …………………………… 351

6 協同組合形態の場合 ………………………………………… 353

第3部　派遣先、発注者への「労働契約申込みみなし」の適用をめぐって

第1章　派遣先等への「労働契約申込みみなし」制度とは－359

1 合意原則によらない強制雇用の成立 ……………………… 360

2 「労働契約申込みみなし」の適用要件は
▶違法派遣の民事上のペナルティとしての直接雇用◀ …………… 361

3 派遣先等の「労働契約申込みみなし」による雇用の法的性質は
……………………………………………………………………… 364

4 「労働契約申込みみなし」雇用の特異性
▶派遣労働者の人事情報不知のままの雇用◀ ……………………… 366

vii

第2章 「労働契約申込みみなし」の対象行為をめぐって ─ 369

1 「労働契約申込みみなし」の対象となる違反5類型とは ········ 370

2 類型別の「労働契約申込みみなし」の対象となる行為の法的性質の差異 ···························· 374

3 事業所単位の派遣期間延長手続きの瑕疵による「労働契約申込みみなし」 ···························· 376

4 脱法目的の偽装請負の場合の特殊性とは ··············· 379

第3章 脱法目的の偽装請負契約による派遣受入れをめぐって ─────────── 383

1 偽装請負における「免れる目的」の要件とは ·············· 384

2 「免れる目的」は誰に必要か ·························· 385

   1 「免れる目的」の主体とその有無の判断　385

   2 脱法目的の対象となる法律とは　387

3 どんな場合が「脱法目的」の偽装に該当か ··············· 388

4 契約締結時点で脱法目的がなく途中で偽装状態となった場合は ···························· 390

5 多重請負形態や二重派遣の場合の「労働契約申込みみなし」の適用は ···························· 393

第4章 「労働契約申込みみなし」への労働者の承諾をめぐって ─────────── 399

1 「労働契約申込みみなし」と承諾により成立する労働契約の特殊性 ···························· 400

2 「労働契約申込みみなし」制度と諸外国の制度との違い ······· 402

3 「労働契約申込みみなし」への承諾の自由 ··············· 403

4 みなし労働契約の成立日は ·························· 405

5 みなし労働契約は遡及するのか
   ▶派遣法違反期間も私法上の労働契約は有効◀ ············· 407

6 派遣業務終了後の派遣先等への「承諾」の効力は ·········· 412

7 1年間の撤回禁止なのに派遣労働契約終了後の承諾では不成立か ···························· 414

8 派遣元等の退職、他社に就職後の撤回禁止期間中の承諾の
効力は 415

9 派遣先等には一般に違法行為の認識がないことによるトラブル
.... 419

10 違反行為の事実は労働者側の立証責任 421

第5章　承諾により成立する直接雇用の契約内容 ——— 423

1 「労働契約申込みみなし」の承諾により成立する労働契約は
.... 424

2 「労働契約申込みみなし」の内容となる労働条件は
▶就業規則の適用はどうなるか◀ 425

3 「労働契約申込みみなし」の内容とならない労働条件は 429

4 「労働契約申込みみなし」での「同一労働条件」は承継でない
▶派遣先等との新規契約の成立◀ 430

5 有期派遣労働契約の場合、申し込んだとみなされる契約期間は
.... 431

6 派遣元等との契約が有期の場合、みなし雇用後の期間満了との
関係は 433

第6章　派遣元等との労働契約が無期雇用の場合の
　　　　「労働契約申込みみなし」の適用をめぐる問題 – 437

1 派遣元等と派遣労働者との労働契約が無期雇用の場合の取扱い
.... 438

2 偽装目的請負類型の場合でも無期雇用契約の場合は特例と
なるか 439

3 派遣元無期雇用者の場合の「労働契約申込みみなし」と
承諾の効力 441

　1　無期雇用労働者の承諾により成立する無期労働契約　441
　2　「申込みみなし」で成立した労働契約の労働条件は派遣元等と同じ　443
　3　派遣労働者の特定禁止の問題との関係　444

4 雇い替えの必要性▶労働契約法第7条の不適用◀ 445

5 1年以内なら他社での適法請負業務後も遡った承諾は有効か ... 446

ix

第7章 派遣先等の派遣法違反についての善意無過失の立証をめぐる問題 ━━━━ 451

1 「労働契約申込みみなし」の例外としての善意無過失 ············· 452

2 脱法目的の偽装請負の場合には特に知・不知問題が発生 ······· 453

3 脱法目的の立証責任は誰にあるか ······························· 455

4 法令を知らないことは善意か ····································· 456

5 無過失の立証とは ··· 457

6 該当違反類型と善意無過失の立証の展開 ······················· 458

第8章 都道府県労働局長による「労働契約申込みみなし」に関する行政指導をめぐって ━━━━ 461

1 「労働契約申込みみなし」と行政指導 ··························· 462

2 労働局長の勧告・指導に強制力があるか ······················· 463

3 私法上就労請求権がないのに「就労させるべき勧告」とは ··· 465

   1　派遣先等に「就労させる義務」はない　465

   2　就労勧告は任意協力を求める行政指導として可能か　466

   3　行政指導の中止等の申出制度の新設　467

第4部 最新労働者派遣法対応の派遣に関するモデル契約書例と解説—適正な派遣の運用のために—

   1　労働者派遣基本契約書と解説 ································· 470

   2　労働者派遣個別契約書と解説 ································· 514

   3　労働者派遣個別契約書〈一枚（表・裏）式〉··················· 524

事項索引 ··· 526

掲載裁判例一覧 ··· 529

【凡　例】

「労働者派遣法」または単に「派遣法」……労働者派遣事業の適正な運営の確保及び派遣労働者の保護等に関する法律

区分告示……労働者派遣事業と請負により行われる事業との区分に関する基準を定める告示（昭和61年４月17日労働省告示第37号及びその後の改正告示）。
　　※「区分告示」及び「業務取扱要領」で示される労働者派遣と請負との区分に関する基準を指すものとして「区分基準」の語を用いる。

派遣元指針……派遣元事業主が講ずべき措置に関する指針（平成11年11月17日労働省告示第137号及びその後の改正告示）

派遣先指針……派遣先が講ずべき措置に関する指針（平成11年11月17日労働省告示第138号及びその後の改正告示）

業務取扱要領……労働者派遣事業関係業務取扱要領（平成11年11月17日付女発第325号職発第814号通達別添及びその後の改正通達）※本書発行時現在、平成29年５月30日更新のもの。

みなし通達……「労働契約申込みみなし制度について」（平成27年９月30日職発0930第13号）

疑義応答集（第１集）……「労働者派遣事業と請負により行われる事業との区分に関する基準」（37号告示）に関する疑義応答集（平成21年３月31日、厚生労働省公表）

疑義応答集（第２集）……「労働者派遣事業と請負により行われる事業との区分に関する基準」（37号告示）に関する疑義応答集（第２集）（平成25年８月29日、厚生労働省公表）

職安法……職業安定法

労基法……労働基準法

安衛法……労働安全衛生法

労災保険法……労働者災害補償保険法

男女雇用機会均等法……雇用の分野における男女の均等な機会及び待遇の確保等に関する法律

育児介護休業法……育児休業、介護休業等育児又は家族介護を行う労働者の福祉に関する法律

高年齢者雇用安定法……高年齢者等の雇用の安定等に関する法律

障害者雇用促進法……障害者の雇用の促進等に関する法律

個人情報保護法……個人情報の保護に関する法律

個人情報保護法ガイドライン……個人情報の保護に関する法律についてのガイドライン（主として「通則編」（個人情報保護委員会、平成28年11月策定）を指す）

請負事業主ガイドライン……製造業の請負事業の雇用管理の改善及び適正化の促進に取り組む請負事業主が講ずべき措置に関するガイドライン」（平成19年６月29日、厚生労働省公表）

発注者ガイドライン……製造業の請負事業の雇用管理の改善及び適正化の促進に取り組む発注者が講ずべき措置に関するガイドライン（平成19年６月29日、厚生労働省公表）

製造請負適正化ガイドライン……上記請負事業者ガイドライン及び発注者ガイドラインの総称として使用する。

派遣契約……労働者派遣契約と同義

発注者　注文者　注文主……本書においてはほぼ同義

〈主として「労働契約申込みみなし」制度（本書第３部）の記載について〉

「労働契約申込みみなし」または単に「申込みみなし」……労働者派遣法第40条の６の規定に基づき、派遣先等が派遣労働者に対して労働契約の申込みをしたものとみなされること

派遣先等……労働者派遣の役務の提供を受ける者。労働者派遣事業の許可を受けていない事業者から派遣労働者を受け入れる者も含む。派遣先ないし発注者

派遣元（事業主）等……労働者派遣をする者。労働者派遣事業の許可を受けずに労働者を派遣する者も含む。派遣元事業主ないし請負人

　　　　　　　　　　　　　　　　　　　　　　　　　　　　　　　　※なお、本書34頁参照

みなし労働契約……「労働契約申込みみなし」制度に基づき、派遣先等と派遣労働者との間に直接成立する労働契約

厚労省……厚生労働省
経産省……経済産業省

【判例集・判例雑誌の略語】
民集……最高裁判所民事判例集
労民集……労働関係民事裁判例集
労裁集……労働関係民事事件裁判集
高裁刑特報……高等裁判所刑事裁判特報
労判……労働判例
労経速……労働経済判例速報
判時……判例時報
判タ……判例タイムズ
労判命令要旨集……年間労働判例命令要旨集

第1部

労働者派遣と多様な利用形態をめぐって

第1章 労働者派遣法の意義と展開

第1部　労働者派遣と多様な利用形態をめぐって

1 労働者派遣法の意義とインパクト
▷雇用と使用の分離◁

　人材派遣法あるいは労働者派遣法と通称される「労働者派遣事業の適正な運営の確保及び派遣労働者の就業条件の整備等に関する法律」（以下「労働者派遣法」または単に「派遣法」という）が、昭和60（1985）年6月11日に成立し、昭和61（1986）年7月1日から施行されている。その後、法律の名称は平成24（2012）年改正で「労働者派遣事業の適正な運営の確保及び派遣労働者の保護等に関する法律」と変更された（なお、略称は、改正前のものと同様とする）。

　この法律の意義は、労働力需給調整システムに新しい分野を拓き、雇用管理にインパクトを与えるとともに、労働法分野においても「雇用」と「使用」の分離という新しい考え方を導入することにより使用従属関係を中心とする労働者概念や使用者概念を根底からゆさぶるという大きな影響を法律実務や解釈取扱いに与え、それがひいてはわが国の経済や労使関係にも及ぶという画期的なものとなっている（この点については、図1－1参照）。

　ところで、従来人材の派遣は、「供給契約に基いて労働者を他人に使用させる」という労働者供給事業に該当するものとして職業安定法（以下「職安法」という）第44条で禁止されており、労働者を供給する側も、供給された労働者を使用する側もともに処罰されるものであった（「労働者供給」との関係については後述する）。

　しかしながら、現実には人材派遣を「業」として営むものが、わが国の経済・社会の変化の中で多数生じ、それが一定の社会的に有意義な役割を果たすようになってきたため、政府としても従来のように厳重で全面的な禁止という方針をそのまま貫くことが困難になってきた。また、これを禁止し、取締りを強化するということではかえって弊害も生ずることから、一定の法規制を加え、ルールを設定することによって、新しい雇用形態としてこれを法的に承認し、加えてそこで働く労働者の雇用の安定と労働条件の保護を図ることが必要とされるに至った。

すなわち、企業においては、技術革新の進展等に伴って専門的な知識、技術、経験を必要とする業務分野が増加してきたが、このような業務については外部に委託することが効率的であり、一方、労働者側においても、自己の専門的な知識、技術、経験を活かしスペシャリストとして働きたい、あるいは、自分の都合の良い時間に都合の良い場所で働きたいという者が増加してきた。

このような変化が進行する中で、自己の雇用する労働者を他の企業に派遣し就業させるという形態の事業、いわゆる「人材派遣業」が急速に増加してきた。

そして人材派遣業は、一般労働市場においては雇用機会の乏しい高年齢者や女性などの多くの労働者に対して雇用の機会を提供し、労働力の需要と供給の迅速かつ的確な結合を図る上で大きな役割を果たすことが期待された。

このような背景の下に、わが国の雇用慣行や労働市場の状況と調和させ、労働者の就業条件の整備と雇用の安定を図ることを目的とした新たな観点からの労働力需給調整システムとして、職安法第44条で禁止されているものの中から、雇用主責任を果たし、労働者保護と新しい労働市場を拓くものとして適正なものについてこれを立法化し、上記の目的を果たす労働者派遣法が制定されたものである。

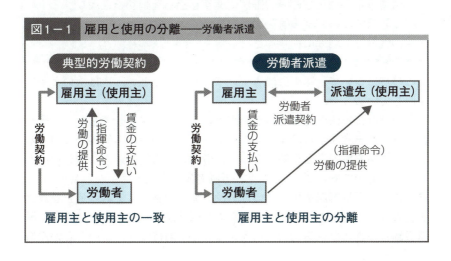

図1-1 雇用と使用の分離——労働者派遣

第1部　労働者派遣と多様な利用形態をめぐって

したがってその意義は、経済的には労働力の需給の適正な調整とスペシャリスト等の人材の活用を通じ新しい労働市場と雇用管理システムを導入するものであり、法律的には雇用関係と使用関係が分離した新しい「派遣労働関係」という労働関係（新しい契約関係）をつくり出し、従来の労働法にない新分野を法制化したものといえる。

2 労働者派遣法の目的と問題点

1 労働者派遣法の目的

労働者派遣法は、次の2点を目的としている（同法第1条。平成24年改正で労働者保護を強化）。

> ①　職安法と相まって労働力の需給の適正な調整を図るため労働者派遣事業の適正な運営の確保に関する措置を講ずること
> ②　派遣労働者の保護等を図り、もって派遣労働者の雇用の安定その他福祉の増進に資すること

この点について、厚生労働省（以下「厚労省」という）は次のように説明している。

①の点は、本法が労働力の需給調整に関する法律として必要な措置を講じることを意味する。すなわち、第一に、労働力の需給調整に関する基本法である職安法と相補い合って、労働力の需給の適正な調整を図ろうとするものであること、第二に、労働者派遣事業の適正な運営を図り、それにより労働者派遣事業という労働力需給調整システムの適正な運営を行おうとするものである。適正な需給調整が図られ、これによって派遣労働者の適切な就業機会が増大することが期待でき、このことが派遣

労働者の雇用の安定に資することになる。

　②の点は、派遣労働者の保護を図ることにより、「派遣労働者の雇用の安定その他福祉の増進に資すること」である。すなわち、労働者派遣事業の場合、派遣労働者を雇用する者（派遣元事業主）と派遣労働者を指揮命令し労働させる者（派遣先事業主）が相違している点において、一般の労働関係とは異なる特殊な形態である。このため、労働基準法（以下「労基法」という）等の既存の労働者保護法規についても、その適用関係について特例措置を講ずるとともに、リーマンショック等による「派遣切り」等の事態に対処した法改正により一層の派遣労働者の適正な就業が確保されるよう措置を強化する必要がある。そこで、労働者派遣契約、派遣元及び派遣先の講ずべき措置ならびに労基法等の適用に関する特例等の規定を設け、さらに有期雇用派遣労働者等の雇用安定措置の実施を図り、このような措置により派遣労働者保護と適正な就業が確保されることを可能とし、そのことにより派遣労働者の福祉の増進に資することとしようというものである。

2 労働者派遣法の問題点と雇用の多様化・複雑化を背景とする現代的意義

　このような労働者派遣法の立法化及び目的について、「労働者派遣」という雇用形態は、企業の合理化の過程の中で生じてきたものであって、不当な制度であるとする批判もなされている。それは、「①『労働者』それ自体の『商品化』を前提とした二重の使用従属関係＝支配の二重化と二重の収奪関係、②派遣先企業における雇用責任の免脱＝派遣労働者のいわゆる『景気の安全弁』としての利用と労働者にとっての雇用の不安定化、③相互の使用者責任の免脱、④二重の支配・収奪を前提とした労働諸条件の劣悪化といった問題をはらむものであり、そのほとんどは、明確に、職安法の禁止する『労働者供給事業』に該当するものとして、違法な存在に他ならなかった。ところが、労働者派遣法は、そうした労働者派遣を規制するのではなくして、それをそのまま無限定的に法認し、右諸問題をそのまま法内在化させるに至ったものである。」（近藤昭雄「労働者派遣法の適用をめぐる諸問題」季刊労働法140号15頁）

といった批判である。

　しかしながら、このような批判は従来からのこの種の他人の労働力利用形態に対する古典的な批判であって、今日の経済・社会環境の変化、産業構造・職業構成の変化、労働者の意識の変化等諸要因に基づく雇用の多様化・複雑化に対応する近代的な人材派遣事業と労働者のニーズに応じて、派遣労働者の保護を図りつつ適正な雇用を確保する派遣法の立法化は、むしろ労働者の福祉の増進に寄与するものとして歓迎すべきものといえよう。

　このことは、立法当時の「労働白書」の報告（下記「**参考**」）からも明らかであろう。

　すなわち、派遣法を悪法とする批判は、昭和40年代までの経済社会の実情と労働者の意識を前提にしたものであり、現代の複雑、多様な雇用構造とその後の労働者の生活の向上、権利意識の高まりや、一方において拘束を嫌う自由志向の社会的広がり、その他諸事情の社会・経済の変化を無視した議論であって、古典的、教条的批判といわざるを得ないと思われる。

参考　労働者派遣法制定の時代的背景として、当時の「労働白書」には次のような記載がある。

　「30年代においても、いわゆる正社員と呼ばれる基幹的労働者以外に臨時工、日雇い、季節、出稼ぎ、社外工、内職等々雇用形態、就業形態の上では様々なタイプの労働者がいたが、これらは多様化の状態というよりも、むしろ基幹労働者を中心に、これを取り巻く労働者群といった側面が強かったと考えられる。その後の高度成長と所得水準の向上にともない基幹部分が広がり臨時工や日雇労働者は徐々に縮小した。また、出稼ぎや内職者については、労働力不足もあって、農業の機械化等を背景に40年代前半にかけて増加したが、以降減少に転じている。

　これに対し、近年、産業構造・職業構造が変化し、また女子の進出等労働力の給源が変化するなかで、個々の企業や職場において、従来とは異なる多様な形で働く労働者が多く存在するようになってきた。」

（「労働白書（昭和61年版）」95頁）

第1章●労働者派遣法の意義と展開

3 労働者派遣法のポイントと派遣労働関係

1 労働者派遣法のポイント

　労働者派遣法は、労働者派遣事業を、労働力需給調整システムの一つとして制度化するとともに、労働者の保護と雇用の安定の観点から所要のルールを定めた法律で、次のような点がポイントである。

① 労働者派遣事業を「自己の雇用する労働者を他人の指揮命令を受けて労働に従事させることを業として行うこと」とし、その概念と規制対象を明確化した。
② 労働者派遣事業は、ルールに則って事業運営を適正に行い得る事業主に対してのみ認めることとし、「労働者派遣事業」を国の許可制とした（平成27年9月30日の改正法施行までは常用雇用労働者のみを派遣するものを「特定労働者派遣事業」として届出制、それ以外の登録型派遣労働者を中心とするものを「一般労働者派遣事業」として許可制としていた。なお、従来の届出制の特定労働者派遣事業は施行日から3年間の平成30年9月29日までは事業を行うことができる）。
③ 労働者派遣事業の対象となる業務（適用対象業務）を定め（ただし、平成11年の法改正で対象業務が原則自由化（ネガティブリスト化）され、禁止業務のみが定められた）、適用対象業務以外の業務について、労働者派遣事業を行うことを罰則付きで禁止した。さらに、平成27年の法改正で、いわゆる政令26業務が廃止され、従来のような業務を基準とした期間制限の区分がなくなった。
④ 労働者派遣事業が派遣先の第二人事部的に利用されるのを防止するため、グループ会社への派遣は80%以下とすることとした

7

第1部　労働者派遣と多様な利用形態をめぐって

（平成24年の法改正）。

⑤　適正な雇用管理に欠ける形態である日雇派遣（日々または30日以内の期間を定めて雇用する労働者を派遣することをいう）を原則禁止とした（平成24年の法改正）。

⑥　派遣先の離職者を当該派遣先へ派遣することについては、派遣先の解雇の助長につながるので、離職後1年間禁止することを原則とした（平成24年の法改正）。

⑦　派遣先の常用労働者の雇用慣行を損なわないよう常用代替防止の観点から、同一の有期雇用派遣労働者について、同一派遣先の同一組織（課）単位での3年を超える継続派遣を禁止した（個人単位の派遣期間制限。平成27年法改正）。また、同一の派遣先事業所で3年を超える継続派遣の受入れを禁止し、これを延長する場合には、派遣先の過半数代表者等の意見を聴くこととした（事業所単位の派遣期間制限。同改正）。

⑧　派遣元と派遣先との間の労働者派遣契約の内容を定め、適正な派遣を行うこととした。

⑨　派遣元、派遣先が講ずべき措置等についてもこれを定め、派遣労働者の就業条件の明示の下に適正な就業と就業条件が確保されるようにした。

⑩　派遣労働者の保護のために、派遣労働者の賃金等の決定にあたり、同種の業務に従事する派遣先の労働者との均衡を考慮するよう配慮すること、派遣料金と派遣労働者の賃金の差額の派遣料金に占める割合（いわゆるマージン率）などの情報公開、雇入れ時等における派遣労働者に対する1人当たりの派遣料金額の明示等を派遣元に義務付けた。一方、派遣先に対しても、賃金水準情報の提供、教育訓練の実施、福利厚生施設の利用に関する配慮義務等を定めた（平成24年、平成27年の法改正）。

⑪　派遣労働者の雇用の安定のために、派遣先に対し、同一組織（課）の業務のために新たに労働者を雇い入れる場合に、継続して1年以上その業務に従事している派遣労働者を優先的に雇い入れる努力義務を課した。また、直接雇用する労働者を募集する場

第1章●労働者派遣法の意義と展開

合に一定の派遣労働者に対する募集情報の周知を義務付けた（平成27年の法改正）。

⑫　労働者派遣契約の解除の際の、派遣元及び派遣先における派遣労働者の新たな就業機会の確保、休業手当等の支払いに要する費用負担等の措置を義務化した（平成24年の法改正）。

⑬　派遣労働者の雇用が不安定でキャリアアップが図られにくいという課題へ対応するため、以下の措置を講ずることとした。

　イ　派遣期間終了時の派遣労働者の雇用安定措置（雇用を継続するための措置）を派遣元に課した（3年経過時は義務、1年以上3年未満は努力義務）。

　ロ　派遣労働者に対する計画的な教育訓練や、希望者へのキャリア・コンサルティングを派遣元に義務付けた。

　　また、派遣元の義務規定の違反に対しては、許可取消しのペナルティの対象としてもこれを含めた（平成27年の法改正）。

⑭　派遣法の遵守を強化するために、派遣可能期間の制限違反など所定5項目の派遣法違反行為について、派遣役務の提供を受けている当該派遣先等は、当該違反行為の時点において、派遣労働者に対し、派遣元との派遣労働契約と同一の労働条件で「労働契約の申込みをしたものとみなし」、当該派遣労働者は、承諾の意思表示をすることによって当該派遣先等が直接雇用する労働者となることとされた（平成24年の法改正、施行日は平成27年10月1日）。

⑮　労基法、労働安全衛生法、作業環境測定法、男女雇用機会均等法等の適用につき、派遣元、派遣先いずれが事業者や使用者としての責任を負担するのかについても、これを法律上特例として明文化し、その派遣労働者の保護に万全を期した。

2　労働者派遣の定義と派遣労働関係

　このような派遣法に基づく「労働者派遣」の法律関係は、次のようになっている。すなわち、派遣法における労働者派遣の定義は、「自己の

9

第1部　労働者派遣と多様な利用形態をめぐって

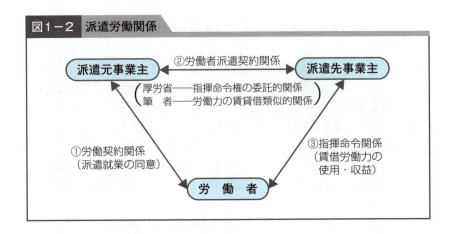

図1-2　派遣労働関係

雇用する労働者を、当該雇用関係の下に、かつ、他人の指揮命令を受けて、当該他人のために労働に従事させることをいい、当該他人に対し当該労働者を当該他人に雇用させることを約してするものを含まないもの」（同法第2条第1号）である。したがって、労働者派遣の場合には、通常の雇用関係のように事業主と労働者といった関係だけでなく、①派遣元事業主と派遣労働者との間には派遣就業を目的とする労働契約関係があり、②派遣元と派遣先との間に労働者派遣契約が締結され、この契約に基づき、派遣元が派遣先に労働者を派遣し、③派遣先事業主は当該派遣契約に基づいて派遣された派遣労働者を指揮命令して自社（派遣先）の業務に従事させる（この派遣契約に基づく派遣先の指揮命令権の根拠について、厚労省は派遣元から派遣先への指揮命令権の委託と解しているが、筆者は労働力の賃貸借契約類似の契約関係に基づく労働力の使用収益権限の発生と解している）、といった3つの関係が生じるのであり、このような三者間の法律関係を「派遣労働関係」ということができる。この関係は図1-2のとおりである。

なお、厚労省職業安定局の「労働者派遣事業関係業務取扱要領」（平成11年11月17日付女発第325号職発第814号通達別添、平成27年法改正による改正：平成27年9月30日付職発0930第20号通達（同最新は本書発行時点で平成29年5月）。以下「業務取扱要領」という）では、この関係をさらに次のとおり詳述している。

第1章●労働者派遣法の意義と展開

▶業務取扱要領

「労働者」及び「雇用関係」の意義

イ 〔筆者注：**自己の雇用する**〕「労働者」とは、事業主に雇用され、事業主から賃金を支払われる者をいう。

ロ 「雇用関係」とは、民法（明治29年法律第89号）第623条の規定による雇用関係のみではなく、労働者が事業主の支配を受けて、その規律の下に従属的地位において労働を提供し、その提供した労働の対償として事業主から賃金、給料その他これらに準ずるものの支払を受けている関係をいう。労働者派遣に該当するためには、派遣元との間において当該雇用関係が継続していることが必要である。

「指揮命令」の意義

イ 労働者派遣は、労働者を「他人の指揮命令を受けて、当該他人のために労働に従事させること」であり、この有無により、労働者派遣を業として行う労働者派遣事業と請負により行われる事業とが区分される。

ロ 「他人の指揮命令を受けて、当該他人のために労働に従事させる」ものではないとして、労働者派遣事業に該当せず、請負により行われる事業に該当すると判断されるためには、

第1に、当該労働者の労働力を当該事業主が自ら直接利用すること、すなわち、当該労働者の作業の遂行について、当該事業主が直接指揮監督のすべてを行うとともに、

第2に、当該業務を自己の業務として相手方から独立して処理すること、すなわち、当該業務が当該事業主の業務として、その有する能力に基づき自己の責任の下に処理されることが必要であるが、具体的には、次のような基準〔筆者注：**「労働者派遣事業と請負により行われる事業との区分に関する基準」**〕に基づき判断を行う（昭和61年労働省告示第37号）。

なお、労働者派遣を受け、当該派遣労働者を用いて、請負により事業を行うことが可能であるのは当然であるので留意すること。

ハ(イ) 「他人のために労働に従事させる」とは、当該労働への従事

11

に伴って生ずる利益〔筆者注：**労働提供による直接的な生産、販売、役務等の利益の帰属をいう**〕が、当該指揮命令を行う他人に直接に帰属するような形態で行われるものをいう。したがって、事業主が、自己の雇用する労働者を指揮命令する方法の一つとして、当該事業主自身の事業所の作業の遂行について専門的能力を有する「他人」に当該事業主自身のための指揮命令の実施を委任等の形式により委託し、当該指揮命令の下に自己の雇用する労働者を労働に従事させるような場合は、「他人のために労働に従事させる」とはいえず、労働者派遣には該当しない。

㈹ 「労働に従事させる」の前提として場所的な移動は前提ではなく、他人が派遣元の事業所に出向いて指揮命令を実施する場合であっても、当該指揮命令に伴って生ずる利益が当該他人に直接に帰属する限りは労働者派遣に該当する。

㈻ なお、「労働に従事させる」とは、派遣元が雇用主としての資格に基づき、労働者について自己の支配により、その規律の下に従属的地位において労働を提供させることをいうものであり、労働者に対する指揮命令に係る権限についても、派遣元から派遣先へ委託されてはいるが本来的には、派遣元に留保され、労働についても観念的には派遣元に提供されているものであることに留意する必要がある。

二 ロに掲げる基準は労働者派遣事業と請負により行われる事業との区分に関する基準であるが、労働者派遣契約に係る規制〔**筆者注：派遣法第26条等参照**〕、派遣労働者に係る雇用制限の禁止に係る規定及び就業条件の明示に係る規定の派遣元事業主以外の労働者派遣をする事業主についての準用〔**筆者注：同法第38条の準用規定による第33条、第34条等違反の場合の効果等参照**〕、労働者派遣契約に関する措置に係る規定の派遣先以外の労働者派遣の役務の提供を受ける者についての準用〔**筆者注：同法第43条の準用規定による第39条参照**〕並びに労働基準法（昭和22年法律第49号）等の適用に関する特例等の規定〔**筆者注：派遣法第**

第1章●労働者派遣法の意義と展開

44条〜第47条の３〕において必要となる「業として行わない労働者派遣」と請負の形態の区分においても、当該基準を準用するものとする。

（第１の１(2)(3)）

　以上のような三者間の「派遣労働関係」を前提として労働者派遣事業の適正な運営の確保に関する措置を講ずるとともに、派遣労働者の就業に関する条件の整備等を図ること等派遣労働者を保護することによって、派遣労働者の雇用の安定その他福祉の増進に資することを目的として派遣法は制定され、適用されているのである。

3 労働者派遣の三面関係

　次に、このような労働者派遣の三面関係（三者間契約関係ともいう）について述べると、以下のようになる。

● 1 派遣元事業主と派遣労働者──登録型は労働者派遣契約成立が条件

　派遣元事業主と派遣労働者との間には労働契約関係が成立し、派遣労働者は派遣元事業主に対して労働契約の定めるところに従って労働を提供する義務を負い、一方、派遣元事業主は提供された労働の対価として賃金を支払う義務を負う。したがって、労基法第９条の労働者に該当する関係が、派遣元と派遣労働者との間に成立するものである。

　また、賃金、労働時間、休日等派遣労働者の「労働条件」は、この派遣元と当該派遣労働者との労働契約により決められることになる。

　なお、派遣元事業主と派遣労働者との労働関係の成立に際しては、労基法第15条の労働条件の明示義務の適用があり、15項目の明示（うち、就業場所、従事すべき業務など主要６項目については書面交付による明示）が必要となる。

　問題は、この労働契約関係が一般の労働契約関係と同じなのか違うのかということになる。通常の労働契約の場合は労働者は相手方たる雇用主のために雇用主の指揮命令を受けて雇用主に労働の提供を行うのに対し、派遣労働関係においては、派遣元と派遣先との企業間の労働者派遣

13

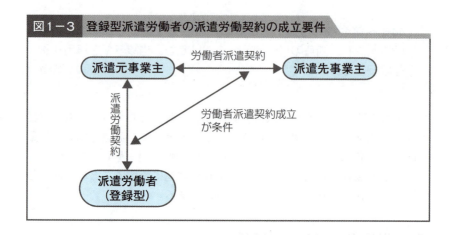

図1-3 登録型派遣労働者の派遣労働契約の成立要件

取引契約の定めるところにより第三者である派遣先に派遣され、派遣先の指揮命令を受けて派遣先に労働を提供するものであり、このような派遣労働を目的とする労働契約なのである。

　そこで、このような契約は民法第623条の文理解釈上「雇用」に含まれるのか含まれないのかという問題があるが、この点は派遣労働者としての雇用も民法第623条の雇用契約と解され、通常の出向の場合に類似した他社派遣について、就労場所と指揮命令に関して特約がある場合と解して差し支えないと思われる。ただし、登録型の派遣労働者の場合には、派遣元との間の派遣労働契約の成立は、派遣元と派遣先との間の労働者派遣契約（派遣取引契約）の成立を条件とするものであるから、当該労働者についての派遣先との派遣契約が成立しないと雇用目的を達しないことになる。そこで、派遣労働契約の成立には、派遣契約の成立との同時成立を要件とするか、あるいは派遣契約の成立を停止条件（民法第127条第1項の効力発生条件）とすると解するか、いずれにしても派遣元と派遣先との派遣契約が成立しないと派遣元と派遣労働者との派遣労働契約も成立しない（図1-3）。また、このことは、派遣労働契約の終了についても、「派遣契約が期間満了により終了したという事情は、当該雇用契約が終了となってもやむを得ないといえる合理的な理由に当たるというほかない」（伊予銀行・いよぎんスタッフサービス事件、松山地裁平15・5・22判決、労判856号45頁／高松高裁平18・5・18

判決、労判921号33頁／最高裁第二小法廷平21・3・27決定（上告棄却、不受理）、労判991号14頁）ということになる。このように、派遣労働契約は通常の労働契約と異なる特殊な雇用であることから、「派遣労働者としての雇用」であることについての明示と派遣労働者の同意が「派遣労働契約」の成立の要件となる（派遣法第32条）。

●2　派遣元事業主と派遣先事業主

　派遣元と派遣先との関係については、両事業主間に締結される「労働者派遣契約」に基づいて労働者が派遣されることになり、これが基礎となる。派遣元と派遣先との間の労働者派遣契約関係は、いわゆる取引関係である。

　この労働者派遣契約とは、「当事者の一方が相手方に対し労働者派遣をすることを約する契約」（派遣法第26条第1項本文）である。すなわち、当事者の一方（派遣元）が、その雇用する労働者を相手方（派遣先）に雇用させることを約することなく、派遣元と労働者との雇用契約関係の下に当該相手方（派遣先）の指揮命令を受けて当該相手方のために労働に従事させることを約した契約であり、契約の相手方は、当該派遣契約に定められた就業条件に従って、労働者をその指揮命令の下に労働させ、その対価として派遣元に派遣料金を支払うという取引契約である。

　派遣法上は、派遣契約（同法第26条第1項）について「対価としての派遣料金の支払い」を要件とはしていないが、同法施行規則等からみれば同法令上においては派遣料金の支払いは当然の契約の前提とされている。これは、平成24年の法改正で派遣労働者としての雇入れ等にあたって「労働者派遣に関する料金額の明示義務」（派遣法第34条の2）が定められたことからも明らかといえる。

　この事業主間の派遣契約の性質については後に詳述するが、これを派遣元・派遣先間における派遣労働者の指揮命令権の譲渡契約であると解する見解、派遣先に派遣元の有する労働者の指揮命令権を委託するものであるといった見解もある。しかし、筆者は、両事業主間において派遣先に対して派遣労働者の労働力を使用、収益なさしめることを約する賃貸借類似の無名契約（民法に定める典型契約に属さない契約自由の原則に基づいて締結される契約のこと）であり、いわば指揮命令権の貸与契

第1部　労働者派遣と多様な利用形態をめぐって

約ともいうべきものであると解するものである。

●3　派遣先事業主と派遣労働者

　派遣先事業主と派遣労働者との関係については、両者間には労働契約関係はなく、このため派遣先が派遣労働者を指揮命令する根拠がどこにあるかが問題となる。それは、**図1-2**（10頁）に従って説明すると次のようになる。まず、**同図①**の労働契約に基づき派遣労働者は、派遣元事業主に対して、派遣先事業場で派遣先事業主の指揮命令を受けて就業する義務を負うという契約をし、派遣先を就業場所として、就業場所における配置と指揮命令の単位である派遣組織と従事業務を限定する。そして、**同図②**の労働者派遣契約に基づき派遣先事業主は、派遣元事業主から、派遣された労働者を派遣契約に定める就業条件に従って、当該派遣労働者を指揮命令して労働させる権限を委ねられる（労働力の賃貸借）。そうすると結局、**同図③**の関係は、派遣契約により派遣先は指揮命令権の貸与を受け、派遣労働者の労働力を使用収益する権限を取得し、派遣労働者は派遣元との労働契約の内容として派遣就業契約関係を設定（指揮命令権の貸与の承諾）したことにより、両者間には指揮命令関係が存在することになる。そして派遣労働者は「派遣元に対する労働契約上の債務」として、派遣先の指揮命令を受けて労働に従事することになるのである。なぜなら、ここでの労働契約は派遣労働者と派遣元との間で派遣先を就業場所とし、派遣先に労働を提供する目的で締結されているものであるが、労働契約であるため基本的・潜在的にはもともと派遣労働者は派遣元に労働を提供する義務を負っているからである。派遣元は、労働契約に基づき自己に提供される労働力の使用処分権限を基礎にして派遣先及び派遣労働者との派遣関係を成立させているのである。そこで、あくまでも派遣労働者の労働提供義務は派遣元に対してあり、現実的な労働提供は派遣先になされるものの、基本的・潜在的・観念的には派遣元に対してなされているのである。この三者間の派遣労働契約関係については図1-4のとおりである。

　なお、「業務取扱要領」では「派遣先は派遣元から委託された指揮命令の権限に基づき、派遣労働者を指揮命令する」と述べ、「労働者に対する指揮命令に係る権限についても、派遣元から派遣先へ委託されてはい

16

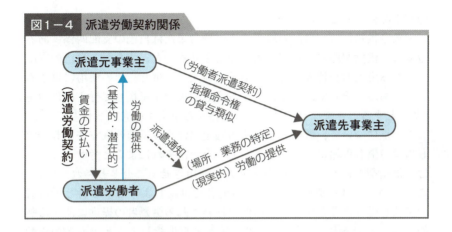

図1−4 派遣労働契約関係

るが本来的には、派遣元に留保され、労働についても観念的には派遣元に提供されているものであることに留意する必要がある。」（第1の1(1)、(3)ハ(ハ)）としているが、厳密にいえば、派遣先は派遣元から労働力の使用を委託されているわけではなく、派遣料金という対価を伴うわけであるから、前述の労働力の使用収益権の賃貸借類似の関係による使用権の貸与ではないかと解される。

4 職安法の労働者供給事業禁止と労働者派遣法との関係は

1 職安法上の労働者供給事業との関係

● 1 労働者供給事業の原則禁止

　労働者派遣における三者間の派遣労働関係は前述したとおりであるが、これを、従来の労働者供給の場合と比較してみると、これは従来違法とされ禁止されていた労働者の供給態様の一つである、他人の労働力

第1部　労働者派遣と多様な利用形態をめぐって

の利用関係であることが分かる。

　労働者供給とは、自己の雇用する労働者または自己の支配関係にある労働者を供給契約によって他人に使用させること、すなわち自己の支配下にある労働力を他人の求めに応じて他人に提供し、その使用に供することである。そして、反復継続する意思で供給を反復して行えば供給を「業」とすることになり、労働者を供給する事業が成立するものである。

　この点について、労働者派遣法の制定に伴う改正前の職安法第5条第6項は労働者供給について定義していたが、それによると労働者供給とは「供給契約に基いて労働者を他人に使用させること」とされていた。ここにいう「供給契約」とは、「労働者を供給しようとする者と労働者の供給を受けようとする者との間に締結される労働者の提供に関する契約」のことであり、「労働者」は「労働者を供給しようとする者の支配下にある労働者であり、当該労働者と当該供給しようとする者との間に雇用契約関係がある場合も、実力的な支配関係がある場合も含む」ものであり、また、「使用」とは、「他人の労働力を自己のために使用することをいい、当該使用する者と当該労働者との間に雇用関係がある場合も事実上指揮命令の下に労働させる場合も含む」ものであった。

　すなわち、「労働者供給事業を行う者が随時他人の求めに応じて労働者を供給するためには、常に労働者を自己の支配下に置いていなければならないのであって、両者の間には支配従属関係が存在する。この支配従属関係は、明確な雇用契約に基いている場合もあるが、多くは実力的な支配関係なかんずく封建的な親分子分という身分関係に基いて発生している。また、この関係は経済的又は精神的な支配関係に基く場合もある。かかる支配従属関係の存在は、労働者供給事業を行う者の意思によって、労働者の意思は殆んど考慮されず、即ち労働者の職業選択の自由は認められず、労働者の自由意思を無視して労働を強制することとなるおそれがある。また、労働者供給事業が支配従属関係を利用して労働者に本来帰属すべき賃金の頭はねを行う場合も少なくない。かかることは封建的な雇用慣習の残滓というべきものであって、個人の人格と権威とを尊重する民主主義の精神——日本国憲法の精神に反するものであり、労働の民主化を阻害するものである」（労働省職業安定局編『職業安定法解説』（雇用問題研究会、昭和31年）、310〜311頁）とされていた。

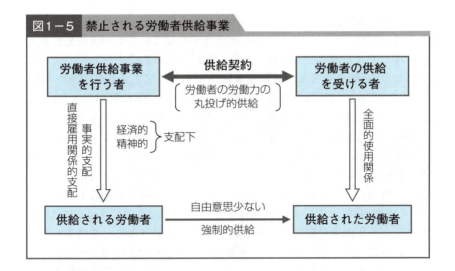

図1−5 禁止される労働者供給事業

このように、労働者供給契約とは、近代的な労働条件の明示・同意のない労働力そのものの丸投げ的な使用契約のことであり、それに基づく供給先の全面的な指揮命令による使用関係の成立であり、それゆえに禁止されていたのである（図1−5参照）。

● 2　労働者派遣と職安法の労働者供給禁止との関係

自己の雇用する労働者であろうと、雇用はしないが事実上の支配下にある労働者であろうと、他人の求めに応じ供給契約に基づいて労働者を全面的な使用に供し、他人の指揮命令下に置き、労働を提供せしめることは職安法第44条の「労働者供給事業」に該当するものである。

しかしながら、もともと労働者供給事業は、前述のとおり封建的な雇用慣習の名残りであり、労働の民主化を図ろうとする目的の下にその禁止が立法化されたものである。労働者供給事業は、土建、荷役、運送、鉱山、雑役等で多く行われており、独特の生活の庇護制度と、一人前の技術の習得、修業等の理由により、「部屋」制度が生まれ、ここに親分・子分、親方と徒弟的な関係に基づく労務供給的就労形態が発生するに至った封建的雇用関係の残滓があった。そして、そこでは、中間搾取が行われ、労働者に不当な圧迫が加えられる例も少なくなかった。

第1部　労働者派遣と多様な利用形態をめぐって

　そこで、職安法は「使用者と労働者との中間に立って賃金その他労働者の受ける利益の一部をはねることを仕事としているものを出来得る限り排斥して、使用者と労働者との間に近代的労働関係を打ち立てようと意図した」（職業安定法、労働基準法違反事件、名古屋高裁昭30・12・27判決、高裁刑特報3巻4号111頁）ものであり、同法第44条において、何人も、第45条に規定する場合（第45条は、労働組合が厚生労働大臣の許可を受けて行う無料の労働者供給事業の場合）を除くほか、労働者供給事業を行い、またはその労働者供給事業を行う者から供給される労働者を使用してはならないと定め、これに違反した場合は、供給を行った者も、供給を受けた者も同法第64条で1年以下の懲役または1万円以下（改正後100万円以下）の罰金に処することにしたものである。ただし、職安法が、労働者供給事業を労働組合以外の者が行うことを禁止しているということは、この禁止は、労働者を提供し他人に使用させること自体が常に労働者の利益を害するからではなく、従来、労働者供給事業においては労働者がその搾取の犠牲になる実態があったからであって、労働組合が行う場合にはこのような弊害の発生するおそれがないとして、職安法は、労働組合が厚生労働大臣の許可を受けて労働者供給事業を行うことを認めているのである。

　そこで、労働者派遣をする者と派遣される労働者との間に、当事者間の自由な意思に基づいて雇用契約が締結されている場合であって、労働者供給契約という労働者を供給して全面的（丸投げ的）な使用関係に置くものではなく、派遣元と派遣先の間で業務、就労場所、就労内容、責任関係、労働者保護措置を明白に定めた労働者派遣契約に基づいて、労働者を他人に提供し、労働させることを「業」として行わせる場合には、今日の状況において職安法第44条で労働者供給事業を禁止した趣旨を没却するものではないこととされ、新しい労働力需給調整システムとして有用な役割を果たすことが社会的に承認されるに至った。このため、雇用契約を締結する場合には、雇用契約の当事者としての責任を負う立場に立ち、また、雇用主としての責任を負う限り、前記の中間搾取の問題が生ずることはないと考えられることから、労働者を派遣する者と労働者との間に雇用関係がある場合に限定して労働者派遣として、派遣元・派遣先間で適正な派遣契約を定めて行う場合に限って、労働者供給形態

の中から抜き出し、これを労働者派遣制度として認め、労働者供給事業には該当しないものとしたのである。

すなわち、「労働者派遣」とは「自己の雇用する労働者を、当該雇用関係の下に、かつ、他人の指揮命令を受けて、当該他人のために労働に従事させることをいい、当該他人に対し当該労働者を当該他人に雇用させることを約してするものを含まないものとする。」(派遣法第2条第1号)と定義し、自己の雇用する労働者を派遣する場合に限ってこれを認めることとしたものである。この場合でも、派遣法の定める事業の許可等の規制に係らしめ、その規制を受ける場合に限って派遣労働者の就業条件の整備等に関する措置を講ずることとした上で、労働者派遣事業をすることができることとした。まさに、「『労働者供給』のうち、このような特定の形態に限り、『労働者派遣』として抜き出し、一定のルールのもとに適法に事業として行えることとした」(髙梨昌編著『第三版 詳解労働者派遣法』(エイデル研究所)274頁)のである。

そして、一方でこれに対応して職安法も改正し、「この法律において『労働者供給』とは、供給契約に基づいて労働者を他人の指揮命令を受けて労働に従事させることをいい、労働者派遣法第2条第1号に規定する労働者派遣に該当するものを含まないものとする」(改正前の職安法第5条第6項。現行法第4条第6項)として、派遣法の定義に該当する

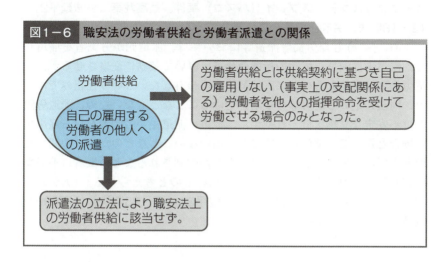

図1-6　職安法の労働者供給と労働者派遣との関係

ものは職安法で禁止される「労働者供給」には当たらないこととした（図1－6参照）。

　したがって、従来違法として禁止されていた「労働者供給」の中から、派遣法の定義する「労働者派遣」に該当する「自己の雇用する労働者を当該雇用関係の下に、かつ、他人の指揮命令を受けて、当該他人のために労働に従事させる」場合を取り出して、これを別途「労働者派遣」とし、その場合には、職安法上の労働者供給に該当しないこととなった。ただし、行政解釈は、適法な労働者派遣の場合のみが除外され、違法な労働者派遣の場合は依然として労働者供給事業に該当すると解している（「業務取扱要領」第1の1(5)）が、判例は、派遣元と労働者との間に労働契約があり、派遣先（注文者）で派遣先（注文者）の指揮命令を受けて業務に従事している場合について「仮に労働者派遣法に違反する労働者派遣が行われた場合においても、特段の事情のない限り、そのことだけによっては派遣労働者と派遣元との間の雇用契約が無効になることはないと解すべきである」とし、「注文者と労働者との間に雇用契約が締結されていないのであれば、上記3者間の関係は、労働者派遣法2条1号にいう労働者派遣に該当すると解すべきである。そして、このような労働者派遣も、それが労働者派遣である以上は、職業安定法4条6項にいう労働者供給に該当する余地はないものというべきである」（パナソニックプラズマディスプレイ（パスコ）事件、最高裁第二小法廷平21・12・18判決、労判993号5頁）としている。

　なお、「こうした労働者派遣等においては、派遣元が労働者を雇用して、派遣先に派遣してその指揮命令下に置いて業務に従事させるが、派遣労働者は派遣先との間に直接契約関係を有しないという仕組みである上、同法の定める許可等の規制を受けることなどもないため、派遣労働者は不安定な立場に置かれやすく、他方、派遣先が労働者を自ら雇用する場合と比べて、就労環境等に意を用いないことなどのため、中間さく取と劣悪な労働条件の下に過酷な労働が強制されるなど労働者に不当な圧迫が加えられるおそれが類型的に高いものと考えられる」（アテスト（ニコン熊谷製作所）事件、東京高裁平21・7・28判決、労判990号50頁）との批判がある。

2　労働者供給と労働者派遣との違い

　このように「労働者供給」と「労働者派遣」との定義を区分して法律に規定することにより、基本的には両者の差異が明白になった。このため、派遣法制定後は、①自己の雇用する労働者を第三者の下へ派遣してその指揮命令に委ねて労働を提供するものはすべて派遣法の「労働者派遣」として同法を適用し、②自己の雇用しない事実上の支配関係にある労働者を第三者の下に供給し、その指揮命令に委ね使用させるものが職安法第44条の労働者供給事業として一般に禁止されるものとなったのである（図1－7参照）。

　この点について、厚労省の「業務取扱要領」では「労働者供給と労働者派遣の区分は次により行うこととする」とし、以下のとおり労働者供給に該当する2つの形態を示している。

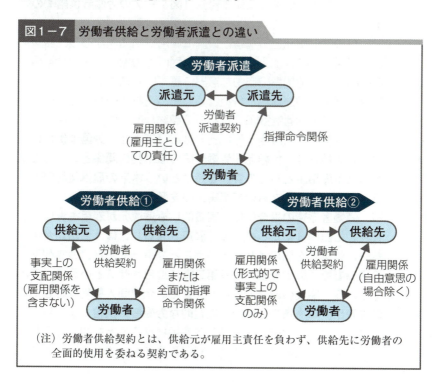

図1－7　労働者供給と労働者派遣との違い

（注）労働者供給契約とは、供給元が雇用主責任を負わず、供給先に労働者の全面的使用を委ねる契約である。

第１部　労働者派遣と多様な利用形態をめぐって

▶業務取扱要領

ハ(イ)　供給契約に基づいて労働者を他人の指揮命令を受けて労働に従事させる場合のうち、供給元と労働者との間に雇用契約関係がないものについては、全て労働者供給に該当する。当該判断は、具体的には、労働保険・社会保険の適用、給与所得の確認等に基づき行う〔筆者注：**図１－７の労働者供給①のケース。これは典型的な労働者供給のパターンで、雇用関係以外の事実上の支配関係、例えば寄宿関係、生活関係等による支配下の労働者の供給である**〕。

(ロ)　(イ)の場合とは異なり、供給元と労働者との間に雇用契約関係がある場合であっても、供給先に労働者を雇用させることを約して行われるものについては、労働者派遣には該当せず、労働者供給となる（法第２条第１号）。〔**図１－７の労働者供給②のケース**〕

　　ただし、供給元と労働者との間に雇用契約関係があり、当該雇用関係の下に、他人の指揮命令を受けて労働に従事させる場合において、労働者の自由な意思に基づいて結果として供給先と直接雇用契約が締結されたとしても、これは前もって供給元が供給先に労働者を雇用させる旨の契約があった訳ではないため、労働者派遣に該当することとなる〔筆者注：**労働者供給に該当する場合は、供給元・労働者間の雇用契約関係といっても供給元が雇用主としての責任を持つという本来の雇用契約関係ではなく、形式的なもので事実上の支配関係のみの場合を意味し、労働者派遣の場合には、実質的にも派遣元が雇用主責任を負う。上記の「ただし書」の「雇用させる」とは、供給元が供給先に労働者を雇用させるということであって、自己の支配下の労働者をその支配権により第三者に雇用させるという場合であるから、職業の紹介ではなく、また、企業間人事異動としての在籍出向にも該当しない、実質的な労働者の供給となる**〕。

(ハ)　(ロ)における「供給先に労働者を雇用させることを約して行われるもの」の判断については、契約書等において派遣元、派遣

> 先間で労働者を派遣先に雇用させる旨の意思の合致が客観的に
> 認められる場合はその旨判断するが、それ以外の場合は、次の
> ような基準に従い判断するものとすること。
> ① 労働者派遣が法の定める枠組に従って行われる場合は、原
> 　則として、派遣先に労働者を雇用させることを約して行われ
> 　るものとは判断しないこと。
> ② 派遣元が企業としての人的物的な実体（独立性）を有しな
> 　い個人又はグループであり派遣元自体も当該派遣元の労働者
> 　とともに派遣先の組織に組み込まれてその一部と化している
> 　場合、派遣元は企業としての人的物的な実体を有するが当該
> 　労働者派遣の実態は派遣先の労働者募集・賃金支払の代行と
> 　なっている場合その他これに準ずるような場合については、
> 　例外的に派遣先に労働者を雇用させることを約して行われる
> 　ものと判断することがあること〔**筆者注：これは「派遣元＝
> 　供給元」が、雇用主としての責任を果たしておらず、単に労
> 　働者の供給機関となっているにすぎない場合、または脱法的
> 　な請負の場合である**〕。
> 　　　　　　　　　　　　　　　　　　　　　　　（第1の1⑸ハ）

　このような「業務取扱要領」の定義からみて、現行の労働者派遣契約
と労働者供給契約の本質的区分が問題となる。労働者派遣契約は前述の
とおり、期間を定め、一定の条件に基づいた、自己の雇用する労働者の
労働力の賃貸借契約的なものであり、したがって貸主（派遣元）の責任
は、当該労働者の上にその期間中も及ぶ。一方、労働者供給契約は、労
働者の労働力の支配者（供給元）による労働力の売買（事実上の支配の
場合）ないし譲渡契約的（形式的雇用契約の場合）なものであり、供給
元はその期間中、労働者に対する雇用主としての責任を有しない（果た
さない）ものと解される。

　この点に関して厚労省は、次のように要約しているところである。

　「労働者派遣事業は、法の施行に伴い改正される前の職業安定法第44
条によって労働組合が（厚生）労働大臣の許可を受けて無料で行う場合
を除き、全面的に禁止されていた労働者供給事業の中から、供給元と労

第1部　労働者派遣と多様な利用形態をめぐって

働者との間に雇用関係があり、供給先と労働者との間に〔筆者注：限定的な〕指揮命令関係しか生じさせないような形態を取り出し、種々の規制の下に適法に行えることとしたものです。

　したがって、残りの形態——①〔筆者注：**図1−7の労働者供給①**参照〕のように供給元と労働者との間に雇用関係のないもの、及び②〔筆者注：**図1−7の労働者供給②**参照〕のように供給元と労働者との間に雇用関係がある場合であっても、供給先に労働者を雇用させること〔筆者注：供給〕を約して行われる〔筆者注：これは自己の支配下にあるから可能〕もの——については、従来どおり労働者供給事業として職業安定法第44条に基づき全面的に禁止されていますので注意が必要です（職業安定法第5条第6項〔筆者注：現行第4条第6項〕、第44条、第45条）。」（労働省職業安定局編『新明解　労働者派遣法』（財形福祉協会）4〜5頁）

第1部

第2章 多様な労働者派遣の形態と労働者派遣法の適用上の問題

1 他人の労務の多様な利用形態と労働者派遣法

1 「他人の労務を利用する」契約形態

　最近は、わが国の企業において、第三者である他人の労務を利用する契約形態がきわめて多くなっており、その内容も多種多様となってきている。そのような中において労働者派遣法が定める「労働者派遣」の位置付けを、企業における第三者の労務利用形態の多様性との関係においてみると、図1-8のようになる。

　すなわち、第三者たる他人の労務利用形態の第一は、「請負」であり、請負人がある仕事を完成し、それに対して注文者が報酬を与えることを約するという形で他人の労務を利用する契約（民法第632条参照）である。それとともに「業務委託」と称される法律行為ではない一定の事務を処理することを相手方に委託し、相手方がその目的の範囲内においてある程度の自由裁量をもって、その事務を独立処理することを承諾し、その対価としての報酬を支払うという形の事務処理のための準委任的な労務利用契約（民法第656条参照）が第二の典型的なものとして行われ

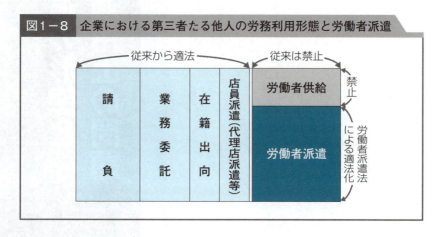

図1-8　企業における第三者たる他人の労務利用形態と労働者派遣

ている。

　さらに、第三に、企業間の人事異動的な形態として、会社間の出向契約によって雇用関係を維持したまま相手方の会社に赴き、その会社の従業員としての地位を取得し、その会社において指揮命令を受けて労働を提供し、その対価として雇用主または出向先から賃金が支払われるという、いわゆる「在籍出向」がある。第四に、自己の雇用された会社の命令によって他社に赴いて業務を行うものであるが、その業務を自社の業務として自社の指揮監督の下に行う形態、例えばデパート等への派遣店員、スーパー等への自社商品の販売促進のためのマネキン、宣伝要員の派遣等、あるいはメーカーが自社の従業員を販売代理店等へサービス・メンテナンス要員として派遣し、メーカーのために、メーカーの指揮命令の下に業務遂行場所としての代理店において業務を行わせるといった形態である「店員派遣」や「代理店派遣」がある。

　そのほかに、労働者供給契約に基づいて労働者を他人に使用させるという労働者供給形態である他人の労働力の利用関係がある。

2　適正な請負・業務委託は自由

　派遣法は、上記の労働者供給形態のうち「自己の雇用する労働者」を「当該雇用関係の下に」他人に派遣し、他人の指揮命令を受けて労働させる形態のものについて、従来は、工場事業場等の求めに応じて所属の労働者を供給し、就労せしめることを「業」としているものとして、職安法第44条で一般に禁止されていたところであるが、これを当初は特定の業務に限って、労働者派遣事業として許可ないし届出という一定の要件の下に昭和60年の立法化によって認めたものである。そして、平成11年の法改正で従来の26業務の制限が緩和され、いわゆるネガティブリスト方式による原則自由化によってその範囲が大幅に拡大され、平成15年の法改正でさらに緩和され、平成27年の法改正で禁止業務を除きすべての制限がなくなったのである。

　したがって、前述（図1－8参照）したところの「請負」、「業務委託」、「在籍出向」、「店員派遣」、「代理店派遣」等については、それが「労働者供給」の業務形態に該当するものでない限り問題はなく、適法であっ

29

第1部　労働者派遣と多様な利用形態をめぐって

て、憲法の定める「営業の自由」と「契約自由の原則」の下に、許認可等の制限なく自由なビジネスとして行って差し支えない。これらはもちろん脱法的なものであってはならないが、各契約の要件に該当する合理的なものであれば何ら違法でなく、自由に行うことのできるものである。また、自己の雇用する労働者についてその雇用関係の下に雇用主責任を負って派遣する形態についても、派遣法の立法化によって適法とされたものである。

　ところで、派遣法上の「労働者派遣」に該当する場合には、派遣元事業者にとっては顧客先に当たる派遣の発注者側が、「派遣先責任者の選任」や「派遣先管理台帳」の作成をはじめ、労基法や労働安全衛生法（以下「安衛法」という）その他の法令に定める使用者や事業者としての責任を派遣法の「みなし規定」や「読替え規定」によって負うことになっている。労働者派遣は、いわばアウトソーシングの形態である。そこで、派遣法としてはユーザーである顧客先の企業側に労働関係法令上の責任を負わせない請負や業務委託等で実施できるのならばそれによることとしたい、というのが派遣元などの人材ビジネス業者の"本音"といえる。しかし、労働者保護上は派遣先にも使用者としての責任を共同で負わせることが必要であり、営業の自由と労働者保護の調整が問題となり、現在までの派遣法の改正は、その間で揺れてきたといえる。

2 「一時的臨時的派遣」・「応援派遣」と労働者派遣法の適用

1 「業」として行う場合とは

● 1　「労働者派遣事業」の定義と具体的判断基準

　労働者派遣法にいう「労働者派遣」とは、「自己の雇用する労働者を、当該雇用関係の下に、かつ、他人の指揮命令を受けて、当該他人のため

に労働に従事させることをいい、当該他人に対し当該労働者を当該他人に雇用させることを約してするものを含まないものとする。」（同法第2条第1号）とされている。

そして、「労働者派遣事業」とは「労働者派遣を業として行うことをいう。」（同法第2条第3号）と定義され、さらに同法第4条第1項において「何人も、次の各号のいずれかに該当する業務について、労働者派遣事業を行ってはならない。」として、①港湾運送業務、②建設業務、③警備業務、④その他政令で定める業務、について派遣禁止と定められ、この違反については「1年以下の懲役又は100万円以下の罰金」に処せられる（同法第59条第1号）。すなわち、適用対象業務以外のこれら禁止業務について「労働者派遣事業」を行うことは、罰則をもって禁止されている。また、たとえこの禁止業務以外の派遣対象業務であっても、労働者派遣はその性質上自由に営むことは禁止されており、「許可を受けないで労働者派遣事業を行った者」も同様の刑罰に処せられる（同法第59条第2号）。

このように「労働者派遣事業」とは、労働者派遣を「業」として行うことをいうのである。ここでいう「業」とするとは、職業紹介事業等他の各種の「事業」についての判断と同様、次のように解釈されている。

▶業務取扱要領

「業として行う」の意義

イ　「業として行う」とは、一定の目的をもって同種の行為を反復継続的に遂行することをいい、1回限りの行為であったとしても反復継続の意思をもって行えば事業性があるが、形式的に繰り返し行われていたとしても、全て受動的、偶発的行為が継続した結果であって反復継続の意思をもって行われていなければ、事業性は認められない。

ロ　具体的には、一定の目的と計画に基づいて経営する経済的活動として行われるか否かによって判断され、必ずしも営利を目的とする場合に限らず（例えば、社会事業団体や宗教団体が行う継続的活動も「事業」に該当することがある。）、また、他の事業と兼

第1部　労働者派遣と多様な利用形態をめぐって

業して行われるか否かを問わない。

ハ　しかしながら、この判断も一般的な社会通念に則して個別の
　ケースごとに行われるものであり、営利を目的とするか否か、事
　業としての独立性があるか否かが反復継続の意思の判定の上で重
　要な要素となる。例えば、①労働者の派遣を行う旨宣伝、広告を
　している場合、②店を構え、労働者派遣を行う旨看板を掲げてい
　る場合等については、原則として、事業性ありと判断されるもの
　であること。

適用除外業務との関係

　労働者派遣事業は、労働者派遣を業として行うことをいうもので
あり、派遣労働者が従事する業務に応じて労働者派遣に該当した
り、該当しなかったりするものではなく、適用除外業務について労
働者派遣を業として行ったとしても労働者派遣事業に該当する。

(第1の3(2)(3))

● **2　「一時的臨時的派遣」や「応援派遣」は「業」として行う場合に該当するか**

　そこで、逆にいえば、反復継続の意思のない一時的・臨時的な1回限
りの労働者派遣は、「業」として行う場合には該当せず、適法に行うこ
とができる。このようなケースの多くは、近年では自社において仕事を
する十分な業務量がなくなったときに、企業間で派遣契約を結んで一時
的に他社に派遣し、その指揮命令を受けて労働に従事させるといった形
態の派遣であり、雇用調整的な形態でいわゆるリストラの一つとして行
われている。これが他社出向の形態をとる場合には、出向労働者は出向
元の従業員であるとともに派遣先（出向先）の従業員という地位を取得
する（二重の雇用関係）が、労働者派遣の場合は、派遣元の労働者とい
う地位のみで派遣先は指揮命令権しか有しない。

　なお、通常の企業で人事異動形態の一種として「他社派遣」と呼ばれ
ている場合もある。これらの場合は派遣法の定義どおりの派遣ではな
く、短期出向の場合や関係会社支援のための長期出張などに当たるケー
スが多く、法律上の「派遣」には該当しない。すなわち、支援先から指

32

揮命令のみを受ける労働者派遣的なパターンに該当することも多いが、派遣料を得る目的ではなく、自社の業務上の必要（経営や生産の指導的コンサルタント的な場合等）に基づくものなので、派遣法で規制されている「労働者派遣事業」には該当しない。

また、他社からの仕事が忙しく人手が足りないときに、グループ企業間の協力関係によって労働者を応援のために一時的・臨時的に派遣する、「応援派遣」と称されるケースもある。

これら「一時的臨時的派遣」あるいは「応援派遣」のいずれも、「業」として行う場合には該当しないので、罰則をもって規制される「労働者派遣事業」には当たらないと解される。

2 「業」として行わないなら労働者派遣法の適用はないか

このような一時的・臨時的な雇用調整やグループ企業間の業務応援的な労働者派遣については、派遣法において規制される労働者派遣事業には該当しない。そこで、派遣事業に該当しないのなら派遣法の適用は受けないのかというと、一時的・臨時的な「業」としない派遣であっても、同法第2条第1号の「労働者派遣」の定義に該当する以上は、同法の適用を受けるので注意を要する。

すなわち、「業」としない労働者派遣であっても、労働者派遣のパターンに該当する限り派遣法の適用を受けることになっている。例えば労基法等の適用に関する特例については、次のように示されている。

▶業務取扱要領

　これらの規定は労働者派遣という就業形態に着目して、労働基準法等に関する特例を定めるものであり、労働者派遣事業の実施につき許可を受けた者である派遣元事業主が行う労働者派遣だけではなく、それ以外の事業主が行う労働者派遣についても適用され、また業として行われる労働者派遣だけでなく業として行われるのではない労働者派遣についても適用されることになるので注意すること。

(第9の1(2)のロ)

33

第1部　労働者派遣と多様な利用形態をめぐって

　しかしながら、同法上でも「労働者派遣事業」を名宛人とする規定は「業」として行わないものには適用されない。また「派遣元事業主」及び「派遣先」という用語も、労働者派遣事業の場合に使われるが、「業」としない派遣の場合はこれに該当しないので、労働者派遣事業を前提とする同法の規制についての適用は受けない。

　「業」としない労働者派遣の場合については、同法上派遣する側は「労働者派遣をする事業主」という用語で規定されている場合にはその中に含まれており、その適用を受け、また、派遣を受ける側は「労働者派遣の役務の提供を受ける者」という用語の中に含まれて同法が適用されている。これは同法に定める許可を受けない場合など違法に労働者派遣事業を行う者にも適用があることを示している。

　この関係は、次のようになる。

◢ 派遣法上の用語

	派遣法上の用語	該当する場合
労働者派遣を する事業主	「派遣元事業主」	●許可を受けて適法に「業」とするもの
	「派遣元事業主以外の労働者派遣をする事業主」	●「業」としないもの ●許可を受けないで違法に「業」とするもの ●派遣禁止業務へ違法派遣するもの
労働者派遣の役務 の提供を受ける者	「派遣先」	●適法に「業」とする者から労働者派遣を受けるもの
	「労働者派遣の役務の提供を受ける者であって派遣先以外のもの」	●「業」としないもの ●許可を受けない違法な労働者派遣を「業」とする者から労働者派遣を受けるもの ●派遣禁止業務に違法派遣を受けるもの

　したがって、「業」としない労働者派遣についてもその一部について派遣法が適用（準用）されることになっているが、具体的には次のような規定の適用（準用）を受けるのである。

第2章●多様な労働者派遣の形態と労働者派遣法の適用上の問題

> **「業」としない労働者派遣にも適用（準用）される派遣法の規定**

①第27条の国籍、信条、性別等を理由とする労働者派遣契約の解除の禁止
②第28条の派遣法等違反の場合の労働者派遣の停止または労働者派遣契約の解除
③第33条の派遣労働者に係る正当な理由のない派遣終了後の雇用制限の禁止
④第34条第1項の就業条件の明示義務
⑤第39条の派遣先の労働者派遣契約の遵守のための適切な措置の実施
⑥第48条ないし第51条に定める厚生労働大臣の指導・助言・勧告・改善命令、公表、申告、報告、立入検査等法令の施行に関する規定

3 取締役・一人親方と労働者派遣法の適用
▷労働者派遣法の対象となる労働者とは◁

1 労働者派遣法が適用される労働者の要件

●1 雇用される「労働者」であること

　労働者派遣法は、同法の適用となる派遣労働者について「事業主が雇用する労働者であって、労働者派遣の対象となるものをいう。」（第2条第2号）と定義している。

　そこで、同法が適用される派遣労働者といえるための第一の要件は、何よりも事業主が雇用する労働者であることである。「労働者」とは、事業主に雇用され、事業主から賃金を支払われる者をいう。このような

35

第1部　労働者派遣と多様な利用形態をめぐって

雇用関係の成立に関し、「業務取扱要領」では「雇用関係」を次のように定義付けている。

> ▶業務取扱要領
>
> 　民法第623条の規定による雇用関係のみではなく、労働者が事業主の支配を受けて、その規律の下に従属的地位において労働を提供し、その提供した労働の対償として事業主から賃金、給料その他これらに準ずるものの支払を受けている関係をいう。労働者派遣に該当するためには、派遣元との間において当該雇用関係が継続していることが必要である。
> (第1の1⑵ロ)

　このため、雇用されていない者であって労働者に該当しない者は派遣法の適用の対象とならない。しかし、労働契約法に基づく合意による労働者のみではなく、事実上従属的地位で労働力を提供し賃金等の支払いを受ける者は、同法上の労働者に該当する。これは、労基法第9条の労働者と同じであるといえる。しかし、このような「雇用関係」にない者には派遣法は適用されない。したがって、いわゆる登録型で行われる労働者派遣事業の場合には、単に登録されているだけで当該事業主にまだ雇用されていない労働者は、派遣労働者には該当しないことになる。

　この場合、派遣元と派遣先との間で労働者派遣契約関係が成立することにより、同時に派遣元との雇用関係が成立して派遣労働者となるというのが、通常の登録型のパターンである。

●2　労働者派遣の対象となる者であること

　第二の要件は、当該労働者が、雇用される労働者であるとともに労働者派遣の対象となる派遣労働者に該当することである。「労働者派遣の対象となる」とは「現に労働者派遣をされていると否と問わず、労働者派遣をされる地位にある者のことをいう」（「業務取扱要領」第1の2⑶イ）のである（労働者派遣をされる可能性のあること、すなわち労働者派遣命令を正当な理由なく拒否できない地位にある労働者をいう）。そして、具体的には「労働者派遣の対象となる」ものであるか否かは労働

契約、就業規則、労働協約等の定めによることになり、このような派遣労働者としての地位の取得があったというためには「派遣労働者として」雇用する旨を明示し、あるいは雇用する労働者を「派遣の対象者とする」旨を明示して労働者の同意を得ておかなければならない（派遣法第32条）。

2 取締役は労働者派遣法の適用対象となるか

ところで、前記の要件から、取締役を労働者派遣する場合に、派遣法の適用対象になるかが問題となる。このような者についても、派遣労働者が多数派遣される場合には、その責任者として常駐派遣になる場合もあり、その者が派遣元の事業の取締役の場合には、果たして派遣労働者といえるかが問題となる。この場合にはその者が使用人兼務取締役であり、業務執行権や代表権を持たない者であって代表者から指揮命令を受けて労働に従事し、その対価として賃金が支払われている（会社法第361条の取締役の報酬でないこと）者であれば、雇用される労働者ともなるので派遣労働者に該当すれば派遣法の適用対象となる。しかし、「労働者」に該当しなければ対象とならない。

この点については、一般に次のように考えられている。すなわち、「法人、団体、組合等の代表者又は執行機関たる者の如く、事業主体との関係において使用従属の関係に立たない者は労働者ではない」（昭23・1・9基発第14号）とされており、判例においても、「或事業の業務主体について従属的労働関係が成立することは、観念上不能に属するから、無論事業主若しくは、これと同視しうべき経営担当者については、労働者の地位の兼併というが如きことは有りえないものといわなければならない」（東亜自転車取締役労災保険不支給決定取消事件、大阪地裁昭30・12・20判決、判タ53号68頁）とされている。また、代表権はなくても取締役として経営会議等を通じ会社の経営に関与していた者は労働者には該当せず（かねます食品事件、大阪地裁平7・3・10決定、労判命令要旨集平成8年版48頁）、「取締役の地位以外に従業員の地位を有しているか否かは、当該取締役の業務の内容、会社における指揮監督の有無、その程度、それに関連する報酬金の支払状況など総合的に判断せ

第1部　労働者派遣と多様な利用形態をめぐって

ざるを得ない」（佐川ワールドエクスプレス事件、大阪地裁平7・10・6決定、労判684号21頁）とされている。この点は、報酬が支払われていても何ら異なるものではない。

　一方、労基法上の労働者に関し「法人の所謂重役で業務執行権又は代表権を持たない者が、工場長、部長の職にあって賃金を受ける場合は、その限りにおいて法第9条に規定する労働者である」（昭23・3・17基発第461号）とされている。

　そこで、取締役であっても代表権を持たず代表者から指揮命令を受け賃金を支払われる者は「労働者」に該当し派遣法の適用対象になる。

　また、雇用しない者の派遣ということもあり得るが、それは、事実上の支配下にある労働者の場合には労働者供給事業に該当し違法となることが多い。自社と雇用契約関係ではなく業務委託関係にあるテニスのコーチをテニス教室に派遣するといった場合（ザ・ネットワーク・フルセイル退職金請求事件、東京地裁平7・5・12判決、労判命令要旨集平成8年版50頁）には、労働者派遣には該当せず、また、職安法の「労働者供給」にも該当しないので、何ら規制の対象とはならない。このようなケースは、自由営業行為として行うことができ、これを禁止する法律はない。

3　一人親方（フリーランス）は労働者派遣法の適用対象となるか

　次にいわゆる「一人親方」の派遣ということもあり得る。しかし、いわゆる一人親方である個人事業主の場合には、派遣先において派遣労働者として指揮命令を受けるようになるということは、個人事業主本人が自分の派遣契約を結ぶということであるから、これは「労働者派遣」の定義には該当せず、そもそも労働者派遣とは認められない（この意味で、会社という法人が代表者や専任役員を派遣する場合とは異なる）。

　このため、個人事業主である一人親方が派遣先で指揮命令を受け自ら労働力としての使用収益の対象となって労務を提供し、労働することになると、それはもはや労働者派遣ではなく、派遣先と一人親方との間に労働契約が締結されたことになり、派遣先の直接雇用する労働者となっ

第2章●多様な労働者派遣の形態と労働者派遣法の適用上の問題

てしまうことを意味する。

　また、一人親方があくまでも専門的知識、経験、能力を活かしたプロフェッショナルとして、派遣先から指揮命令を受けないで独立自営業者として派遣先より注文や委託を受けて自己の責任で業務を遂行するという場合（いわゆるフリーランス）もある。そのようなケースでは、両者の関係は「請負契約」ないし「業務委託契約」となり、労働者派遣には該当せず派遣法の適用外となる。

4 労働者派遣のあっせん・家庭への派遣と労働者派遣法の適用
▶派遣先の指揮命令とは◀

1 労働者派遣のあっせんは違法か

　労働者派遣とは、「自己の雇用する労働者」を当該雇用関係の下に、かつ「他人の指揮命令を受けて、当該他人のために労働に従事させる」ものである。

　そこで、「自己の雇用する労働者」に該当するとともに「他人の指揮命令を受けて」労働に従事する関係が成立しなければならない。このため、自己と雇用関係のない、例えば家庭教師等の単なるあっせんを行うという場合には、当該家庭教師になろうとする者を雇用しないで行うことであるから、法律上の労働者派遣には該当しない。また、あっせん派遣した家庭も当該家庭教師を「指揮命令して」労働に従事させるわけではないので、この点でも労働者派遣の要件を満たさず、いずれの面においても労働者派遣法の適用を受けないことになる。

● 1 職業紹介と労働者派遣のあっせん
　ところで、職安法は、許可を受けない者が職業紹介事業を行うことを

39

禁止しているが（有料職業紹介事業につき職安法第30条、無料職業紹介事業につき同法第33条）、同法にいう職業紹介とは「求人及び求職の申込みを受け、求人者と求職者との間における雇用関係の成立をあっせんすることをいう。」（同法第４条第１項）ものである。「あっせん」とは、「ある人とその相手方との間の交渉が円滑に行われるように第三者が世話することをいう」（『法令用語辞典』学陽書房）ものである。

　すなわち、職安法にいう職業紹介とは、雇用関係の成立をあっせんすることであり、したがって「労働者派遣のあっせん」とは、派遣先と派遣労働者との間に、雇用関係を成立させるのではなく、指揮命令関係のみを成立させるにすぎないものであるから、職業紹介とは概念が異なるということになる。このため、わざわざ派遣法第２条第１号では、労働者派遣の定義として「当該他人に対し当該労働者を当該他人に雇用させることを約してするものを含まないものとする」と定めているのである。

　そこで例えば、労働者派遣を行いたい、あるいは受けたいという申込みを受け、派遣元と派遣先との間における労働者派遣契約の成立をあっせんしたとしても、これは職安法にいう職業紹介ではないということになるし、派遣契約に定める契約の履行について、第三者が何らかの保証を行ったとしても、これは職業紹介とは関係のない行為ということになり、いずれも営業の自由として許される行為といえる。

　これらの点については、「業務取扱要領」で次のように解釈されている。

▶業務取扱要領

(イ)　派遣元に対して派遣先を、派遣先に対して派遣元をそれぞれあっせんし、両者間での労働者派遣契約の締結を促し、援助する行為は法上禁止されていないこと。

(ロ)　また、派遣元のために、当該派遣元が締結した労働者派遣契約の履行について派遣先との間で保証その他その履行を担保するための種々の契約の締結等を行うことも、同様に法上禁止されていないこと。

（第１の１(6)ハ）

　したがって、このような派遣契約の成立をあっせんすることを「業」

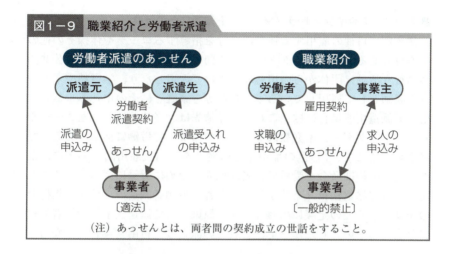

図1-9 職業紹介と労働者派遣

（注）あっせんとは、両者間の契約成立の世話をすること。

として行うことは禁止されていない。

この関係について図示すれば図1-9のとおりであるが、労働者派遣のあっせんではなく、雇用関係を成立させる職業紹介である場合には原則として禁止されている点に留意する必要がある。

● 2　家庭教師のあっせんは

例えば、登録している家庭教師の希望者について広告・宣伝等をして各家庭にあっせんし、手数料を得るといった場合、あっせんされた家庭等が家庭教師を雇用するという場合は職業紹介に該当するが、一般には雇用するのではなく子供の教育指導を委託するというのが普通であるから、この場合には民法第656条の準委任に該当し、職業紹介には当たらない。このような準委任のあっせんについては、禁止する法令は現在のところなく、営業の自由の範囲内の行為とされている。

2 派遣先が指揮命令しない場合は

労働者派遣は、労働者を「他人の指揮命令を受けて、当該他人のために労働に従事させること」であり、この要件の有無により、労働者派遣を「業」として行う労働者派遣事業とそれ以外の事業とが区分される。

第1部　労働者派遣と多様な利用形態をめぐって

●1　コーチやインストラクター、家庭教師などの派遣

　例えば、自社の雇用する運動競技等を指導するコーチや体操その他の指導員であるインストラクターなどを同好会や公民館活動、地方公共団体の行う活動に団体からの申込みを受けて派遣したり、学習塾や予備校等が講師として雇用している家庭教師等を家庭等にその申込みや依頼に応じて派遣する場合には、これらの派遣先は、当該派遣されたコーチやインストラクター、家庭教師などを指揮命令して労働に従事させるのではない。そこで、「自己の雇用する労働者を、当該雇用関係の下に、かつ、他人の指揮命令を受けて、当該他人のために労働に従事させることをい」う（派遣法第2条第1号）とされる労働者派遣の「他人の指揮命令を受け」るとの定義には該当せず、原則として派遣法上の労働者派遣には当たらない。したがって、これらの派遣は、自由営業行為となる。

●2　一般家庭への家庭教師の派遣と労基法第9条の「事業」

　また、労働者派遣の派遣先が家族のみの事業の場合はどうなるか。この点については、特に派遣法第44条が規定する労基法の適用に関して問題となる。第44条では、労基法第9条に規定する事業に雇用され、他の事業主の事業に派遣されている同条に規定する労働者と定義しており、「同居の親族のみを使用する事業に使用される者及び家事使用人を除く。」（派遣法第44条第1項かっこ書）とされている。

　この場合、派遣法第2条第2号の「事業主が雇用する労働者」である派遣労働者の「事業主」が、同居の親族のみの事業の場合を除くのか、派遣される先の事業主が同居の親族のみの場合を除く趣旨か、従前の派遣法が引用していた労基法第8条の事業の定義の条文が、平成11年4月1日施行の労基法の改正で削除されたため分からなくなった。

　しかし、派遣法第44条の適用は別として、仮に家族従業員のみで行う事業に派遣元事業主が労働者を派遣する場合も、派遣先が指揮命令して労働に従事させるならば、当該労働者は派遣法の「労働者」となるので、従来同様派遣法の適用を受けることになると解される。

　そこで、家庭教師の場合についてみると、派遣された家庭より指揮命令を受け労働に従事するのではなく、前述のとおりその家庭として子供の勉強について指導を受けるという契約であるから、労働に従事させる

図1-10 家内企業の場合と家庭の場合

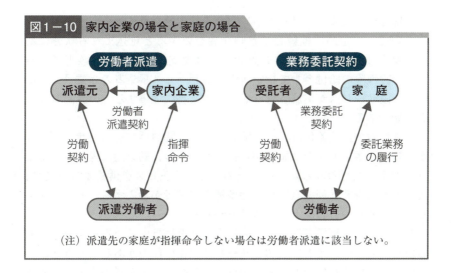

（注）派遣先の家庭が指揮命令しない場合は労働者派遣に該当しない。

というものではないので、業務委託契約と解される。そのような場合には労働者派遣には当たらないので――他人の指揮命令を受けて当該他人のために労働に従事させることに該当しないため――本法の適用は受けない（図1-10参照）。

● 3　家内企業が派遣を受ける場合

　家庭教師等のような場合ではなく、派遣先がいわゆる家内企業であって繁忙期において営業担当者や集金担当者が必要となったため、その事業のために派遣元から労働者の派遣を受けるというケースについては、それが派遣元の「自己の雇用する労働者」であり、派遣先が「労働者として指揮命令する」という場合であるときは、労働者派遣に該当し、派遣法の適用がある（図1-10参照）。

3　介護保険の指定居宅介護サービス事業者への派遣と家庭派遣

● 1　指定居宅介護サービス事業者に介護労働者を派遣する場合

　介護保険法の制定により、身体上または精神上の障害があるため、入

浴、排せつ、食事等の日常生活における基本的な動作の全部または一部について、一定期間継続して常時介護を要すると見込まれる状態にあり、要介護認定を受けた要介護者または要支援状態である該当者に対し、介護保険の給付として指定居宅介護サービス事業者の従業員による居宅介護サービスが実施されるが、その業務に従事する者の労働者派遣も可能である。

介護保険の保険給付は、被保険者の選択に基づいて適切なサービス等が、多様な事業者または施設から総合的、かつ、効果的に提供されるように配慮して行われるが、そのためには、サービスを供給する事業に、民間事業者や非営利組織団体など多様な事業者が参入することで、サービスの効率化や質の向上を図る必要がある。

しかし、民間事業者等サービス提供事業者にはいろいろな事業者があるため、個々の事業者に適切なサービス提供の能力があるかどうか、あるいは参入に際して過度の競争が行われる結果、事業者のサービスの質の低下やサービス体制の不備を招くことがあるのではないかとの懸念がある。

そこで、指定居宅介護サービス事業者については、居宅サービス事業を行う者の申請により、居宅サービスの種類及びサービス事業を行う事業所ごとに都道府県知事が適格性を判断の上、指定する。

そして居宅介護サービスの内容については、あらかじめ居宅介護サービスの利用計画（ケアプラン）が作成され、それに基づき、訪問介護、訪問入浴介護、訪問看護、訪問リハビリテーションといった居宅介護サービスが行われる。これにあたる介護福祉士やホームヘルパー等の専門家を労働者派遣により居宅介護サービス事業者に派遣して、派遣された労働者をサービス事業者が指揮命令して、市町村等の依頼により介護保険の現物給付として各対象家庭を訪問させて各種のサービスを行うことは差し支えない。そして、その場合には派遣法の「労働者派遣」に該当する。

●2　家庭が直接契約で介護労働者の派遣を受ける場合

一方、居宅介護サービス事業者に依頼せず、介護保険の適用のない40歳未満の人や40歳以上でも要件に該当しない人について、当該介護を行う家庭と派遣事業者との間において直接介護労働者の派遣契約を結

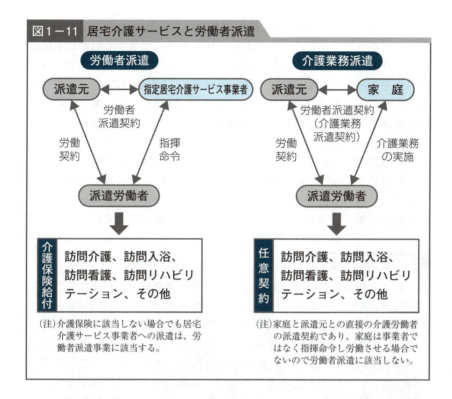

び、それに基づき派遣元が介護の専門家を派遣して訪問介護等の業務にあたらせることもあり得る。この場合には、派遣先の家庭は事業を行うものではなく、派遣された介護労働者を「指揮命令して労働に従事させる」ものでもないので、労働者派遣には該当しない。したがって、派遣法による規制は受けない。この関係は図1－11のとおりである。

4　要支援の個人へのボランティア等の支援派遣は

　任意介護のために家庭への個人的な派遣契約によって居宅介護に従事する労働者の派遣の場合には、派遣元と派遣される労働者との関係が雇用契約関係であったとしても、派遣先が家庭であるから「派遣先において指揮命令を受けて労働に従事させる」ものではない。そのため、この

第1部　労働者派遣と多様な利用形態をめぐって

ようなケースは労働者派遣には該当しない。派遣先の家庭は、事業を
行っているわけではなく、したがって居宅介護に従事するために家庭に
派遣された者は、「事業又は事務所に使用される者」でないので、労基
法の適用労働者とはならない（同法第9条）。この場合には、「家事使用
人」と同じような立場に立つから、労働者には当たらず、派遣法の「労
働に従事させる」ことにはならないからである。特に心身等の不自由な
個人のための日常生活その他の支援を目的とするボランティアの当該個
人への派遣の場合には、全く「労働者派遣」には該当しない。

　この点について、「業務取扱要領」では、同様のケースや身体の不自
由な人の介助、支援のための家庭や個人へのボランティアの派遣も同様
に労働者派遣に該当しないとして、次のように述べられている。

> ▶**業務取扱要領**
>
> 　老人、身体障害者等に対する家庭奉仕員派遣事業、母子家庭等介
> 護人派遣事業、盲人ガイドヘルパー派遣事業、手話奉仕員派遣事業、
> 脳性マヒ者等ガイドヘルパー派遣事業その他これらに準ずる社会福
> 祉関係の個人を派遣先とする派遣事業については、法施行前は職業
> 安定法第44条で禁止する労働者供給事業に該当しないものとして
> 判断されてきたが、これらの事業が、今後従来と同様法第2条第1
> 号の「労働者派遣」に該当しない態様により行われる限りにおいて、
> 「派遣」という名称とは関わりなく、①派遣元が国、地方公共団体、
> 民間のいずれであるかを問わず、また、②派遣先が不特定多数の個
> 人であるか、特定の会員等であるかを問わず、労働者派遣事業とは
> ならないものであること。
>
> （第1の1(8)）

　したがって、これらの社会生活上支援が求められる個人の支援のため
の、いわばボランティア的・奉仕的な派遣は、派遣法に定める労働者派
遣には該当しない。

第2章●多様な労働者派遣の形態と労働者派遣法の適用上の問題

5 店員派遣・代理店派遣等の自社業務派遣と労働者派遣

1 店員派遣等の形態と労働者派遣との差異

　労働者の「派遣」とひとくちにいってもその態様や形態はいろいろあり、言葉や契約名義のみをもって区別することはできない。

　同じく「派遣」と称していても、いわゆる企業内派遣形態である「店員派遣」や「代理店派遣」といわれる自社の指揮命令を受けて自社のために他の会社内において業務を遂行する形態のものと、派遣先の他社企業の指揮命令関係に入り、当該他社の指揮命令の下に当該他社のために業務を遂行する形態である要員派遣ないし人材派遣とは法的意義と性質が異なる。

　すなわち、店員派遣や代理店派遣を中心とするいわゆる自社業務派遣とは、企業内の人事異動の形態としての「派遣」の場合を総称するものであり、これは「自社の業務命令により自社からの指揮命令を受け、自社の業務を自社のために他社において遂行する」ものをいう。

　したがって、「自社と他社との労働者派遣契約により、他社に派遣されて、他社の指揮命令を受け、他社に使用されて労働を提供する」労働者派遣とは異なる。自社業務派遣の場合は、指揮命令者が雇用主であり、雇用者と使用者が一致する点において法律上明白に労働者派遣とは区別されるものである。このような「自社業務派遣」は、一般に「店員派遣」型と称されており、これは元来「派遣元に雇用され、派遣元の業務命令により派遣元のために就業するが、就業の場所が派遣先事業所であるもの」ともいえるものである。

　そこで、労働者は、このような形態の派遣及び就業にあたっては、あくまでも派遣元の指揮命令を受けるものであり、派遣先の指揮命令は一切受けず、請負等の事業の場合と同様「他人の指揮命令を受けて当該他人のために労働に従事させる」ものではないので、派遣法上の「労働者派遣」には該当しない。すなわち、「雇用と使用の一致」があるもので

47

あって、労働法上問題はない形態なのである。

なお、この形態では他社の中に自社の駐在員、代理店、連絡員等の形で存在するもので、いわば他社の中に自社の作業所、駐在所、連絡所等あくまでも雇用主である自社の事業所的なものが小規模とはいえ存在すると考えられ、そこへ赴いて仕事をする形態のものと、自社製品販売のための店員、宣伝員、説明員等として自社のために自社の業務として他社内で他社の従業員と混在、協同して就業するが、他社の指揮命令は受けず、あくまでも自社の指揮命令を受ける、いわば長期出張と同じ形態のものの２つがある。

一方、労働者派遣とは、①自己の雇用する労働者を、その雇用関係を維持しながら、他人の事業所に赴かせ、②他人の指揮命令を受けて、その他人のために労働に従事させること、であり、③労働者を、他人に雇

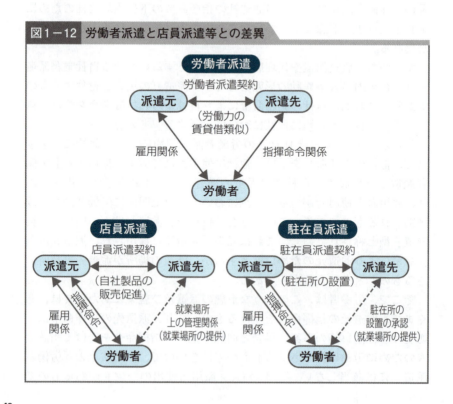

図１−12　労働者派遣と店員派遣等との差異

用させることを約して労働に従事させるものでないこと、が要件とされている。

すなわち、労働者派遣と店員派遣等の自社業務派遣との根本的な違いは、派遣された労働者を派遣元が直接指揮命令するか（雇用と使用の一致）、派遣先に労働力の使用収益権限を賃貸し、派遣先が指揮命令するか（雇用と使用の分離）の違いである（図1−12参照）。

2 派遣先に派遣店員や派遣駐在員の管理を委託した場合

自社製品の販売促進等のためにスーパーマーケットやデパート等に店員を派遣して自社製品の販売にあたらせたり、スーパーマーケットや大型量販店等に自社の専門の説明員、宣伝員、マネキン等を派遣して自社製品の販売増進を図ったり、メーカーが自社製品の販売時の説明や販売機械の修理、部品交換等のメンテナンスやクレームの処理にあたるために販売店に自社の社員を代理店とか駐在員と称して派遣（配置）したりすることは、前述のとおり、派遣元の業務として、派遣元のために、派遣元の指揮命令を受けて、派遣先において就業する（就業場所が派遣先というだけで、派遣先の指揮命令を受けない）ものであって「労働者派遣」には当たらず、企業内の人事異動形態の一つである。

このような派遣形態の典型的なものは、自社の指揮命令下にある一つの作業場所が派遣先の事業所内において成立していて（これらは労基法上は一つの事業場としての適用単位とならないわずかな従業員1〜2名の駐在所的なものであってもよい）、そこへの転勤ないし配転と認められるものである。したがって判例によれば、販売代理店に派遣駐在を命じたことは「『職場の異動』ないしは『勤務場所の変更』に該当するというべきであって、いわゆる同一企業内における配置転換の形態に該当するものというべきである」（安川電機製作所事件、福岡地裁小倉支部昭48・11・27判決、判タ311号222頁）とされている。

一方、労働者派遣とは、「自己の雇用する労働者を、当該雇用関係の下に、かつ、他人の指揮命令を受けて、当該他人のために労働に従事させることをいい、当該他人に対し当該労働者を当該他人に雇用させることを約してするものを含まない」（派遣法第2条第1号）ものである。

第1部　労働者派遣と多様な利用形態をめぐって

　すなわち、労働者派遣における派遣元、派遣先及び派遣労働者の三者間の関係は、①派遣元と派遣労働者との間に労働契約関係があり、②派遣元と派遣先との間に労働者派遣契約が締結され、この契約に基づき派遣元が派遣先に労働者を派遣し、③派遣先は、派遣元から委ねられた指揮命令権により派遣労働者を指揮命令するというものである。このように雇用と使用が分離している点に、自社業務派遣である店員派遣型と労働者派遣との違いがある。この点について厚労省は次のとおり通達している。

▶行政通達

　デパート、スーパーマーケット等におけるいわゆる派遣店員については、種々の形態があるが、派遣元（メーカー、卸売店等）との労働契約関係に基づき、派遣元の業務命令を受けて、派遣元の商品の販売促進等派遣元の業務に従事する者であって、派遣先（デパート、スーパーマーケット等）の指揮命令を受けないものの派遣は、労働者派遣に該当しないものであるが、派遣先が当該派遣店員を現実に指揮命令して、派遣先の業務に従事させる場合は労働者派遣に該当することとなる。

　この場合の派遣店員が、派遣先の指揮命令を受けているか否かは……（派遣と請負との関係についての）「労働者派遣事業と請負により行われる事業との区分に関する基準」中の「一　労働力を自ら直接利用すること」に準じて判断すること。

　なお、派遣店員のうち、派遣先の指揮命令を受けない者については、派遣元についてのみ労働基準法等の適用があるが、派遣先の指揮命令を受けるものについては、労働者派遣法第3章第4節労働基準法等の適用に関する特例等の適用があり、同節に定めるところにより、派遣元及び派遣先に対して、労働基準法等の適用があることとなる。

（昭61・6・6基発第333号）

　この通達によると、店員派遣形態であっても派遣先が現実に指揮命令して派遣先の業務に従事せしめていると認められる場合には「労働者派

遣」に該当するということであるが、派遣先に出退勤管理等を委託している場合はどうであろうか。

その場合、指揮命令権限までも委託するのではなく、単なる出退勤状況や業務の遂行状況を把握し、事後的に報告する程度の事務の委託であれば前記通達にいう「指揮命令」を派遣先がしていることに当たらないと解される。

この点について、「労働者派遣事業と請負により行われる事業との区分に関する基準」（昭61・4・17労働省告示第37号（改正：平24・9・27厚労省告示第518号）。以下「区分告示」という）の第2条第1号ロにおいても、「(1)労働者の始業及び終業の時刻、休憩時間、休日、休暇等に関する指示その他の管理（これらの単なる把握を除く。）を自ら行うこと。(2)労働者の労働時間を延長する場合又は労働者を休日に労働させる場合における指示その他の管理（これらの場合における労働時間等の単なる把握を除く。）を自ら行うこと。」（傍点筆者）のごとく定め「これらの単なる把握を除く」としているのも、これらの把握という事務のみを派遣先に委託することだけでは指揮命令とはいえないとしているのであり、この場合にも当てはまる。

例えば、メーカーが自社の販路拡大、同種メーカーとの企業間競争の有利な展開等を図ることを目的として、販売代理店へ自社社員を派遣し、販売店を勤務場所とするが、従前どおり自社の社員として取り扱い、自社（メーカー）から給料を支給することはもとより、派遣に伴う諸手当やサービス業務の諸費用を負担し、かつ、業務用自動車も自社で提供するなどすべてメーカー側で負担して業務を行うケースがある。これは、日常の勤務については顧客から代理店に電話等で修理の申入れがあった場合、在社中ならば代理店社員が直接メーカーの派遣社員に告げ、不在のときは代理店からメーカーの地区リーダーに連絡し、地区リーダーから派遣社員に伝える方法をとっており、派遣社員には地区リーダーと連絡がいつでもとれるように携帯電話を携行させ、メーカーのサービスカーで修理に赴かせ、その費用工具等も一切メーカー持ちで修理を行うといった場合である。また、勤怠管理についても、代理店派遣契約書において代理店からメーカーに報告すべきことが義務付けられ、勤務時間、休日、一斉休憩の基準は、代理店の定めによっているが、

第1部　労働者派遣と多様な利用形態をめぐって

　これは派遣駐在の目的が顧客から代理店へのクレームを迅速・的確に処理するためであり、したがって代理店の営業日、営業時間中は常にクレームに対応し得る態勢にあることが必要なため、自社社員の勤務時間を変更したものである。このような事案について、前掲安川電機製作所事件判決が「右勤務時間等の一事をもって、申請人が代理店の従業員として、その指揮命令下において就労しているものということはできない」とし、当該派遣は、「代理店のために代理店の指揮命令下で就労することを命じたものではない」と判示し、勤怠報告の点も、終局的にメーカーの管理に服するものであり、あくまでも派遣元の指揮命令下にあるとしていることからみても、労働時間等の事実の把握事務の委託は差し支えない。

　一方、勤怠状況の単なる「把握と報告」にとどまらず、派遣先会社の就業規則の適用を受け、「（その）統制に服し、勤務時間ならびに休日、休暇の基準も同社〔筆者注：派遣先〕の定めるところにより、組合活動を理由とする早退の許可も同社の業務上の都合に重点を置いて決定される」（高木電気出向拒否事件、大阪地裁昭49・7・4決定、労民集25巻4・5合併号317頁）という状況の場合には、派遣先の指揮命令を受ける労働者であると認められている。

　この点について、厚労省も次のように通達している。

▶業務取扱要領

　現実にも、派遣店員に関する出退勤や休憩時間に係る時間の把握等については、派遣先の事業主や従業者等に委任される場合があるが、このことを通じて、実質的に労働者派遣に該当するような行為（例えば、派遣先の事業主や従業者から派遣元の事業とは無関係の業務の応援を要請される等）が行われることのないよう、関係事業主に対し、派遣店員に係る法律関係についての周知徹底等を行っていく必要がある。

（第1の1(7)ハ）

第2章●多様な労働者派遣の形態と労働者派遣法の適用上の問題

3 店員派遣形態の場合の労基法等の適用と派遣先業務従事の場合の問題

　いわゆる店員派遣や代理店派遣といわれる自社業務派遣形態の場合の労基法の適用については、「労働基準法研究会報告」（昭59・10・18）において次のように述べられている点に留意する必要がある。

▶労働基準法研究会報告

(2)　いわゆる派遣店員の場合等

　イ　派遣元事業主、派遣先事業主及び派遣店員の間の法律関係

　　派遣店員は、派遣元事業主との労働契約に基づき派遣元事業主に雇用され、派遣元事業主の業務命令により、派遣先事業主の事業場で就労する。就労に当たっては、通常の場合、派遣元事業主の指揮命令を受け、派遣先事業主の指揮命令は受けない。ただし、出退勤の管理等については、派遣先事業主又はその従業者等に委任される場合も多いようである。

　ロ　労働基準法等の規定の適用等

　　(イ)　就労に当たって派遣先事業主の指揮命令を受けない場合には、労働基準法上の「使用者」としての責任を負う者は最終的には労働契約の当事者である派遣元事業主であることは明らかであり、出退勤の管理等を委任されている派遣先事業主又はその従業者等が委任にかかる事項に関して労働基準法に違反する行為をしたときは、派遣元事業主のために行為をした者として、その限りで労働基準法上の「使用者」としての責任を負うことになると解される。したがって、労働基準法等の各規定の具体的適用関係についても、通常の労働関係の場合と同様に考えれば足りると言えよう。

　　(ロ)　なお、派遣店員と派遣先事業主との間の法律関係は、上記のように解されるとしても、実態としては、派遣元事業主が派遣先事業主に対して弱い立場にあることが多いこともあって、派遣店員が派遣先事業主又はその従業者等から自社商品

53

と無関係な催事の応援など派遣元の事業とは関係のない業務の応援を要請されることが多い等の問題が指摘されている。したがって、派遣店員が上記のような法律関係にあることについて関係事業主等に十分周知するとともに、適正な労働時間管理の徹底等について指導する必要があると考えられる。

　ところで、前記報告ロの(ロ)の派遣店員が派遣先事業主の指揮命令を受けて派遣先の業務に従事するに至った場合であるが、その場合には派遣法の適用を受ける「労働者派遣」になるのだろうか。例えば、派遣元の事業と関係のない催事の応援であっても、会社間の協力関係から自社の業務として応援する手伝いなどは、派遣先の指揮命令を受けたとしても、それは派遣法にいう「他人の指揮命令」ではなく、応援業務での指図にすぎず、「労働者派遣」には該当しない。また、派遣先の支配下の業務であったとしても、それが一時的・臨時的でかつ派遣元に直接的な営利目的がないときは、労働者派遣には該当するが、反復・継続目的といった事業性がなく「労働者派遣事業」ではないので禁止される違法行為とはならない。この場合は、派遣法第3章第4節の「労働基準法等の適用に関する特例等」の適用を受けることになるのか問題がある。

　この点については、それはもともと労働者派遣として予定していないところであり、「店員派遣に関する事業者間の契約」にも定めていない、一時的・臨時的なものである場合には、派遣先の社員が店員派遣として派遣された労働者を指揮命令したとしても、それは「当該事業者（派遣元）のために行為する者」として派遣元の「使用者」の立場に一時的・臨時的に立つものと解される。したがって、当該業務については労働者派遣には当たらないので、使用関係が派遣先との間に成立したことにならない。そのため、派遣法第3章第4節の特例の適用はなく、雇用主である派遣元が労基法等の使用者としての責任を全面的に負うことになる。店員派遣の形態にもよるが、派遣労働者の保護という観点からみても、このような形態のケースは「一時的臨時的派遣」に当たり、「労働者派遣」には該当しないと解する方が適切と思われる。

第2部

労働者派遣と請負・業務委託、労働者供給をめぐって

第1章 労働者派遣と請負・業務委託等をめぐる問題

第2部 労働者派遣と請負・業務委託、労働者供給をめぐって

1 「請負」ならば法規制を受けない

　他社の雇用する労働者の労働力を利用する法律上の契約形態はいろいろあるが、前述のとおり、労働者派遣法は従来労働者供給事業に該当するものとして禁止されていた「労働者供給形態」のものの中から、「自己の雇用する労働者を、当該雇用関係の下に、かつ、他人の指揮命令を受けて、当該他人のために労働に従事させる」（同法第2条第1号）という形態、すなわち自己が雇用主として、雇用する労働者を、労働者保護上の責任と雇用契約上の労働条件の履行義務を負って他人の下に派遣し、その指揮命令を受けて労働に従事させる形態のものを一定の要件の下に適法として認めたものである。

　したがって、従来の職安法下においても適法とされていた請負、業務委託、出向、店員派遣、代理店派遣等については派遣法の対象とはなっておらず、このような形態の業務のアウトソーシングを禁止する法律はなく、従来どおり依然として適法であって、契約自由の原則下における合法的な行為として認められているのである。

　そして、派遣法の派遣に該当する場合には、派遣を受ける相手方、すなわち、労働者を派遣する事業者（派遣元）からみれば顧客に当たる事業者（派遣先・ユーザー）も、同法上に定める労働者保護規定の適用を受け、取引先である派遣先が自己の雇用しない派遣労働者に対して労基法等の適用に関する派遣法の特例として定めるいろいろな義務と拘束を使用者として負うことになる。

　例えば、派遣先（派遣取引契約上においては顧客先）は、次のような義務を負うことになる。

派遣先の義務

① 労働者派遣契約を守って適正に就業させる等契約遵守の措置を講ずること

② 適正な派遣就業のため派遣法に定められた各種の措置をとり、派遣労働者の指揮命令者に派遣法の規定等を周知することその他の配慮に努めること

③ 派遣先での待遇の確保に関すること

④ 派遣先管理台帳の作成、記載、保存等の整備をすること

⑤ 派遣労働者の雇用の努力をすること

⑥ 派遣労働者の派遣先での正社員化を推進すること

⑦ 派遣先責任者を選任すること

⑧ 次の事項については使用者とみなされ責任を負うこと

　　イ　労働時間、休憩、休日、深夜業

　　ロ　育児時間

　　ハ　生理日の就業が著しく困難な女子に対する措置

　　ニ　安全衛生管理体制（一般的健康管理を除く）

　　ホ　労働者の危険または健康障害を防止するための措置

　　ヘ　就業制限

　　ト　セクシュアル・ハラスメント

　　チ　妊娠、出産、産前産後休業その他妊娠、出産に関する事由による不利益取扱い

　　リ　母性保護措置、母性健康管理措置

　　ヌ　育児・介護休業、子の看護休暇・介護休暇その他の育児・介護支援措置に関する不利益取扱い

　　ル　育児・介護制度とその利用について派遣先における言動で派遣労働者の就業環境が害されないよう措置すること

　　ヲ　その他の保護

⑨ 派遣契約にあたって派遣先の事業所その他派遣就業の場所における組織単位ごとに３年を超える労働者派遣の役務の提供を受ける制限に抵触する日（抵触日）の遵守とその事前通知

⑩ 上の期間を過半数労働組合等の意見を聴いて延長したときの抵触日となる最初の日の通知

⑪ １年以上の期間同一事業所の組織単位ごとの派遣を受けた同一業務に従事させるため、新たに労働者を雇用しようとする場合の

派遣労働者の雇用の努力義務、同所において通常の労働者を募集する場合の募集事項の周知義務、派遣先の同一の組織単位の業務に継続して３年間の派遣就労見込みの派遣労働者に対する、その事業所で働く労働者を募集する場合の募集事項の周知義務
⑫　派遣法に違反して派遣役務の提供を受けた場合の直接雇用の「労働契約申込みみなし」と承諾による派遣労働者の直接雇用義務
⑬　派遣労働者に対する教育訓練、福利厚生施設、同種業務従事者の賃金情報等提供の配慮義務

　このようなことから、派遣元事業主にとっても派遣先事業主にとっても労働法上の規制を受けず、労務管理上問題がないのはいわゆる「請負」によって業務処理を行うことである。このため、いわゆるアウトソーシングの手法としては、注文者・顧客先に労務管理上の迷惑をかけず、すべて自己の責任で労務管理と労働法上の対応ができる「請負形態」により、注文者・顧客先が他人の労働力を利用できるならばこれにより処理したい、というのはやむを得ないところと思われる。つまり、請負に該当する場合は全面的な使用関係は請負事業主が負うのであり、結果として他社の雇用する労働力を利用する請負先企業は、「発注者、注文者」にすぎないことになるわけであるから、何ら当該労働者に対する法律上の責任を負わないことになる。

　これが、現実の対処にあたっては、企業として、派遣法の派遣労働によるよりも、できれば労働法上複雑でなく、顧客先（注文者）に使用者責任等の問題が発生しない「請負」によってアウトソーシングとしての業務を処理したいという理由となる。

　しかしながら、単に契約名義だけを請負契約とすればそれでよいというのではなく、法律上も実体上も名実ともに適法な「請負」と認められるものでなければならない。派遣法の適用を免れるために故意に偽装した脱法的なものであってはならず、また、当事者の無知や理解不足から、本来は労働者派遣となるべきものが請負契約として処理されるようなことがあってはならない。このような場合には、平成27年10月１日施行の平成24年派遣法改正に基づく直接雇用の「労働契約申込みみなし」（同

第1章●労働者派遣と請負・業務委託等をめぐる問題

法第40条の6第1項）の適用を受ける。そこで、この両者を区別する適正な判断基準が確立される必要があり、このための判断基準として、（旧）労働省告示（昭和61年4月17日付第37号）をもって「労働者派遣事業と請負により行われる事業との区分に関する基準」が制定された。また、その詳細な取扱いについては厚労省の「業務取扱要領」や「『労働者派遣事業と請負により行われる事業との区分に関する基準』（37号告示）に関する疑義応答集」等で定められている。

なお、ここでいう請負とは、民法第632条の請負契約のみならず、業務（事務）処理の請負や業務委託と総称されている民法第656条の準委任契約、それに類似する契約も含むものであり、この点については後に詳述する。

2 請負、業務委託等と労働者派遣

1 「区分告示」にいう「請負」と民法上の「請負」とは同じか

労働者派遣法にいう「労働者派遣」と現実の企業社会で行われている他人の労働力利用形態としての「請負」または「業務委託」契約と称せられているものとの区別に関する判断基準については、「区分告示」が前述のとおり定められ、さらに「業務取扱要領」により具体化されている。

しかしながら、この告示の適用については問題も多く、具体的なケースに応じて判断しなければならない。

この点において、まず問題となるのが、「区分告示」にいう「請負」と民法上の「請負」とは、同じなのか違うのかということである。

民法第632条にいう「請負」とは、「請負は、当事者の一方がある仕事を完成することを約し、相手方がその仕事の結果に対してその報酬を支払うことを約することによって、その効力を生ずる。」と規定されてい

59

るとおり「仕事の完成」にその契約の主目的がある。

　派遣法における「請負」とは、「派遣」という自己の雇用する労働者を他人の指揮命令を受けて当該他人のために労働に従事させるものと区別する目的をもって定められた「概念」であり、民法第632条にいう「請負」の定義とは必ずしも同じではない。すなわち、前記「区分告示」は、「事業としての独立性」を中心として、①労務管理上の観点からと、②事業経営上の観点からの、「独立性」の判断基準を定めているのであり、仕事の完成を目的とするか否かに重点があるわけではない。

　したがって、仕事の完成を目的としない、ビル管理、電算機等のオペレーション、社内郵便処理や文書取扱事務、清掃、構内警備ガードマン、電話交換、受付、宿日直等の単なる事務（業務）の処理をも含む広いもので、これらも「請負」という概念の枠の中で取り扱われているのである。つまり、「区分告示」の「請負」の中には民法第656条の「準委任」も含まれると考えられるのである。このように単に請負のみならず、いわゆる業務の委託契約等も含んだ広い概念が、職安法上・派遣法上の「請負」の定義と考えられているといえる。

　民法の準委任とは「当事者の一方が法律行為でない事務をなすことを相手方に委託し、相手方がこれを承諾することによって、その効力を生ずる。」（民法第656条により同法第643条を準用）とされているものであり、業務の処理を相手方より受託し、自己のある程度の自由裁量をもって自己の責任において処理する形態のものをいう。これは、民法上の請負のように仕事の完成を目的とするものではないが、事務や業務の独立処理という、事業者として労働者を使用して委託者の構内等において業務を処理する形態であり、委託者の指揮命令によらず独立して業務を処理完了させるものであるゆえに派遣法上の「請負」に該当するとされているのである。

　また、民法の請負の場合には報酬は仕事の完成に対して支払われるものであり、準委任の場合も、特約により業務の処理に対しその報酬を委任事務の履行後に請求できることを原則としている。さらに請負の場合には仕事の完成が目的であるから、現実に仕事を行って仕上げた目的物に瑕疵があるときは、担保責任を負い、準委任の場合には、委託の趣旨の範囲内において、受託者として自己の裁量で善良な管理者の注意を

もって委任事務の処理を行う義務を負い、これに違反すると債務不履行責任を負う。

一方、派遣法上の「請負」は、瑕疵担保責任及び善良な管理者の注意ということも、事業者としての独立性の一要素として判断されているのであり、このことは、「業務の処理について、民法、商法その他の法律に規定された事業主としてのすべての責任を負うこと。」という「区分告示」の項目に集約されており、この面でも請負か準委任かを問題にしておらず、報酬の算定や支払方法については、「区分告示」上の基準とはされていない。

すなわち、派遣法上の「請負」とは、民法上の請負契約のみならず、同法上の業務委託契約（準委任）、及び商法上の「他人のためにする製造又は加工」、「運送」、「作業又は労務の請負」（商法第502条）やその他のこれに類似する無名契約を含んだ、他人の労務を利用する契約関係のうち、事業主として独立性をもって労務管理を行い、作業上の指揮命令を自ら行うとともに、事業主としての法律上の責任を労働者に対して負っているものを広く包含するものをいうと考えられる。この点、従来の民法上の典型的な契約関係ではなく、「無名契約」と称される非典型的な各種の契約の混合した契約関係であるといえる（**図2－1**参照）。

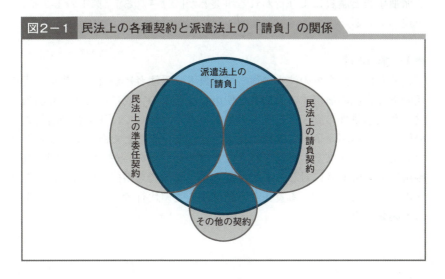

図2－1　民法上の各種契約と派遣法上の「請負」の関係

第2部　労働者派遣と請負・業務委託、労働者供給をめぐって

2　請負、業務委託等と労働者派遣との差異

　自己の雇用する労働者を派遣して、派遣先の指揮命令の下で派遣先の業務を遂行するのではなく、あくまでも請負人（受注者）自身が注文者から仕事を請け負い、自己の労働者を自ら指揮命令して注文された仕事の完成や独立した受託業務の処理を行うという場合には、労働者派遣の形態には当たらない。注文された業務の処理を業務請負形態により、事業主として自己の独立した事業として労働者を使用して業務を処理し、仕事の完成を請け負うというものであれば、職安法の労働者供給違反や派遣法の「労働者派遣事業」の違反という問題は生じない。

　すなわち、請負や業務委託と「労働者派遣」との差異はどこかというと、これら請負等は請負先（注文者）や委託者の労務指揮（指揮命令）を一切受けず、雇用主である自社のみの指揮命令を受け、自社の業務として、自社の労務指揮下に、自社のために、請負先で就労することにある。したがって、相手先企業の指揮命令を全く受けない点において労働者派遣とは明白に区別されるのである。「業務取扱要領」でも、「労働者派遣は、労働者を『他人の指揮命令を受けて、当該他人のために労働に従事させること』であり、この有無により、労働者派遣を業として行う労働者派遣事業と請負により行われる事業とが区分される」（第1の1(3)イ）と述べている。

●1　請負とは

　請負とは、注文者の注文に従って請負人（受注者）が自らの裁量と責任の下に自己の雇用する労働者を使用して仕事の完成にあたり、製品の納入や役務処理の完了を行うものである。したがって、注文者が請負人の労働者を指揮命令して業務に従事させるということであってはならない。ただし、注文上の指図を行うことは差し支えないが、その指図は直接請負人の労働者に対し行ってはならず、労働者を指揮して請負人の業務の管理にあたっている責任者（細部注文受領代行者）に行う必要がある（図2－2の(1)）。

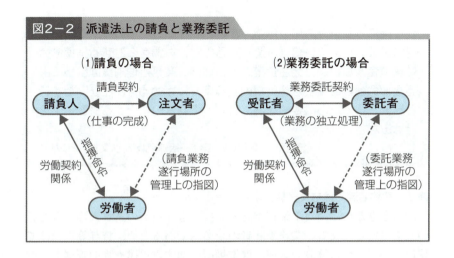

図2−2 派遣法上の請負と業務委託

2 業務委託（業務処理請負）とは

業務委託は、委託者（注文者）が一定の業務や事務の処理を委託し、受託者がその処理を承諾し、自己の責任において自己の雇用する労働者を使用し受託事務（業務）の処理をある程度の自由裁量をもって独立して行うことをいうのである。業務委託の場合も、請負の場合と同様、受託者が自社の事業として行うものであり、このため労働者を委託者の企業内で就労させていても、委託者側は労務管理を全く行わず、労務指揮はすべて受託者側で行い、労働者は自社の指揮命令下に自社の業務として受託した業務や事務を自社が貸与を受けた場所等で遂行するものである（図2−2の(2)）。

なお、これを業務受託者側に立っての業務処理としてみれば「業務処理請負業」ということもできる。この点については、次のようにいわれているところである。

「業務処理請負とは、ある企業（請負企業）が他企業（発注企業）に対してその一定業務の処理を請け負い、この請負業務を遂行するために自己の雇用する労働者を発注企業の事業場において自己の指揮命令下に労働させることをいう。業務処理請負は、請負企業が発

> 注企業に労働者を供給（派遣）する側面をもつが、あくまで請負業務の処理のために供給（派遣）するので、労働者に対する指揮命令は請負企業が行い、発注企業は行わない。業務処理請負は自らによる指揮命令等の職安法施行規則（４条）に定める４要件を満たすことを要し、それらの要件を満たせば、職安法の禁止する労働者供給とはみなされない。」

（菅野和夫『労働法　第十一版補正版』（弘文堂）367頁）

● 3　契約名義ではなく実態による

　問題となるのは請負や業務委託といっても、現実の請負人等の労働者の就業場所が注文者や業務委託者の企業内であるため、貸与等を受けて使用（利用）する施設の管理、就業場所に関する規律や物的管理上の指図には従わなければならない点である。また、安全衛生、機密の保持等を目的とする等の合理的な理由に基づいて注文者や委託者が労働者の服務上の規律に関与することがある。これらの場所や施設に関する安全衛生管理やセキュリティ管理、個人情報保護管理については、注文者等が指示・命令等を行う場合があっても、直ちに「労働者を指揮命令している」との要件に該当するものではない。指揮命令とは、労務管理や作業管理としてなされる場合であり労務（労働力）について行われるものをいう。したがって、安全衛生や機密管理等は、注文者側の業務上の必要に基づく自社の企業管理上の独自の責任だから、労働者に対する労務の指揮命令には該当しないのである。

　そこで、注文者の指示等が「注文者としての注文指図」の範囲にとどまるのか、労務管理上の指揮命令となるのかがポイントとなる。請負や業務委託の形式がとられていても、請負事業者側が指揮監督を全く行わず、労働者のみが請負業務遂行のため注文者の事業場に赴き、注文者が労務指揮を行っている実態があれば、契約名義は請負となっていても「労働者派遣」と認められることになる。

　次頁の厚労省（旧労働省）の立法時における国会答弁からも分かるように、「請負」と「労働者派遣」が実務上なかなか截然と区別されないため、前述のとおり「区分告示」をもって具体的に区分の基準を定めて

第1章●労働者派遣と請負・業務委託等をめぐる問題

いるわけである。

> **参考**　**〜派遣法立法当時（昭和60年）の労働省の国会答弁から〜**
>
> 　「請負と労働者派遣との相違と申しますのは、〔派遣〕先が指揮命令をするかどうかによって異なってまいります。」
> 　「派遣事業に該当するのは、注文主が労働者を指揮命令して業務に従事させる、そして、受注者の方が業務の遂行に関して事業主としての責任を負わない、こういうことになり、請負の場合には、この逆に、注文主は労働者を指揮命令しない、そして受注者といいますか、事業主としての責任をこの請け負った〔派遣〕元が全部負う、こういう形であるわけでございますが、法律概念としては、そういう意味で非常に明確に区分されるわけですが、現実にまさに派遣の問題がここまでいろいろ論議をされてきます過程においては、その区分が実務的にはなかなか截然としない場合があるではないかというようなところも一つの問題であった事情もあるわけでございます。」

3　製造業における「労働者派遣」と「請負」との区分の重要性

　労働者派遣といわゆる請負の区分をめぐって特に問題となるのは、製造業においてである。

　従来禁止されていた物の製造業務への派遣について、平成19年2月末日までは、派遣期間が「1年」と限定されて労働者派遣が解禁され、さらに平成19年3月1日からは他の自由化業務と同様に3年（1年前から継続している場合には、延長は2年）となり、その後はいわゆる自由化業務となった。そのため、労働者派遣制度を利用して物の製造業務を行うことも多くなってきた。しかし、製造業務への派遣は平成19年来のいわゆる「派遣切り」の場面においては、派遣労働者の雇用の安定が図られず、製造業の技能の継承の観点からも問題であるとの指摘があり、平成22年4月には、改正派遣法案の政府提案では「物の加工、組立てその他の物を製造する工程における作業として政令で定めるものに係る物の製造の業務（その常時雇用する労働者を「業」として行う労働者派遣により当該業務に従事させる場合における当該業務を除く。）を労働者派

65

遣事業を行ってはならない業務に追加するものとすること。（第4条第
1項関係）」とされたが、国会の修正で削除された。そして平成27年の
法改正により他の自由化業務と同様に、無期雇用派遣労働者については
派遣期間の制限がなく、有期雇用派遣労働者については、①個人単位の
期間制限として、派遣先の同一の組織単位（課）における同一の派遣労
働者の継続的な受入れは3年を上限とすること、②事業所単位の期間制
限として、派遣先の同一の事業所における派遣労働者の継続的な受入れ
は3年を上限とすること、それを超えて受け入れようとするときは過半
数労働組合等からの意見聴取が必要となること、というように一般的派
遣と同一となった。

　また、何よりも重要なことは、平成24年改正において、違法派遣の是
正にあたっては派遣労働者の保護を図ることと、違法派遣を受け入れた
派遣先にもペナルティを科すことで法規制の実効性を確保することを目
的として、派遣先が一定の要件に該当する違法派遣を受け入れた場合、
派遣先が派遣労働者に対して、その派遣労働者の派遣元事業主における
労働条件と同一の労働条件を内容とする労働契約の申込みをしたものと
みなす「労働契約申込みみなし」制度が創設され、平成27年10月1日か
ら施行されていることである。その派遣先の直接雇用の効果を生じ得る
「労働契約申込みみなし」制度の対象となる違法行為の一つとして、「こ
の法律又は次節の規定により適用される法律の規定の適用を免れる目的
で、請負その他労働者派遣以外の名目で契約を締結し、第26条第1項各
号に掲げる事項を定めずに労働者派遣の役務の提供を受けること。」（派
遣法第40条の6第1項第5号）とされ、いわゆる偽装請負の場合（派遣
法等の規定の適用を免れる目的で、請負その他労働者派遣以外の名目で
契約を締結し、必要な事項を定めずに労働者派遣の役務の提供を受ける
場合）には、派遣先（発注者側）における「労働契約申込みみなし」が
成立し、労働者側が承諾の意思表示をすると派遣先である発注者の雇用
する労働者としなければならないというペナルティが適用される。この
ように、「偽装請負」に対する制裁がより強化されたため、請負の場合
には、適正な製造委託関係や業務請負関係に立つことが重要である。

　そこで、「労働者派遣」と従来からの「請負」や「業務委託」との区
分を特に明白に理解しておく必要がある。

●1 製造業の労働者派遣は

製造業においても「労働者派遣」とは、「自己の雇用する労働者を、当該雇用関係の下に、かつ、他人の指揮命令を受けて、当該他人のために労働に従事させることをいい、当該他人に対し当該労働者を当該他人に雇用させることを約してするものを含まないものとする。」（派遣法第2条第1号）とされている。

すなわち、労働者派遣とは、1人の労働者について、図2－3の(1)のとおり雇用と使用が分離している形態をいう。

そして、労働者派遣の場合、派遣中の労働者は、「派遣先の指揮命令を受け、派遣先のために労働に従事する」ものであることから、製造業の場合には、派遣先の職場に入り、派遣先の機械、装置、器具、設備、通路その他一切の機器や建設物を使用ないし利用して派遣先の指揮命令下で就業して業務を行うものである。したがって、派遣先において就業中は、就業に関連する物的施設は派遣先の所有または占有するものを使用し、また、派遣先の定める作業方法により作業することにならざるを得ない。そこで、派遣労働者の安全衛生を確保するため、原則として実

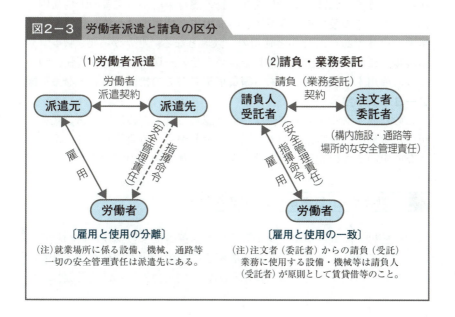

図2－3 労働者派遣と請負の区分

第2部　労働者派遣と請負・業務委託、労働者供給をめぐって

際に就業させ指揮命令して業務を遂行せしめている派遣先事業者に安全衛生上の管理責任を負わせる必要があると認められる。そこで、派遣先が労働者の危険防止等の措置義務（安全衛生管理）を負う旨の安衛法の派遣労働者に対する適用の「みなし規定」が派遣法では定められている（派遣法第45条～第47条）。

●2　製造業の請負・業務委託は

　一方、請負や業務委託は、業務に従事する労働者が注文者や委託者の労務指揮（指揮命令）は一切受けず、雇用主であり請負人である自社のみの指揮命令を受け、自社の業務として、自社の労務指揮下に、自社のために、請負先（受託先、注文者側）構内で就労するものである。そこで、相手先企業の指揮命令を全く受けない点、就業場所の区分による混在就業の防止等の点において、労働者派遣とは明白に区分されるのである。

　すなわち、請負・業務委託とは図2-3の(2)のとおり、労務使用形態として「雇用主」と「使用主」が一致している通常の雇用形態をいう。そこで、請負・業務委託の場合の安全管理責任については、それぞれ適法な請負等であれば、請負や受託業務の遂行場所が注文者の工場構内であっても、その業務を行う労働者の雇用主と使用主は一致し請負・受託事業者自体であり、「雇用と使用の一致」となる。したがって、職場（製造現場）における安全管理体制を含め、その一切の安全管理責任については、雇用主（事業者）である請負事業者がその措置義務者となる（図2-3の(2)参照）。

　このため、あくまでも適法な請負と認められるためには、請負業務に用いる設備や機械等について「区分告示」が定める要件として、次のような所定の要件の充足（独立性）が求められているのである。

■　労働者派遣と区別される請負の要件

①　機械・設備、器材、材料等の自己調達等により業務が行われていること（注文者側の機械・設備等の無償使用ではなく、少なくとも賃貸借契約等により費用を請負人側で負担していること）。

第1章●労働者派遣と請負・業務委託等をめぐる問題

> ②　その保守・点検・管理も請負人側で行うこと。請負人側で行う
> ことが守秘義務や技術・安全上の問題で適当でないときは、注文
> 者側が行うこととしているときでもその保守・管理等の費用を請
> 負人側で負担していること。

　したがって、請負の場合には、請負人側が使用する施設・機械・装置
等の管理権が安全管理面も含めて請負人側に移管（賃貸借等）されてい
る必要があることが分かろう。

3 いわゆる偽装請負をめぐる問題

1 労働者派遣といわゆる偽装請負をめぐる問題

● 1　偽装請負とは

　企業社会においては、形式上は請負契約や業務委託契約となっている
が、実態上は、注文者が請負人の労働者を直接指揮監督しており、請負
や業務委託といっても労働者だけを派遣して、注文者の使用に委ねてい
るだけというケースがある。この場合は、請負契約といってもその実態
は請負人が独立して仕事の完成にあたっているとは認められず、また、
業務委託契約といっても受託事業主の直接の労務指揮下において受託業
務を独立して処理するものとは現実には認められないことになる。すな
わち、実質的には注文者の直接的な指揮命令を受けて、注文者のために
仕事に従事していると評価されるもので、実態上は労働者派遣に該当
し、契約名義のみを請負や業務委託として偽装した違法派遣となる（**図
2－4**の⑴参照）。
　また、その典型的なものとして、**図2－4**の⑵の注文者側の事業場や

69

第2部　労働者派遣と請負・業務委託、労働者供給をめぐって

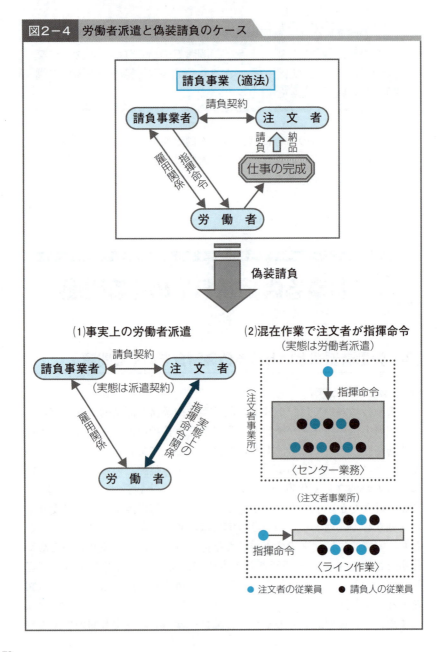

図2-4　労働者派遣と偽装請負のケース

オフィス内で、注文者側の従業員と請負事業者・受託事業者側の従業員とが同一場所の同一業務に混在して就業しており、その指揮監督やスケジュール管理（勤務表等）も注文者側の社員（係長、課長等）が行っているというケースがある。

請負や業務委託のポイントは、請負人側の業務の独立処理にあり、労務・人事・業務・秩序維持・事業管理上において注文者側から独立していなければならない点である。これらの独立性を欠くと正当な請負や業務委託とは認められず、いわゆる偽装請負とみなされる。もともと労働者派遣形態は、実質上すべて労働者供給事業（改正前の職安法第5条第6項）に該当するというパターンであった。しかし、派遣法が「自己の雇用する労働者を、当該雇用関係の下に、かつ、他人の指揮命令を受けて、当該他人のために労働に従事させることをい」う（第2条第1号）とし、このような自己の雇用する労働者を当該雇用関係の下に、他人の指揮命令を受けて労働する労働者派遣のパターンに属するものは「労働者供給」から除外すると職安法が改正された（第4条第6項）ので、労働者供給には当たらない結果となった（パナソニックプラズマディスプレイ（パスコ）事件、最高裁第二小法廷平21・12・18判決、労判993号5頁）のである。

このため、偽装請負は、実態としては労働者派遣とみなされることになり、派遣法上の事業許可の違反（同法第59条第2号）をはじめ同法の適用を受けるが、適法な労働者派遣の要件を充足しないので、違法な労働者供給に該当する。

一般に、業務のアウトソーシングにあたり、契約名義さえ「請負契約」などとすればそれで「請負」となり労働法上は問題ないといったように思われているがそうではない。請負その他のアウトソーシングにあたっては、契約上も実態上も名実ともに適法な「請負」等と認められるものでなければならない。それが、名目上の請負を装った職安法や労働者派遣法の適用を免れるために故意に偽装された脱法的なものであってはならず、また、当事者の無知や理解不足から、本来は労働者派遣となるべきものが請負契約として処理されるようなことがあってはならない。労働者派遣と請負との違いを明白にするため「区分告示」が定められ、さらに「業務取扱要領」により、その判断基準が具体化されている理由は

第2部　労働者派遣と請負・業務委託、労働者供給をめぐって

そこにある。

●2　偽装目的の脱法契約に基づく派遣受入れによる派遣先の労働契約申込みみなし

　以上に関連して、平成24年の派遣法改正で、派遣先の違法派遣の役務受入れについて、派遣先の直接雇用となる「労働契約申込みみなし」制度が適用される場合の一つとして、偽装目的の契約に基づく派遣の受入れが規定され、平成27年10月1日から施行されている。

　すなわち、改正派遣法第40条の6は、「労働者派遣の役務の提供を受ける者」（以下「派遣先等」という）が「次の各号のいずれかに該当する行為を行った場合には、その時点において、当該労働者派遣の役務の提供を受ける者から当該労働者派遣に係る派遣労働者に対し、その時点における当該派遣労働者に係る労働条件と同一の労働条件を内容とする労働契約の申込みをしたものとみなす。ただし、労働者派遣の役務の提供を受ける者が、その行った行為が次の各号のいずれかの行為に該当することを知らず、かつ、知らなかったことにつき過失がなかったときは、この限りでない。」と定め、派遣先等が「労働契約の申込みをしたものとみなす」違法派遣類型の一つとして、「この法律又は次節の規定により適用される法律の規定の適用を免れる目的で、請負その他労働者派遣以外の名目で契約を締結し、第26条第1項各号に掲げる事項を定めずに労働者派遣の役務の提供を受けること。」（同条第1項第5号）と定めた。

　この点については、次のとおり通達されている（詳しくは**第3部**参照）。

▶みなし通達

　違法行為の類型のうち、いわゆる偽装請負等については、派遣労働者を禁止業務に従事させること、無許可事業主から労働者派遣の役務の提供を受けること、事業所単位の期間制限に違反して労働者派遣の役務の提供を受けること及び個人単位の期間制限に違反して労働者派遣の役務の提供を受けることという他の4つの類型と異なり、派遣先等の主体的な意思が介在するため、善意無過失に係る論点に加え、固有の論点が存在するものであること。

第1章●労働者派遣と請負・業務委託等をめぐる問題

　労働者派遣法等の規定の適用を免れる目的（以下「偽装請負等の目的」という。）で、請負契約等を締結し、当該請負事業主が雇用する労働者に労働者派遣と同様に指揮命令を行うこと等によって、いわゆる偽装請負等の状態（以下「偽装請負等の状態」という。）となった時点で労働契約申し込みをしたものとみなされるものであること。

　偽装請負等の目的の有無については個別具体的に判断されることとなるが、「免れる目的」を要件として明記した立法趣旨に鑑み、指揮命令等を行い偽装請負等の状態となったことのみをもって「偽装請負等の目的」を推定するものではないこと。

　また、請負契約等を締結した時点では派遣先等に「偽装請負等の目的」がなく、その後、派遣先等が受けている役務の提供がいわゆる偽装請負等に該当するとの認識が派遣先等に生じた場合は、日単位の役務の提供とならない場合を除き、いわゆる偽装請負等に該当すると認識した時点が1日の就業の開始時点であれば当該日以降、認識した時点が開始時点より後であればその日の翌就業日以降初めて指揮命令を行う等により改めて「偽装請負等の状態となった」と認められる時点において、「偽装請負等の目的」で契約を締結し役務の提供を受けたのと同視しうる状態だと考えられ、この時点で労働契約の申込みをしたものとみなされるものであること。

（平27・9・30職発0930第13号）

2　いわゆる偽装請負と安全管理体制の問題

　物の製造の業務への労働者派遣が可能とされたことに伴い、安全衛生の徹底を図り、派遣労働者の適正な就業を確保するため、派遣元・派遣先双方において、派遣労働者の雇用管理体制を充実させ、派遣労働者の安全衛生管理の強化を図る措置等が平成16年3月1日施行の派遣法の改正で追加され、さらに平成18年4月1日施行の安衛法の改正で拡充された。そして平成21年の派遣元指針、派遣先指針の一部改正を経て、平成27年9月30日施行の派遣法の改正に伴い、両指針の一部改正も行われ、

第2部　労働者派遣と請負・業務委託、労働者供給をめぐって

現在は行政通達（「派遣労働者に係る労働条件及び安全衛生の確保について」平21・3・31基発0331010号、改正：平27・9・30基発0930第5号）が、派遣労働者の安全衛生管理について詳しく述べている。

　そして、適法な労働者派遣と適法な請負・業務委託の場合には、安全管理体制については、次のとおり明白な相違があるが、いわゆる偽装請負状態が生ずると、実質的な労働者派遣とみなされて安衛法の安全管理責任は、注文者企業が負わなければならないことになる。

● 1　派遣労働者の安全管理は派遣先の責任

　安衛法は、事業者の講ずべき安全管理体制として、総括安全衛生管理者、安全管理者、安全衛生推進者、作業主任者の選任及び安全委員会の設置を規定している。労働者の安全を確保するためには、その労働者が就業している場所において、業務遂行上の具体的な指揮命令権を有し、設備等の設置・管理権を有する者が責任をもって所要の措置を講ずることが必要不可欠である。このため、派遣中の労働者に関しては、派遣先事業者に安全確保のための措置義務を課すとともに、これらの義務を確保するための安全管理体制の整備義務についてもすべて派遣先事業者に課すこととし、派遣元には責任を負わせないこととした（派遣法第45条第3項、第5項）。それは、派遣元事業者は、雇用主であっても派遣先の事業場において派遣中の労働者を指揮命令し、また、設備等を設置・管理する者でないため、責任を負わせても実効性が期待できないためである。

　したがって、安全管理者、安全衛生推進者、作業主任者、安全委員会に関する規定は、すべて派遣先において適用される。このため、安全管理者の選任義務を負う一定の業種であって常時50人以上の労働者を使用する事業場といったときの人数の中には、派遣先において派遣就業している派遣労働者も含めて計算する。そこで、派遣先としては、派遣労働者を自社の労働者とみなして、その事業場で使用する労働者に係る安全管理者を選任するなどして安全管理を行わなければならない。

　すなわち、労働者派遣の場合には図2-5の(1)のとおり、派遣先企業の指揮命令を受けて、派遣先の職場で派遣先の設置した施設、機械装置、器具等を用いて、派遣先の業務上、支配管理上の指揮監督下で就業して

第1章●労働者派遣と請負・業務委託等をめぐる問題

図2−5　労働者派遣と請負の場合の安全管理責任の違い

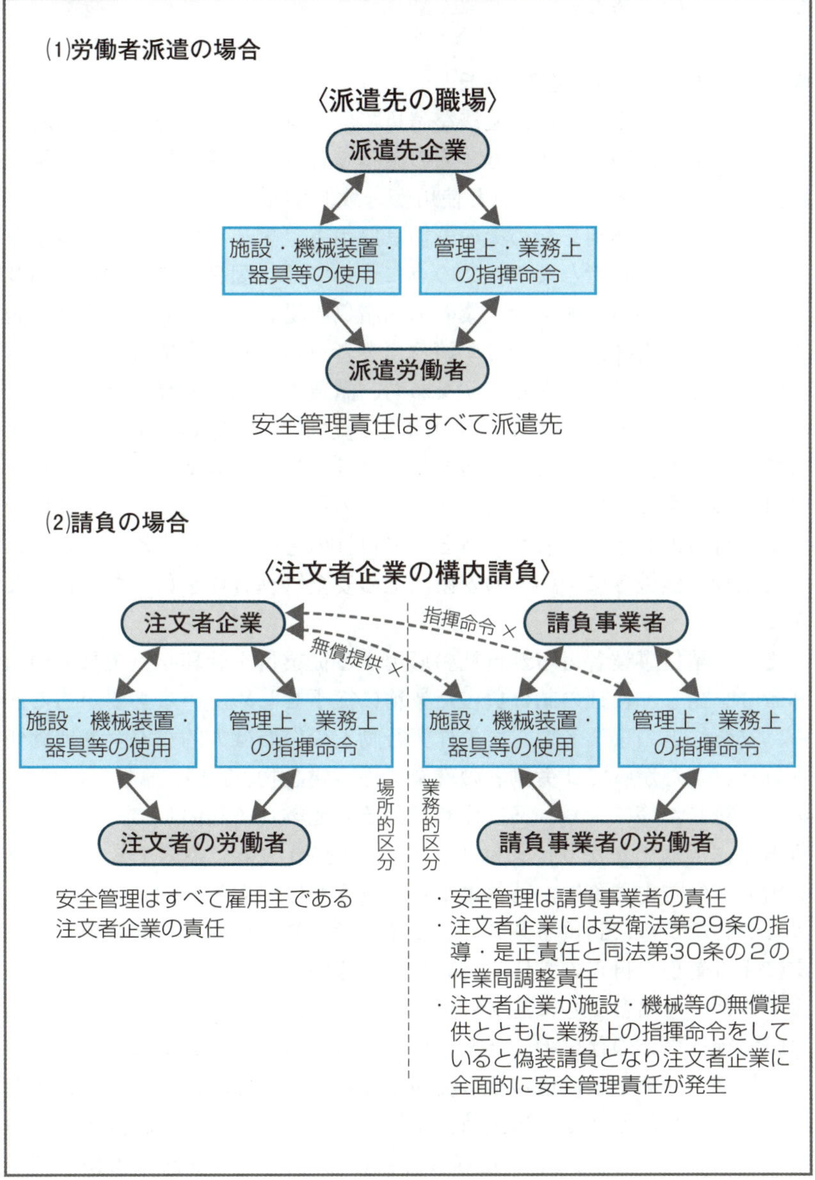

(1)労働者派遣の場合

〈派遣先の職場〉

派遣先企業

施設・機械装置・
器具等の使用 ／ 管理上・業務上
の指揮命令

派遣労働者

安全管理責任はすべて派遣先

(2)請負の場合

〈注文者企業の構内請負〉

注文者企業 ─ 指揮命令 ✕ ─ **請負事業者**
　　　　　　無償提供 ✕

施設・機械装置・
器具等の使用 ／ 管理上・業務上
の指揮命令 ／ 施設・機械装置・
器具等の使用 ／ 管理上・業務上
の指揮命令

場所的区分　業務的区分

注文者の労働者　　　　　　**請負事業者の労働者**

安全管理はすべて雇用主である
注文者企業の責任

・安全管理は請負事業者の責任
・注文者企業には安衛法第29条の指
　導・是正責任と同法第30条の2の
　作業間調整責任
・注文者企業が施設・機械等の無償提
　供とともに業務上の指揮命令をして
　いると偽装請負となり注文者企業に
　全面的に安全管理責任が発生

75

第2部　労働者派遣と請負・業務委託、労働者供給をめぐって

いるので、当該派遣労働者についての安全管理責任は、すべて派遣先となっているのである。

●2　請負の場合の安全管理責任

　一方、請負の場合には、適法な請負であれば、請負業務の遂行場所が注文者の工場構内であっても、その業務を行う労働者の雇用主と使用主は請負事業者であり、「雇用と使用が一致」するので、職場（現場）における安全管理体制を含めその一切は雇用主（事業者）である請負事業者がその実施義務者となる。この点については、**図2－5の(2)**のとおりとなる。すなわち、注文者企業の構内請負の場合であっても、注文者企業からは一切指揮命令を受けず請負事業者自らが独立事業者としてすべての責任を負う必要がある。すなわち、請負人が独立の経営と認められるためには、たとえ注文者企業の施設、機械装置、器具等を使用する場合であっても、原則として有償で借り受け、自ら占有権と管理権を持って自らの事業に使用する必要がある。その場合には、施設、機械等については自ら占有権限を有する者として自社の労働者に対するこれらの物的な施設・機械等についての安衛法上の安全管理責任を負わなければならない。

　また、請負事業者自らが自社の雇用する従業員を管理し、業務上の指揮命令を発し、自社の請け負った業務に従事せしめている必要があるから、安衛法上の事業者としての作業行動上のいわば人的な安全管理責任も負う。したがって「労働者の就業に係る建設物、設備、原材料、ガス、蒸気、粉じん等により、又は作業行動その他業務に起因して、労働者が負傷し、疾病にかかり、又は死亡する」（安衛法第2条第1号）という労働災害の防止義務は、請負事業者が負うわけである。

　しかしながら、請負事業者として注文者企業の構内で注文者企業の注文に係る業務を自らの責任で完成し、あるいは仕様書どおり遂行して納入するという場合でも、注文者企業からみれば「事業者で、一の場所において行う事業の仕事の一部を請負人に請け負わせているもの（当該事業の仕事の一部を請け負わせる契約が2以上あるため、その者が2以上あることとなるときは、当該請負契約のうちの最も先次の請負契約における注文者とする。以下「元方事業者」という。）」（安衛法第15条第1

項）という規定に該当するので、注文者は安衛法上は「元方事業者」となる。

そこで、元方事業者については、安衛法上次の２つの義務が課せられている。まず第一は、同法第29条の請負人及びその労働者に対する安衛法の違反防止の指導・是正責任である。請負事業者が独立した職場や現場で請け負った業務を遂行する場合とは異なり、元方事業者の構内で請負事業者に自社業務を行わせる場合において、元方事業者は構内下請事業者やその労働者に対する指導・是正措置義務を負うものであり、この点に注意しなければならない。

第二は、同法第30条の２の規定に基づく「作業間の連絡及び調整」等の措置責任である。この「作業間の連絡及び調整」とは、混在作業による労働災害を防止するために、次に掲げる一連の事項の実施等により行うものである。

① 各関係請負人が行う作業についての段取りの把握
② 混在作業による労働災害を防止するための段取りの調整
③ ②の調整を行った後における当該段取りの各関係請負人への指示

なお、ここでいう「混在作業」とは、「区分告示」にいう「混在作業」とは異なり、職場として区分されていても同一工場内なら該当するもので、事業所間の混在のことをいう。

安衛法第29条

１　元方事業者は、関係請負人及び関係請負人の労働者が、当該仕事に関し、この法律又はこれに基づく命令の規定〔編注：安全衛生法令〕に違反しないよう必要な指導を行なわなければならない。

２　元方事業者は、関係請負人又は関係請負人の労働者が、当該仕事に関し、この法律又はこれに基づく命令の規定〔編注：安全衛生法令〕に違反していると認めるときは、是正のため必要な指示を行なわなければならない。

３　前項の指示を受けた関係請負人又はその労働者は、当該指示に従わなければならない。

第2部　労働者派遣と請負・業務委託、労働者供給をめぐって

> **安衛法第30条の2第1項**
> 　製造業その他政令で定める業種に属する事業（特定事業を除く。）の元方事業者は、その労働者及び関係請負人の労働者の作業が同一の場所において行われることによって生ずる労働災害を防止するため、作業間の連絡及び調整を行うことに関する措置その他必要な措置を講じなければならない。

●3　いわゆる偽装請負の場合の安全管理責任

　労働者派遣に関しても、本来の労働契約関係からいえば、労基法等の労働者保護法規の労働者派遣事業に対する適用については、原則として派遣中の労働者に対しては派遣元の事業主が責任を負う立場にある。しかしながら、派遣中の労働者に関しては、その者と労働契約関係にない派遣先の事業主が業務遂行上の具体的指揮命令を行い、また実際の労働の提供の場における設備、機械等の設置・管理も行っているため、派遣中の労働者について、その保護に欠けることのないようにする観点から、派遣先を「事業者」とみなし、「派遣中の労働者」を派遣先に「使用される労働者とみなして」適用する旨定めている（派遣法第45条第3項）。労基法等についても、現実に派遣労働者を指揮命令している派遣先の事業主に責任を負わせることとしており、労基法、安衛法、じん肺法、作業環境測定法、雇用の分野における男女の均等な機会及び待遇の確保等に関する法律（男女雇用機会均等法）ならびに育児休業、介護休業等育児又は家族介護を行う労働者の福祉に関する法律（育児介護休業法）につき適用の特例等に関する規定を設けている（派遣法第44条〜第47条の3）。

　そして、「業務取扱要領」では次のように解釈されている。

▶業務取扱要領

　これらの規定は労働者派遣という就業形態に着目して、労働基準法等に関する特例を定めるものであり、労働者派遣事業の実施につき許可を受けた者である派遣元事業主が行う労働者派遣だけではな

第1章●労働者派遣と請負・業務委託等をめぐる問題

> く、それ以外の事業主が行う労働者派遣についても適用され、また業として行われる労働者派遣だけでなく業として行われるのではない労働者派遣についても適用されることになるので注意すること。
>
> （第9の1⑵ロ）

そこで、いわゆる偽装請負の場合にも、ケースバイケースではあるが、その実態が労働者派遣に該当するような形態となっている場合には、前述のとおり実質的な労働者派遣として同法に定める労基法や安衛法等のみなし規定（第44条〜第47条の3）が適用される。みなし規定の適用は、適法な労働者派遣に限らず違法な労働者派遣の場合も、労働者保護のためその派遣形態による派遣先との使用従属関係の実態に着目するものである。このため、現実に労働者を指揮命令して業務に従事せしめている派遣先事業者または派遣先事業者のために派遣労働者を指揮命令する者に対し、派遣法第45条により労働者の安全衛生を確保するため、原則として安全衛生上の責任を負わせることと規定したものである。

このような理由から、いわゆる偽装請負となるケースでは、**図2−5**（75頁）の⑵のように、本来注文者企業は請負事業者の労働者を指揮命令してはいけないのに指揮命令し、また、施設、機械装置、器材等は請負人側に賃貸する等してその占有権限を請負人に委ねなければならないのに自らこれを所有・占有し、当該機械等を請負事業者の労働者に使用させて自己（注文者企業）の業務を遂行させていることになる。そこで、人的・物的な安全管理は結局その所有・占有権限を有する注文者企業に行わせることが妥当であり、このため偽装請負で実質上の派遣先に当たる注文者に「みなし事業者」としての責任を持たせることが派遣労働者保護のためには必要とされている。

つまり、請負事業者の労働者に対する指揮命令を現場の支配管理者である注文者企業が行っている事実に着目すれば、その実態は「雇用」と「使用」が分離している場合であり、まさに労働者派遣とみなされることになる。したがって、注文者企業を派遣法第45条第1項の「派遣先の事業を行う者もまた当該派遣中の労働者を使用する事業者」とみなして安衛法を適用することになっているのである。

79

第２部　労働者派遣と請負・業務委託、労働者供給をめぐって

3 いわゆる偽装請負をめぐる労災保険と安全配慮義務の問題──補償と賠償の分離

● 1　労災保険関係は派遣元である請負事業者との間で成立

　労働者派遣関係は、「雇用」と「使用」の分離といわれているが、これに対応して業務上災害が発生した場合の責任問題をめぐっても「補償」と「賠償」の分離ということがいえる。

　それは、労基法により災害補償義務は派遣労働者の雇用主である派遣元にあり、民事法上の安全配慮義務は、安全衛生管理についてみなし使用者となる派遣先において発生すると考えられるからである。

　派遣労働者は、登録型であれ、無期雇用型であれ、派遣元事業主との労働契約に基づき派遣元事業主に雇用され、派遣元事業主の業務命令により、派遣先の事業場へ派遣され、派遣先事業主の指揮命令を受け、派遣先の業務に就業するのである。このような法律関係の場合、災害補償責任を負う事業主は、派遣元事業主または派遣先事業主のいずれとなるかが問題となる。この点について、派遣法においては、労基法第8章（第75条〜第88条）の適用についても、労働者災害補償保険法（以下「労災保険法」という）の適用についても、特例措置は定められていない。そのため原則にかえって、これらの災害補償は、雇用主である派遣元事業主の責任となる。この点については、業務上の負傷、疾病に係る解雇制限の規定（労基法第19条第1項）、あるいは退職による補償を受ける権利の不変更の規定（労基法第83条第1項）は、雇用契約関係の当事者である派遣元事業主に災害補償責任のあることを前提としていると考えられるのであり、このため特例が設けられなかったということは、災害補償責任については、派遣元事業主にあることになると解されている。

　さらに、災害補償のうち「休業補償」、「遺族補償」、「障害補償」等は就労による賃金についての稼得金額のてん補を目的とするものであり、賃金に代替する性格のものであることから、賃金支払義務者である派遣元事業主が、災害補償責任を負うのが正当といえるのである。

　また、同様に請負事業者の場合も、労災補償義務及び労災保険適用事業主は、当該労働者を雇用する請負事業者となる（建設業については、元請一括加入の特例があるが、建設現場への直接作業者の労働者派遣は

第1章●労働者派遣と請負・業務委託等をめぐる問題

禁止業務となっており認められていない)。

　これは、構内請負における作業請負といった形態の場合も同様であって、労災保険関係は原則として、保険事業の性質上雇用契約関係に着目して雇用主である請負人が「労働者を使用する事業」となり同保険の適用事業主と定められている。

●2　偽装請負では安全配慮義務は注文者企業に

　一方、派遣労働者が業務上災害により被災した場合、使用者は、それが安全装置の不備や機械器具の欠陥その他安全管理の過失に基づくものである場合や、適切な安全管理上の指揮命令がなされなかった等という原因による場合には、労災保険の給付のみならず、その過失や欠陥や安全管理上の不備について、いわゆる安全配慮義務違反や不法行為(使用者責任)として、慰謝料を含む労働災害の損害を賠償しなければならないことにもなる。

　この点については、ケースバイケースではあるが、以下のようにいえよう。

　すなわち、業務上の災害の危険から労働者の生命・身体、健康を保護して使用するという抽象的義務は雇用主にあるとはいえ、労働者を実際に指揮命令し、機械、施設、器具等を提供して使用するのは派遣先事業主である。このため、派遣法第3章第4節の「労働基準法等の適用に関する特例等」において「労働者がその事業における派遣就業のために派遣されている派遣先の事業に関しては、当該派遣先の事業を行う者を当該派遣中の労働者を使用する事業者と、当該派遣中の労働者を当該派遣先の事業を行う者に使用される労働者とみなして」労働者の危険または健康障害を防止するための措置等に関する規定を適用するとされている(派遣法第45条第3項)。

　そこで、具体的な派遣先の作業についての危険・健康障害の防止措置義務は派遣先にあり、派遣元の事業者に関しては、「当該派遣元の事業の事業者は、当該派遣中の労働者を使用しないものと、当該派遣中の労働者は当該派遣元の事業者に使用されないものとみなす」(同条第5項)との特例が定められ、派遣元には当該規定を適用しないことになっているのである。

これは、派遣労働者については安全衛生関係は派遣先の事業者が設備の設置、管理等にあたるわけであり、そういう実態に即して安衛法の主要な措置部分は派遣先に適用されるものとして、法令上派遣先の事業者が責任を負うということを明確に規定したものである。

したがって、派遣先の安全衛生管理の不備、欠陥に基づく派遣労働者の労働災害については、その防止義務を負う派遣先に損害賠償責任があると考えられ、この面において前記のとおり労働災害の「補償」と「賠償」が分離されているといえるのである。

同じく安全配慮義務の中には、職業病等の健康障害の防止も含まれるが、派遣労働者がその派遣先で働いているうちに健康障害を起こしたという場合にも、原則としてそれが派遣先の作業に起因するものについては、派遣先の事業主のみの責任になるのであるが、派遣労働者の健康管理については一般的な健康管理責任というものを雇用主である派遣元も負っているので、その限りでは派遣元も連帯責任を負う。

この安全配慮義務は、一般に、「使用者は労働者に対し、使用者が業務遂行のために設置すべき場所、施設もしくは器具等の設置管理または労働者が使用者もしくは上司の指示の下に遂行する業務の管理にあたって、労働者の生命及び健康等を危険から保護するよう配慮すべき義務を負っているものと解すべきである」とされており、「右のような安全配慮義務は、ある法律関係に基づいて特別な社会的接触の関係に入った当事者間において、当該法律関係の付随義務として当事者の一方又は双方が相手方に対して信義則上負う義務として一般的に認められるべきものであ（る）」（陸上自衛隊八戸駐屯地事件、最高裁第三小法廷昭50・2・25判決、労判222号13頁）というように、判例上安全配慮義務については、必ずしも雇用関係の存在は要件とされていない。したがって、労働者派遣契約に基づき、指揮命令関係という「特別な社会的接触の関係」に入った派遣先は、派遣労働者に対し安全配慮義務を負担することになるということができる。

そこで、請負の場合にも、適法な請負の場合には、「使用」と「雇用」が一致することから、労働災害に関しても「補償」と「賠償」が一致し、雇用主であり使用主でもある請負事業者のみが安全配慮義務を負うのが原則である。

ところが、いわゆる偽装請負の場合には、注文者企業が指揮命令し、自社の従業員と同様に支配管理して業務に従事せしめているわけであるから、実態上は労働者派遣とみなされることが多く（派遣法第40条の6の派遣先等の「労働契約申込みみなし」の規定は、「この法律又は次節の規定により適用される法律の規定の適用を免れる目的で、請負その他労働者派遣以外の名目で契約を締結し、第26条第1項各号に掲げる事項を定めずに労働者派遣の役務の提供を受けること」をもって申込みみなしの成立要件とし、それは派遣であるとみなしている）、そこで前述のとおり安衛法上の安全衛生管理責任についても実態上の派遣先である注文者企業が負うことになる。そこで支配管理下にある労働者の危険または健康障害からの保護義務である安全配慮義務も実態上の派遣先である注文者企業が負うものとされる。

判例でも、派遣先に安全配慮義務があるとした上で、その損害賠償責任を認めているものがある。

 三広梱包事件
（浦和地裁平5・5・28判決、労判650号76頁）

[事件の概要]
甲市高齢者事業団から派遣されてＹ会社で作業していたＡが、Ｙ会社作業場でキャリーの組み立て作業中、鉄製ラック上に立てかけてあった鉄製パイプ枠のコンビテナー表扉が倒れてその下敷きとなり、死亡した事案であり、上記三者の関係は、事業団とＹ会社がＡをＹに派遣する旨の契約を締結し、Ｙ会社が賃金分を事業団に支払い、事業団が必要経費を控除して賃金をＡに支払うというまさに派遣労働関係にあったが、裁判所は次のように判示して約1,800万円の損害賠償義務を派遣先のＹ会社に認めている。

[判　旨]
「会員らは、被告会社の敷地内で、被告会社の供給した道具で、被告会社から派遣された責任者である工場長が定めた段取りに則って作業していたものであり、しかも、……訴外事業団は、会員らの

作業について一切関与していなかったのであるから、会員らは、専ら被告会社の指揮命令の下に労務の提供をしていたと評価されるべきであり、被告会社と亡Aを含めた会員らとの間には、事実上、直接労働契約を締結したのと同様の社会的接触関係があったと解するのが相当であるから、被告会社は、会員らに対して安全配慮義務を負うものである。」

裁判例 アテスト（ニコン熊谷製作所）事件

（東京地裁平17・3・31判決、労判894号21頁／東京高裁平21・7・28判決、労判990号50頁）

[事件の概要]

A社は業務の請負を業とする会社で、そこに雇用された従業員である亡Iが大手企業のN社のK製作所において請負業務に従事中、その業務が過重で当該勤務による肉体的負担及び精神的負担のためにうつ病に罹患し自殺したのは被告らの安全配慮義務違反ないし不法行為であるとして損害賠償を提訴した事案であった。裁判所は次のように判示し、雇用主である請負事業者のA社と発注者企業N社に対して連帯して、約7,060万円（一審は30％過失相殺類似の減額をしたが、高裁はこれを否定した）の損害賠償責任を認めた。

[判　旨]

本件では「一審被告A社は、自己の雇用する亡Iを、その雇用関係の下に、かつ、一審被告N社の指揮命令を受けて、一審被告N社のための労働に従事させたこと、一審被告A社がこれを業としてしたことが明らかであり、他方、一審被告A社が一審被告N社に対しIを一審被告N社に雇用させることを約した事実は認められないから、これらによれば、一審被告A社が自ら雇用するIを一審被告N社の指揮命令の下に就労させたことは労働者派遣法の規定する労働者派遣に当たり、また、一審被告A社はこれを労働者派遣事業として行ったものであり、Iは派遣労働者に当たるものといわざるを得

ない」と判示し、「N社が……業務請負契約名目で実際には労働者派遣を受けているとして公共職業安定所から改善の指導を受けたこと……や一審被告A社がIのK製作所での就労について業務請負契約による外勤との形であるが実質は労働者派遣であるとの認識を持っていたこと」と認定された。

「すると、一審被告A社が労働者派遣事業としてIを一審被告N社の指揮命令の下に就労させたことは労働者派遣法4条3項に違反するものであり、また、派遣労働者たるIを一審被告N社がその指揮命令の下にK製作所におけるその業務に従事させたことは同条4項に違反するものである」〔編注：いずれも旧派遣法〕とした。

そして、亡Iは、シフト変更、残業指示及び業務上の指示を被告N社社員より直接受け、それに従って業務に就いていたのであるから、亡Iは被告N社の指揮命令のもとで業務に就いていたといえる。「これらによれば、一審被告N社の指揮命令下での亡Iの労働条件は法令の規制から外れた無規律なものであったといわざるを得ないし、亡Iの労働者派遣に関し一審被告N社と一審被告A社との間でいかなる内容の契約が締結されたのか明らかにされていないことも併せると、一審被告ら間の契約は法令による規制をおよそ度外視した内容であって亡Iはその内容に沿って就業していた疑いを否定できない。」「結局のところ、亡Iのうつ病発症がその従事した業務に起因するものとはいえないとは到底認めることができない（本件全証拠によってもこれを認めることは困難である。）。かえって、亡Iの就業の過程において過重な労働等が行われたことが推認され、その結果亡Iのうつ病が発症した疑いが極めて強いというべきであって、これらによれば、亡Iのうつ病発症は業務に起因するものであることが推認されるというべきである」とした。

とするならば、亡Iの上司である検査グループリーダーであるCは「亡IがK製作所でその業務に従事した期間を通じて、その業務遂行の指揮命令を担当し」ていたとはいえ、「Cには、亡Iに対する業務上の指揮監督権限を行使するについて、その業務の実情を把握し、過重な業務が行われることによってそれに伴う疲労や心理的

第2部　労働者派遣と請負・業務委託、労働者供給をめぐって

負荷等が過度に蓄積してその心身の健康を損なうことがないように
する注意義務を負っており、かつ、亡Ⅰの業務の実情を把握し、過
重な労働等が行われないよう適正に指揮監督をすることができたに
もかかわらず、自らそうした過重な労働等を命じ、検査グループの
リーダーが亡Ⅰに対しそうした過重な労働等を指示することについ
てその内容を認識しつつ承認するなどしたか、少なくとも、検査グ
ループのリーダーの指示の内容を正確に把握しないまま漫然とこれ
を承認するなどして、そうした過重な労働等が行われることを放置
し、この注意義務に違反した過失を認めることができる。」とした。

　その上で、「亡Ⅰが従事した業務の過程において過重な労働等が
行われ、そのことに起因して亡Ⅰにうつ病が発症し、それによって
亡Ⅰが自殺をするに至ったことについて相当因果関係を認めること
ができる。」とも判示し、N社には本件自殺の危険について、予見
可能性及び結果回避可能性が認められるとし「以上によれば、一審
被告N社の被用者であるCが一審被告N社の事業の執行について
亡Ⅰに損害を加えたといえるから、一審被告N社は、その使用者と
して、亡Ⅰの死亡による損害を賠償する責任を負う。また、一審被
告A社〔編注：派遣元雇用主〕には、亡Ⅰの死亡について不法行為が成
立するから、これによる損害を賠償する責任を負う。」と判示した。

　これらの事案からも、いわゆる偽装請負の場合には、安全配慮義務や
不法行為責任を負う主体として、派遣先（発注者）側も当該労働者の使
用者となり、自己の事業の執行についての使用者責任が発生することが
分かろう。

第1章●労働者派遣と請負・業務委託等をめぐる問題

4 個人情報保護法における労働者派遣と請負・業務委託との差異

1 個人情報保護法における雇用管理情報の取扱いの差異

●1 個人情報、個人情報取扱事業者等の定義

　個人情報の適正な取扱いと個人データの不当な漏洩、滅失またはき損その他を防止し、個人情報の有用性と個人の権利利益の保護を目的として「個人情報の保護に関する法律」（以下「個人情報保護法」という）が平成15年に制定され、平成17年4月1日より全面的に施行された。そして、施行後の技術進展に対応して平成27年に改正が行われ、平成29年5月30日から全面施行されている。

●① 個人情報

　平成27年の改正個人情報保護法（以下、本項において「新法」という）により、従来型の個人情報（新法第2条第1項第1号）に加え、「個人識別符号」を含むもの（同第2号）も個人情報とされた。

　すなわち、この法律において「個人情報」とは、生存する「個人に関する情報」であって、次の2種類のものをいう。

個人情報 { 1 従来型の個人情報
2 個人識別符号型の個人情報

　1従来型の個人情報（第1号）は、「当該情報に含まれる氏名、生年月日その他の記述等（文書、図画若しくは電磁的記録（電磁的方式（電子的方式、磁気的方式その他人の知覚によっては認識することができない方式をいう。）で作られる記録をいう。）に記載され、若しくは記録され、又は音声、動作その他の方法を用いて表された一切の事項（個人識別符号を除く。）をいう。）により特定の個人を識別することができるもの（他の情報と容易に照合することができ、それにより

87

特定の個人を識別することができることとなるものを含む。)」をいうとされる。

②個人識別符号型の個人情報（第2号）の「個人識別符号」とは、次の①、②のいずれかに該当する文字、番号、記号その他の符号のうち、政令で定めるものをいう。

---

① 特定の個人の身体の一部の特徴を電子計算機の用に供するために変換した文字、番号、記号その他の符号であって、当該特定の個人を識別することができるもの（顔認識データ等）
② 個人に提供される役務の利用もしくは個人に販売される商品の購入に関し割り当てられ、または個人に発行されるカードその他の書類に記載され、もしくは電磁的方式により記録された文字、番号、記号その他の符号であって、その利用者もしくは購入者または発行を受ける者ごとに異なるものとなるように割り当てられ、または記載され、もしくは記録されることにより、特定の利用者もしくは購入者または発行を受ける者を識別することができるもの（免許証番号、旅券番号等）

ここで「個人に関する情報」とは、氏名、住所、性別、生年月日、顔画像等個人を識別する情報に限られず、個人の身体、財産、職種、肩書等の属性に関して、事実、判断、評価を表すすべての情報であり、評価情報、公刊物等によって公にされている情報や、映像、音声による情報も含まれ、暗号化等によって秘匿化されているかどうかを問わない（「個人情報の保護に関する法律についてのガイドライン（通則編）」平成28年11月個人情報保護委員会策定。平成29年3月一部改正。以下「個人情報保護法ガイドライン」という）。

なお、死者に関する情報は含まないが、同時に、遺族等の生存する個人に関する情報でもある場合には、当該生存する個人に関する情報となる。

また、「生存する個人」は、日本国民に限らず、外国人も含まれるが、法人その他の団体は「個人」に該当しないため、原則として法人等の団体に関する情報は含まれない。

第1章●労働者派遣と請負・業務委託等をめぐる問題

●② 要配慮個人情報

　旧法に規定はされなかったが、病歴、収入、家族関係等の機微に触れる情報につき、ガイドライン（例えば、「雇用管理分野における個人情報保護に関するガイドライン」（平24・5・14厚労省告示第357号、現在は廃止。以下「雇用管理情報ガイドライン」という）において特に留意するよう定められていた。新法は、思想、信教及び信条に関する個人情報ならびに社会的差別の原因となる個人情報を「要配慮個人情報」として定めた。

　すなわち、「この法律において『要配慮個人情報』とは、本人の人種、信条、社会的身分、病歴、犯罪の経歴、犯罪により害を被った事実その他本人に対する不当な差別、偏見その他の不利益が生じないようにその取扱いに特に配慮を要するものとして政令で定める記述等が含まれる個人情報をいう。」（新法第2条第3項）と定め、具体的には、次の事項のいずれかを内容とする記述等を含むものと規定された（同法施行令第2条）。

　一　身体障害、知的障害、精神障害（発達障害を含む。）その他の
　　　個人情報保護委員会規則で定める心身の機能の障害があること。
　二　本人に対して医師その他医療に関連する職務に従事する者
　　　（次号において「医師等」という。）により行われた疾病の予防
　　　及び早期発見のための健康診断その他の検査（同号において
　　　「健康診断等」という。）の結果
　三　健康診断等の結果に基づき、又は疾病、負傷その他の心身の
　　　変化を理由として、本人に対して医師等により心身の状態の改
　　　善のための指導又は診療若しくは調剤が行われたこと。
　四　本人を被疑者又は被告人として、逮捕、捜索、差押え、勾留、
　　　公訴の提起その他の刑事事件に関する手続が行われたこと。
　五　本人を少年法（昭和23年法律第168号）第3条第1項に規
　　　定する少年又はその疑いのある者として、調査、観護の措置、
　　　審判、保護処分その他の少年の保護事件に関する手続が行われ
　　　たこと。　　　　　　　　　　　　　　（個人情報保護法施行令第2条）

ここに定める「人種」には、国籍や外国人という法的地位だけでは含まれない。また、「社会的身分」には、単なる職業的地位・学歴は含まれない。

この要配慮個人情報については、新法第17条第2項第1号から第6号まで（例えば、法令に基づく場合等）に定める場合を除いて「あらかじめ本人の同意を得ないで……取得してはならない」（同条第2項）とされている。

●③ 個人情報データベース等

この法律の対象となる「個人情報データベース等」については、次のように定められている。

> この法律において「個人情報データベース等」とは、個人情報を含む情報の集合物であって、次に掲げるもの（利用方法からみて個人の権利利益を害するおそれが少ないものとして政令で定めるものを除く。）をいう。
> 　一　特定の個人情報を電子計算機を用いて検索することができるように体系的に構成したもの
> 　二　前号に掲げるもののほか、特定の個人情報を容易に検索することができるように体系的に構成したものとして政令で定めるもの
>
> （個人情報保護法第2条第4項）

すなわち、特定の個人情報をコンピュータを用いて検索することができるように体系的に構成した、個人情報を含む情報の集合物、またはコンピュータを用いていない場合であっても、カルテや指導要録等、紙面で処理した個人情報を一定の規則（例えば、五十音順、生年月日順等）に従って整理・分類し、特定の個人情報を容易に検索することができるよう、目次、索引、符号等を付し、他人によっても容易に検索可能な状態に置いているものをいう。

新法では、「個人情報データベース等」から「利用方法からみて個人の権利利益を害するおそれが少ないものとして政令で定めるもの」

第1章●労働者派遣と請負・業務委託等をめぐる問題

が除かれることになった。これに該当するものは、次のとおりである。

---

(1)　不特定かつ多数の者に販売することを目的として発行され
　　たものであって、かつ、その発行が法又は法に基づく命令の
　　規定に違反して行われたものでないこと。
(2)　不特定かつ多数の者により随時に購入することができ、又
　　はできたものであること。
(3)　生存する個人に関する他の情報を加えることなくその本来
　　の用途に供しているものであること。

(個人情報保護法施行令第3条第1項)

　なお、上記(1)により個人情報データベース等から除外される例とし
ては、市販の電話帳、住宅地図、カーナビゲーションシステム、政官
要覧、市販の職員録、弁護士会名簿、税理士会名簿、医師名簿、薬剤
師名簿、会社四季報、役員四季報等がある。

● ④　個人情報取扱事業者

　この法律が適用される事業者である個人情報データベース等を事業
の用に供している者を「個人情報取扱事業者」という（新法第2条第
5項）。なお、国の機関、地方公共団体、独立行政法人、地方独立行
政法人等は除かれる（同項ただし書）。

　旧法では、その事業の用に供する個人情報データベース等を構成す
る個人情報によって識別される特定の個人の数（顧客、株主、従業員
その他特定の個人の数）の合計が過去6カ月以内のいずれの日におい
ても5,000人を超えない者は個人情報取扱事業者に含まれないとされ
ていたが、平成27年改正で、この5,000人要件については廃止された。
そして、平成29年5月30日の施行にあたり、「新たに個人情報取扱事
業者となることに鑑み、特に小規模の事業者の事業活動が円滑に行わ
れるよう配慮するものとする。」（新法附則第11条）とされている。

第2部　労働者派遣と請負・業務委託、労働者供給をめぐって

●2　個人情報取扱事業者の義務

個人情報保護法に基づく、個人情報取扱事業者の義務の概要は、次のとおりである。

●①　個人情報に関する義務

個人情報取扱事業者はまず、その取り扱う（「取り扱う」とは、個人情報の取扱い全般をいう。個人情報の取得、加工、利用、提供、保存、廃棄など）個人情報については、その利用目的をできる限り特定し（新法第15条第1項）、利用目的を変更する場合には、変更前の利用目的と関連性を有すると合理的に認められる範囲を超えて行ってはならない（同条第2項）。そして、その利用目的の達成に必要な範囲内で取り扱わなければならない。利用目的の達成に必要な範囲を超えて取り扱うときは、あらかじめ本人の同意が必要である（同法第16条第1項）。また、事業者は、個人情報を偽りその他不正な手段により取得することを禁じられている（同法第17条第1項）。

個人情報が本人の全く知り得ない状態で取得された場合にも、個人の権利利益が侵害されるおそれが大きいため、「個人情報を取得した場合は、あらかじめその利用目的を公表している場合を除き、速やかに、その利用目的を、本人に通知し、又は公表しなければならない」（同法第18条第1項）。また、個人情報取扱事業者は、「本人との間で契約をすることに伴って契約書その他の書面（電磁的記録を含む。）に記載された当該本人の個人情報を取得する場合その他本人から直接書面に記載された当該本人の個人情報を取得する場合は、あらかじめ、本人に対し、その利用目的を明示しなければならない。ただし、人の生命、身体又は財産の保護のために緊急に必要がある場合は、この限りでない。」（同条第2項）とされている。

●②　要配慮個人情報の事前同意取得

いわゆるセンシティブ情報である要配慮個人情報については、「個人情報取扱事業者は、次に掲げる場合〔編注：次頁**枠内**参照〕を除くほか、あらかじめ本人の同意を得ないで、要配慮個人情報を取得してはならない。」（新法第17条第2項）とされている。しかし、本人の意

92

思に優先すべき必要性が認められる場合や、取得を制限する合理性がない場合については、例外的に本人の同意がなくても要配慮個人情報の取得ができる。

本人の同意を得る必要のない場合は、以下の(1)～(6)である。

---

(1)　法令に基づく場合
(2)　人の生命、身体又は財産の保護のために必要がある場合であって、本人の同意を得ることが困難であるとき。
(3)　公衆衛生の向上又は児童の健全な育成の推進のために特に必要がある場合であって、本人の同意を得ることが困難であるとき。
(4)　国の機関若しくは地方公共団体又はその委託を受けた者が法令の定める事務を遂行することに対して協力する必要がある場合であって、本人の同意を得ることにより当該事務の遂行に支障を及ぼすおそれがあるとき。
(5)　当該要配慮個人情報が、本人、国の機関、地方公共団体、第76条第1項各号に掲げる者〔**編注：個人情報取扱事業者の義務について適用除外とされる機関等**〕その他個人情報保護委員会規則で定める者により公開されている場合
(6)　その他前各号に掲げる場合に準ずるものとして政令で定める場合

（個人情報保護法第17条第2項各号列挙事由）

●③　個人データ内容の正確性確保と安全管理措置義務

個人情報取扱事業者は、個人データについて、利用目的の達成に必要な範囲内で正確かつ最新の内容に保つよう努めるべきであり利用する必要がなくなったときは、当該個人データを遅滞なく消去するよう努めなければならない（新法第19条）。さらに、「その取り扱う個人データの漏えい、滅失又はき損の防止その他の個人データの安全管理のために必要かつ適切な措置を講じなければならない」（同法第20条）。従業員や業務委託先に個人データを取り扱わせ、あるいは取扱

第2部　労働者派遣と請負・業務委託、労働者供給をめぐって

いの全部または一部を委託する場合には、個人データの安全管理が図られるよう、従業員や委託を受けた者に対する必要かつ適切な監督が義務付けられている（同法第21条、第22条）。また、個人情報取扱事業者は、原則として、本人の同意を得ずに、個人データを第三者に提供してはならない（同法第23条）。

● ④　保有個人データの第三者への提供制限と適正保持義務

個人情報取扱事業者が、開示、内容の訂正、追加または削除、利用の停止、消去及び第三者への提供の停止のすべてを行うことができる権限を有する「個人データ」を「保有個人データ」（新法第2条第7項）という（受託して処理しているものは除くとともに、①その存否が明らかになることにより、公益その他の利益が害されるもの、②6カ月以内に消去する（更新することは除く）こととなるものは除く）。かかる権限を有する保有個人データの取扱いについて、新法では、第三者への提供の制限、グローバル化による外国にある第三者への提供の制限、及び本人が適切に関与できるようにする措置が定められている。

すなわち、個人情報取扱事業者が個人データを第三者に提供する場合、法令に基づく場合等列挙されているケースを除き、原則として、あらかじめ本人の同意を得る必要がある（同法第23条第1項）。

ただし、オプトアウト方式による場合は、あらかじめ本人の同意を得る必要はない（同条第2項）。オプトアウトとは、第三者に提供される個人データについて、本人の求めに応じて第三者への提供を停止することであり、かつ、一定の事項について、あらかじめ、本人に通知し、または本人が容易に知り得る状態に置くとともに、所定事項について個人情報保護委員会に届け出たときは、本人の同意を得ずに当該個人データを第三者に提供することができるとする第三者提供の方法である。

なお、要配慮個人情報については、このオプトアウト方式による第三者への提供は認められていない。

また、外国にある第三者への提供については、当該国または地域が「個人の権利利益を保護する上で我が国と同等の水準にあると認められる個人情報の保護に関する制度を有している外国として個人情報保

第1章●労働者派遣と請負・業務委託等をめぐる問題

護委員会規則で定めるものを除」いて、第三者に個人データを提供する場合には、法令上の除外事由のある場合を除いて、あらかじめ外国にある第三者への提供を認める旨の本人の同意を得なければならない（同法第24条）。

そして、個人情報の流通過程における記録を確保すべく、個人情報取扱事業者が個人データを第三者に提供した場合、提供した年月日や当該第三者の名称等の記録を作成・保存しなければならないという提供者側の義務（同法第25条）と、個人情報取扱事業者が第三者から個人データの提供を受ける際、当該第三者の名称等及び当該第三者による当該個人データの取得の経緯を確認し、記録を作成・保存しなければならないという受領者側の義務（同法第26条）が規定されている。

さらに、個人情報取扱事業者は、保有個人データに関し、本人の知り得る状態（本人の求めに応じて遅滞なく回答する場合を含む）に置くこと（同法第27条第1項）、保有個人データの利用目的の通知を求められたときは、本人に対し、遅滞なく通知すること（同条第2項）が求められる。また、本人は、個人情報取扱事業者に対し、当該本人が識別される保有個人データの開示を請求するほか、その他の開示（同法第28条）、訂正（同法第29条）、利用停止（同法第30条）等を請求することができるとされている。また開示手続き（同法第32条）、手数料（同法第33条）についても規定され、さらに個人情報取扱事業者には、苦情の適切かつ迅速な処理（同法第35条第1項）と、そのために必要な苦情相談窓口の設置等の体制整備（同条第2項）を行う努力義務も課せられている。

●3　派遣労働者と請負労働者の雇用管理情報の取扱いの差異

個人情報保護法の個人情報の中には、労働者の「雇用管理に関する個人情報（以下「雇用管理情報」という）」も含まれる。「雇用管理情報ガイドライン」によれば、次のように述べられている。

▶雇用管理情報ガイドライン

「雇用管理情報」とは、事業者が労働者等の雇用管理のために収

集、保管、利用等する個人情報をいい、その限りにおいて、病歴、収入、家族関係等の機微に触れる情報（以下「機微に触れる情報」という。）を含む労働者個人に関するすべての情報が該当する。

　なお、「雇用管理情報ガイドライン」は、「個人情報保護法ガイドライン」ほか３編に一元化され、平成29年５月30日をもって廃止されているが、考え方としては現在も従前と同様である。

　また、新法では、この「機微に触れる情報」に類似するものとして「要配慮個人情報」の定義が「本人の人種、信条、社会的身分、病歴、犯罪の経歴、犯罪により害を被った事実その他本人に対する不当な差別、偏見その他の不利益が生じないようにその取扱いに特に配慮を要するものとして政令で定める記述等が含まれる個人情報をいう。」（第２条第３項）と定められ、「個人情報取扱事業者は、次に掲げる場合〔筆者注：法令に基づく場合等所定の除外事由〕を除くほか、あらかじめ本人の同意を得ないで、要配慮個人情報を取得してはならない。」（第17条第２項。本項の施行は平成29年５月30日）とされている。そして、派遣労働者の個人情報の取扱いに関しては、次のような旧指針の解説（「雇用管理に関する個人情報の適正な取扱いを確保するために事業者が講ずべき措置に関する指針」の解説、平成17年３月。現在は廃止）は、新法下においても当てはまると解される。

　「派遣先の事業者については、派遣労働者は、派遣先の事業者との間で指揮命令関係があり、『事業者に使用されている労働者』であることから、『労働者等』に該当する。事業者は、自社内で就労する派遣労働者についても、当指針に基づき雇用管理に関する個人情報に関して適正な取扱いを図らなければならない。」
　「派遣元事業主については、その雇用する派遣労働者（いわゆる登録型の派遣労働者を含む。）の個人情報保護のため、当指針の規定を遵守しなければならないことはもちろんであるが、当指針のほか、労働者派遣に係る事業の適正な運営を確保する等の見地から、

第１章●労働者派遣と請負・業務委託等をめぐる問題

> 労働者派遣事業の適正な運営の確保及び派遣労働者の保護等に関する法律に基づいて定められている『派遣元事業主が講ずべき措置に関する指針（平成11年労働省告示第137号、最終改正：平成29年5月29日厚生労働省告示第210号）』についても遵守する必要があるので留意されたい。」
>
> （旧指針の解説（平17.3）より筆者が引用、下線は筆者が加筆修正）

　一方、請負事業者や業務受託事業者の受注業務に従事する労働者については、旧指針の解説で次のように述べられているとおり、「雇用管理情報」の対象とならず、管理できないことに変わりはない。

> 　請負契約による請負人は、当該業務を自己の業務として注文主から独立して処理するものであり、「事業者に使用されている労働者」であるとはいえない。したがって、請負契約に基づき請負人が就労している現場の事業者について、請負人は当指針で規定する「労働者等」には該当しない。
>
> （旧指針の解説（平17.3）より筆者が引用）

　この関係を図示すれば**図２－６**のとおりである。したがって、請負事業者や業務受託者の労働者（従業者）に関しては、注文者としては、雇用管理情報ではなく、一般の個人情報として取り扱わなければならない。

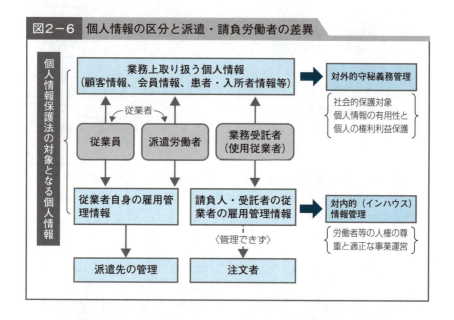

図2−6 個人情報の区分と派遣・請負労働者の差異

●4 派遣労働者に関する個人情報の保護

　派遣労働者に対しては、個人情報保護法の制定以前の平成11年の改正労働者派遣法において「①派遣元事業主は、労働者派遣に関し、労働者の個人情報を収集し、保管し、又は使用するに当たっては、その業務（紹介予定派遣をする場合における職業紹介を含む。）の目的の達成に必要な範囲内で労働者の個人情報を収集し、並びに当該収集の目的の範囲内でこれを保管し、及び使用しなければならない。ただし、本人の同意がある場合その他正当な事由がある場合は、この限りでない。②派遣元事業主は、労働者の個人情報を適正に管理するために必要な措置を講じなければならない。」（第24条の３）と規定するとともに、派遣事業の許可要件の一つとして、個人情報の適正管理と個人の秘密を守るための必要な措置が講じられていることとした。

　すなわち、「個人情報（個人に関する情報であって、特定の個人を識別することができるもの（他の情報と照合することにより特定の個人を識別することができることとなるものを含む。）をいう。以下同じ。）を適正に管理し、及び派遣労働者等の秘密を守るために必要な措置が講じ

られていること」（同法第7条第1項第3号）を許可基準とし、この「基準に適合していると認めるときでなければ、許可をしてはならない」（同条第1項本文）と定められた。同時に平成11年の改正法において、派遣元における①労働者の個人情報の適正な収集・保管・使用（同法第24条の3第1項）、②個人情報の適正管理措置（同条第2項）、③派遣元事業主の従業者（従業者であった者も含む）の業務上取り扱った個人の秘密の保持・管理（同法第24条の4）、④派遣先の派遣労働者を特定することを目的とする行為の制限（同法第26条第6項）を定め、これを事前に確保するために、これらの管理措置が講じられていることを⑤許可基準と定めた（同法第7条第1項本文）ものである。

そして、個人情報保護法の全面施行にあたって「派遣元事業主が講ずべき措置に関する指針の一部を改正する告示」（平16・11・4厚労省告示第392号）において、「個人情報の保護に関する法律の遵守等」として「派遣元事業主は、個人情報の保護に関する法律第2条第3項に規定する個人情報取扱事業者（以下「個人情報取扱事業者」という。）に該当する場合には、同法第4章第1節に規定する義務を遵守しなければならないこと。また、個人情報取扱事業者に該当しない場合であっても、個人情報取扱事業者に準じて、個人情報の適正な取扱いの確保に努めること。」（第2の10(3)）とし、平成17年4月1日から適用することとされた。

この告示により派遣元事業主は、個人情報保護法に定める個人情報取扱事業者の義務を遵守すべきこととされたが、「派遣元事業主が講ずべき措置に関する指針」（平11・11・17労働省告示第137号、改正：平29・5・29厚労省告示第210号。以下「派遣元指針」という）では、次のとおり定められている。

▶派遣元指針

10 個人情報の保護
(1) 個人情報の収集、保管及び使用
イ 派遣元事業主は、派遣労働者となろうとする者を登録する際には当該労働者の希望、能力及び経験に応じた就業の機会の確保を図る目的の範囲内で、派遣労働者として雇用し労働

者派遣を行う際には当該派遣労働者の適正な雇用管理を行う
目的の範囲内で、派遣労働者等の個人情報（(1)及び(2)におい
て単に「個人情報」という。）を収集することとし、次に掲
げる個人情報を収集してはならないこと。ただし、特別な業
務上の必要性が存在することその他業務の目的の達成に必要
不可欠であって、収集目的を示して本人から収集する場合は
この限りでないこと。

(イ)　人種、民族、社会的身分、門地、本籍、出生地その他社
会的差別の原因となるおそれのある事項

(ロ)　思想及び信条

(ハ)　労働組合への加入状況

ロ　派遣元事業主は、個人情報を収集する際には、本人から直
接収集し、又は本人の同意の下で本人以外の者から収集する
等適法かつ公正な手段によらなければならないこと。

ハ　派遣元事業主は、高等学校若しくは中等教育学校又は中学
校若しくは義務教育学校の新規卒業予定者であって派遣労働
者となろうとする者から応募書類の提出を求めるときは、職
業安定局長の定める書類によりその提出を求めること。

ニ　個人情報の保管又は使用は、収集目的の範囲に限られるこ
と。なお、派遣労働者として雇用し労働者派遣を行う際に
は、労働者派遣事業制度の性質上、派遣元事業主が派遣先に
提供することができる派遣労働者の個人情報は、労働者派遣
法第35条第1項の規定により派遣先に通知すべき事項のほ
か、当該派遣労働者の業務遂行能力に関する情報に限られる
ものであること。ただし、他の保管若しくは使用の目的を示
して本人の同意を得た場合又は他の法律に定めのある場合
は、この限りでないこと。

(2)　適正管理

イ　派遣元事業主は、その保管又は使用に係る個人情報に関
し、次に掲げる措置を適切に講ずるとともに、派遣労働者等
からの求めに応じ、当該措置の内容を説明しなければならな

第1章●労働者派遣と請負・業務委託等をめぐる問題

いこと。

(イ)　個人情報を目的に応じ必要な範囲において正確かつ最新のものに保つための措置

(ロ)　個人情報の紛失、破壊及び改ざんを防止するための措置

(ハ)　正当な権限を有しない者による個人情報へのアクセスを防止するための措置

(ニ)　収集目的に照らして保管する必要がなくなった個人情報を破棄又は削除するための措置

ロ　派遣元事業主が、派遣労働者等の秘密に該当する個人情報を知り得た場合には、当該個人情報が正当な理由なく他人に知られることのないよう、厳重な管理を行わなければならないこと。

ハ　派遣元事業主は、次に掲げる事項を含む個人情報適正管理規程を作成し、これを遵守しなければならないこと。

(イ)　個人情報を取り扱うことができる者の範囲に関する事項

(ロ)　個人情報を取り扱う者に対する研修等教育訓練に関する事項

(ハ)　本人から求められた場合の個人情報の開示又は訂正（削除を含む。以下同じ。）の取扱いに関する事項

(ニ)　個人情報の取扱いに関する苦情の処理に関する事項

ニ　派遣元事業主は、本人が個人情報の開示又は訂正の求めをしたことを理由として、当該本人に対して不利益な取扱いをしてはならないこと。

(3)　個人情報の保護に関する法律の遵守等

(1)及び(2)に定めるもののほか、派遣元事業主は、個人情報の保護に関する法律第2条第5項に規定する個人情報取扱事業者（以下「個人情報取扱事業者」という。）に該当する場合には、同法第4章第1節に規定する義務を遵守しなければならないこと。また、個人情報取扱事業者に該当しない場合であっても、個人情報取扱事業者に準じて、個人情報の適正な取扱いの確保に努めること。

101

第2部　労働者派遣と請負・業務委託、労働者供給をめぐって

●5　住所・電話番号等個人情報の相手企業への提供における派遣と請負の差異

　派遣労働者の場合には、派遣法において「労働者派遣（紹介予定派遣を除く。）の役務の提供を受けようとする者は、労働者派遣契約の締結に際し、当該労働者派遣契約に基づく労働者派遣に係る派遣労働者を特定することを目的とする行為をしないように努めなければならない。」（第26条第6項）と規定されている。また、「派遣先が講ずべき措置に関する指針」（平11・11・17労働省告示第138号、改正：平28・10・20厚労省告示第379号。以下「派遣先指針」という）で、「派遣労働者を特定することを目的とする行為の禁止」として「派遣先は、紹介予定派遣の場合を除き、派遣元事業主が当該派遣先の指揮命令の下に就業させようとする労働者について、労働者派遣に先立って面接すること、派遣先に対して当該労働者に係る履歴書を送付させることのほか、若年者に限ることとすること等派遣労働者を特定することを目的とする行為を行わないこと。」（第2の3）と定められ、派遣元に対しても「派遣元事業主は、……派遣先による派遣労働者を特定することを目的とする行為に協力してはならないこと。」（派遣元指針第2の11）との「派遣労働者の特定行為に対する協力禁止」のルールがある。

　そこで、派遣にあたって、「派遣元事業主が派遣先に提供することができる派遣労働者の個人情報は、労働者派遣法第35条第1項の規定により派遣先に通知すべき事項〔編注：①派遣労働者の氏名、②無期雇用派遣労働者か有期雇用派遣労働者の別、③60歳以上か、④性別（45歳以上の場合はその旨も、18歳未満の場合はその年齢も併せて）、⑤社会保険資格取得関係〕のほか、当該派遣労働者の業務遂行能力に関する情報に限られるものであること。」（派遣元指針第2の10(1)ニ）とされている。しかし、派遣後については、「ただし、他の保管若しくは使用の目的を示して本人の同意を得た場合又は他の法律に定めのある場合は、この限りでないこと。」（同）とされているので、派遣先における業務上の必要性、殊にセキュリティ管理、安全衛生管理、緊急連絡や派遣業務を円滑に遂行するための連絡用務等の利用目的を明示して派遣先が収集したり、派遣元が派遣労働者の同意を得て派遣先に提供（新法第23条第1項）することは差し支えない。

第1章●労働者派遣と請負・業務委託等をめぐる問題

　また、派遣労働者については、派遣先の指揮命令を受けて派遣先で就労するものであり、個人情報保護法上も、派遣先の従業員と同視されて「従業者」（同法第21条）として同一の規制や管理に含まれる地位にある。このため派遣元は、次の例のような同意を得て、派遣先に派遣労働者の住所、電話番号等所要の個人情報を提供することは差し支えない。

派遣労働契約時の同意書

　私の学歴、職歴、資格、その他職務能力及び勤務等に関する情報は、労働者派遣契約にあたり派遣先（予定を含む。）に開示すること及び派遣決定後は、住所、連絡電話番号、写真等を含め、入館・身分証明、セキュリティ管理、緊急連絡、事故の際の救急措置（血液型を含む。）その他派遣先の業務管理に必要な情報及び私の業務の円滑な遂行のため派遣先での自己紹介に係る情報の提供にあらかじめ同意します。

〈派遣労働者氏名　　印〉

〔筆者注：血液型は病歴ではなく要配慮個人情報に該当しない〕

　一方、請負契約や業務委託契約によって、これらの請負事業者等に雇用される労働者が、発注者や委託者の会社や工場に立ち入って請負業務等に従事する場合、発注者等が、氏名、住所、電話番号等の個人情報の提供を受けることができるか問題となる。これらの労働者は請負事業者に雇用されている者で、発注者等の被用者でもなく、その指揮命令を受ける者でもない（発注者企業が指揮命令すると請負や業務委託でなくなり、いわゆる偽装請負の問題となる）。

　そのため当然には、これらの労働者の個人情報を収集・取得はできないし、雇用や業務の管理の面ではその必要がない（学歴、職歴、経験年数等の情報を発注者が求めることは、発注者側が請負人の労働者の技術能力等を判定・評価することになるので、「区分告示」に定める基準に反することになる）。

　しかし、発注者企業等への入退場にあたっての施設管理や秘密管理、安全衛生上の管理、事故等の場合の緊急対応（緊急連絡先、血液型等を

103

第２部 労働者派遣と請負・業務委託、労働者供給をめぐって

含む）等の業務上の必要から、これらの労働者の個人情報について必要な限度であらかじめ「利用目的を特定して」直接求めること（新法第15条）や、請負人や受託者側においてあらかじめ自己の雇用する労働者から前記の範囲内で発注者等へ提供することについての同意（第三者提供）を得て（同法第23条第１項）提供することは差し支えないと考えられる。

2 守秘義務・個人情報の安全管理措置における労働者派遣と請負・業務委託との差異

● 1 個人情報保護法上の安全管理措置・監督

個人情報取扱事業者は、その取り扱う個人データの漏洩、滅失またはき損の防止その他の個人データの安全管理のために必要かつ適切な措置を講じなければならない（新法第20条）。

個人データの安全管理のためには、組織的安全管理措置、人的安全管理措置、物理的安全管理措置及び技術的安全管理措置を講じなければならない（「個人情報保護法ガイドライン」）。

安全管理措置

	講じなければならない措置
(1)組織的安全管理措置	・組織体制の整備 ・個人データの取扱いに係る規律に従った運用 ・個人データの取扱状況を確認する手段の整備 ・漏洩等の事案に対応する体制の整備 ・取扱状況の把握及び安全管理措置の見直し
(2)人的安全管理措置	・従業者の教育
(3)物理的安全管理措置	・個人データを取り扱う区域の管理 ・機器及び電子媒体等の盗難等の防止 ・電子媒体等を持ち運ぶ場合の漏洩等の防止 ・個人データの削除及び機器、電子媒体等の廃棄
(4)技術的安全管理措置	・アクセス制御 ・アクセス者の識別と認証 ・外部からの不正アクセス等の防止 ・情報システムの使用に伴う漏洩等の防止

そして、具体的な個人データの安全管理措置・監督については、図2－7のとおり従業者と委託・請負の場合とで区分して定められている。

従業者については、「個人情報取扱事業者は、その従業者に個人データを取り扱わせるに当たっては、当該個人データの安全管理が図られるよう、当該従業者に対する必要かつ適切な監督を行わなければならない。」（同法第21条）と定められている。

「個人情報保護法ガイドライン」によれば、「『従業者』とは、個人情報取扱事業者の組織内にあって直接間接に事業者の指揮監督を受けて事業者の業務に従事している者等をいい、雇用関係にある従業員（正社員、契約社員、嘱託社員、パート社員、アルバイト社員等）のみならず、取締役、執行役、理事、監査役、監事、派遣社員等も含まれる。」とされ、明らかに派遣社員は、その指揮命令下に就業するものであることから、派遣先の自社従業員と同じ取扱いとなっている。

一方、請負・業務委託については、「委託先の監督」として区別されており、「個人情報取扱事業者は、個人データの取扱いの全部又は一部を委託する場合は、その取扱いを委託された個人データの安全管理が図られるよう、委託を受けた者に対する必要かつ適切な監督を行わなければならない。」（同法第22条）とされている。

すなわち、委託先等の従業者に対して、委託者が直接監督することは、

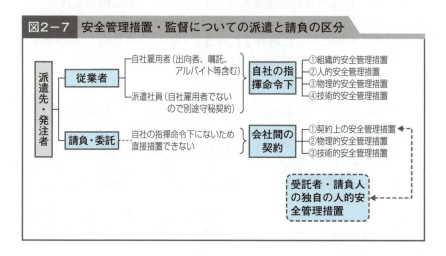

図2－7　安全管理措置・監督についての派遣と請負の区分

第2部　労働者派遣と請負・業務委託、労働者供給をめぐって

雇用関係も支配関係もないためにできない。そこで、受託事業者に対して請負・業務委託契約に基づいてしか監督措置を講ずることができない。

「個人情報保護法ガイドライン」によると、「必要かつ適切な監督」には、委託先を適切に選定すること、委託先に新法第20条に基づく安全管理措置を遵守させるために必要な契約を締結すること、委託先における委託された個人データの取扱い状況を把握することが含まれる。すなわち、安全管理措置の内容を契約に盛り込むとともに、当該契約の内容が遵守されていることを、定期的に監査することも含まれる。

また、「委託元が委託先について『必要かつ適切な監督』を行っていない場合で、委託先が再委託をした際に、再委託先が不適切な取扱いを行ったときは、元の委託元による法違反と判断され得るので、再委託する場合は注意を要する」こととされている。

● 2　守秘義務（個人情報の非開示）誓約書は請負・委託の労働者から直接提出させてよいか

個人データ等の漏洩、不正開示等は、従業員によって行われることの方が現実には多いことは報道等からみても明らかといえる。それは、自社雇用者だけでなく、派遣労働者や請負・業務委託事業者の労働者によって行われることもある。

そこで、「個人情報保護法ガイドライン」では、個人情報取扱事業者は、人的安全管理措置として、「従業者に、個人データの適正な取扱いを周知徹底するとともに適切な教育を行わなければならない。」とし、その手法として次のように例示されている。

> ◆個人データの取扱いに関する留意事項について、従業者に定期的な研修等を行う。
> ◆個人データについての秘密保持に関する事項を就業規則等に盛り込む。

そのため、上記「ガイドライン」に従って、派遣先が派遣労働者を受け入れた場合（派遣労働者は新法第21条の従業者となる）や、業務委託、

106

第1章●労働者派遣と請負・業務委託等をめぐる問題

請負によって自社の個人情報の取扱いを行わせる場合（業務委託者や請負人の労働者は同法第22条の委託先の労働者となる）には、一般には契約時において個人情報の非開示（守秘義務）誓約書（次頁参照）の差入れを求めることにより、個人情報の不正開示や営業秘密等の不当な漏洩の防止についての注意と自覚を確認し、かつそれに違反した場合の従業者自身の損害賠償の応諾を誓約することによって、守秘義務の履行の徹底を期する方策がとられる。しかし、派遣労働者と受託者・請負人の労働者では、労働者の立場が異なるので注意しなければならない。

●① 派遣労働者の場合

　上記の場合、派遣労働者については派遣先が直接指揮命令し、かつ派遣先指揮命令者等の指示に従い就業するものであるから、派遣先に対して直接誓約書を差し入れさせることは差し支えない。この点について、厚労省のパブリックコメント（平成17年3月8日）においても、「派遣先事業者と派遣労働者の間で、個人情報について開示しない契約を締結したり、契約書や念書を取り交わすことが許されるか」との照会に対して、派遣先事業者と派遣労働者との間において、「個人情報について開示しない旨の契約」の締結や、契約書・念書を取り交わすことは可能である旨回答している。

●② 請負・業務受託事業者の労働者の場合

　一方、請負事業者や業務受託事業者の労働者については、発注者・委託者側が直接指揮命令できず、ましてこれらの発注者に雇用されている者でもないので、守秘義務誓約書等の提出を直接求めることはできない。あくまでも当該請負事業者や受託事業者を通じて、これらの事業者に対して従事労働者から差し入れられた誓約書等のコピーを求めることでなければならない。この点においても、派遣労働者と請負・業務受託事業者の雇用する労働者との差異がある。

107

第２部　労働者派遣と請負・業務委託、労働者供給をめぐって

守秘義務誓約書

〈派遣先〉

○○○○株式会社

　代表取締役△△△△殿

〈派遣労働者〉

住　所

氏　名

電話番号

（注）派遣元は派遣労働契約の際、派遣労働者より、派遣先における守秘義務管理及び緊急対応等のため、派遣先に対する守秘義務誓約書の差入れ及び住所、電話番号等の記載について同意を得ておくこと。

　このたび私は派遣元の株式会社××××より貴社に派遣され、貴社○○部○○課において労働者派遣個別契約に定める業務に従事するにあたりまして、下記のとおり確認し、誓約いたします。

記

1．貴社のお客様、お取引先関係者及びその家族並びに貴社の役員、従業員その家族等の関係者の個人情報で、業務上取り扱い又は知り得た事項（個人に関する情報であって、当該情報に含まれる氏名、生年月日、住所、電話番号その他の記述等により特定の個人を識別することができるもの。なお、他の情報と容易に照合することができ、それにより特定の個人を識別することができるものを含む。）について、不当に漏洩し、開示し、又は不正に利用する等は一切いたしません。

2．貴社並びにお客様、お取引先等に関し業務上知り得た営業秘密（経営、営業、生産、企画、財務、経理、人事、開発、研究、宣伝その他の企業情報をいう。）について、不当に漏洩し、開示し、又は不正に利用する等は一切いたしません。

3．貴社の文書、記録、情報（電子データ、パスワード等を含む。）、帳簿等（企業情報のみならず個人情報も含む。）について、貴社の許可なく就業場所の外に持ち出すことはいたしません。

第1章●労働者派遣と請負・業務委託等をめぐる問題

4．貴社の許可なく私用の電算機、磁気ディスク、その他記録装置等を就業場所に持ち込むことはいたしません。

5．貴社から業務上受領した個人情報、企業情報を含む資料について、貴社の事前の承諾のない限り複製物を作成し、又は加工するようなことはいたしません。

6．貴社から業務上受領した個人情報、企業情報を含む資料（当該資料の複製物を含む。）は、その資料を用いて行うべき業務が終了したとき、又は貴社より返却すべき旨の通知を受けたときは、直ちに返却いたします。

7．貴社の派遣先指揮命令者又はそれに代わる上司・担当者等の許可なく就業時間中に私用通話、私用通信等を行うようなことはいたしません。

8．貴社の許可なく貴社の通信・情報機器、電算機その他の情報システムを私用に用いることはいたしません。

9．貴社の情報管理のために行う必要な監視・調査についてはこれを承諾し、また、必要に応じ協力し、これらの検査及び調査には応じます。

10．上記の各情報の漏洩、開示若しくは不正な利用等が発生した場合又はお客様その他関係者から異議・通報等のあった場合には、直ちに貴社派遣先責任者又はそれに代わる上司・担当者に報告・連絡の上、その指示等に従います。

11．第1項及び第2項の守秘義務等は、本件派遣契約が終了した後も遵守いたします。

12．本件派遣契約が終了した場合には、上記各情報に関しすべての資料、記録、データ等を貴社に返却し、又は貴社の承諾を得て破棄し、その結果を検収いただくとともに、その旨の確認誓約書の作成にあらかじめ同意いたします。

13．万一本件誓約に反して、不当な漏洩、開示又は不正な利用等を行い、若しくは私の重大な過失によって漏洩等の結果を生じ、貴社に損害をおかけいたしましたときは、その損害の賠償をいたします。

以上

第2部

第2章
「労働者派遣事業と請負事業との区分告示」をめぐる問題

第2部　労働者派遣と請負・業務委託、労働者供給をめぐって

1 「労働者派遣事業と請負事業との区分告示」をめぐって

1 請負事業と認められる要件——いわゆる偽装請負との区分は

　請負（業務委託等を含む）によって事業が行われる場合には、それが適正なものであれば労働者派遣に該当しないので問題はない。しかし、現実には請負と称されていても実態は労働者派遣に該当するものもあり、その区分が判然としない。そこで、政府は、昭和61年4月17日付をもって「労働者派遣事業と請負により行われる事業との区分に関する基準」（労働省告示第37号。「区分告示」）を示し、次頁以下に示す要件のすべてを充足しなければ請負とは認めず、労働者派遣事業を行うものとした。この点については、平成11年の労働者派遣法改正を審議した国会でも頻繁に偽装請負の問題が議論され、当時の労働省も偽装請負への対応強化について答弁している。

　そして、これに基づき「業務取扱要領」によって「区分告示」の定めをさらに具体的に運用していく基準や留意点が定められた。

参考　**〜平成11年派遣法改正当時の労働省の国会答弁から〜**

　「製造業の生産工程、いわゆる現場におきましては、大変遺憾なことですが、現在でも偽装請負というふうなことが間々まだ見られるわけで、行政としても指導しているわけでありますが、」「製造業の生産工程の除外につきましては、今般の改正の附則におきまして『当分の間、労働者派遣事業を行ってはならない。』というふうにしているわけでありまして、」「指摘のように、派遣と請負との区別につきましては、現在ももちろん基準をつくって運用しているわけでありますが、中央職業安定審議会からも御意見をいただき、国会審議でもいろいろ御意見をいただいておりますので、改正法の成立後におきましては、区分をさらに明確にして、それに基づいてさらにきちんと行政としても指導し」ていきたい。

112

第2章● 「労働者派遣事業と請負事業との区分告示」をめぐる問題

2 「区分告示」及び「業務取扱要領」とその解説

※ 「解説」部分は筆者の見解であり、各労働局で作成し指導しているチェックリスト等や厚労省から出されている「Q＆A」（疑義応答集）を中心にまとめたものである。

1 「区分告示」の目的

▶区分告示

第1条　この基準は、労働者派遣事業の適正な運営の確保及び派遣労働者の保護等に関する法律の施行に伴い、法の適正な運用を確保するためには労働者派遣事業（法第2条第3号に規定する労働者派遣事業をいう。以下同じ。）に該当するか否かの判断を的確に行う必要があることに鑑み、労働者派遣事業と請負により行われる事業との区分を明らかにすることを目的とする。

●解　説●

① この「区分告示」でいう「請負」は、民法の請負契約、準委任契約のほか商行為としての運送、他人のためにする製造、加工等の行為その他を含むもので、労働法上の概念である。

② この基準は、「告示」という形式で出されている。「告示」とは公の機関が、その決定した事項その他一定の事項を公式に広く一般に知らせるための形式の一つで、「各省大臣、各委員会及び各庁の長官は、その機関の所掌事務について、公示を必要とする場合においては、告示を発することができる。」との国家行政組織法第14条に基づいてなされるものである。国の行政機関の告示は官報によって行われるのが通例であり、官報その他の公報には、通常、告示欄が設けられている。

　このように「告示」は、それ自体、法律や命令のように法的な拘束力を有するわけではなく、告示が拘束力を有するかどうかは、その告示を発する根拠法令の規定いかんによる。

　この「区分告示」については、前述のとおり審議会や国会審議の中で「派遣事業と請負事業の区分」についての基準を策定して行政指導するようにとの要請を受けて所管大臣の権限に基づき定められ、公示されたものであり、この基準を定める告示自体については労働者派遣

113

第2部　労働者派遣と請負・業務委託、労働者供給をめぐって

法や職安法上に根拠規定があるものではない。

③　しかし、平成15年の派遣法の改正案を審議した国会においても「附帯決議」をもって「物の製造の業務等への労働者派遣事業の拡大に当たっては、請負等を偽装した労働者派遣事業に対し、その解消に向け労働者派遣事業と請負により行われる事業との区分に関する基準等の周知徹底、厳正な指導監督等により、適切に対処するとともに、請負に係る労働者の保護のため、請負により行われる事業に対し、労働基準法等労働諸法令が遵守される取組を強力に進めること。」（平15・5・21衆議院厚生労働委員会、同旨平15・6・5参議院厚生労働委員会）と決議され、「区分告示」の周知徹底と行政指導が求められているところである。

④　さらに、偽装請負目的による派遣役務の受領先である発注者等への直接雇用に係る「労働契約申込みみなし」制度を立法化した平成24年の国会での附帯決議において、「いわゆる偽装請負の指導監督については、労働契約申込みみなし制度が創設されること等も踏まえ、丁寧・適切に実施するよう徹底すること。また、労働契約申込みみなし規定が適用される『偽装する意図を持っているケース』を、具体的に明確化すること。併せて、事業主及び労働者に対し、偽装請負に該当するかどうかの助言を丁寧に行うとともに、労働者派遣と請負の区分基準を更に明確化すること。」（平24・3・27参議院厚生労働委員会）とされ、この「区分基準」の明確化が法適用上重要とされるに至った。

⑤　この基準の内容は、「次の各号のいずれにも該当する」（区分告示第2条）場合とされているが、各号はそれぞれ関連するものであり、一つの基準に反したから偽装請負になるといった性質のものではなく、「業務取扱要領」に明記されているとおり「総合的に勘案して」判断を行うものとされている。したがって、すべての要件を充足することが望ましいが、できるだけ多くの要件を充足させることによって「総合的に勘案して」注文者の事業から独立して自己の業務として処理するという請負・業務委託としての適正さを具備する必要がある（図2-8参照）。

第２章 ● 「労働者派遣事業と請負事業との区分告示」をめぐる問題

図2-8　適正な請負事業の要件

区分基準（告示）
（全要件該当）

↑ 適正な請負事業の要件

一　自己の雇用する労働者の労働力を自ら利用するものであること
①業務の遂行方法の指示
②業務の遂行に関する評価
③労働時間、休憩、休日、休暇等の管理
④時間外・休日労働管理
⑤企業秩序、服務規律の維持・管理
⑥労働者の配置等の決定・変更

二　自己の請負業務として注文事業主から独立して処理するものであること
①業務処理資金につきすべて自らの責任で調達・支弁
②業務につき民法、商法その他の法律上のすべての事業主責任の負担
③次のいずれかに該当
　イ　自己の責任と負担で準備・調達する機械、設備、器具、材料、資材等により業務処理
　ロ　事業として自ら行う企画、専門的技術、経験に基づく業務処理

2　労務管理上の独立性

▶区分告示

第2条　請負の形式による契約により行う業務に自己の雇用する労働者を従事させることを業として行う事業主であっても、当該事業主が当該業務の処理に関し次の各号のいずれにも該当する場合を除き、労働者派遣事業を行う事業主とする。

　適正な請負事業であり、労働者派遣事業ではないとする第一の要件は、自己（自社）の雇用する労働者を他社ではなく、自社において指揮監督するということである。「業務取扱要領」によれば、労働者派遣事業に該当せず、請負により行われる事業に該当すると判断されるためには、次の要件を充足することとされている。

115

> ▶ 業務取扱要領
>
> 　第一に、当該労働者の労働力を当該事業主が自ら直接利用すること、すなわち、当該労働者の作業の遂行について、当該事業主が直接指揮監督のすべてを行うとともに、
> 　第二に、当該業務を自己の業務として相手方から独立して処理すること、すなわち、当該業務が当該事業主の業務として、その有する能力に基づき自己の責任の下に処理されることが必要であるが、具体的には、次のような基準〔編注：区分告示、以下解説参照〕に基づき判断を行う（昭和61年労働省告示第37号）。
> 　なお、労働者派遣を受け、当該派遣労働者を用いて、請負により事業を行うことが可能であるのは当然であるので留意すること。
>
> 　　　　　（第1の1(3)ロ。以下、162頁までの「業務取扱要領」の抜粋掲載箇所も同様）

▶ 区分告示（第2条）

　一　次のイ、ロ及びハのいずれにも該当することにより自己の雇用する労働者の労働力を自ら直接利用するものであること。

　この要件は、自己（自社）の雇用する労働者が、他事業所内においても自社の請負事業として従事していると認められるためには、自社が自

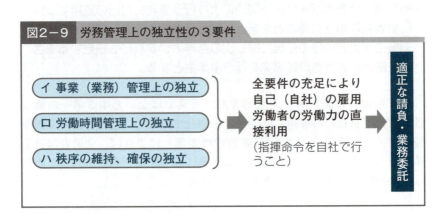

図2−9　労務管理上の独立性の3要件

第2章● 「労働者派遣事業と請負事業との区分告示」をめぐる問題

ら指揮命令して当該労働者の労働力を利用することが必要であることを
示すものである。そのためには、図2－9の3つの管理上の独立性を満
たす必要があるということである。

●解　説●

　請負と認められるための第一の要件は、自社の雇用する労働者を自社
が直接指揮命令・管理していることである。

　適正な請負とは、自社が雇用した労働者が請負先、すなわち注文者の
事業場内で就労する場合でも、それは注文者から請け負った業務を自社
が完成ないし完了の責任を負って自社の業務として遂行するものである
から、通常の自社内の業務と同じように自社が指揮命令し、管理して実
施するものでなければならない。

　請負業務であるといいながら、請け負った業務を遂行するにあたっ
て、注文者である他社が自社の雇用した労働者を指揮命令するならば、
「自己の雇用する労働者を、当該雇用関係の下に、かつ、他人の指揮命
令を受けて、当該他人のために労働に従事させること」（派遣法第2条
第1号）となり、それは、「労働者派遣」に該当することとなる（図2
－10参照）。

　この点について、判例でも次のとおり判示されている。「請負契約に
おいては、請負人は注文者に対して仕事完成義務を負うが、請負人に雇
用されている労働者に対する具体的な作業の指揮命令は専ら請負人にゆ
だねられている。よって、請負人による労働者に対する指揮命令がな
く、注文者がその場屋内において労働者に直接具体的な指揮命令をして
作業を行わせているような場合には、たとい請負人と注文者との間にお
いて請負契約という法形式が採られていたとしても、これを請負契約と
評価することができない。そして、上記の場合において、注文者と労働
者との間に雇用契約が締結されていないのであれば、上記三者間の関係
は、労働者派遣法2条1号にいう労働者派遣に該当すると解すべきであ
る。」（パナソニックプラズマディスプレイ（パスコ）事件、最高裁第二
小法廷平21・12・18判決、労判993号5頁）。

117

第2部　労働者派遣と請負・業務委託、労働者供給をめぐって

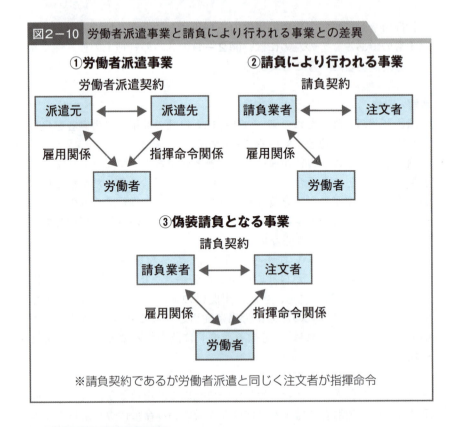

図2-10　労働者派遣事業と請負により行われる事業との差異

> ▶区分告示（第2条第1号）
>
> イ　次〔編注：下記(1)及び124頁の(2)〕のいずれにも該当することにより業務の遂行に関する指示その他の管理を自ら行うものであること。
> (1)　労働者に対する業務の遂行方法に関する指示その他の管理を自ら行うこと。

> ▶業務取扱要領
>
> 　当該要件の判断は、当該労働者に対する仕事の割り付け、順序、緩急の調整等につき、当該事業主が自ら行うものであるか否かを総合的に勘案して行う。

第2章 ●「労働者派遣事業と請負事業との区分告示」をめぐる問題

「総合的に勘案して行う」とは、これらのうちいずれかの事項を事業主が自ら行わない場合であっても、これについて特段の合理的な理由が認められる場合は、直ちに当該要件に該当しないとは判断しない（以下同様。）という趣旨である。

〔製造業務の場合〕

受託者は、一定期間において処理すべき業務の内容や量の注文を注文主から受けるようにし、当該業務を処理するのに必要な労働者数等を自ら決定し、必要な労働者を選定し、請け負った内容に沿った業務を行っていること。

受託者は、作業遂行の速度を自らの判断で決定することができること。また、受託者は、作業の割り付け、順序を自らの判断で決定することができること。

〔車両運行管理業務の場合〕

あらかじめ定められた様式により運行計画（時刻、目的地等）を注文主から提出させ当該運行計画が安全運転の確保、人員体制等から不適切なものとなっている場合には、受託者がその旨を注文主に申し入れ変更できるものとなっていること。

〔医療事務受託業務の場合〕

受託業務従事者が病院等の管理者又は病院職員等から、その都度業務の遂行方法に関する指示を受けることがないよう、受託するすべての業務について、業務内容やその量、遂行手順、実施日時、就業場所、業務遂行に当たっての連絡体制、トラブル発生時の対応方法等の事項について、書面を作成し、管理責任者が受託業務従事者に対し具体的に指示を行うこと。

〔バンケットサービスの場合〕

受託者は、バンケットコンパニオンがホテル等から業務の遂行に関する指示を受けることのないよう、あらかじめホテル等と挨拶、乾杯、歓談、催し物等の進行順序並びにそれぞれの時点におけるバンケットコンパニオンが実施するサービスの内容及びサービスの実施に際しての注意事項を打ち合わせ、取り決めていること。

●解　説●

① 　請負作業や受託業務の処理における遂行方法——何を、どのようにし、誰を配置し、どう業務処理を行うか——に関し、業務内容（注文・仕様書等により完成・処理すべき目的・内容）を注文者からの注文に従って自己の管理と責任において完成・処理する具体的な方法を請負人、受託者が定めて、自ら処理すべき労働者の人数、配置、変更等の指示をしていることが要件である（図２−11参照）。

　注文者側において業務処理にあたる人数、遂行方法を定め、労働者の配置及びその変更等を行うことは、請負人側が処理すべき業務を注文者側で管理し、遂行方法について指示していることになるので、請負人側としては労働者を供給しているにすぎないことになる。そこで、納期も決めず、労働者の人数、配置、仕事の指揮命令を注文者側

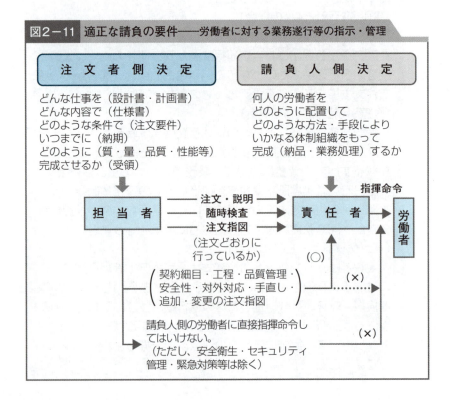

図２−11　適正な請負の要件——労働者に対する業務遂行等の指示・管理

が行っている場合には、労働者供給ないし労働者派遣となり、請負業務の完成や受託業務の独立処理とはいえない。

② 請負人側の作業責任者が自らの判断で作業スケジュールの作成及び調整を行い、自社の雇用労働者に指示していることが必要である。

注文者側で請負人側の労働者を含む業務に従事する労働者の勤務表や作業スケジュールを組んで掲示する等しているケースもあるが、これは請負性を否定する要素となる。あくまでも業務に従事する労働者の勤務、配置計画は、処理すべき業務内容、業務の繁閑、納期等を勘案して請負人側で決定し、自社の雇用労働者に作成・指示すべき事項である。

③ 欠勤、欠務、休暇等に対応する代替者の確保、配置は請負人側の責任において手配をしていること。

出勤管理・欠勤者への対応等やその補充配置は、請負人側で行うべきことである。これを注文者側が行っているケースがあるが、これは請負性を否定（注文者が直接労務配置している）する要素となる。

④ 請負人側の作業責任者が自らの判断で仕事の割り当て及び調整を行い、従事者に直接指示していること。

請負人側が現実に人事管理や配置を行い、現場代理人・責任者が注

図2－12 仕事の遂行に関する請負人側の自主決定

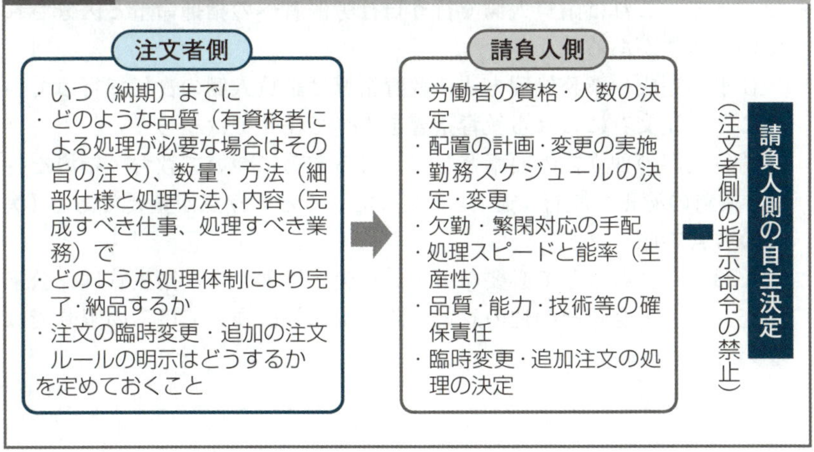

注文者側

- いつ（納期）までに
- どのような品質（有資格者による処理が必要な場合はその旨の注文）、数量・方法（細部仕様と処理方法）、内容（完成すべき仕事、処理すべき業務）で
- どのような処理体制により完了・納品するか
- 注文の臨時変更・追加の注文ルールの明示はどうするかを定めておくこと

請負人側

- 労働者の資格・人数の決定
- 配置の計画・変更の実施
- 勤務スケジュールの決定・変更
- 欠勤・繁閑対応の手配
- 処理スピードと能率（生産性）
- 品質・能力・技術等の確保責任
- 臨時変更・追加注文の処理の決定

請負人側の自主決定（注文者側の指示命令の禁止）

第2部　労働者派遣と請負・業務委託、労働者供給をめぐって

文者側との調整にあたることとしなければならず、注文者側が、直接
請負人の労働者に指示・命令してはならない。

⑤　注文業務の内容に沿う人員配置、またその変更、臨時的注文への対
応のための人員の手配、配置、スケジュールの変更は、請負人側の責
任において行っていること。注文者側において、これらの配置・手配
をしていることは、注文者側自身による処理と同視され、請負には該
当しなくなる。

⑥　請負人側またはその作業責任者が自ら注文内容（注文仕様）に従い
仕事の仕方、完成の方法、業務処理方法等を自社の業務として具体化
して、その作業方法、作業手順等を定め、自社の従事者に指示・命令
して作業を遂行させていること。

　　これらの仕事の仕方、完成の方法、業務処理方法等は、注文者側と
請負人側の会社間で確認し、注文者の承認等を得ることにしている場
合や双方協議して決定することは一般に行われており問題ない。その
場合に、注文内容を注文仕様書等で明白にしておき、注文細部や具体
的仕様について注文内容が不明な場合においても、その調整は注文者
側担当者と請負人側の責任者との間で行い、注文者側が直接請負人の
労働者に指示・説明（これは指揮命令とみなされることが多い）して
はならない。あくまでも注文者としての「注文」または「指図」事項
（注文説明書、注文伝票等により注文指図であることを明白にする）
であって、これは請負人側で行う自社労働者への指揮命令と区分され
ている必要がある。

⑦　仕事の完成や業務処理方法の教育指導は請負人側の責任で行ってい
ること。注文者にこれら教育指導をすべて任せてはならない。

　　請負人側の独立性の要素として、自ら業務について教育・指導を行
い、業務の適正な履行（施工）を図っているという点が重要である（次
のQ＆A参照）。

　　なお、注文者として必要なセキュリティ管理、安全衛生管理、公害
防止、火災・避難その他の対策、防火訓練等についてはこの限りでは
ない。

第2章● 「労働者派遣事業と請負事業との区分告示」をめぐる問題

Q 請負事業で働く労働者に対して、発注者は指揮命令を行っては
ならないと聞きましたが、技術指導等を行うとこれに違反するこ
とになるのでしょうか。

A
1　請負事業が、労働者が発注者の指揮命令を受けて行われる労働
者派遣事業ではない適正なものであると判断されるためには、次
のいずれの要件も満たすことが必要となります。
　①　請負事業主が、自己の雇用する労働者の労働力を自ら直接利
　　用すること。
　②　請負事業主が、業務を自己の業務として契約の相手方から独
　　立して処理すること。
2　請負事業において、発注者は、上記1の①又は②の要件を逸脱
して労働者に対して技術指導等を行うことはできませんが、一般
的には、発注者が請負事業で働く労働者に対して行う技術指導等
とされるもののうち次の例に該当するものについては、当該行為
が行われたことをもって上記1の①又は②の要件に違反するもの
ではないと考えられます。

［例］
ア　請負事業主が、発注者から新たな設備を借り受けた後初めて使
用する場合、借り受けている設備に発注者による改修が加えられ
た後初めて使用する場合等において、請負事業主による業務処理
の開始に先立って、当該設備の貸主としての立場にある発注者が、
借り手としての立場にある請負事業主に対して、当該設備の操作
方法等について説明を行う際に、請負事業主の監督の下で労働者
に当該説明（操作方法等の理解に特に必要となる実習を含む。）
を受けさせる場合のもの
イ　新商品の製造着手時において、発注者が、請負事業主に対して、
請負契約の内容である仕様等について補足的な説明を行う際に、
請負事業主の監督の下で労働者に当該説明（資料等を用いて行う
説明のみでは十分な仕様などの理解が困難な場合に特に必要とな
る実習を含む。）を受けさせる場合のもの

123

第2部　労働者派遣と請負・業務委託、労働者供給をめぐって

> ウ　発注者が、<u>安全衛生上緊急</u>に対処する必要のある事項について、労働者に対して指示を行う場合のもの
>
> （傍線は筆者）
>
> 参考：厚労省「『労働者派遣事業と請負により行われる事業との区分に関する基準』（37号告示）に関する疑義応答集」

⑧　注文者側の部署・組織・職場の中で注文者側の労働者と混在して作業しており、注文者側の課長、係長等上長の指揮命令の下に勤務するという体制になっていないこと。問題は、混在して作業することではなく、注文者側で請負人の労働者を指揮監督することであるから、請け負った業務を自己の業務として契約の相手方から独立して処理する要件が満たされているのであれば、適法な請負の要件を満たすものと判断される。

　したがって、仮に両事業主の作業スペースがパーテーション等により物理的に区分されておらず、注文者の労働者と請負労働者が混在していたとしても、請負人側が指揮監督していれば、偽装請負と判断されるものではない（厚労省「『労働者派遣事業と請負により行われる事業との区分に関する基準』（37号告示）に関する疑義応答集」（平21・3・31。以下、便宜上「疑義応答集（第1集）」という）Q5。**図2−13、図2−14参照**）とされている。このような混在について、厚労省が問題とするのは、注文者側より指揮命令を受けないと業務が遂行できない実態であったり、注文者側の労働者との共同作業でなければ請負人側として独立作業ができない状態といったケースが多く、このような場合には、請負性が否定されるケースが多くみられるからである。

▶区分告示（第2条第1号イ）

(2)　労働者の業務の遂行に関する評価等に係る指示その他の管理を自ら行うこと。

●解　説●

仕事の遂行については、請負人側が責任を持ち、注文に係る所定の納

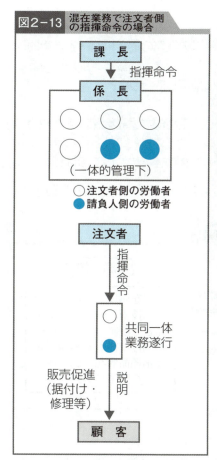

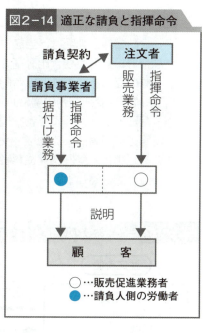

期に所定の品質・量の仕事を納品し、あるいは注文に係る業務を完了処理する。その処理に関する一切の責任と権限は請負人側にあり、注文者側がいちいちこれに口出ししてはならない（注文内容について説明を求められて注文者側が行うのは指示ではない）。したがって、請負人側の労働者の態度・能力・能率・規律等について注文者側が監視等して、注意し、変更や交替を求めるということは行ってはならず、これを行うことは注文者側が請負人側の労働者を自社の労働者と同様に指揮命令していることになる。

> ▶業務取扱要領
>
> 当該要件の判断は、当該労働者の業務の遂行に関する技術的な指導、勤惰点検、出来高査定等につき、当該事業主が自ら行うものであるか否かを総合的に勘案して行う。
>
> 〔医療事務受託業務の場合〕
>
> 受託者は、管理責任者を通じた定期的な受託業務従事者や病院等の担当者からの聴取、又はこれらの者との打ち合わせの機会を活用し、受託業務従事者の業務の遂行についての評価を自ら行っていること。

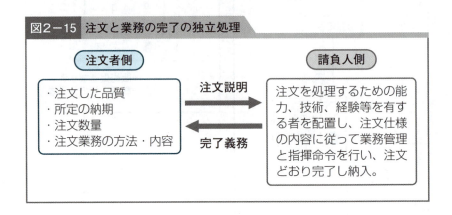

図2−15 注文と業務の完了の独立処理

● 解 説 ●

① 適正な請負に該当するのは、注文者側が、品質・納期・数量あるいは注文する業務の方法・内容を定めて請負人側に発注し、請負人側が当該注文を処理するための能力・技術・経験等を有する労働者を配置し、注文内容に応じた品質等の製品の製造や注文方法による業務を自社の指揮命令と管理で完了し、納品ないし引き渡すことである（図2−15参照）。

したがって、注文者側が業務の遂行自体や業務処理の内容（注文した品質・内容どおりの処理がなされているか否かの中間検査、処理検査等やそれに関わる細部注文指示は別）自体に関わって、請負人の労

第2章● 「労働者派遣事業と請負事業との区分告示」をめぐる問題

図2-16 注文者側の請負労働者への対応上の留意事項

注文者側の対応

■**交替要求** ━━━━━━━━━━━━━━━━━━━━━➤ ✕
　「あの人は能率・処理内容が悪い」
　「あの人は能力・技術が劣る」
　「あの人は作業態度が悪い」

■**不安全行動、セキュリティ不良・注文者企業の** ━━━➤ ○
　名誉信用毀損行為等への直接注意

■**業務評価** ━━━━━━━━━━━━━━━━━━━━━➤ ✕
　・業務成績優秀だから表彰する　　　　　　　※グループ協力会等の
　・改善提案活動優良につき金一封を授与する　　活動・行事の場合は○

■**安全標語に入選したから賞金を授与する** ━━━━━➤ ○

■**善行により注文者の企業イメージも高めたので表彰する** ━➤ ○

働者への直接的な指揮命令をしてはならない（注文者側が細部仕様等と見本製品の差異に関する説明等を直接労働者に行うことなどは指揮命令ではない）。

② 仕事の完成や業務処理方法について、注文者側が請負業務の従事者一人ひとりの評価（出来高、品質、作業態度等）をし、あの人は能率が悪い、不良品が多い、作業態度が悪い等、注文者側が個別に評価して注意したり、仕事振りが悪いからと労働者の交替を求めるということをしてはならないこと（**図2-16**参照）。

　あくまでも仕事の完成や業務処理は、請負人側の企業責任であり、作業能率・品質、不良品の処理、作業者の態度、処理内容を注文目的に沿って統括管理し、指揮命令して、適正・的確な遂行を行うことは請負人（企業）側の責任である。これらについて注文者側が口出しして、従事労働者一人ひとりの実施状況評価を行っているということは、注文者側が指揮命令していることになる。そこで、注文者側とし

127

第2部　労働者派遣と請負・業務委託、労働者供給をめぐって

ては、仕事の処理や製品受領の検収、処理品質の受領上の注意、生産や業務処理工程上の注文検査・注文仕様と処理内容の差異の直接的説明等といった注文権限の行使の範囲で、請負人側の注文処理業務の的確な完成への注文指示等にとどまり、請負人の労働者の業務や態度についての労務管理上の指揮命令に及んではならない。

③　注文者側が、請負人側に対し、発注条件として事前に作業者の一人ひとりの能力評価をするための資料（履歴書・業績表等）等の提出を求めていないこと。ただし、請負人側が自社の受注能力・的確処理の保証、業務遂行や処理品質についての信頼性をアピールして受注につなげる活動として、自主的にこれらを提出することは差し支えない。

　　作業者一人ひとりの能力、技能、技術、経験等に着目し、業務の管理をするのは請負人側であり、注文者側は納入されたものの品質、処理された業務の検収上の注意、仕様上の指示として間接的な形で行うべきで、労務指揮に及んではならない。

④　注文者側が日常の業務処理や技術、取扱い等について請負人の労働者の指導・教育をし、OJT式に仕事上の注意や労務管理上の指導や指揮命令をしてはいないかがポイントである。

　　注文者側が自社内の職場（それが請負人に施設を貸与して生産させる職場であっても）で、OJT式に請負人の労働者を指導・教育し、注意しているということは、注文者側が請負人の労働者を直接指揮命令していることとなり、労働者派遣の要素が強くなり、適正な請負とはならない。あくまでも厚労省の「疑義応答集」に示された範囲内で行うべきである。

⑤　請負人の就労場所（職場）の労務管理は、請負人側が行っており、注文者側の許可・承認がなければ、請負人の労働者が職場離脱できないといったことになっていないこと。

　　請負業務従業者の業務の遂行態度、遂行上の注意、誠実勤務等の管理は請負人側が行うことであり、作業場所での労働者の職場離脱について注文者側の許可・承認がいるということは注文者側が請負人の労働者を指揮監督し、支配していることになるからである。

　　ただし、構内施設管理、機密保持、情報管理、災害事故予防、注文者の対外的信用・企業イメージの失墜の防止等の合理的理由がある場

第2章●「労働者派遣事業と請負事業との区分告示」をめぐる問題

合は、請負人の労働者に対し、直接注文者側において注意、指示を行うこと等があっても、この場合は注文者側の独自の管理権限に基づくものであり、労務管理上の指揮命令ではないので差し支えない。

3　労働時間の管理

▶区分告示（第2条第1号）

□　次〔編注：下記(1)及び132頁の(2)〕のいずれにも該当することにより労働時間等に関する指示その他の管理を自ら行うものであること。

(1)　労働者の始業及び終業の時刻、休憩時間、休日、休暇等に関する指示その他の管理（これらの単なる把握を除く。）を自ら行うこと。

▶業務取扱要領

当該要件の判断は、受託業務の実施日時（始業及び終業の時刻、休憩時間、休日等）について、事前に事業主が注文主と打ち合わせているか、業務中は注文主から直接指示を受けることのないよう書面が作成されているか、それに基づいて事業主側の責任者を通じて具体的に指示が行われているか、事業主自らが業務時間の実績把握を行っているか否かを総合的に勘案して行う。

〔製造業務の場合〕

受託業務の行う具体的な日時（始業及び終業の時刻、休憩時間、休日等）については、事前に受託者と注文主とで打ち合わせ、業務中は注文主から直接指示を受けることのないよう書面を作成し、それに基づいて受託者側の現場責任者を通じて具体的に指示を行っていること。

受託業務従事者が実際に業務を行った業務時間については、受託者自らが把握できるような方策を採っていること。

129

●解　説●

① 請負人側の現場事業所、作業場、職場等で就労する労働者の出退勤その他の労働時間の管理については、請負人側が、単にその把握だけでなく、自社の事業所や作業組織の運営として管理していることが必要である。独立した請負事業と認められるためにはこのことが重要なポイントである。

② 請負業務の完成は、請負人としての独立事業の遂行であるから、自社の従業員の労働条件はあくまでも自社の定めた就業規則によることが必要である。就業規則をきちんと作成せず、注文者側の就業規則を借用したり引用したりして就業時間等の管理をしていることは、自ら労務管理について責任を負わず、注文者側の支配従属下において注文者側の指揮命令に服して労務を提供しているのと同じにみられることとなる。

　なお、請負人側で作成する就業規則の内容が、結果的に注文者側と同様の就業時間・休日、服務規律、安全衛生規律等となったとしても、それのみをもって直ちに労働者派遣事業と判断されることはない（厚労省「『労働者派遣事業と請負により行われる事業との区分に関する基準』（37号告示）に関する疑義応答集（第2集）」（平25・8・29。以下「疑義応答集（第2集）」という）問11）とされている。これは注文者の構内における請負現場の場合、請負人側としても注文者側の

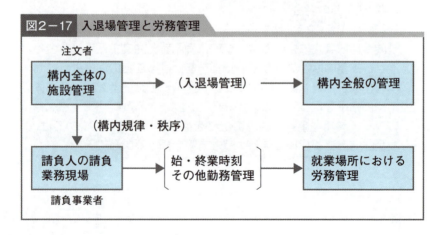

図2－17　入退場管理と労務管理

構内管理に合わせる必要があるので、独自の就業規則であれば、結果的に注文者側と同じになっても問題はないということである。

③ 労働時間、休憩時間、休日等の決定は請負人側において行っていること。

注文者の注文・納品のタイムスケジュールや注文者の全体的構内管理、工場事業場及び施設管理等の立場から、注文者側の注文・指図に合わせて請負人側で労働時間、休憩時間、休日等を定めることは必要であるが、あくまでも請負人の独立事業としての労働者の労働時間等の決定であるから、結果的に同じ時刻等であってもこれは請負人側の労務管理として自らが決定するものでなければならない。

④ 注文者名義のタイムカードや出勤簿をそのまま使用しているようなことのないこと。

注文者の構内で請負事業を行う場合でも、事業場としては注文者とは別の独立事業であるから、出退勤管理は独自に行う必要があり、タイムレコーダーの設置は、注文者側とは区別して請負人側で独自に行う必要がある。注文者側の入退場管理等セキュリティ管理の都合から場所的に独立区分のできない場合も、別途請負人側の管理下にあることは明白にしておくこと（管理の都合上タイムレコーダー等を注文者より借用することは差し支えないが、注文者が自己の管理責任の下に請負人の労働者について作成するタイムカード、出勤簿とみなされるものであってはならない）。なぜなら、出勤管理、作業把握、欠勤対応等は、請負人側の独立の労務管理上のポイントであり、これは請負人側が自ら責任をもって行わなければならない事項だからである（図2－17参照）。

⑤ 注文者側が請負人の労働者の就業時間管理（欠勤、年次有給休暇、遅刻、早退、生理休暇、慶弔休暇等の承認、届出及びこれらの記録等）を行ってはならないこと。

これらの事項は、雇用主である請負人側の行うことであり、これを注文者側が行うということは、注文者側が労務管理をしていることになり、場合によっては注文者側と請負人の労働者との間で黙示の労働契約が成立しているのではないかと判断される一要素となるといった問題も惹起しかねないので注意を要する。

131

第2部　労働者派遣と請負・業務委託、労働者供給をめぐって

⑥　注文者側が請負人の労働者の一人ひとりについての月間労働時間等の記録や結果表をつくり、注文者側の担当者等が確認押印した労働時間一覧表等を請負代金の請求書につけさせていないか。このような請負人の労働者の個人別の出勤管理表等を注文者側が確認点検の上押印などしているということは、注文者側が請負人の労働者の労働時間管理をしている実態を表しているとの評価がなされるからである。

⑦　作業者一人ひとりについての時間外労働時間、深夜労働時間、休日労働日数の把握・確認及び計算を注文者側で行っていないか。請負人の請求書に注文者側のこれらについての承認印などを押させて、それがないと請負料金を支払わないといったことにしていないか。

　これらすべての勤務上の労働時間の把握、管理、計算は、労基法上の労働時間把握・算定義務を負っている使用者としての請負人側が自ら行わなければならないことである。36協定（時間外労働・休日労働に関する協定）の適用も、請負人側で定めたものが適用となるのであり、その遵守責任も請負人側にあるため、それに違反しないよう管理するのも請負事業主の責務なのである。

▶区分告示（第2条第1号ロ）

(2)　労働者の労働時間を延長する場合又は労働者を休日に労働させる場合における指示その他の管理（これらの場合における労働時間等の単なる把握を除く。）を自ら行うこと。

▶業務取扱要領

　当該要件の判断は、労働者の時間外、休日労働は事業主側の責任者が業務の進捗状況等をみて自ら決定しているか、業務量の増減がある場合には、事前に注文主から連絡を受ける体制としているか否かを総合的に勘案して行う。

〔製造業務の場合〕

　受託業務の業務量の増加に伴う受託業務従事者の時間外、休日労働は、受託者側の現場責任者が業務の進捗状況等をみて決定し、指示を行っていること。

> 〔バンケットサービスの場合〕
> 　宴席が予定した時間を超えた場合の請負契約に定められたサービス提供の終了時間の延長についてのホテル等との交渉及び延長することとした場合のバンケットコンパニオンへの指示については、現場に配置している責任者が行っていること。

● 解　説 ●

① 時間外労働や休日労働の命令を注文者側が直接行っているようなことのないこと。

　時間外労働や休日労働の命令は、雇用主である請負人側の労務管理権限として請負人自らが行うことが必要である。

　予定外の時間外や休日に請負業務の処理が必要になる場合があっても、注文者側としてはあくまでも追加注文、臨時注文である。それを請負人側が承諾し、請負人の労働者に時間外・休日労働命令をして追加注文や臨時注文に係る仕事を処理するかどうかは、請負人側の事業主としての承諾にかかっている（請負人の労働者個人の承諾ではない）。これを明確にするため注文者側としては「追加注文書」、「臨時注文伝票」等、注文であることを明示することが必要であり、緊急の場合には口頭注文であっても差し支えないが、請負人の労働者に対して、注文者側が直接、時間外・休日労働命令をしてはならない（図2－18参照）。あくまでも注文者としては、請負業務や委託業務の「注文」であることを明らかにしておく必要がある。そのためには、これ

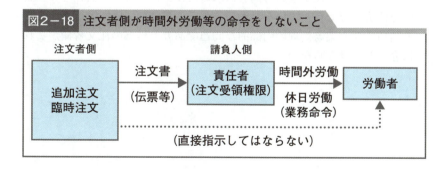

図2－18　注文者側が時間外労働等の命令をしないこと

らの注文伝票等を事後であっても作成しておくことが望ましい。

時間外労働等は、追加注文を承諾した請負人側の労務管理上——自社の就業規則の規定・36協定の内容等——の問題であり、注文者の関与すべきことではない。

② 請負人の労働者の休日の振替・代休の付与といった取扱いを注文者側で行っていないこと。

これらは、請負人の労働者の労働時間管理事項の一つであり、また、健康管理上の安全配慮義務としての労務管理でもあるので、必ず請負人側で行うべき事項である。このような休日の振替や代休の管理については、注文者側が指図や指示をしてはならない。すなわち、注文者はあくまでも「仕事の注文」にとどまらなければならない。

このような勤務管理上のことについては、雇用主である請負人に権限と義務があり、注文者は一切関与してはならないし、関与していると疑われる行為をしてはならない。

③ 請負人の労働者が年次有給休暇その他の休暇の取得にあたって注文者側の承認を要することになっていないこと。

混在職場の業務受託社員は、注文者側の課長の指示で業務を行うといったケースもよくみられ、そのため年次有給休暇の取得や欠勤の承諾も注文者側の課長に求めていることがあるが、これらはあくまでも請負人側の事業主が行うべきことであり、このような実態があるものは、注文者側が指揮監督していたとみなされ、偽装請負の典型例として指摘されている。

④ 請負人の労働者の長期欠勤、休職、長期休暇等にあたって業務の引継ぎ等を注文者側が当該労働者に求めたり、後任者への引継ぎの立会いを注文者側で行っていないか。これらの業務の引継ぎ等はあくまでも請負人側の業務処理の内部的な問題であり、外部の注文者側がこれに介入してはならない。

第2章 ● 「労働者派遣事業と請負事業との区分告示」をめぐる問題

4　企業秩序・服務規律・労働者の配置の管理

▶ 区分告示（第2条第1号）

八　次〔編注：以下の(1)及び(2)〕のいずれにも該当することにより企業における秩序の維持、確保等のための指示その他の管理を自ら行うものであること。

● 解　説 ●

　請負人の作業場での就労管理は、すべて請負人側の責任と義務であり、就労秩序の維持、服務規律等について注文者側が請負人の労働者について原則として口出ししてはならない。「区分告示」では「企業における秩序の維持」となっているが、これは請負人側の企業ということであり、自社という意味での請負業務を遂行する作業場や現場の秩序維持ということである。また、労働者の配置・変更も請負人側の行う権限であり、何人の、どのような労働者を、どう配置し、どのようなスケジュールで納期に間に合わせ、業務を完了するかは、すべて請負人側が決定・実施することであり、注文者側が納期以外のこれらの事項を定めてはならない。

▶ 区分告示（第2条第1号ハ）

(1)　労働者の服務上の規律に関する事項についての指示その他の管理を自ら行うこと。

▶ 業務取扱要領

　当該要件の判断は、当該労働者に係る事業所への入退場に関する規律、服装、職場秩序の保持、風紀維持のための規律等の決定、管理につき、当該事業主が自ら行うものであるか否かを総合的に勘案して行う。

　なお、安全衛生、機密の保持等を目的とする等の合理的な理由に基づいて相手方が労働者の服務上の規律に関与することがあっても、直ちに当該要件に該当しないと判断されるものではない。

135

〔医療事務受託業務の場合〕
　職場秩序の保持、風紀維持のための規律等の決定、指示を受託者が自ら行う（衛生管理上等別途の合理的理由に基づいて病院等が労働者の服務上の規律に関与する場合を除く。）ほか、聴取及び打合せの際に、あるいは定期的な就業場所の巡回の際に、勤務場所での規律、服装、勤務態度等の管理を受託者が自ら行っていること。また、あらかじめ病院等の担当者に対して、この旨の説明を行っていること。

●解　説●

① 　請負人側の請負業務を処理する職場については、当然のことながら労働者の服務と作業全般の管理は請負人側にあり、注文者側が請負人の労働者の就労管理に踏み込んではならない。
　何を、どのように、どんな態度で行うかについての責任と義務は、請負人側にある。そこで、注文者側は、請負人側に管理上求めることを注文仕様書により、契約上の注文内容として定めておき、請負人側に注文事項として自主的に履行させる必要がある（図２−19参照）。
② 　注文者側と全く同一の作業服、帽子等を着用していないこと。
　作業服、作業帽等が問題になるのは、それが注文者側の指示によって注文者と同一のものを強制されているのではないかという疑いを生

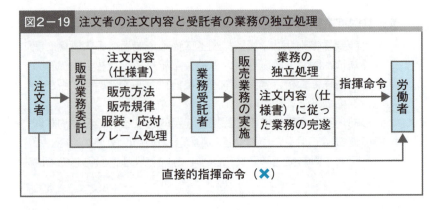

図２−19　注文者の注文内容と受託者の業務の独立処理

じさせるからである。

　どんな服装で仕事を処理し完成するかは、クリーンルーム業務等のような特別な場合を除いては、請負人側の専権事項である。ただし、注文者側の施設管理、秘密管理、企業秩序管理上の必要もあるので、合理的な理由がある場合には、注文者と同一の服装等をしているというだけで請負性が否定されるものではない。

　もっとも、帽子、ネームプレート等で、注文者側の労働者と請負人側の労働者とを区分できるようにしておくことが業務の外形的独立性からも望ましい。全く同じにしていることは注文者の支配従属下にある注文者の従業員の一員とみられる要素となりかねないからである。

③　注文者が作成した注文者の従業員である旨の身分証明書等を使っていないか。

　注文者の従業員とする身分証明書を交付するということは、なぜ請負人という第三者の使用する労働者なのに自社の従業員として証明するのかが問題となるので行うべきではない。この事実を注文者の直接雇用する従業員となった証拠として主張された事件もある。入門証、通行証、作業員証明書などには、あくまでも請負人の労働者であることを明示しておくことが必要である。

　なお、最近は、ネームカードがICカード式の身分証明書兼入門証、入場キーロックのように多面的な活用がなされているので、入退場管理目的で注文者側からICカードのような証明書が交付されているケースであれば、注文者側における入退場管理や企業機密管理という合理的な理由があるので差し支えない。

　また、個人情報の直接の管理責任は請負人側にあり、注文者は個人情報保護法上の第三者となるから、写真、指紋等を個人認証のために注文者が把握する場合には、請負人及びその労働者の同意を得て把握・利用しなければ原則として違法となる。

④　注文者から直接、請負人の労働者が、服務規律、作業行動、能率、改善提案等について、人事考課を受けていないか。

　服務規律の保持、能率の向上等は雇用主である請負人側の行うべきことである。

⑤　QC活動改善提案等の表彰を注文者側で行っていないか。

第2部　労働者派遣と請負・業務委託、労働者供給をめぐって

　　QC活動やカイゼン運動による優良提案表彰等を請負人の労働者に対して注文者側で行うということは、そのような活動や運動の内容を注文者側が個別的に評価していることになり、業務上の指揮命令をしている一つの事実とみられる。もし、これらの優良者の表彰等を行うのならば、注文者と請負人との間で「協力会」を組織し、両会社の共同事業としてこれを行うべきである。注文者と請負人側の企業間で、「事業協力会」とか「安全協議会」といった共同の事業体を組織し、当該共同事業として「改善提案月間」や「ゼロ災運動」を定め、優秀なグループや個人を協力会等の会長である注文者側の工場長が表彰するというような方法をとるのであれば差し支えない。また、安全週間の安全標語を募集して入賞者を表彰したり、善行・スポーツ大会の入賞等で注文者を含む企業グループをイメージアップさせたことの顕彰として表彰をしたりするといった場合なら、請負人の労働者の業務上の能力評価行為ではないので差し支えない（図2－16（127頁）参照）。

　　このように、注文者は、請負人の労働者に対しては労務管理上の使用者ではないため、直接的にこのような服務規律や作業行動上の管理や改善提案をさせるようなことをしてはならない（このような優良者表彰は、業務の改善意欲の促進、向上が目的であるから、注文者側が業務上の指揮命令をしているとして労働者派遣と判断される一つの表徴となる）。

⑥　注文者側より請負人の労働者に対して、直接個人情報保護や企業機密に関する守秘義務の誓約書の提出を求め、その違反に対しては損害賠償責任を負う旨を誓約させていないか。

　　個人情報保護法等の遵守に関する個別的誓約書等は、受注している請負人側が、自社の労働者に対する守秘義務の管理行為として行うべきことである。直接注文者側が、請負人の労働者に業務上の行為に関連して誓約書を求めることは、指揮命令の一つの表徴として労働者派遣的な要素となる。請負人と注文者の会社間の守秘義務や営業秘密の保持についての契約の履行状況に関する注文者側の監査として、請負人側の自社従業員への守秘義務誓約書の徴取状況を注文者が確認することは、注文者独自のコンプライアンスの問題であるから差し支えない。また、そのために注文者が写しの提出を求めることも差し支えな

138

第2章 ●「労働者派遣事業と請負事業との区分告示」をめぐる問題

い（厚労省「疑義応答集（第2集）」問13）。ただし、この場合には、請負人の労働者にその旨の同意を得ておく必要がある。

⑦ 注文者側より請負人の労働者に対し、従事する業務の不適格者、能力不足者等の指名、指摘が行われ、その者につき入構や作業への従事を拒否することになっていないか。

　請負や業務委託は、請負人側の業務の独立処理の契約であるから、注文者にとっては請負人側の従業者の個人の能力不足や不適格性は直接問題ではなく、請負人側から納入された製品や完成した仕事が不完全な品質、出来高の低下、欠品、業務の不完全処理といった結果（成果）が問題となるのである。したがって、請負人の労働者の能力不足のために注文に反する製品が納品されたという場合については、事業者間の請負契約や業務委託契約の債務不履行の問題であり、労働者個人の不適格性等は請負人の内部の問題である。

　請負人は、自社の雇用する労働者が請負業務の処理について不適格であったり能力不足のため不完全な業務処理しかできない場合やそのおそれが高いといったときには、自社の責任として、その労働者を交替させたり、作業からの排除（配転）等を行うべきである。

　それを注文者側が請負人の使用する労働者個人の業務不適格・能力不足等の問題として、その交替・排除等を直接請負人側に求めることは、注文者側が請負人の労働者の人事評価をし、人事権（配転権）を行使しているのと同じになるのでできない。ただし、注文者側として自社の機密保持、安全管理、企業秩序維持等の合理的理由がある場合には、請負人側に対し直接不適格性を示し、その交替等を求めることは、労務管理ではなく、注文した内容、品質や構内管理に関することであるから差し支えない。

　なお、注文者としては、製品や発注業務の納入を待っていては、注文どおりの品質や業務処理が行われているかどうかの検収が困難な場合には、中間検収や注文製品の製作工程について、巡回監査をすることは注文者の権限として可能である。国の会計法第29条の11第2項に定める「その受ける給付の完了の確認（給付の完了前に代価の一部を支払う必要がある場合において行なう工事若しくは製造の既済部分又は物件の既納部分の確認を含む。）をするため必要な検査をしなけ

139

第2部　労働者派遣と請負・業務委託、労働者供給をめぐって

ればならない。」との規定のとおり、このような確認や検査が必要な場合には、注文者の注文管理として行って差し支えなく、むしろこれは活用すべきであろう。ただし、その場合でも注文者は、直接請負人の労働者に対する指揮命令をしてはならないことはいうまでもない。

⑧　労働災害防止のため不安全な行動を行う者に対する注意・指示は、注文者側の危険防止義務ともなっているので、問題はなく、むしろ積極的行使も必要であろう。特に、安衛法第29条が注文者に対し、請負人や請負人の労働者に対する安衛法令遵守の指導とその違反に対する是正の義務を課し、請負人側に対してそれに従うべき義務を課していることはその例である。

⑨　注文者側の朝礼やミーティングに請負人側の作業者についても全員の参加が義務付けられる場合、それが安全体操や安全訓話、ゼロ災表明といった場合なら差し支えないが、具体的な作業順序、班割り、業務指示といったものが行われ、参加しないと請負人の労働者として不適格とされたり、注文者の構内等への入構が拒否される等の不利益が定められたりするものであってはならない。

　ただし、朝礼の参加目的が安全衛生管理やラジオ体操といったものや、作業場所の秩序維持的なもの（駐車場管理・構内通行等）、または福利厚生的なものであるならば差し支えない。記念行事や式典といったものへの参加も同様である。

　なお、この点については、次を参照のこと。

> **Q**　発注者との打ち合わせ会議や、発注者の事業所の朝礼に、請負事業主の管理責任者だけでなく請負労働者も出席した場合、請負でなく労働者派遣事業となりますか。
>
> **A**
> 　発注者・請負事業主間の打ち合わせ等に、請負事業主の管理責任者だけでなく、管理責任者自身の判断で請負労働者が同席しても、それのみをもって直ちに労働者派遣事業と判断されることはありません。
> 　ただし、打ち合わせ等の際、作業の順序や従業員への割振り等

第2章● 「労働者派遣事業と請負事業との区分告示」をめぐる問題

の詳細な指示が行われたり、発注者から作業方針の変更が日常的に指示されたりして、請負事業主自らが業務の遂行方法に関する指示を行っていると認められない場合は、労働者派遣事業と判断されることになります。

厚労省「疑義応答集（第2集）」問9より

⑩　注文者側が請負人側の作業者の出退勤不良や誠実勤務義務違反その他規律違反等について懲戒処分を求めたり入場拒否をしたりしていないか。

これら職場の規律・秩序・誠実勤務義務違反等に対する懲戒処分権限は労務管理の一環であり、職場秩序の管理及び保持は、請負人の職場においては請負人側の責任と義務である。懲戒処分は請負人の自社の就業規則の適用問題であるから注文者が関与してはならない。規律違反が注文者の全体の構内管理に関すること（火薬や油類等の危険関与、防災や喫煙禁止場所での喫煙等）の場合は、注文者側の合理的必要性に基づくので差し支えない。

▶区分告示（第2条第1号ハ）
(2)　労働者の配置等の決定及び変更を自ら行うこと。

●解　説●

請負業務の処理について、何人の労働者をどのように配置してどのようなスケジュールで納期までに仕事を完成させるかは請負人側の責任であり、当日欠勤者がいるので配置をこのように変更する等の権限は請負人側の専権裁量事項であって、この点について注文者が指示したり、注文指図をしたりしてはならない。

▶業務取扱要領
当該要件の判断は、当該労働者に係る勤務場所、直接指揮命令する者等の決定及び変更につき、当該事業主が自ら行うものであるか否かを総合的に勘案して行う。

141

なお、勤務場所については、当該業務の性格上、実際に就業することとなる場所が移動すること等により、個々具体的な現実の勤務場所を当該事業主が決定又は変更できない場合は当該業務の性格に応じて合理的な範囲でこれが特定されれば足りるものである。

〔製造業務の場合〕

　自らの労働者の注文主の工場内における配置も受託者が決定すること。

　また、業務量の緊急の増減がある場合には、前もって注文主から連絡を受ける体制にし、受託者が人員の増減を決定すること。

〔バンケットサービスの場合〕

　業務に従事するバンケットコンパニオンの決定についてはホテル等による指名や面接選考等を行わずバンケット業者自らが決定すること。また、同一の宴席におけるバンケットサービスを複数のバンケット業者が請け負う場合には、異なるバンケット業者のバンケットコンパニオンが共同して一つのサービスを実施することのないよう、あらかじめ各バンケット業者が担当するテーブルやサービス内容を明確に区分していること。

●解　説●

① 作業に従事する実際の全要員数（標準要員数または料金算定上の見積り要員の場合はよい）の取決めが、合理的な理由なく注文者によって指示されていないこと。

　請負や業務委託は、注文に係る仕事の完成や業務処理が注文どおり履行されることが目的であり、何人で当該業務を処理するか、どのようなスケジュールでどのように要員を配置して仕事を行うかということは請負人側の裁量事項である。この配置人数までも注文者側が決定していると、労働者派遣とみられることも多い。ただし、有資格業務や法定人員の定まっているもの等、請負や業務処理の性質にもよるのであって、合理的な理由があれば（「有資格者の配置と配置方法等について法令等の定めによる業務処理」が注文内容となる場合等）差し

支えない。

② なお、マネキンを含め、販売、サービスまたは保安等、「仕事を完成させ目的物を引き渡す」形態ではない請負業務では、当該請負業務の性格により、請負業務を実施する日時、場所、標準的な必要人数等を指定して発注したり、労働者の人数や労働時間に比例する形で料金決定したりすることに合理的な理由がある場合もあるので、この場合は差し支えない（厚労省「疑義応答集（第2集）」問7）。要は請負事業主が自己の雇用する労働者の労働力を自ら直接利用するとともに、契約の相手方から独立して業務を処理していると認められるか否かである。

そのためにも注文者が、請負人側の作業者の要員の指名、分担、配置等の決定・変更等を行っていないことが必要である。

要員管理・人員配置・勤務スケジュール等の要員の配置と変更権限は請負人側にあり、その決定は、すべて請負人側が行うべきことである。これを注文者側が行うことは、注文者側が自社の業務へ配置する人員の決定を行っており、労働者派遣とみられる可能性がある。「配置人員が足りない」、「この業務は2人で行うこと」、「直ちに欠勤者の補充をせよ」といったことを注文者が指示してはならない。

ある労働局作成の指導パンフレットから

次のような事例は、改善案を参考にして適正化を図って下さい。

[事例1] 受託者の労働者の従事人数、配置、従事体制が注文主により決められている。

[事例2] 労働者への仕事の割り付け及び欠勤等の調整について、注文主へ報告し、承認を受ける義務がある。

[事例3] 受託者の労働者の勤務場所（配置）、人数等の変更について、注文主へ報告し、承認を受ける義務がある。

〈改善案〉

・受託者は、一定期間において処理すべき業務の内容や量の注文を注文主から受けるようにし、当該業務に必要な労働者数等を自ら決定し、必要な労働者を選定し、請け負った内容に沿った業務を行う。

第2部 労働者派遣と請負・業務委託、労働者供給をめぐって

> ・注文主の工場内における受託者の請負業務に従事する労働者の配
> 置は、受託者が決定する。
> ・業務量の緊急の増減がある場合には、前もって注文主から連絡を
> 受ける体制にし、受託者が人員の増減を決定する。

③ 注文者側が請負人側の就労者の人員の増減変更を直接指示していな
いか。

注文者側は、注文した数量、品質や業務が注文どおり行われ納入さ
れているか否かを検収して受領する権限のみを有するものであり、処
理人員、請負業務従事者の能力要件（ただし有資格者等の特殊な業務
は除く）についてまで直接指示することはできない。ただし、注文者
としての施設管理、就業環境、安全衛生管理、労働災害や公衆災害防
止等の業務上の合理的理由があるときはよい。

④ 注文者側が、請負人側の従事要員の経歴書の提出を求めたり、従事
要員の面接等をしたりする等、請負人側の就労者の選考を行っていな
いか。

注文者は、あくまでも仕事の結果の良否、納期、品質等の検収権限
のみを有するものであり、請負労働者の能力、技術等についてまで管
理してはならない。また、注文者は、自己が採用するのではないので、
労働者個人別の能力把握等を事前面接や経歴書の提出という形で行っ
て選考したり、就労の承認をしたりということをしてはならない。

⑤ 作業に従事する者の資格ランク別の個人名をもって注文内容を取り
決めていないか。

このような注文者の指示に基づくランク別の指名による人員の提供
ということでは請負とならない（作業従事者個人の技量に着目するの
は、一人親方の個人請負の場合を除いては、雇用契約性が強くなる。
請負の場合は仕事の処理が中心でどのような人物が処理するかは原則
として問題ではない）。もっとも、有資格者による処理が必要な場合
には、その旨を注文条件とすることは差し支えない。しかし、誰をい
つ、どこに配置するかは請負人側で決定することである。

⑥ 注文者側の労働者と請負人側の労働者と混在しており、注文者側の

第2章● 「労働者派遣事業と請負事業との区分告示」をめぐる問題

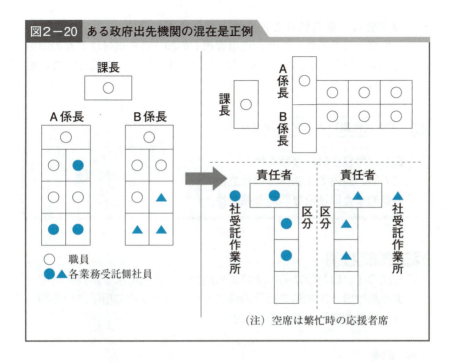

図2-20　ある政府出先機関の混在是正例

（注）空席は繁忙時の応援者席

職制との間に上司、部下という支配関係が生じ、同じ職場の所属長のような支配統率を受け、使用従属的な状況で作業をしていないか。

　注文者側の労働者と請負人側の労働者が同一場所に混在していても、請負事業主が、自己の労働者に対する業務の遂行に関する指示その他の管理を自ら行っているならば、差し支えない。しかし、それぞれの労働者が混在していることが原因で、注文者側が請負労働者に対し、業務の遂行方法につき必然的に直接指示を行ってしまう場合など注文者側の人的組織に組み入れられている状態にあることは、請負人が業務を独立して管理していることにはならず、実質的な労働者派遣となり、偽装請負と判断されることになる（厚労省「疑義応答集（第1集）」Q5）。

　図2-20は、筆者がある政府出先機関から依頼を受けて混在による違反の疑いを回避するために是正した例である。

第2部　労働者派遣と請負・業務委託、労働者供給をめぐって

5　事業資金・業務処理の独立性と責任負担の確立

　請負事業としての独立性が、雇用管理上の独立性を裏付けるものであることから、「区分告示」においては、次の3つの要件を満たすことを求めている。

■ 事業（企業）としての独立性

①資金、財務会計的な独立性
②対外的、対内的な法律上の独立性
③事業的または技術専門的な独立性

▶区分告示（第2条）

　二　次のイ、ロ及びハのいずれにも該当することにより請負契約により請け負った業務を自己の業務として当該契約の相手方から独立して処理するものであること。

●解　説●

　請負事業と労働者派遣事業の区分は、労働者の雇用と指揮命令に関することであるから、事業資金の調達、支弁等の企業の財務上の問題や事業主としての民法・商法上の責任の履行などについては本来関係のないことである。

　しかしながら、昭和22年12月1日から施行された職安法において、戦前のわが国経済社会に広く、かつ、根深く浸透していた、人夫供給業、人夫周旋業、あるいは労力請負業といわれる労働者供給事業が原則として禁止された。そこで、禁止される労働者供給と、労働の民主化と産業に寄与するものとして、一定の作業の完了を目的とする請負事業との区別、及び脱法行為の規制の必要性から、職安法施行規則第4条において適法な請負の要件が定められた。その第一の要件として「作業の完成について事業主としての財政上及び法律上の全ての責任を負うものであること」が掲げられた。これは戦前の労働者供給が、鉱山、土建、工場の事業場等の求めに応じて自己の支配下にある労働者を提供してその使用

第2章● 「労働者派遣事業と請負事業との区分告示」をめぐる問題

に供させるもので、手配師や親方と呼ばれ、封建的な関係の中で、近代的な事業としての独立性を有せず、事業主としての経営的、財政的、法律的な使用者たる自覚と責任を果たしていない者が多かったためである。

派遣法においても、このような戦前からの悪弊を断ち切る要件である、職安法の適法な請負契約の要件を踏襲し、このような事業資金の調達や民法、商法等の企業としての法的責任を独立して果たし得ることを請負事業者と認める要件として規定している。

▶区分告示（第2条第2号）

イ 業務の処理に要する資金につき、すべて自らの責任の下に調達し、かつ、支弁すること。

ロ 業務の処理について、民法、商法その他の法律に規定された事業主としてのすべての責任を負うこと。

▶業務取扱要領

当該要件の判断に当たり、資金についての調達、支弁の方法は特に問わないが、事業運転資金等はすべて自らの責任で調達し、かつ、支弁していることが必要である。

〔医療事務受託業務の場合〕

受託業務の処理により、病院等及び第三者に損害を与えたときは、受託者が損害賠償の責任を負う旨の規定を請負契約に定めていること。

〔車両運行管理業務の場合〕

自動車事故等が発生し、注文主が損害を被った場合には、受託者が注文主に対して損害賠償の責任を負う（又は求償権に応ずる）旨の規定を契約書に明記するとともに、当該責任を負う意思及び履行能力を担保するため、受託者が自動車事故等に係る任意保険に加入していること。

〔給食受託業務の場合〕

契約書等に食中毒等が発生し損害賠償が求められる等注文主側が損害を被った場合には、受託者が注文主に対して損害賠償

147

第2部 労働者派遣と請負・業務委託、労働者供給をめぐって

の責任を負う（又は求償権に応ずる）旨の規定を明記していること。

●解　説●

「区分告示」第2条第2号のイ、ロの要件は構内請負事業の場合であっても、請負業務の遂行が企業として独立して経営され、資金上も法律上も独立事業者としての実体を有していることが必要であることを意味する。間違っても注文者の第二人事部的な、企業としての独立性のない労働力の提供事業ないし労務管理事業的な運営がなされていてはならないのである。

また、注文者の注文に反する製造等による瑕疵担保責任や、注文仕様に定める要件を備えない欠陥製造品について、注文者が製造物責任を問われた場合の求償等に関しても、部分的には請負人は製造業者として責任を有するものである。さらに、注文マニュアルに反する不誠実な業務処理により顧客等に対する損害を発生させた場合も、その回復措置及び賠償に応ずる責任を請負人側が有すること（請負事業者として自らの行為に関し責任とリスクを負わないのは単なる労務提供（人材供給）業であり独立した事業者とはいえない）が要件となる。

▶区分告示（第2条第2号）

　イ　業務の処理に要する資金につき、すべて自らの責任の下に調達し、かつ、支弁すること。

●解　説●

①　請負業務の処理や仕事の完成に必要なヒト・モノ・カネを保有しており、単に「ヒト入れ稼業的」な事業体であってはならないこと。

　　請負人として自社雇用労働者に対して賃金の支払能力や労務管理能力があり、企業体としての組織体制が整っていること。また、企業組織としての部下への権限の授権が適切に行われ管理体制が明確となっていること。職安法施行規則第4条の「財政上の責任を負う」とは、請負の作業の完成に伴う諸経費、例えば事業運転資金その他の諸経費

第2章 ● 「労働者派遣事業と請負事業との区分告示」をめぐる問題

を自己の責任において調達支弁することをいう（昭23・2・25職発第139号）とされている。

② 通勤費、交通費等が注文者から請負人側の作業従事者個人に直接支払われていないこと。

　注文者から請負人側の作業者に通勤費、交通費等が直接支払われる取扱いがなされている場合には、注文者が指揮命令しており、請負人には賃金や小口現金等の管理能力がなく、独立性の否定の評価の可能性がある。

　また、通勤費や交通費は雇用主である請負人側の自社負担としなければ、労働者供給とみられる要素が強くなる。

③ 出張交通費の実費を注文者の社員の旅費規程によって請負人の労働者が直接請求し、直接その労働者に支払われるようなことはないか。

　注文者の注文業務の処理のために出張する場合であっても、誰をどの程度の費用で出張させるかは、請負人としての自社内の指揮命令と業務の処理権限に属することであり、所要費用については注文者と請負人の会社間の精算とすべきである。

　また、旅費、日当等が、注文者の労働者と同様に、注文者から直接請求、受領する社員出張型となっていないか。そのような注文者側の出張命令により、注文者の旅費規程による出張手当を請負人の労働者個人が直接受領して出張するということは、もはや請負人としての指揮命令と業務の独立処理性は失われ、注文者の組織の中に組み込まれた労働者となっているか、注文者たる派遣先への派遣労働者となってしまっているともみられるおそれがあることになる。

④ 契約書に明記されていないのに、または会社間の取決めがないのに請負人の労働者が出張先の（注文者の）宿泊施設を当然のように無償で借りていないか。

　どのような日程、内容の出張を命じるかは、注文者からの注文業務の処理として請負人側が自己の責任で決めて労働者に命令することである。注文者の宿泊施設を使用することは差し支えないが、そのときも、請負人側としてはその料金を支払うか、賃貸借契約とし、有償としなければならない。そうでないと注文者側の指揮命令下にある労働者の出張と同じにみられ、事業としての独立性が否定され、労働者供

149

第2部　労働者派遣と請負・業務委託、労働者供給をめぐって

給業と評価される可能性がある。

⑤　資材、材料、原料、部品等を請負人が無償で使用していないか。

　　請負人の事業者としての独立性の要素としてこれらの自己調達がある。これらの資材、原料等を自己調達しないで注文者の構内で加工等のみに従事することは、自己の雇用労働者を注文者に提供して業務処理のみを行う労働者供給ないし労働者派遣の事業とみなされる可能性がある。そこで、これらはなるべく有償にするか、請負人側で調達することにした方がよい。なお、品質管理上、守秘義務上、ノウハウ上、特殊製品やいわゆるブラックボックス的なもので注文者の指定のもの、注文者仕様のもので外部に注文することができない独自のもの等注文者の供給するものを使用することについて合理的な理由のあるときは差し支えない。

⑥　請負人の労働者に対し給食などが無償で支給されていないか。

　　注文者側の社員と同様の注文者側の全面負担による給食の供与は、請負人側の事業としての独立性を否定する要素の一つとなる。したがって、これらは有償とし、請負人側の負担とすべきである。これらの無償提供は、場合によっては請負人への贈与（税法上）となる可能性もあるので注意すること。

> ▶区分告示（第2条第2号）
> □　業務の処理について、民法、商法その他の法律に規定された事業主としてのすべての責任を負うこと。

●解　説●

①　完成すべき仕事の内容、目的とする成果物、処理すべき業務の内容が契約において明記されていることが必要である。両社間でこのような定めがないと、結局いちいち注文者の指示を仰がなければ業務の遂行ができないため単なる労務提供にすぎなくなってしまうおそれがある。

②　事業主として法律に規定されたすべての責任とは、労基法、労災保険法、雇用保険法、健康保険法、労働組合法、労働関係調整法、厚生年金保険法、男女雇用機会均等法、雇用対策法、育児介護休業法、民法等における使用者、または雇用主ないし事業主としての義務をいう。

150

③ 「責任を負う」者とは、義務を負うべき立場にある者、すなわち、義務を履行しないときは義務の不履行に伴う民事上、刑事上及び行政法上の責任を負うべき地位にある者をいう。

したがって、注文者としては、注文に係る業務処理を発注する請負人の選定にあたっては、単に形式上使用者の立場にある事実のみではなく、これらの法令上の義務に関する理解と誠意ならびにその履行状況、運営管理状況からこれらの責任を負うに足りる組織と体制をもって独立事業者として請負業務を処理しているか否かを客観的かつ総合的に判断して発注すべきものである。

④ 仕事の完成や業務の処理につき請負人側に契約違反があった場合の損害賠償の定めがなされていること（法律上の独立性）。

⑤ 請負人の企業組織としても法令上の責任を果たす組織体制とそれに相当する人員配置がなされており、客観的に責任を果たし得ることが明白になっていること（実体上の独立性）。

⑥ 請負契約上、納期、処理すべき期限（間）が明記されていること。

請負である以上納期が定められるべきというのが労働局の考えである。ただし、継続的業務処理の委託契約には必ずしも納期等が決められない場合もあり得るが、その場合であっても、業務処理受託者の裁量性と契約目的実現のための債務の本旨に従った自主的履行責任が明白になっていることが重要である（契約上の独立性と責任性）。

⑦ 請負人側の瑕疵担保責任や善良な管理者の注意義務が規定されていること（業務上の独立性）。

⑧ 請負人側の従事者の故意、過失による注文者または第三者への損害賠償について規定されていること（法律上の責任の負担）。

⑨ 作業従事者の秩序維持や服務規律について請負人側の責任とされ、従事者の秩序、規律、守秘義務、個人情報等の違反について請負人側が損害賠償責任を負うこととされていること。なお、請負人としての法令上の義務を全うするためには、請負労働者の退職後の遵守義務についても請負人の責任として定められていることがより独立責任性を表すことになる（労務管理上の規律維持の独立性）。

これらの作業者の服務規律や職場秩序の維持、守秘義務等についての履行責任は、請負人側が負うべきものである。

第2部　労働者派遣と請負・業務委託、労働者供給をめぐって

⑩　第三者の使用の可否について定めていること（事業の独立性）。

　　第三者（再下請等）の使用の可否が定められていることは、請負人の独立性を表すことになる。そして、可能な限り再下請等について注文者の承諾を得て行うことができるように定められていることが望ましい。

⑪　労働安全衛生の確保、災害防止や従業員の健康保持についての管理責任は請負人側が負っていること。また、請負人側の安全衛生組織が法令に合致し、実体上も機能するように定められていること。

　　請負の場合には、自己の請負業務範囲や作業場に関しては安全衛生管理責任を全面的に請負人側が負う。また安衛法上の各種の措置義務を負う事業者は、雇用主である請負事業主であり、その責任を果たし得る体制の事業でなければならない。

⑫　請負業務の日々の完了報告書面や出退勤記録、労災保険、雇用保険、健康保険・厚生年金等の労働社会保険その他請負業務遂行上の保険の加入手続きを含む事務的な記録や事務処理、諸官庁への届出事務等について、請負人側にこれらを行う要員がおらず、すべて注文者側に任せているようなことがないこと。

　　これらは請負人として当然なすべき労務管理上の事務手続きであり、これらの処理要員がおらず注文者側に任せているということは、請負人の経営上の独立性及び法令遵守上の独立性を否定する要素となる。

6　機械・設備・資材の自己調達

▶区分告示（第2条第2号）

八　次〔編注：以下の(1)、(2)〕のいずれかに該当するものであって、単に肉体的な労働力を提供するものでないこと。

●解　説●

職安法、派遣法上の請負事業として認められるためには、処理すべき業務を、(1)請負人側の責任と負担で準備し調達する機械、設備、器材、材料・資材を使用し処理していること、または注文者側が機械、設備、器材、材料・資材を調達する場合は無償で請負人側が使用していないこと、あるいは、(2)請負人側の独自の企画または自己の有する技術・専門

性または経験等をもって業務処理をしていること——これら(1)、(2)のどちらかに該当していることが必要である。

▶区分告示（第2条第2号ハ）

(1) 自己の責任と負担で準備し、調達する機械、設備若しくは器材（業務上必要な簡易な工具を除く。）又は材料若しくは資材により、業務を処理すること。

●解　説●

　請負は、注文者からの注文に応じ仕事の完成や業務の独立処理を自らの企業責任で行い、業務の処理を完了して注文者に納入するものであって、単に労働力を注文者に提供するものではない。したがって自己の独立事業者として仕事をするにあたっては、設備、機械等を自ら保有し、またはその費用を負担し、原材料、資材を自己調達し自己の会計で事業を行う必要がある。そうでないと、事業主としての独立性を欠くこととなり、単なる労働力の提供事業ではないかと判断されるおそれがある。

▶業務取扱要領

　当該要件は、機械、設備、資材等の所有関係、購入経路等の如何を問うものではないが、機械、資材等が相手方から借り入れ又は購入されたものについては、別個の双務契約（契約当事者双方に相互に対価的関係をなす法的義務を課する契約）による正当なものであることが必要である。なお、機械、設備、器材等の提供の度合については、単に名目的に軽微な部分のみを提供するにとどまるものでない限り、請負により行われる事業における一般的な社会通念に照らし通常提供すべきものが業務処理の進捗状況に応じて随時提供使用されていればよいものである。
〔製造業務の場合〕
　注文主からの原材料、部品等の受取りや受託者から注文主への製品の受渡しについて伝票等による処理体制が確立されていること。また、注文主の所有する機械、設備等の使用について

153

第2部　労働者派遣と請負・業務委託、労働者供給をめぐって

は、請負契約とは別個の双務契約を締結しており、保守及び修理を受託者が行うか、ないしは保守及び修理に要する経費を受託者が負担していること。

〔車両運行管理業務の場合〕

運転者の提供のみならず、管理車両の整備（定期整備を含む。）及び修理全般、燃料・油脂等の購入及び給油、備品及び消耗品の購入、車両管理のための事務手続、事故処理全般等についても受託することで注文主の自動車の管理全体を行っているものであり、また、当該受託業務の範囲を契約書に明記していること。

●解　説●

①　この要件は、請負事業であると認められるためには、機械、設備、器材、材料または資材を自ら提供し、使用することが必要であるということであり、「機械、設備、器材、材料または資材を自ら提供する」とは、作業の主要遂行力の大部分を自ら提供することをいう。それは、「自己の責任と負担において準備調弁して使用することをいい、必ずしもその所有関係や購入経路等に特別に制限を付すべきではない。従って、たとえその機械、資材等が注文主から借入れ又は購入されたものであっても、これが別個の双務契約の上に立つ正当なものと認められ、且つ、法を脱れるため故意に偽装したものと認められる根拠がない場合には差支えないものと解すべきである」（昭27・7・23職発第502号の2）。請負人が準備、調達せず注文者の設備、機械、装置等を無償で使用ないし利用して製造等をしているということは、このような単なる無償使用では、結局注文者の指示に従って作業のみを行うものであって、自社の業務として独立処理性のない労務の提供のみが目的となり、請負となっていないのではないかとみられるおそれがある。

②　事業として独立性を確保するためには注文者の構内であっても、請負人側の作業場所が区分され一つの事業所、作業所として存在するといったことも重要な要素である。事業とは、一定の目的を持った反復継続的に遂行される組織された仕事の総体を指すものであるから、注

文者の事業とは分離独立したものであることが原則である。少なくとも注文者と請負人、請負人相互間の労働者が混然一体となって作業しているということは、指揮命令が請負人側によってなされず、注文者側が行っているのではないかとみられるおそれがある。それが専門的業務で業務自体の独立性の高いものである場合はよいが、一般的な業務の処理のケースでは事業としての独立性に欠けると評価されるおそれがある。

③　契約書には、施設、機械、建物、装置等について賃貸借等の有償・双務契約として定めているものの、実際には無償で何らの対価もなく注文者の施設、機械等を自社の所有物のように使用して請負業務を行っていないか。

　　事業として独立して製造、加工等を行っているといえるためには生産や加工手段を有する必要があり、それらを注文者より無償で提供を受けていることは、自社の雇用する従業員をして製造や加工等の労務のみを提供する労務管理業や労働者供給事業を行っているのと同じとみられやすいためである。

④　「業務上必要な簡易な工具を除く」とは、簡易な工具類は労働者の労働力と一体的なものであり、それを自社側で準備し調達したからといって、事業としての独立性を表すものとはみられないからである。「業務上必要な簡易な工具」とは、機械、器具といったメカニックなものではなく、主として個々の労働者の労働力が主体となり、その補助的な役割を果たすものであって、例えばのみ、かんな、シャベル等のごとく通常個々の労働者が所持携行し得る程度のものをいうとされている。「簡易な工具」であるかどうかの判断も、単に機械器具それ自体の機動性や原動力のいかんのみによって区別すべきものではなく、それぞれの産業または作業の特殊性や機械化の段階に即応する業界の一般通念を尊重して実情に即して判断を下すことが必要である（昭27・7・23職発第502号の2）。

⑤　業務処理内容が注文者側の生産ラインとできるだけ区別されていること。中間ラインの受持ちの場合であっても、原材料・製品等の受渡しが区分できれば（受託者の作業が独立していることが）明白になるので、できるだけそのように措置すべきである。また、業務処理に必

155

第2部　労働者派遣と請負・業務委託、労働者供給をめぐって

要な原材料・部品等の引渡しは伝票等により数量が明示されており、生産・加工した結果も数量等によって納入・引渡しが明白でなければ、単なる労働力の提供となってしまうおそれがあるので留意すること。請負の成果を明確にするためには業務処理の終了した製品の引渡し・受渡し数量等が、伝票等によりできるだけ明確にされていることが必要である（下記Q＆A及び図2−21参照）。

Q　製造業務において、発注者の工場の製造ラインのうち、中間のラインの一つを請け負っている場合に、毎日の業務量は発注者が作業しているラインから届く半製品の量によって変動します。この場合は、偽装請負となりますか。

A

　工場の中間ラインの一つを請け負っている場合であっても、一定期間において処理すべき業務の内容や量の注文に応じて、請負事業主が自ら作業遂行の速度、作業の割り付け、順番、労働者数等を決定しているのであれば中間ラインの一つを請け負っていることのみをもって、偽装請負と判断されるものではありません。

　ただし、一定期間において処理すべき業務の内容や量が予め決まっておらず、他の中間ラインの影響によって、請負事業主が作業する中間ラインの作業開始時間と終了時間が実質的に定まってしまう場合など、請負事業主が自ら業務の遂行に関する指示その他の管理を行っているとはみなせないときは、偽装請負と判断されることになります。

厚労省「疑義応答集（第1集）」Q6より

第2章● 「労働者派遣事業と請負事業との区分告示」をめぐる問題

図2−21 特定時間帯・特定日のみの全ライン請負

①夜間帯のみ請負

7：00　　　15：00　　　23：00　　　7：00

直接製造	請負製造	直接製造

②特定日のみ請負

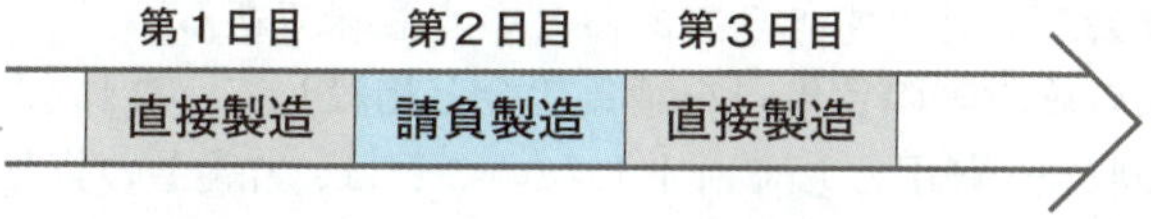

第1日目　　　第2日目　　　第3日目

直接製造	請負製造	直接製造

［適法要件上の注意］
・　特定時間帯・特定日のみの生産ラインの請負は、注文者の工場の特定時間、特定日のみ担当という勤務スケジュールに一体的に組み込まれており事業としての独立性を有しないとみられる可能性があるので注意すること。
・　独立性を有するためには、その時間帯・その日は生産ラインを賃貸等して自社が注文を受け責任をもって注文仕様に従い生産・納品すること、そのためには受渡し、納品が明確になされ単価受注計算ができることが必要である。
・　特定時間帯・特定日の生産ラインを請負人が自社雇用者をもって指揮命令して生産し、自ら作業遂行の速度、作業の割り付け、労働者数を決定するなど独立処理であればよいが、一定期間に処理すべき内容量等が決まっておらず、単なる生産ラインの連続作業の一部を担当するにすぎず、事業としての注文者からの独立性を欠くときは偽装請負と評価される可能性がある。

---

⑥　貸与設備、機械等の管理・点検、保守、修理は、請負人側が実施していること。

　請負人が設備、機械等の貸与を有償で受けることは、その管理、点検、保守等も請負人側において自己の責任として行うものでなければ一貫しない。なお、安全衛生管理上所有者である注文者に請負人が行った日々または月例の点検表を提出させることは、所有者にも安全衛生管理責任があるので差し支えない。また、その履行が不十分な場合に、注文者が請負人に対して完全に行うよう指示してもよい。これらの保守・修理等を注文者側で行う場合には、できるだけ保守及び修理に要する経費を受託者（請負人）が負担するようにすべきである。

　なお、安全衛生上、秘密管理上、特殊技術等のノウハウ保持上等の

157

第2部　労働者派遣と請負・業務委託、労働者供給をめぐって

必要から、注文者側の保守管理責任部分を設け、注文者側で行うなど合理的理由がある場合は、注文者側が保守・修理を行っても差し支えない。

⑦　貸与設備、機械等の賃料・費用について、これを請負代金から相殺し企業会計上双方の収入・費用として計上しないこととしてはならない。

取引行為であり、金銭のやりとりのことであるから、相殺すること自体は決済行為であり差し支えないが、これは双方とも収入・費用として企業会計上計上すべきであるという意味である。

請負人の施設等の賃借料を請負代金と相殺して、これを双方の企業会計上の収益・費用として計上しないことは、名義上の貸与にすぎず、実際は労務の供給のみであったとみられるおそれがあるからである。事業として独立している以上、これらについて経理上もきちんと処理することが企業としての独立性を表徴することでもある。

⑧　貸与設備等の貸与代金は名目的なものでないこと。

貸与設備等の貸与代金をどのように定めるかは各社苦心しているところであるが、一般の市場性のある金額ではなく、注文者と構内請負人という協力関係にある生産共同体的な関係における請負人として、事業の独立性保持のために貸与に係る金額を算定するという観点から合理的と認められる方法であればよい。そこで請負人の出来高に応じ「製品1個当たりいくら」といった単価計算に準じて定めたり、減価償却の方式からその何％分という形にしたり、消費資材・電力等から換算して算出したり等、その金額について企業社会通念上相当であり、また算出の計算方法が合理的であればよい。

⑨　直接的な請負業務の処理に要するものではなく「請負業務の処理に間接的に必要とされるもの（例えば、請負業務を行う場所の賃貸料や、光熱費）、請負業務の処理自体には直接必要とされないが、請負業務の処理に伴い、発注者から請負事業主に提供されるもの（例えば、更衣室やロッカー）については、別個の双務契約までは必要なく、その利用を認めること等について請負契約中に包括的に規定されているのであれば特に問題にないものです。」（厚労省「疑義応答集（第1集）」Q13）とされている。

⑩　事業として独立し、責任をとることを保証するということは、請負

第2章 ●「労働者派遣事業と請負事業との区分告示」をめぐる問題

の前提として完成すべき仕事の内容、目的とする成果物、処理すべき
業務の内容、納期、納めるべき品質等が契約書等に明記されているこ
とが当然必要となること。

　請負事業としての独立業務処理が必要であり、注文者と請負人は契
約上対等であって、この契約書・注文書等の定めがないと、結局注文
者の指示がない限り業務処理ができないことになり、単なる労働の提
供事業にすぎなくなってしまうおそれがある。

⑪　労働者の欠勤、休暇、遅刻等による注文者に提供すべき作業時間の
減少等に応じて、請負代金の減額等が定められているようなことはな
いか。

　請負として独立事業であるから、あくまでも仕事の完成、業務の独
立処理責任を請負人が有しており、このような作業時間減少による減
額を行うといった場合には、請負目的は提供される労働時間であり、
単なる肉体的な労働力の提供とみなされる可能性がある。したがって
このような減額方式は、明らかに労働力の提供を目的としたものと評
価される可能性があるので、この方法はとらないようにすべきである。

[労働者数、時間数等による料金決定の場合は]

⑫　請負代金が人工単価（労賃単価）×人数×日数（時間）となってい
ないか。なっているとすれば、そうすべき合理的事由がある場合は差
し支えないが、ないときは単なる労務の供給とみなされる可能性がある。

　請負は仕事の完成や業務の独立処理を目的とするものであり、報酬
はその対価である。したがって、それがいわゆる人工賃（労務費）計
算となっているときは、製造・加工や業務の処理、仕事の完了が目的
ではなく、提供される労働が目的であり、そのために対価は労働時間
によることにしているのであって単なる労働提供と解される可能性が
ある。ただし、注文が初めての製造・加工や業務処理のため原価構成
が明白にならず、原価を構成する労務費のかかり具合も不明なため、
安定受注に至るまでの当面の対価として人工賃（時間×単価×人数
等）を基礎として請負代金を定めるといった合理的な理由のあるケー
スでは差し支えない。いわゆる人工賃（労務費）計算となっていると
きは、このような算定方式をとる理由と必要性が、請負としての業務

159

の処理や製造・加工等の請負人の自社業務としての独立性と矛盾しない性質のものであることの確認が大切である。厚労省の「疑義応答集（第2集）」でも次のように示されている。

> 　マネキンを含め、販売、サービス又は保安等、『仕事を完成させ目的物を引き渡す』形態ではない請負業務では、当該請負業務の性格により、請負業務を実施する日時、場所、標準的な必要人数等を指定して発注したり、労働者の人数や労働時間に比例する形で料金決定したりすることに合理的な理由がある場合もあります。このような場合には、契約・精算の形態のみによって発注者が請負労働者の配置決定に関与しているとは言えず、労働者派遣事業又は労働者供給事業と直ちに判断されることはありません。
>
> 厚労省「疑義応答集（第2集）」問7より

⑬　請負や業務委託の業務場所の区分や区画について独立の事業として明確な設定がされていることが望ましいこと。

　区画されているなら賃貸部分の区分も成り立ち、物的・人的な請負人の事業の独立性が確保されることになる。なお、場所的・設備的制約からこのような独立した業務の場所的区画の設置が困難な場合であっても、できる限りの方法で混在は避け、可能な手段で区分することが必要である。できれば請負人側としては、請負作業場所であることが区別されるように、「貸与設備」、「○○会社（請負人）作業所」、「○○会社担当機械」といった表示をもって外形上区分しておく工夫も重要である。

⑭　請負事業としての独立性については、生産者としての生産変動のリスクを請負人も負うことになっているかという観点から、独自の将来の計画性、事業見通しの下に運営されているかという点も重要な判断要素となる。注文者の注文見通しの増減に応じて自社独自の対応が可能でなければ、注文者の指示に応ずるままに労働者を供給してその労務対価を得るという労務供給業にすぎないことになる可能性がある。請負人側の経営対策としてもできるだけ事業の見通しができるよう

に、注文者との協議会、連絡会等をもって、そこで受注見込みに関する協議、連絡調整などがなされるようになっていることが望ましい。

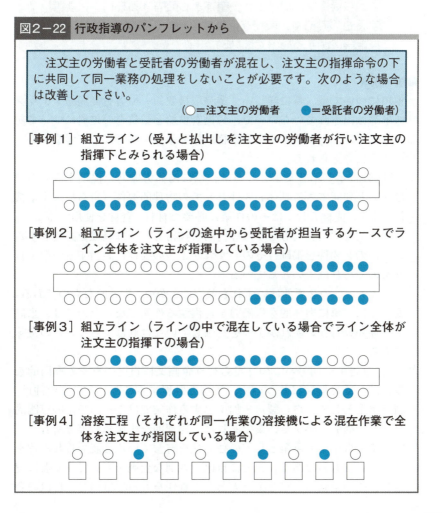

図2−22　行政指導のパンフレットから

第２部　労働者派遣と請負・業務委託、労働者供給をめぐって

7　専門性

▶区分告示（第２条第２号ハ）

(2)　自ら行う企画又は自己の有する専門的な技術若しくは経験に基づいて、業務を処理すること。

▶業務取扱要領

当該要件は、事業主が企業体として有する技術、技能等に関するものであり、業務を処理する個々の労働者が有する技術、技能等に関するものではない。

●解　説●

本項については、特に詳しい「業務取扱要領」や各労働局のチェックリスト等は出されていないので、労働者供給と請負との差異について記載されている「労働者供給事業業務取扱要領」を参考にして考察すると次のように考えられる。

① 「区分告示」第２条第２号ハは、単に肉体労働力を提供するものではないと判断できる具体的要件としての物理的要件（自ら提供する機械、設備、機材もしくはその作業に必要な材料、資材を使用すること）と技術的要件（企画もしくは専門的な技術もしくは経験を必要とすること）の２要件を掲げ、そのいずれか１つの要件に該当する作業を行うものであればよいとしている。

しかも、この２要件はいずれも並立的、かつ、択一的なものである。要するに、単に肉体的な労働力を提供する作業でないためには、当該２要件のうち、いずれか１つを具備していなければならないとの意味である。

② 「区分告示」同号ハ(2)の「自ら行う企画又は自己の有する専門的な技術若しくは経験に基づいて、業務を処理すること」という要件は、請負事業として、自ら製造・加工等する作業ではなく、一定の専門的な技術、経験を要する作業であれば、物理的な生産施設等を所有していなくても企業や事業としての独立性を有していると認められる旨を述べているものである。また、自己の特別な企画をもって注文者に提案し、その企画の実現を請負人として責任をもって処理し、自己の企

162

画に係る行事やイベントを企画・実施する、特別なプロジェクトを企画・実現するといった企業性を有する場合にも請負事業と認められることを定めたものである。

③ 「自ら行う企画」の「企画」とは、「その作業の遂行について計画を樹てること即ち計測、調査、設計、仕様書の作成、作業間の調整段取り等技術者又は相当長期に亘る実際上の経験者によって行われる企画をいう」（職安行政手引）。すなわち、請負人が自己の責任において一定の業務や事業について企画し、注文者側からは指揮命令を受けることなく（注文者はその性質上指揮命令できない）、独自の責任をもって、注文を受けた当該業務を処理することをいう。

④ 「専門的な技術」とは、「特にその作業について専門的である工法上の監督者的技術即ち通常学問的な科学知識を有する技術者によって行われる技術監督、検査等の技術をいう」（職安行政手引）。すなわち、請負人（自社）自体が有する専門的な知識、技術（科学・工学・機械、電気、土木、建築、情報処理、農林水産その他）や専門的な応用能力等をもって処理する業務や当該作業の遂行に必要な専門的な工法上の監督技術、すなわち、通常学問的な科学知識を有する技術者によって行われる技術監督、検査等をいうものである。

⑤ 「専門的な経験」とは、「学問的に体系づけられた知識に基くものではないが、長年の経験と熟練により習得した専門の技能を有する所謂職人的技能者が主として作業遂行の実際面において発揮する工法上の監督者的技能、経験をいう」（職安行政手引）。そして「請負者の有する専門的な経験として普通予想されるものの中には、①事業経営者としての経験、②労務管理的経験、③作業施行技術上の経験等があり、これらの諸経験が有機的に総合発揮せられて作業が遂行されるが、第4号にいう「専門的な経験」とは③の作業施行技術上の経験を指すのであって①又は②の経験を意味するものではない」（昭27・7・23職発第502号の2）とされている。

例えば、これに該当する請負業務としては、作業の実地指導、仕事の順序、分担、危険防止等についての指揮監督能力を要する業務等を意味し、単なる労働者の統率ないしは一般的労務管理的技能、経験により処理する業務を意味するものではない。また、個々の労働者の有

第2部　労働者派遣と請負・業務委託、労働者供給をめぐって

する技能、経験をもって足りるような作業は「専門的な経験」を必要とする業務の処理とはいえないものであり、事業として対応すべき処理を要する業務をいう。

⑥　要するに「企画若しくは専門的な技術、若しくは専門的な経験」とは、請負業者として全体的に発揮すべき企画性、技術性、経験を指すのであって、個々の労働者の有する技術または技能等や業務自体の専門性をいうのではなく、これを事業として組織し、管理し、全体として責任をもって処理するものをいう。そして、当該処理業務が「企画若しくは専門的な技術、若しくは専門的な経験」を必要とするかどうかの認定は、その作業が単に個々の労働者の技能の集積によって遂行できるものか、また、その請負業者が企業体として、その作業をなし得る能力を持っており、かつ、現実にその技能、経験を発揮して作業について企画し、または指揮監督しているかどうかについて検討すべきものである。

●自らの企画又は専門的技術・経験に基づく業務処理

Q　デパートや美術館等の受付案内業務は、37号告示〔編注：区分告示〕にいう「自らの企画又は自己の有する専門的な技術・経験に基づく業務処理」と言えますか。

A

　請負業務では、請負事業主が契約の相手方から独立して業務を処理することなどが必要であり、①自己の責任と負担で準備し、調達する機械・設備、材料・資材により業務を処理するか、②自ら行う企画又は自己の有する専門的技術・経験に基づき業務を処理するか、いずれかであることが必要です。

　デパートや美術館などの受付案内業務のように、「仕事を完成させ目的物を引き渡す」形態ではない請負業務は、①のような自己負担すべき設備や材料等がなく、②に該当する場合もあると考えられます。これに関しては、例えば、様々な場所の受付における来客対応、案内の方法、様々な客層に対する接遇手法やトラブル発生時の対応等のノウハウを蓄積し、これを基に業務対応マ

164

第2章● 「労働者派遣事業と請負事業との区分告示」をめぐる問題

> ニュアル等を自ら作成した上で、労働者に対する教育訓練を自ら
> 実施し、かつ、当該業務が的確に行われるよう自ら遂行状況の管
> 理を行っているような場合は、請負事業主が自らの企画又は専門
> 的技術・経験に基づいて業務処理を行っていると判断できます。
> 　一方、例えば、発注者から、来客への対応マナーや応答ぶり等
> をすべて事前に文書等で詳細な指示を受けており、トラブルが発
> 生した場合にはその都度発注者に対応方針の指示を仰ぐこととさ
> れているなど、契約上の業務内容に請負事業主の裁量の余地がな
> い場合は、単なる労働力の提供と認められ、労働者派遣事業と判
> 断される可能性が高まります。
>
> 厚労省「疑義応答集（第2集）」問14より

8　偽装・脱法

▶区分告示

> 第3条　前条各号のいずれにも該当する事業主であっても、それが
> 法の規定に違反することを免れるため故意に偽装されたもので
> あって、その事業の真の目的が法第2条第1号に規定する労働者
> 派遣を業として行うことにあるときは、労働者派遣事業を行う事
> 業主であることを免れることができない。

●解　説●

①　本条の規定は、「区分告示」第2条各号の要件が形式的には具備さ
れていても、それが脱法を目的として故意に偽装しているものである
限り、実質的には要件を欠くものであって、労働者派遣事業を行う者
であるとするものである。この規定は、表面的には請負として合法を
装って脱法しようとするものについて、実体を伴う要件に該当するも
のでなければならないことを、第2条の解釈に加えてさらに注意的に
明確にしたものである。

②　「それが法の規定に違反することを免れるため故意に偽装されたも
のであって、その事業の真の目的が法第2条第1号に規定する労働者
派遣を業として行うことにあるとき」としては、次のような例が考え

165

第2部 労働者派遣と請負・業務委託、労働者供給をめぐって

られる。

イ 請負・業務委託契約の形式で合法化しようとするもの

この場合は第2条各号の具備状況が形式的なものであって、実質的には、具備していないことの確認に基づいて判断される。例えば、第2条第2号ハ(1)の「自己の責任と負担で準備し、調達する機械、設備若しくは器材又は材料若しくは資材により、業務を処理すること」の要件に関し、表面上は注文者から借用、または譲渡、購入をしたような形式をとってはいるものの、その使用状況からみて、事実は依然注文者の全面的な管理または所有に属しており、実態上は無償使用状態となって労務のみの提供の状況となり、注文者から指揮命令を受けているような場合である。

ロ 出向形式によって第2条各号の要件の具備を全面的に免れようとするもの

この場合は合法的な出向を装っていても実態は労働者派遣であり、企業間人事異動としての出向の要件を具備せず、労働者を出向させることにより利益をあげる実態で、出向という名目で労働者供給事業を行っているような場合である。出向として注文者の指揮命令の下に業務を行っている場合の両会社間の関係、出向の目的、出向に伴う会社間の出向料の支払い等の事実の確認等に基づいて実態的に判断される。例えば、出向料の内容、賃金支払いの方法、採用・解雇の実権の所在、手数料的性格の経費の支払い等といった事項の総合的判断による。

③ 契約や形式的な事業状況が「区分告示」の各号の要件に合致していても、その実態からみて要件に該当しておらず、本当の目的が労働者の労務の提供であったり、業務遂行の実態が注文者からの独立性を有さず、指揮命令を注文者から受ける労務提供的な業務委託等になっている場合については、労働者派遣とみなされることになり、これらの実態から偽装請負とみなされた場合には、派遣法の適用を受けることになる。

④ さらに、平成24年改正派遣法の第二次施行（平成27年10月1日施行）に基づき、派遣先等が派遣法違反による役務の提供を受けた場合に派遣先等の直接雇用に係る「労働契約申込みみなし」制度の対象となる

第2章 ●「労働者派遣事業と請負事業との区分告示」をめぐる問題

場合の一つとして、「この法律又は次節の規定により適用される法律の規定の適用を免れる目的で、請負その他労働者派遣以外の名目で契約を締結し、第26条第1項各号に掲げる事項を定めずに労働者派遣の役務の提供を受けること」（法第40条の6第1項第5号）とし、偽装請負に対するペナルティが定められている。

2 個人業務受託者（インディペンデント・コントラクター）は独立事業主か

1 個人業務委託（請負）は適法か

● 1 請負との「区分基準」の要点

「区分告示」及びこれに関する具体的な解釈を示す「業務取扱要領」は、いずれも前述のような詳細な区分に関する基準（以下、これらを併せて「区分基準」という）から明らかなように、請負事業と認められるためには、第一に、自己の雇用する労働者の労働力を自ら直接指揮監督して利用するものであることであり、第二は、請負契約により請け負った業務を自己の業務として当該契約の相手方から独立して処理するものであることが必要である。

さらにこれを要約すれば、第一は労務管理上の独立性であり、第二は事業経営上の独立性であるといえる。

この基準についてまとめると、次表のようにいえるであろう。

すなわち、請負と認められるためには、労務管理上の独立性と事業経営上の独立性という2つの要件の充足が必要なのである。

167

第2部　労働者派遣と請負・業務委託、労働者供給をめぐって

「区分基準」のポイント

労務管理上の独立性―自己の雇用労働者の労働力の直接利用	
(1)業務管理上の独立性	①直接自ら業務の遂行方法の指示等を行うこと。 ②直接自ら業務遂行の評価等を行うこと。
(2)労働時間管理上の独立性	①始・終業時刻、休憩、休日、休暇等の指示・管理を自ら行うこと。 ②時間外・休日労働の命令等を自ら行い管理すること。
(3)秩序の維持、確保、人事管理上の独立性	①自ら服務規律の設定・指示・管理を行うこと。 ②自ら労働者の配置等の決定・変更を行うこと。
事業経営上の独立性―自己の事業としての独立処理	
(1)経理上の独立性	自己責任による資金の調達・支弁
(2)法律上の独立性	民法・商法その他の法律上の事業主責任の遂行
(3)業務上の独立性	①機械・設備、器材等の自己調達等 ②企画・技術・経験上の自己の独立遂行性　のいずれか

●2　個人業務受託者（インディペンデント・コントラクター）は独立事業主か

　「区分基準」は、請負事業者が法人等の場合であり自己が労働者を雇用して請負業務や受託業務を自社の業務として独立遂行する場合についての基準となっている。しかしながら、労働者派遣類似の業務委託のパターンでは、個人請負や個人業務受託者（インディペンデント・コントラクター）といわれる者も多く就業しており、例えば『儲かる会社は業務委託契約でリスクなく人材を活用する』（吉本俊樹＆ＢＭＣネットワーク著、明日香出版社）では、個人事業者、インディペンデント・コントラクター等による独立請負契約が推奨されている。

　そして、「業務委託契約」においては、「労働者ではなく、労働基準法の適用がなく、労働保険・社会保険（厚生年金保険・健康保険）に加入しない個人事業主である業務委託契約社員であることを契約書と誓約書にて契約者に明らかにしておいてください」（同書155頁）と述べられている。

　しかしながら、受託事業者が委託者から受託した業務について、個人

業務受託者が労働者でなく独立自営業者として受託事業者と業務委託契約を結び、個人業務受託者が独立の立場で当該業務を処理するものと認められるには、実体上も前記「区分基準」に合致するものでなければならない。そのためには、個人業務受託者に注文書及び仕様書（複雑な設計・施工を要する注文の内容や図面を記した書類で、契約書、注文書等

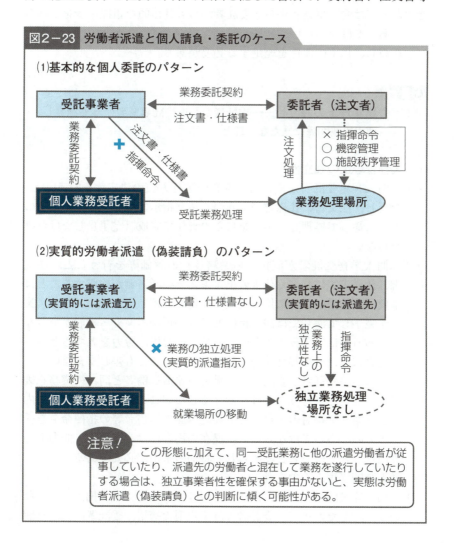

図2－23　労働者派遣と個人請負・委託のケース

第2部　労働者派遣と請負・業務委託、労働者供給をめぐって

と一体となった発注図書類をいう）等で注文に係る仕事の完成や業務の独立処理すべき内容が具体的、明白に示され、いちいち注文者から指示を受けるものであってはならない。あくまでも請負や業務委託と認められるためには、前記「区分基準」に準じた個人自営業者としての独立性が認められるものでなければならない（**図2−23**の(1)のパターン参照）。そのためには受託事業者からも委託者からも具体的な指揮命令を受けるものであってはならない。

すなわち、以下の要件を充足する必要がある。

▶要　件

1　労務管理上の独立性──委託者からも受託事業者からも独立し、使用従属関係に立たないこと

(1)　**業務管理上の独立性**

①　個人業務受託者が直接自ら業務の遂行方法の決定等を行うこと。ただし、注文書、仕様書等に基づく注文指示については、当然その内容に従って処理し、業務を自らの責任で完成（完了）しなければならない。

②　個人業務受託者が直接自ら業務遂行の評価等を行うこと。注文書、仕様書等に基づく仕事の出来栄えを委託者側が検収することは請負・業務委託契約に伴う納品であるから差し支えない。また、業務が完了してからでは注文指図と違うか否かの検査・検収ができない、あるいは完了後では手直しに多大の費用、労力を要するといった場合には、その都度検査・監督を受けることも差し支えない。

③　個人業務受託者が委託者の労働者や派遣労働者と同一の業務を委託先で混在して行うことはなるべくしないこと。委託者の事業所内で混在業務従事者の一員として委託者側の担当者等の指揮命令を受けるものであってはならない。混在の場合には、技術上・能力上の専門性等独立事業者と認められる特別の事由が必要である。

(2)　**労働時間管理上の独立性**

①　始・終業時刻、休憩、休日、休暇等について管理・拘束を受けないこと。したがって、委託者の就業規則の適用や委託者の就業時間

管理を受けない立場にあること。なお、委託者の事業場やオフィス
の管理といった施設管理上やセキュリティ管理上定められた入・退
館時間、休日のオフィス使用管理等の拘束を受けることは差し支え
ない。
②　時間外・休日労働の命令等を受けないこと。所定の注文業務の納
入期日に間に合わないといった場合も、自らの裁量により在社時間
を延長するといった措置を決定し、委託者等からの指示・命令等は
受けないものであること。

(3)　**秩序の維持、確保、人事管理上の独立性**

①　委託者の従業員のような拘束を受けないこと。ただし、委託者の
場所的な施設管理上の拘束を受け、その規制に従うことや委託者の
機密の保持管理の定めに従うこと等は当然であって差し支えない。
②　委託者の従業員的なスケジュール管理や勤務表による使用従属的
な拘束を受けないこと。注文業務の処理のスケジュールについては
自ら計画・決定し、あるいは注文指図書等に従い自ら受託業務の完
全な履行が可能なように業務処理の日程を委託者と協議の上、作成
すること。なお、スケジュールや日程を委託者側に届け出ること自
体は差し支えない。

▶要　件

**2　個人事業主としての経営上の独立性──自己の事業として独立
処理をするものであること**

(1)　**報酬決定の独立性**

自己の個人事業主としての立場から、受託業務の処理についての対
価を委託者側と協議して決定するものであること（業務の受注の諾否
について自己決定権があり、個々の注文指図により処理を受諾する義
務を負っていたり、拒否すると懲戒処分を受けたりするものでないこ
と）。また、報酬額は労働の対価として決定されるものでなく、独立
自営業者としての企画、技術、能力、実績、経験等から注文処理に係
る業務の完了の対価として決定されるもの（賃金に該当するものでは
ない）であったり、受託業務の出来高等であったりすること。

171

第2部　労働者派遣と請負・業務委託、労働者供給をめぐって

(2)　**法律上の独立性**

　　民法・商法その他の法律上の事業主責任を負い、自ら請負業務を遂行するものであること。そのためには当該請負や業務委託の対象業務が独立処理し得るものでなければならず、委託者の指揮命令によらなければ処理できないものであってはならない（注文書、仕様書等により独立処理し得る内容が明白になっている必要がある）こと。そのために業務遂行上のリスク（瑕疵についての損害賠償）を負うものであること。

(3)　**業務上の独立性**（次の①②のいずれかでよい）

　①　機械、設備、器材等の自己調達等により業務を処理するものであること。個人事業主として業務を独立処理することが要件であり、委託者の機械、設備、器材等を利用して製品を作製したり、サービスを提供したりするというのでは単に労働の提供であって業務の独立処理に該当しない可能性がある。そこで、これらの機械、設備、器材等について注文仕様や企業秘密等の関係から委託者のものを使用する必要がある場合には、機械等について賃貸借契約を結び、あるいは消費部品、器材等については有償で購入する等、単に労働の提供でなく事業としての独立性を経理面でも備えている必要がある。

　②　個人事業主として自ら行う企画、自己の有する専門的な技術、能力または自ら有する経験、ノウハウ、資格、免許等に基づいて自己の業務として独立遂行するものであること。個人業務委託契約により独立自営業者として業務を遂行するケースは、このパターンの場合が多いと思われる。このような専門性が高度であったり、自ら企画して実施する業務や技術的に独立してコンサルタント的に指導する業務、法定の有資格業務の場合には、比較的個人請負人、個人業務受託者として認められやすいと思われる。

●3　委託者側の指揮命令を受ける場合は「労働者派遣」（偽装請負）

　個人事業者とされていても、前記のような「区分基準」に該当せず、業務委託契約といっても実態上独立性がなく、その内容は、作業を中心とする「労働の提供」的なものであり、具体的に処理し、完了すべき業務の内容が注文書、仕様書といったもので具体的に定められておらず、

第2章●「労働者派遣事業と請負事業との区分告示」をめぐる問題

独立して業務を処理する実態がなく、委託者の指揮命令を受けて業務を遂行するにすぎない場合には、実質的には労働者派遣（偽装請負）に該当する（**図2−23**の(2)のパターン）。

さらに、これらに加えて、委託者の同一受託業務に派遣元から「派遣契約」により派遣される者が就業していたり、他の派遣元から派遣された労働者と混在して委託者の指揮命令下に労働を提供（派遣労働者と同一場所で同一業務に従事するということは、派遣労働者は派遣先の指揮命令に従って派遣先のために労働に従事するものであるから、その業務に混然一体として従事する以上は、特別な立場でない限り、業務の独立処理とは認められないことが多い）したりする場合と同様に評価され、まさに労働者派遣に該当することになる。同様に委託者の直接雇用社員や委託者の契約社員等と混在して作業する場合にも、委託者の指揮命令をこれらの社員と一緒に受けることになるので、この場合も独立性の特別な事由がない限り、結局労働者派遣に該当すると評価されることが多い。

そこで独立した個人業務受託者と認められるためには、他の派遣労働者や委託会社の従業員と混在して業務を行っていても、特別な立場（例えば、他の派遣労働者等とは異なる専門的な技術能力を有していたり、これらの労働者を委託契約によって教育指導するなどコンサルタント的な地位であったり、混在しても業務的に独立したものである場合）であって、委託者側の労務的な指揮命令を受けないことが必要である。労働者派遣に該当すると認められる場合には、名目は個人事業主としての請負や業務委託であっても、実質は派遣となり違法な形態となるから、これは結局偽装請負に該当し、派遣法上のペナルティの対象となる。

2 個人業務受託者（インディペンデント・コントラクター）と労働者性

●1 委託者側の指揮命令を受ける場合は「労働者派遣」（偽装請負）

最近の風潮として、定年延長、定年後の継続雇用、在職者の65歳から70歳への社会保険料負担の拡大、保険料対象の賃金に賞与を含む総報酬制の導入等といった企業の人件費コストの増大傾向や労働時間規制の強化等に対応する企業のコスト対策として、個人業務受託者（インディ

ペンデント・コントラクター）という個人事業主の活用が広がっている。このことは、ヨーロッパ諸国でも同様の傾向にあるといわれている。

この個人業務受託者については、「業務委託契約社員という働き方は、業務委託（業務請負）契約に基づいて就労することです。業務委託契約社員は労働者ではなく、個人請負の形式で働く個人事業主です」、「労働者に対する保護は受けられません。また、被用者・労働者を対象とした社会保険法や労働保険法の適用もありません」、「業務委託契約社員には、有給休暇を与えず、残業代金を支払う必要はありません」、「委託契約を解除しても、不当解雇として裁判で争われることもありません」（前掲書『儲かる会社は業務委託契約でリスクなく人材を活用する』61頁）といった形で推奨されている。

しかしながら、業務委託契約を結んだからといって、それだけで独立個人事業者と認められるわけではない。工場やオフィス内で業務委託契約者として労働者ではなく個人事業者として認められるためには、契約上のみならず実体上も独立事業者と認められる所定の要件を充足しなければならない。

わが国の労基法上の労働者の要件は、実態関係に基づき、「この法律で『労働者』とは、職業の種類を問わず、事業又は事務所に使用される者で、賃金を支払われる者をいう。」（同法第９条）とされており、契約名義のいかんを問わず、このような実態があるか否かで判断される。

従来の行政解釈や判例からみると、大工、左官、電気工事士、プロダクション関係者といった独立自営事業者（自己の店舗や個人事務所を有する者）を別として、他に事業所を持たず、工場やオフィス内で注文者である事業主と直接業務の請負・委託関係に立って業務を行う者については、それが独立自営業者であって労働者ではないと認められるケースは、現在のところあまり多くないように思われる。この点について、わが国の労基法のような労働者性についての強行法規のない契約自由の米国では、インディペンデント・コントラクターによる業務処理が広く認められているが、これをわが国でも同じように実施しようとするケースの多くが法的トラブルとなっている。

請負契約や業務委託契約によりこれらの者が個人業務受託者と認められるためには、次の各項目の要件を充足しなければならないと解される。

第2章● 「労働者派遣事業と請負事業との区分告示」をめぐる問題

個人業務受託者と認められるための要件

① 委託（注文）事業者から指揮命令をされない独自の自由裁量権と履行責任及び事業主としての危険負担をもって業務を遂行するものであること。

② そのためには外形上も自宅等で独立オフィスを持つものであるか、委託（注文）会社の構内や委託者（注文者）のオフィス内でのみ業務を行うものの場合には、委託者（注文者）の構内やオフィス内において区画等のなされた外形上独立した場所での業務遂行が明白になっているか、少なくとも独立された業務として指揮命令を受けず明白に専門性、特殊業務性といった業務内容により区分されるものであること。

③ 自己の責任で業務を独立処理し、その不履行等について自ら損害賠償責任を負うものであること。

　　なお、原則として委託者（注文者）の請負、業務委託に係る業務との競業を行うことは禁止されているとしても、他の業務との兼業は禁止されていないこと（兼業禁止の拘束が及ぶと事業の独立性が否定的となり、労働者性が強くなる）。

④ 委託者（注文者）の事業場への定時の出社、始業・終業時刻等の拘束を原則として受けず、業務上の連絡、報告等の義務付けがあっても勤務時間的な拘束がないこと。

　　なお、外形的にそのように見える場合でも、「メッセンジャーは基本的には申告に係る稼働日に申告どおりの稼働時間、稼働することが想定されていたとはいえるが、その稼働予定自体を変更することも妨げられてはいなかった上、メッセンジャーは、稼働を開始した後、稼働予定時間中であっても、配車係に連絡することによって、昼食その他の事由により、長い者では2、3時間にわたって配送業務から外れること（中抜け）もでき、申告した稼働終了予定時刻以前にも配車係に連絡をすることによって配送業務を終了すること（上がり）も可能とされていたところであり、これらについて被告〔編注：会社〕の承諾が必要とされていたと認めるべき証拠はない。また、これらを行ったからといって不利益

175

第２部　労働者派遣と請負・業務委託、労働者供給をめぐって

な処分が行われた事実があるとも認められない。」として、バイシクルメッセンジャーの労働者性を否定した判例がある（ソクハイ（契約更新拒絶）事件、一審：東京地裁平25・9・26判決／控訴審：東京高裁平26・5・21判決／上告審：最高裁第三小法廷平27・7・21決定（上告不受理）。182頁参照）。

⑤　遅刻、欠勤等について懲戒処分等の不利益を受けないことはもとより、遅刻、欠勤等について対応した請負代金等の減額を受けないこと（業務処理の不履行や遅延としての損害賠償義務を負うとしても、時間対応の減額であってはならない）。

⑥　朝礼等への出席の義務付けがなく、作業服装点検・タイムレコーダー打刻の有無、出欠点呼等の就業管理的な拘束のないこと。ただし、安全衛生やセキュリティ管理上の拘束ならば差し支えない。

　　労働者性が否定された前掲ソクハイ事件では、「被告からの注意事項、連絡事項等を伝達していた営業所もあったとはいえるが、その後、これ〔編注：朝礼〕への参加が必ずしも必要とされてはいないことは上記認定のとおりである。また、参加したメッセンジャーに対する朝礼の内容も、連絡事項の伝達や服装・自転車の状況確認程度にとどまっている。」（一審判決）とされている。

　　「そうすると、メッセンジャーは、基本的には申告に係る稼働日に申告どおりの稼働時間、稼働することが想定されていたといえるにしても、メッセンジャーが具体的な稼働日・稼働時間の在り方を決定することは妨げられていなかったといえる。」（一審判決）と判示し、労基法上の労働者性を否定している。

⑦　日々の業務の成果について納品書的な業務処理報告や成果物の検査、さらに一定期間ごとの委託業務の処理報告や業務の処理結果の検収・評価は受けても、使用従属的な業務命令下（日々の仕事について委託者（注文者）より指揮命令を受け、業務を遂行している状況）にはないこと。

⑧　委託（注文）事業者より服務規律、業務秩序等について指揮命令的な拘束を受けていないこと。ただし、機密保持や安全衛生上の管理拘束については差し支えない。

⑨　最低業務日数、訪問日数、営業成績等について注文指図や合意として定めることは差し支えないが、あくまでもそれは指示命令的なものではなく、請負・注文目的の数量、品質等として定められ、その達成は対等の立場における契約内容としての債権債務と認識されているものであること。

⑩　請負・業務処理の内容が注文書、仕様書といった注文指図によって独立遂行が明白で、具体的な業務の遂行について直接指揮命令を受けないこと（日常の追加・変更の注文も、できるだけ注文伝票といった書面によること）。

⑪　請負、受託業務の遂行について自己に代わって第三者を使用することの有無が定められ、できればこれが禁止されていないこと。ただし、特別な技能、能力、信頼性、素養、感性等が必要な業務についてはこの限りでない。すなわち、個人の力量、特性に着目して注文契約内容が定められている場合なら差し支えない。

　　なお、最近は守秘義務・機密保持（個人情報の保護を含む）の観点から第三者使用禁止は差し支えないとされている。判例でも「メッセンジャーは、契約上、配送業務を再委託することが禁止されているが、メッセンジャー即配便が荷物の即時配送を標榜している配送業務であり、かつまた、被告からの受託業務として一定水準以上の配送水準を確保することが求められていたことからすれば、研修や手引等による知見を蓄積していない第三者に対し、再委託することが禁止されていたからといって、直ちに使用従属性を肯認すべきことになるものではない。」（前掲ソクハイ事件判決）とされている。

⑫　給与として源泉徴収は受けず、事業者として報酬（経費込み）を受け、費用を負担し、その報酬の程度からみても独立事業者と認められるもので、各受託者は自ら事業所得としての税務申告を行うなど対外的にも独立業務事業者として手続きをしていること。

　これらの要件のすべてを充足するような場合は、個人業務受託者と認められ、労働者とはならない。なお、現実に委託者（注文者）の企業内

で業務を行うシステムエンジニア（SE）、営業、事務管理その他の業務で、これらを充足して個人業務事業者として認められるケースは、現在のところあまり多くないようであるが、最近の業務や働き方の多様性から次第に増加傾向にあると思われる。

● 2　独立自営業者と認められた判例のケースは
　最近は、就業形態の多様化が企業社会において拡大してきており、請負・業務委託に関しても、業務遂行の実態に基づく労働者性の判断においても、当事者間の契約の目的、内容、効果といったものに着目しないと適切な判断ができない状況となってきている。そこで、従来の労働者性の判断基準に関し、実態よりも当事者の合意内容を尊重し、具体的な合意に着目する方向に変化してきているのではないかと思われる。
　以下、労働者か独立した個人自営業者かが争われた最近の事件で、独立自営業者と認められた判例を紹介しよう。

横浜南労基署長（旭紙業）事件
（最高裁第一小法廷平8・11・28判決、労判714号14頁）

［事件の概要］
　自己所有のトラックなどを持ち込み、運送の発注先会社の指示に従って製品や商品等の運送に従事している運転手（いわゆる傭車運転手）が、労基法上の労働者になるか争われた事件で、最高裁は、次のとおり労働者に該当しないと判示している。

> ［判　旨］
> 　「原審の適法に確定した事実関係によれば、上告人は、自己の所有するトラックをA株式会社の横浜工場に持ち込み、同社の運送係の指示に従い、同社の製品の運送業務に従事していた者であるが、(1)同社の上告人に対する業務の遂行に関する指示は、原則として、運送物品、運送先及び納入時刻に限られ、運転経路、出発時刻、運転方法等には及ばず、また、1回の運送業務を終えて次の運送業務の指示があるまでは、運送以外の別の仕事が指示されるということ

第2章● 「労働者派遣事業と請負事業との区分告示」をめぐる問題

はなかった、⑵勤務時間については、同社の一般の従業員のように始業時刻及び終業時刻が定められていたわけではなく、当日の運送業務を終えた後は、翌日の最初の運送業務の指示を受け、その荷積みを終えたならば帰宅することができ、翌日は、出社することなく、直接最初の運送先に対する運送業務を行うこととされていた、⑶報酬は、トラックの積載可能量と運送距離によって定まる運賃表により出来高が支払われていた、⑷上告人の所有するトラックの購入代金はもとより、ガソリン代、修理費、運送の際の高速道路料金等も、すべて上告人が負担していた、⑸上告人に対する報酬の支払に当たっては、所得税の源泉徴収並びに社会保険及び雇用保険の保険料の控除はされておらず、上告人は、右報酬を事業所得として確定申告をしたというのである。

　右事実関係の下においては、上告人は、業務用機材であるトラックを所有し、自己の危険と計算の下に運送業務に従事していたものである上、Ａ社は、運送という業務の性質上当然に必要とされる運送物品、運送先及び納入時刻の指示をしていた以外には、上告人の業務の遂行に関し、特段の指揮監督を行っていたとはいえず、時間的、場所的な拘束の程度も、一般の従業員と比較してはるかに緩やかであり、上告人がＡ社の指揮監督の下で労務を提供していたと評価するには足りないものといわざるを得ない。そして、報酬の支払方法、公租公課の負担等についてみても、上告人が労働基準法上の労働者に該当すると解するのを相当とする事情はない。そうであれば、上告人は、専属的にＡ社の製品の運送業務に携わっており、同社の運送係の指示を拒否する自由はなかったこと、毎日の始業時刻及び終業時刻は、右運送係の指示内容のいかんによって事実上決定されることになること、右運賃表に定められた運賃は、トラック協会が定める運賃表による運送料よりも１割５分低い額とされていたことなど原審が適法に確定したその余の事実関係を考慮しても、上告人は、労働基準法上の労働者ということはできず、労働者災害補償保険法上の労働者にも該当しないものというべきである。この点に関する原審の判断は、その結論において是認することができる。」

179

NHK西東京営業センター事件
（東京高裁平15・8・27判決、労判868号75頁）

[事件の概要]

NHKの放送受信契約の取次ぎ、受信料集金業務等を受諾する委託契約を締結し、昭和60年8月3日、同63年6月1日、平成3年4月1日、同6年6月1日にそれぞれ契約を継続更新していた、いわゆる集金人の事件であり、東京高裁は次のように判示し、労働者性を否定した。

[判　旨]

「控訴人のように、被控訴人と受信料の集金業務及び受信契約の取次業務に関する委託契約を締結した受託者は、受託業務締結及びその業務遂行に当たり、一定の画一的処理を強いられる上、業績確保のために収納業務及び取次業務について受託者が達成すべき目標値を設定され、その目標の達成を求められ、その実行を高めるために業務内容について週間報告等の形で達成度の報告を要求され、業績確保の程度に応じて委託者たる被控訴人から段階的に指導、助言を受けるなどしており、受持件数のいかんにもよるが受託業務の遂行には相当な労力を要することが認められる。

しかし、受託業務の画一的処理の要請、被控訴人の上記指示・指導あるいは要求の内容は、委託業務が放送法及び受信規約に基づくものであり、かつ、被控訴人の事業規模が全国にわたる広範囲に分布する視聴者からの公的料金の確保という性質上必要かつ合理的なものと認められる性質のものであり、委託契約の締結から業務遂行の過程に仮に控訴人ら受託者の自由な意思が及ばない部分があるとしても（もっとも、控訴人ら受託者はこれらのことを承知の上で委託契約の締結に及んでいることが認められる。）、このような契約の一側面のみを取り上げることによって労働契約性を基礎付ける使用従属関係があるものと速断することは相当とはいい難い。加えて、前記認定のとおり、本件委託契約においては、使用従属関係を規律する根本規範ともいうべき就業規則の定めはなく、受託業務は契約により限定されており、受託業務の遂行業務は少なくとも労働契約

第2章● 「労働者派遣事業と請負事業との区分告示」をめぐる問題

にみられるような広範な労務提供義務とは全く異質のものであること、業務遂行時間、場所、方法等業務遂行の具体的方法はすべて受託者の自由裁量にゆだねられている上、兼業は自由であるし、受託業務自体を他に再委託する等の業務の代替性も認められている（再委託の実績は前記認定のとおりであり、数量的な評価は分かれる余地があるとしても、再委託が是認され、かつ、その実績があるという事実自体が労働契約性を否定する要素の一つに加えられることである。）のであり、労働時間、就業場所、就業方法等が定められている労働契約とはおよそ異質であること、報酬は事務費の名目で支払われているが、その算出方法は要するに出来高払方式であって、受託業務の対価とみるのが相当であって、一定時間の労務提供の対価である賃金とは質的に異なっており、これを反映して報酬の税法上の区分も事業所得とされており、受託者らはそれに従い、経費控除をした上で事業所得として確定申告をしていること等契約の重要かつ本質的部分にわたって労働契約とはおよそ相入れない異質の諸事情が多々認められるのである。なお、業務用備品の返還義務などは契約の性質を左右するような本質的な要素ではない。

　そうしてみると、労働契約性の判断基準を使用従属関係の有無に求めるという控訴人の基本的考え方自体の当否はさておき、その考えに立った場合であっても、本件委託契約について控訴人と被控訴人との間に使用従属関係を認めることは困難であるというべきであり、むしろ上記認定によると、強いて本件委託契約の法的性質をいえば、委任と請負の性格を併せ持つ混合契約としての性格を有するものと理解するのが実態に即した合理的な判断というべきである。これを労働契約とする控訴人の主張は独自の見解であり、採用することはできない。」

　なお、本判決後、同じくNHK盛岡放送局において委託契約を締結していた2名の受託者が契約期間の満了を理由として解約された事案について、受託者がこれは委託契約ではなく、労働契約に該当するとして、労働者としての地位の確認と賃金の支払いを求めた訴えについて、上記判

第2部　労働者派遣と請負・業務委託、労働者供給をめぐって

決とほぼ同旨の理論構成により、受託者の原告らと協会との間には使用従属関係がないと認めて、原告らの請求を棄却した例（**NHK盛岡放送局事件、仙台高裁平16・9・29判決、労判881号15頁**）がある。

裁判例　ソクハイ（契約更新拒絶）事件
（一審：東京地裁平25・9・26判決、労判1123号91頁／控訴審：東京高裁平26・5・21判決、労判1123号83頁／最高裁第三小法廷平27・7・21決定（上告不受理））

[事件の概要]

　本件は、株式会社ソクハイ（以下「Ｙ社」）との間で「運送請負契約書」、「業務委託契約書」と題する契約を順次締結し、バイシクルメッセンジャー（自転車等を使用して配送業務を行う者。以下「メッセンジャー」）として稼働していた者について、労基法上の労働者か否かが争われたものである。裁判所は以下の事実関係を検討し、本件メッセンジャーは請負であり労基法上の労働者とは認められないと判示した。すなわち、Ｙ社は、企業等の委託を受けて自動二輪車、自転車、軽四輪車等により書類等の配送等を行う株式会社である。そしてメッセンジャーとの間で「運送請負契約書」と題する契約書を作成した後に「業務委託契約書」に変更し、以降、メッセンジャー即配便（Ｙ社の配送業務のうち自転車によるもの）に係るメッセンジャーとして稼働してきたという事案である。そして、労基法の労働者性の判断要素に従って、次のように事実認定した。

[本件における裁判所の労働者性の有無についての判断（要旨）]
① 　契約書の規定内容は、配送業務の請負に関する約定である。業務委託契約もその性質は請負契約である。
② 　メッセンジャーの稼働日・稼働時間は、メッセンジャー自らが自由に決定することができた。
③ 　営業所に立ち寄ったメッセンジャーに対してのみ朝礼が行われ（参加自由で、朝礼の内容も、連絡事項の伝達や服装・自転車の状況確認程度にとどまっている）、直接、稼働場所に赴くことも

第2章● 「労働者派遣事業と請負事業との区分告示」をめぐる問題

可能とされ、直接稼働場所に赴くことについて、Ｙ社又は営業所長の許諾を必要としていない。また、配送業務終了後においても、営業所に戻って業務に当たることが必要とされておらず、配送業務にかかる伝票及び伝票内訳書を翌営業日の午前中までに営業所長宛に提出する限り、営業所に立ち寄るか否かも任意とされていた。

そうすると、メッセンジャーは、稼働を開始するに際し、あるいは稼働終了後、所属営業所においてＹ社の指揮命令に服することが一律に義務付けられていたともいえない。

④　メッセンジャーは、個別の配送依頼を拒否ないし辞退することも妨げられてはいなかった。

⑤　メッセンジャーはＹ社作成の配送業務に関する手引によって配送業務に当たっており、一定の研修を受け、携帯電話機の保持が義務付けられ、これによるメール通信により、配車係に対して配送業務に関する報告をすることとされているが、メッセンジャー用の就業規則は整備されておらず、制裁措置としての懲戒処分をしたこともない。

⑥　メッセンジャーは基本的には申告に係る稼働日に申告どおりの稼働時間、稼働することが想定されていたとはいえるが、その稼働予定自体を変更することも妨げられてはいなかった上、メッセンジャーは、稼働を開始した後、稼働予定時間中であっても、配車係に連絡することによって、昼食その他の事由により、長い者では２、３時間にわたって配送業務から外れること（中抜け）もでき、申告した稼働終了予定時刻以前にも配車係に連絡をすることによって配送業務を終了すること（上がり）も可能とされていたところであり、これらについてＹ社の承諾が必要とされていたと認めるべき証拠はない。

⑦　指揮命令等について、Ｙ社は、メッセンジャー用に顧客との接遇、伝票の記入及び処理方法、配送業務における対応の流れ等に関する手引を作成し、メッセンジャーもこれによって配送業務に当たっていたといえる。そして、メッセンジャー即配便に係る配

183

送事業において、これと異なる形態での配送を行うことが予定されていたとは窺われず、むしろ、Ｙ社は、質の高い配送サービスを即時に提供することができるようにするためで、配送経路について合理的経路を策定するほかはメッセンジャー各人の裁量・才覚によって配送業務の内容に相違を生じるとも解されず、配送業務それ自体のメッセンジャーの裁量性は大きくないともいえる。

しかしながら、メッセンジャーが受託した配送業務それ自体が、Ｙ社のメッセンジャー即配便としての配送業務であることに照らすと、この点は、受託業務の性質からの要請ともいえる。

⑧　配送業務の再委託は禁止されている。

しかし、研修や手引等による知見を蓄積していない第三者に対し、再委託することが禁止されていたからといって、直ちに使用従属性を肯認すべきことになるものではない。

⑨　報酬は出来高払方式であるが、出来高は受注可能時間（稼働時間）に依存している。具体的な報酬額は、配送業務の受託回数いかんによって左右されるのであるから、出来高が稼働時間に比例する傾向があるとは評価できても、報酬の労務対償性が労働契約関係に特有なほどにまで顕著であると認めることはできない。

⑩　事業者性・専属性の有無については、メッセンジャーは荷物袋と名札が貸与されるものの、稼働に当たり使用する自転車や着衣、携帯電話機を自らの負担で用意し、これらの維持管理に係る経費を負担した上、報酬については事業所得として確定申告している（なお、メッセンジャーについて雇用保険及び労災保険の加入はなく、むしろ、メッセンジャーの中には自己の負傷に関して自らの出捐の下、保険に加入していた者もあった）。そうすると、メッセンジャーには相当程度の事業者性があるということはできる。

もっとも、配送経路の選択といった点以外は、メッセンジャーが、各人の裁量・才覚によって特段顕著な相違を生じさせ、利得する余地に乏しく、独自の商号を用いることもできないことをみると事業者性が高いとまでは評価できないが、一方、兼業が許されており、専属性があるとはいえない。

第2章● 「労働者派遣事業と請負事業との区分告示」をめぐる問題

> 　以上によれば、原告らがY社との間で締結した本件契約におい
> て、メッセンジャーが労基法上の労働者に当たるとはいえず、同契
> 約が労働契約であるとはいえない。

　なお、厚労省の通達「バイシクルメッセンジャー及びバイクライダー
の労働者性について」（平19・9・27基発第0927004号）によれば、「バ
イシクルメッセンジャー等は、特定信書便事業等の事業を行う者（以下
バイク便事業者」という。）と『運送請負契約』と称する契約を締結し、
業務に従事しているものであるが、当局において、これらバイシクル
メッセンジャー等の就労の実態をあるバイク便事業者について調査した
結果」に関し、「総合的に判断すると労働基準法第9条の労働者に該当
するものと認められる」とされている。この点について、本判決は「被
控訴人におけるメッセンジャーの稼働実態とは異なる稼働実態のバイシ
クルメッセンジャー及びバイクライダーについて労基法上の労働者性を
有する旨が記載された通知であることが認められる」（本件**控訴審判決**）
と判示している。

　いずれにしても、業務委託契約によって業務を行う者が、労働者では
なく個人事業者であると認められるためには、前記した「区分基準」の
各要件の充足が原則として必要とされる。

185

第２部　労働者派遣と請負・業務委託、労働者供給をめぐって

3 請負と労働者供給事業との区分

1 職安法施行規則第４条の請負の判断基準は
——請負と労働者供給事業との区分

● 1　労働者派遣と職安法施行規則第４条との関係

　前記した「区分告示」による「基準」は、「労働者派遣事業」と「請負により行われる事業」との区分を明らかにするためのものであるが、それでは従前から「労働者供給事業」と「請負」との区分の基準とされてきた職安法施行規則第４条は、派遣法による派遣形態の場合には不適用になったのかというとそうではない。もともと職安法で労働者供給に該当するとされていたものの中から、自己の雇用する労働者を他人に派遣し、労働させることを業として行う一定の場合を抜き出して「労働者派遣」として法制度化したものである。

　したがって、職安法施行規則第４条の請負か労働者供給かの判断基準と、労働者派遣と請負との判断基準とは、いわば「一般法と特別法」的な関係に立つものといえよう。

職安法施行規則第４条

１　労働者を提供しこれを他人の指揮命令を受けて労働に従事させる者（労働者派遣事業の適正な運営の確保及び派遣労働者の保護等に関する法律（昭和60年法律第88号。以下「労働者派遣法」という。）第２条第３号に規定する労働者派遣事業を行う者を除く。）は、たとえその契約の形式が請負契約であっても、次の各号の全てに該当する場合を除き、法第４条第６項の規定による労働者供給の事業を行う者とする。

一　作業の完成について事業主としての財政上及び法律上の全ての責任を負うものであること。

二　作業に従事する労働者を、指揮監督するものであること。
　　三　作業に従事する労働者に対し、使用者として法律に規定された全ての義務を負うものであること。
　　四　自ら提供する機械、設備、器材（業務上必要なる簡易な工具を除く。）若しくはその作業に必要な材料、資材を使用し又は企画若しくは専門的な技術若しくは専門的な経験を必要とする作業を行うものであって、単に肉体的な労働力を提供するものでないこと。
　2　前項の各号の全てに該当する場合（労働者派遣法第2条第3号に規定する労働者派遣事業を行う場合を除く。）であっても、それが法第44条の規定に違反することを免れるため故意に偽装されたものであって、その事業の真の目的が労働力の供給にあるときは、法第4条第6項の規定による労働者供給の事業を行う者であることを免れることができない。
　3　第1項の労働者を提供する者とは、それが使用者、個人、団体、法人又はその他いかなる名称形式であるとを問わない。
　4　第1項の労働者の提供を受けてこれを自らの指揮命令の下に労働させる者とは、個人、団体、法人、政府機関又はその他いかなる名称形式であるとを問わない。
（5　略）

　このため厚労省も「労働者派遣法の制定により、請負の範囲（労働者供給に該当しない範囲）に変更をもたらす性格のものではありません。このことは、労働者派遣が労働者供給のなかから抜き出されたものであることから当然のことです。したがって、労働者派遣事業と請負により行われる事業との区分については、職業安定法施行規則第4条の考え方に則り」策定されたものである（労働省職業安定局編著『改訂新版　人材派遣法の実務解説』（労務行政研究所）35頁）と述べている。

● 2　職安法施行規則第4条に定める基準とは
　そこで、職安法施行規則第4条に定める基準も検討しなければならな

い。同条第１項では、労働者供給に該当しない請負事業と認められるの
に必要な４つの要件を定めている。

　すなわち、「本法〔編注：派遣法〕の成立により、請負そのものの範
囲（本法の施行に従い改正される前の職業安定法上の労働者供給に該当
しない範囲）は、労働者派遣が労働者供給の一部を抜き出して作られた
概念であることから当然のことながら変更が加わるわけではない。した
がって、……職業安定法施行規則第４条の認定が実質的に変更されるよ
うなことはない」（髙梨昌編著『第三版 詳解労働者派遣法』（エイデル
研究所）277頁）とされ、このため労働者供給事業と請負事業との区分
の検討も必要なのである。

　なお、派遣法の制定に伴い、「区分告示」が定められ、職安法施行規
則第４条に定める要件はすべて、労働者派遣と請負との「区分基準」の
中に取り入れられている。

　この点について「労働者供給事業業務取扱要領」は、この規定は「請
負により行われる事業と労働者供給事業との区分の基準を定めたもので
あり、基準の定め方としては、労働者を提供し、これを他人の指揮命令
を受けて労働に従事させる者は、請負契約の形式により事業を行う場合
であっても第１号から第４号までのすべてに該当する場合を除き労働者
供給事業を行う者とするものである。」とし、以下のように述べている。

2 請負と労働者供給の具体的区分基準は

⑴　作業の完成について事業主としての財政上及び法律上のすべての責
　任を負うものであること　　　　　（職安法施行規則第４条第１項第１号）

▶労働者供給事業業務取扱要領

　⒜　「財政上の責任を負う」とは、請負った作業の完成に伴う諸経
　　費（例えば事業運転資金その他の経費。）を自己の責任で調達支
　　弁することをいう。運転資金等の調達は請負契約と無関係のもの
　　であれば必ずしも自己資金であることを要しない。また、請負契
　　約に基づく契約金の前渡しは自己資金である。
　⒝　「法律上の責任を負う」とは、請負契約の締結に伴う請負業者と

して民法（第632条、第642条）、商法（第502条、第569条）等の義務の履行について責任を負うことをいうものである。
(c)　以上の責任を負うものであるかどうかの判定は、単に契約上の請負業者であるとの形式のみによって判断するのではなく、その責任を負う意思能力（理解と誠意）が判定の基礎となるものであるから、その契約内容と請負業者の企業体としての資格、能力及び従来の事業実績等の状況を総合的に判断すべきものである。

(2)　作業に従事する労働者を、指揮監督するものであること
（職安法施行規則第4条第1項第2号）

▶労働者供給事業業務取扱要領

「労働者を、指揮監督する」とは、作業に従事する労働者を、請負業者が自己の責任において作業上及び身分上指揮監督することをいう。この場合、請負業者がその被用者をして指揮、監督させる場合も含むもので、作業上の指揮監督とは、仕事の割付け、技術指導、勤惰点検、出来高査定等直接作業の遂行に関連した指揮監督をいう。したがって、請負契約により注文主が請負業者に指示（依頼）を行い、その結果として注文主の意思が間接的に労働者に反映されることは差し支えないが、その注文主の指示（依頼）が実質的に労働者の作業を指揮監督する程度に強くなると請負業者が労働者を指揮監督しているとはいえないことになる。また、身分上とは、労働者の採用、解雇、給与、休日等に関する一般的労務管理をいうものである。

したがって、請負契約により注文主が請負業者に対し労働者の身分上のことについて指示（依頼）をすることをすべて否定するものでないが、注文主が労働者の身分上のことについて実質的に決定力をもつ場合は、請負業者が労働者を指揮監督しているとはいえない。

このように、労働者を指揮監督するとは、単に作業の上だけでなく、一般的な労務管理をも合わせて行っていることを要件とするものである。

第2部　労働者派遣と請負・業務委託、労働者供給をめぐって

⑶　**作業に従事する労働者に対し、使用者として法律に規定されたすべ
ての義務を負う者であること**　　（職安法施行規則第4条第1項第3号）

▶労働者供給事業業務取扱要領

(a)　「使用者として法律に規定されたすべての義務」とは、労働基
準法、労働者災害補償保険法、雇用保険法、健康保険法、労働組
合法、労働関係調整法、厚生年金保険法、民法等における使用者、
又は雇用主としての義務をいう。

(b)　「義務を負う者」とは、義務を負うべき立場にある者、すなわ
ち、義務を履行しないときは義務の不履行に伴う民事上及び刑事
上の責任を負うべき地位にある者をいい、必ずしも現実にこれら
の義務を履行することを要求するものではないが、義務に関する
理解と誠意に欠け、履行能力のないものをも、単に形式上使用者
の立場にある事実のみを理由として義務を負う者とすることは妥
当ではないので、この判定をする場合には、義務に関する理解と
誠意並びにその履行状況、運営管理状況から総合的に判断すべき
ものである。

⑷　**自ら提供する機械、設備、器材（業務上必要なる簡易な工具を除く）
もしくはその作業に必要な材料、資材を使用しまたは企画もしくは専
門的な技術もしくは専門的な経験を必要とする作業を行うものであっ
て、単に肉体的な労働力を提供するものでないこと**

（職安法施行規則第4条第1項第4号）

▶労働者供給事業業務取扱要領

(a)　本号は、単に肉体的労働力を提供するものではないと判断でき
る具体的要件としての物理的要件（自ら提供する機械、設備、機^{ママ}
材若しくはその作業に必要な材料、資材を使用すること。）と技
術的要件（企画若しくは専門的な技術若しくは経験を必要とする
こと）の2要件を掲げ、そのいずれか一つの要件に該当する作業
を行うものであればよいものとしている。

　しかも、この2要件はいずれも併立的、かつ、択一的なもので

190

第２章 ● 「労働者派遣事業と請負事業との区分告示」をめぐる問題

ある。要するに、単に肉体的な労働力を提供する作業でないため
には、当該２要件のうち、いずれか一つを具備していなければな
らないとの意味である。

(b) 「自ら提供し、使用する」とは、機械、設備、器材又は作業に
必要な材料、資材を請負者自身の責任と負担において、準備、調
達しその作業に使用することをいい、所有関係や購入経路等の如
何を問うものではない。したがって、その機械等が自己の所有物
である場合はもちろん、注文主から借入又は購入したものでも請
負契約に関係のない双務契約の上にたつ正当なものを提供使用す
る場合も含むものである。

(c) 「機械、設備、器材」とは、作業の稼働力となる機械、器具及
びその附属設備、作業のために必要な工場、作業場等の築造物及
びそれに要する器材等をいい、作業に直接必要のない労働者の宿
舎、事務所等は、これに該当しない。

(d) なお、この提供度合については、該当するそれぞれの請負作業
一般における通念に照らし、通常提供すべきものが作業の進捗状
況に応じて随時提供使用されており、総合的にみて各目的に軽微
な部分を提供するにとどまるものでない限りはよいものである。

(e) 「業務上必要な簡単な工具」とは、機械、器具等のうち主とし
て個々の労働者が主体となり、その補助的な役割を果たすもので
あって、例えば、「のみ」、「かんな」、「シャベル」等のように、
通常個々の労働者が所持携行し得る程度のものをいい、これらの
ものは当該要件における機械、器具等から除くものである。

(f) なお、「機械、設備、器材」と「簡単な工具」との区別は、当
該産業における機械化の状況と作業の実情等を考慮して業界にお
ける一般通念によって個々に判断されるものである。

(g) 「専門的な技術」とは、当該作業の遂行に必要な専門的な工法
上の監督技術、すなわち、通常学問的な科学知識を有する技術者
によって行われる技術監督、検査等をいう。

(h) 「専門的な経験」とは、学問的に体系づけられた知識に基づく
ものではないが、永年の経験と熟練により習得した専門の技能を

191

第2部　労働者派遣と請負・業務委託、労働者供給をめぐって

　有するいわゆる職人的技能者が、作業遂行の実際面において発揮
する工法上の監督的技能、経験をいう。
　　例えば、作業の実地指導、仕事の順序、割振、危険防止等につ
いての指揮監督能力がこれであり、単なる労働者の統率ないしは
一般的労務管理的技能、経験を意味するものではなく、また、
個々の労働者の有する技能、経験をもって足りるような作業は
「専門的な経験」を必要とする作業とはいえないものである。
（i）　要するに「企画若しくは専門的な技術、若しくは専門的な経
　　験」とは、請負業者として全体的に発揮すべき企画性、技術性、
　　経験を指すのであって、個々の労働者の有する技術又は技能等や
　　業務自体の専門性をいうのではない。そして、当該作業が「企画
　　若しくは専門的な技術、若しくは専門的な経験」を必要とする
　　かどうかの認定は、その作業が単に個々の労働者の技能の集積に
　　よって遂行できるものか、また、その請負業者が企業体として、
　　その作業をなし得る能力を持っており、かつ、現実にその技能、
　　経験を発揮して作業について企画し、又は指揮監督しているかど
　　うかについて検討すべきものである。

⑸　**労働者供給事業の違反を免れるための故意の偽装でないこと**
（職安法施行規則第4条第2項）

▶労働者供給事業業務取扱要領

　本項の規定は、第1項各号の要件が形式的には具備されていて
も、それが脱法を目的として故意に偽装しているものである限り、
実質的には要件を欠くものであって、労働者供給事業を行う者であ
るとするものであり、この規定は、第1項の労働者供給事業に該当
するものの範囲を拡張するものではなく、表面合法を装って脱法し
ようとするものであることから、第1項の解釈を注意的にさらに明
確にしたものである。
　「職業安定法第44条の規定に違反することを免れるため、故意に
偽装されたものであって、その事業の真の目的が労働力の供給にあ

第2章● 「労働者派遣事業と請負事業との区分告示」をめぐる問題

る」ものとしては、次のような例が考えられる。

① 請負契約の形式で合法化しようとするもの

　この場合は第1項各号の具備状況が形式的なものであって、実質的には、具備していないことの確認に基づいて判断される。例えば第1項第4号の自ら提供すべき機械、設備、器材、若しくは材料、資材等を表面上は発注者から借用、又は譲渡、購入したような形式をとり、その使用状況からみて事実は依然発注者の管理又は所有に属しているようなごときである。

② 発注者が直用する形式によって第1項各号の要件の具備を全面的に免れようとするもの

　この場合は直用していると称する者の使用者としての業務履行の状況と、請負ないし労働者供給の事実の確認に基づいて判断される。例えば二重帳簿の備付、賃金支払の方法、採用、解雇の実権の所在、手数料的性格の経費の支払等の傍証によって確認することができるものである。

⑹ **労働者の提供、提供を受けて自分の指揮命令下に労働させるもの**
（職安法施行規則第4条第3項・第4項）

▶労働者供給事業業務取扱要領

　本項の規定は、それぞれ第1項の「労働者を提供する者」及び「労働者の提供を受けてこれを自らの指揮命令の下に労働させる者」の範囲を例示的に規定したものであり、第3項の使用者、個人、団体、第4項の個人、団体、法人、政府機関等は何れも単に名称の例示にすぎないものであって、要は何人に対しても適用のある旨を明らかにしたものである。

　上記のような職安法施行規則第4条の解釈取扱いは単に「労働者供給」と「請負」の区分にとどまらず、「労働者派遣」と「請負」の区分についてもそのまま当てはまるものである。

193

第2部　労働者派遣と請負・業務委託、労働者供給をめぐって

4 請負または業務委託と労働者派遣の具体的判断基準の検討

前記「区分基準」を踏まえて、いわゆる「請負または業務委託」と「労働者派遣」との区分の基準を具体的に各項目別に検討すると、次のように考えられる。

■ 「請負または業務委託」と「労働者派遣」の判断基準の検討

1 業務目的・内容

請負または業務委託	労働者派遣
請負とは、当事者の一方である請負人がある仕事を完成することを約し、相手方である発注者がその仕事の結果に対して報酬を与えることを約する契約である。請負と雇用の区別は、雇用が労務に服すること自体を目的とするのに対し、請負は労務の成果たる仕事の完成を目的とする。その結果、一般的には、雇用では労務に服しさえすれば労働の成果のいかんを問わず報酬がもらえるのに対し、請負では仕事が完成した場合にのみ報酬がもらえるので、労務に服しても仕事の完成をみないときには報酬はもらえないのである。すなわち、請負の場合には、請負人が仕事の完成についての危険を負担するのである。請負人が一定の仕事を完成する義務と責任を負っており、また、仕事の完成とは、有形、無形を問わず、要するにある業務の目的の完成ないし完了がなされることをいう。 　業務委託とは、民法の準委任と同じかこれに類するものであり、発注者（委託者）が一定の業務処理を委任し、受託者がこれを承諾して、委任の本旨に従い自己の相当程度の自由裁量に従い自己の責任で善良な管理者の注意をもって当該業務を処理するものであり、その業務処理の対価として報酬が支払われる	自己の雇用する労働者を他人の指揮命令を受けて当該他人のために労働に従事させること（他人に雇用されることを約してするものを含まない）をいう。 　「他人のために労働に従事させる」とは、当該労働への従事に伴って生ずる利益が、当該指揮命令を行う他人に直接に帰属するような形態で行われるものをいう。したがって、事業主が、自己の雇用する労働者を指揮命令する方法の一つとして、他人に委託したとしても、他人が委託した事業主の利益のために行う場合には、雇用されている事業主のための労働となるから「他人のための労働に従事する」ものではないので労働者派遣には該当しない。労働者派遣の業務内容は労働者派遣契約において定められるが、仕事（業務）の完成の責任を負うものではなく、派遣先の指揮命令に従って派遣先の当該業務に従事することをもって足りる。 　したがって、業務の処理が行われなくても派遣契約に定める労働の提

194

ものである。

このため、請負と違い、業務委託契約は、仕事（業務）の完成責任を負うものではなく、また成果物を伴わなければならないものでもなく、契約目的に従った業務の責任処理の完了に主目的がある。

供さえあれば、債務の履行があったことになるのである。

2 瑕疵担保責任

請負または業務委託	労働者派遣
請負においては、仕事の完成義務を負うため、仕事の結果に瑕疵があるときは、請負人はこれに対し補修、損害賠償の担保責任を負うことが当然の義務となる。 　業務委託においては、善良な管理者の注意をもって業務処理をすればよく、結果に対して瑕疵担保責任はないが、この注意義務を怠り、委託の本旨に従った業務の処理が行われなかったとすれば債務不履行責任を負う。	派遣においては、派遣労働者は派遣先の指揮命令（労務指揮）に従って派遣先の労働に従事すれば足り、派遣元は、仕事の結果に対する瑕疵担保責任や結果に対する債務不履行責任を負わない。ただし、派遣契約違反の労働提供の責任は派遣元が負い、労働者の懲戒処分権は派遣先にはなく、派遣先の指揮命令は単なる業務上の指揮命令にとどまり、懲戒、教育権限等は派遣元にある。

3 第三者使用の可否

請負または業務委託	労働者派遣
請負は、注文者から請け負った仕事を自分で完成させることなく、さらに第三者に下請させて完成させることも差し支えなく、民法上は原則としてこれが許されている。しかし、建設業などでは、再下請等につき注文者の承諾があることが要件とされており、他にもこのようなケースが多く、したがってこれが絶対的要件ではない。 　業務委託の場合は、原則として自ら業務処理を行うことを本旨とするが、委託者の承諾があれば第三者委託が許される。 　なお、いずれの場合も、履行補助者を用いて仕事をさせることは差し支えない。むしろ偽装請負の問題を避けるためには、第三者の使用や履行補助者の使用をできるだけ許すこ	派遣契約の場合も、派遣先との関係では一身専属契約ではなく、人数と業務処理能力さえあれば事前に派遣労働者を特定することは要しない（派遣先が特定することは禁止されている）が、労働者派遣にあたっては「当該派遣に係る労働者の氏名」を通知しなければならない。したがって、通知に係る当該労働者の派遣が目的であり、その者以外の履行補助者や第三者の使用は許されない。派遣労働者の欠勤や休暇の場合には、派遣契約に定めるところにより代替者の派遣を派遣元の責任において派遣先の承認を得て行う必要がある。

第2部　労働者派遣と請負・業務委託、労働者供給をめぐって

<table>
<tr><td>ととしておいた方がよい。
　また、委託する業務の内容によっては、個人情報保護法上の、個人情報取扱いの委託に該当し、委託契約に基づく安全管理措置及び委託先の監督（同法第20条、第22条）の規定の適用を受ける。</td><td>　労働者派遣は、あくまでも派遣先に労働力を提供し、指揮命令に委ねるものであるため、個人情報保護法上は派遣先の「従業者」として監督の対象となる（同法第21条）。</td></tr>
</table>

4　業務遂行上の管理

<table>
<tr><th>請負または業務委託</th><th>労働者派遣</th></tr>
<tr><td>　請負及び業務委託の場合には、請負・受託業務に従事する当該従事者の業務遂行に関する指示や労働者に対する指揮命令は、請負人や受託者の事業者としての責任の下に請負人や受託者が自ら行う。一般には、請負人は自己の請負業務の実施にあたって責任者（現場代理人的なもの）、受託者は受託業務処理の責任者を任命し、注文者・委託者からの注文の指図や指示は、これらの責任者が代表してこれを受けることが多い。この場合において、当該注文・指図は労務管理上の指揮命令（労務指揮）ではなく、あくまでも注文者・委託者としての「注文指図」である。
　したがって、請負人・受託者側の責任と裁量において業務を行うものであるから、業務の従事者に対しては請負人・受託者側の自由裁量性または責任性があり、業務遂行過程においても独自の責任と裁量性があることが必要となる。また、請負人や受託者の個々の従業員に対する仕事の分担、配置、スケジュール管理等は、請負人・受託者の責任者が行い、注文者・委託者側が行うものであってはならない。特に、注文者・委託者側が直接請負人・受託者側の労働者に対し指揮、命令、指示、監督等をするものであってはならない。
　この点につき、「区分基準」（以下この表では「告示」という）で、請負とは、次のいずれにも該当することにより、業務の遂行に関する指示その他の管理を自ら行うものであることとされている。</td><td>　派遣においては、派遣先が派遣労働者に対し、直接業務上の指揮命令と監督指示をする。
　そのため、派遣労働者に対し、直接業務の遂行方法を指示し、監督し、具体的業務内容について派遣先が自ら管理するので派遣労働者は派遣先の業務指示上の拘束を受ける。
　したがって、仕事の分担、配置等のスケジュールも派遣契約の定めるところによって派遣先が行い、労働の受領としての指揮監督は派遣元からの指揮命令権の委譲（賃貸借的な労働力の使用権限の取得）に基づき派遣先が行うものであり、労働者としては労働契約上の労働提供の債務は派遣元に対して負っており、派遣先に完全な労働を提供することが、派遣元への債務の履行であるから、最終的な管理権限は雇用主である派遣元にある。</td></tr>
</table>

196

第2章● 「労働者派遣事業と請負事業との区分告示」をめぐる問題

(1) 労働者に対する業務の遂行方法に関する
　指示その他の管理を自ら行うこと
　　　──仕事の担当、順序、作業スピード等
　　　を請負人側で決定（会社間での協議決
　　　定を含む）し得ること。
(2) 労働者の業務の遂行に関する評価等に係
　る指示その他の管理を自ら行うこと
　　　──個別業務（労働力）の技術指導、品
　　　質評価、出来高査定等は請負人側で行
　　　うものであること。
　なお、請負人の責任者は請負業務について
請負人側の個々の従業員に対する仕事の分
担、配置、スケジュール管理等を責任を持っ
て遂行できる者であれば、必ずしも管理職で
ある必要はない。また、責任者が必ずしもそ
の作業場所に常駐していなくとも差し支えな
い。上記の権限が付与され、それを十分に行
う能力のある者ならば、原則として資格、技
術、年齢その他の要件は問わない。

5　労務管理とその内容

請負または業務委託	労働者派遣
請負及び業務委託においては、請負人・受託者側の従業員は注文者・委託者の労務管理下にはなく、その指揮命令を受けないので、請負人・受託者が自己の就業規則、服務規律、安全衛生規程、作業心得等に基づき、従事労働者を直接労務上の指揮命令をし、労働時間管理を含めすべてに監督管理するものである。 　「告示」では、請負とは次のいずれにも該当することにより、労働時間等に関する指示その他の管理を自ら行うものであることとされている。 (1)　労働者の始業及び終業の時刻、休憩時間、休日、休暇等に関する指示その他の管理（これらの単なる把握を除く）を自ら行うこと〔筆者注：ただし、請負またはその業務委託を依頼した注文者の施設管理・機密管理と成果の検収の必要により請負人側が注文者側の就業時間、休日、休憩等と同	派遣の場合には、派遣先が派遣契約の定める範囲において（派遣元の就業規則や派遣契約において設定をされた労働条件の枠内において）派遣労働者を直接使用し指揮命令する。 　なお、この指揮命令権の中には人事権は含まれておらず、単なる業務命令と労務上の指示のみで、所定の労働時間、所定の能力等をもって指揮命令を受け、派遣先の支配管理下に派遣労働者が就業するもので、派遣労働者に対する訓戒等の指導教育上の措置、勤怠の評価、勤務考課等や懲戒処分権限は、派遣元の権限である。この点において、出向の場合に出向先が人事考課等や昇進・昇格を行う人事管理権限を有していることが多いのとは異なっている。出向

197

じものを設定し、これに基づき請負人が自己の従業員を指揮命令するというのは差し支えないと解される〕。

(2) 労働者の労働時間を延長する場合または労働者を休日に労働させる場合における指示その他の管理（これらの場合における労働時間等の単なる把握を除く）を自ら行うこと〔筆者注：ただし、注文者側の注文上の要請に応じて、請負人の責任者がその指示をするのは差し支えない。直接注文者が、時間外や休日労働の指示をしてはならない。なお、労働時間（勤怠）管理（始業・終業の時刻、休憩時間、休日取得、欠勤、残業等）及び指揮命令は請負人が行わなければならないが、統計的資料をとる必要等から注文者が実績時間の報告を求めることは差し支えない〕。

は出向先とも雇用関係に立つからであり、派遣先と雇用関係に立たない労働者派遣と根本的に異なる。

6　秩序維持・服務規律・制服等

請負または業務委託	労働者派遣
請負及び業務委託の場合は、自己の従業員を自社が直接指揮監督するのであるから、就業にあたっての規律や秩序の維持権限及びその違反についての是正のための懲戒権限は、当然請負人側にある。しかしながら、請負業務等が発注者の事業所や工場内で行われる場合には、施設管理、災害事故防止、警備や機密保持上の理由から、所定の拘束を受けることはやむを得ないのであるが、その遵守義務を負うのはあくまでも請負人側であり、発注者側の担当者が直接これらの指揮監督（場所的管理は発注者側）をしてはならない。したがって、発注者側の入退場管理上の必要性から請負人や受託者の従業員の氏名、性別等を通知し、発注者指定の名札を付け、もしくは入退場証（ICカード等）の交付を受け、あるいは、それを装着することは、請負や業務委託と矛盾するものではない。 　また、発注者側の施設管理上の理由や安全衛生管理、秩序保持、場内管理、秘密保持等	派遣の場合は、派遣労働者は派遣先の従業員という身分は取得しないものの、派遣先の業務上の指揮権には全面的に服し、派遣先において入場から退場までの一切の支配拘束下に入るので、企業秩序の維持、職場の服務規律、守秘義務等については、派遣先従業員と同じような立場で拘束を受ける。しかし、これらの拘束を受けるのは派遣契約において定められているからであり、したがって、派遣契約ではこれらに関し定めておく必要がある。そのため、これらの拘束に関する派遣契約の定めに違反するような労働の提供に対する懲戒処分権限は、派遣契約の趣旨に反する労働の提供に対するものとなるから派遣契約の履行責任を有する派遣元にある。派遣先としては、派遣元に適正な労働を提供する

の必要から、請負人や受託者の従業員に発注者指定のユニフォーム等の着用を求めるケースもあるが、発注者指定の制服やユニフォームを着用させているからといって請負や業務委託にならないとはいえない。ただし、全く発注者側と同じというよりは着用する帽子の色、ユニフォームのマーク、名札の種類等何らかの管理上の識別ないし区分表示があった方がよい。

「告示」では、請負は次のいずれにも該当することにより、企業における秩序の維持、確保等のための指示その他の管理を請負人側が自ら行うものであることとされている。

(1) 労働者の服務上の規律に関する事項についての指示その他の管理を自ら行うこと〔筆者注：ただし、この規律は発注者が施設管理、機密保持上のルール等を定めることまでも禁止してはおらず、請負人が自己の責任で服務規律につきその管理下で作業する自社労働者に遵守させ指揮監督していれば足りるのである〕。

(2) 労働者の配置等の決定及び変更を自ら行うこと──担当業務の決定、勤務班の変更、当番表（勤務表）の作成などすべて請負人側で行うこと。

よう催告し、場合によっては個別派遣契約の解除をなし得る。職場秩序や安全衛生についての教育等は業務指揮の内容として派遣先でも行うことになり、職場秩序や安全保持上の責任は派遣先が負う。

7 就業場所

請負または業務委託	労働者派遣
請負や業務委託では、請負人が自己の責任と負担で請負業務を処理する場所を設置するのが原則であるが、請負・受託業務の性質上、これらの業務遂行場所を発注者の指定場所や発注者の構内で行ったり、発注者が提供する場合があり得るので、場所の設置をいずれが行うかは、請負か派遣かを区別する上では主たる要件ではない。しかし、発注者の従業員の中に混じって全く同じ業務を混在して行うという場合には、業務上及び指揮命令上の独立性が失われる可能性が高いので行うべきではない。そこで、就業の場所はできるだけ明	派遣の場合は、派遣個別契約において派遣就業場所として所在地、事業所名、所属部署（組織単位）等まで具体的に特定することが要件とされている。そこで、派遣先の所定の就業場所において就業中の労働者を直接指揮命令する者の部署、役職、氏名（派遣先指揮命令者）も定めることが要求されている。 　したがって、全面的に派遣先との契約において定めた場所（平成27年改正により「派遣就業の場所にお

白に区別することが望ましい。

　ただし、同じ部署や同じ室で作業する場合であっても、業務が独立して別であれば、混在には該当しないし、それが客観的に区分（物理的または明白な表示等）されて、請負人側の責任者の管理下にあることが確立されているならばよいであろう。

　また、業務場所を発注者が提供する場合には、それを特定し、かつ、原則として有償とし、独立した事業主として発注者の第二人事部的なものでないことを明白にし、かつそれを書面契約化しておくなど場所の占有・使用権限を明白にしておくべきである。これらの場所的要件は請負や業務委託の成立要件ではないが、そのような定めをすることは請負人としての独立性の一つの表れであり、発注者の指揮命令下に発注者のために直接労働しているのではないという外部的区分による事業としての別個・独立性の表徴である。

ける組織単位ごとの業務について3年」との期間制限も定められたので特に重要）において派遣先の指揮命令により就業するものである。そこで、派遣先の従業員と混在することも多いが、これは全く差し支えない。

8　対価の決め方

請負または業務委託	労働者派遣
請負では、対価は完成した業務の結果に対し支払われ、業務委託では処理した業務の報酬として支払われるものであり、一般的には労務費による計算をすることは請負等の趣旨に反するので、仕事の対価として一定の金額を見積り算出することが多い。 　場合によっては、仕事の内容からあらかじめ一括して対価を見積ることができず、業務処理に要した労働力等を基準にして算定しなければならないという、特殊なケースもある。そこで、いわゆる人工単価（労働者の人数×従事日数×単価）という決定方法もあるが、これは労働者の労働に着目する決め方なのでなるべく避けるべきである。厚労省の「疑義応答集（第2集）」では、「マネキンを含め、販売、サービス又は保安等、『仕事を完成させ目的物を引き渡す』形態ではない請負業務では、当該請負業務の性格により、請	派遣法第26条の派遣契約には、契約の中心である対価、料金が要件となっていないが、これは派遣取引契約において派遣元と派遣先で自由に決定できるためで、派遣労働者の保護とは直接関係がないためである。ただし、平成24年法改正で派遣労働者の賃金の適正決定への配慮から、「当該労働者にかかる派遣料金額」の明示や派遣料金の額の派遣元事業主の情報提供義務が定められた。 　ところで、派遣料金の額としては一般的には、派遣職種、派遣期間×1人当たりの単価（福利厚生、キャリア教育、管理費等を含む）が多いと思われるが、今後は多様化するものと思われる。

第2章● 「労働者派遣事業と請負事業との区分告示」をめぐる問題

負業務を実施する日時、場所、標準的な必要人数等を指定して発注したり、労働者の人数や労働時間に比例する形で料金決定したりすることに合理的な理由がある場合もあること。このような場合には、契約・精算の形態のみによって発注者が請負労働者の配置決定に関与しているとは言えず、労働者派遣事業又は労働者供給事業と直ちに判断されることは（ない）」とされている（問7）。また、請負初期の仕事の完成や業務処理単価の安定的な算出のできない期間になどにも合理的理由がある。ただし、この方式により対価を定めているから請負や委託ではないとは直ちにはいえず、「告示」からは対価の決め方がはずされていることもこれを物語っているものといえる。

ただし、従事した労働者の賃金＝労務費の請求という実費主義は問題で、その場合でも現実の就労者いかんにかかわらず"一定金額"または"作業工程別工数×作業工程別単価"の形で実績（実費ではない）により算定することが望ましい。そこに請負人の業務の裁量ないし独立処理が代金を通して表れているからである。

また、単価を請負人の技術ランク別の時間単価、もしくは作業工程別単価で算定することもよいが、現実の従事者ではなく契約上のあるべき姿（標準的なもの）として対価を決め、上位ランクの単価の高い人が安い仕事を完成または処理してもそれは請負人の負担とするようにしなければならない。

（注）対価を契約上表示したときは印紙税法との関係に注意すること。

ただし、請負契約書には印紙税が定められているが、派遣個別契約書には目下のところ規定がないので、労働契約書と同様印紙貼用不要と考えられている。

9　機械、設備等の自己負担または事業としての企画、専門技術等による処理

請負または業務委託	労働者派遣
請負または業務委託の場合、請負人の独立した仕事として業務を遂行するものであり、単に労働を提供し発注者の指揮命令に委ねるものではないため、これを明白にするためには機械設備等の自己提供、自己負担、または独自の企画や専門的な業務として行われるこ	派遣においては、派遣先の指揮命令に従い労働を提供するものであるため、機械、設備、資材、材料等はすべて派遣先のものを使用する。 なお、これらを派遣労働者が過失で壊した場合には派遣先の負担とい

とが必要である。「告示」では、請負は次の
いずれかに該当するものであって、単に肉体
的な労働力を提供するものでないこととされ
ている。
(1) 自己の責任と負担で準備し、調達する機
　械、設備もしくは器材（業務上必要な簡易
　な工具を除く）または材料もしくは資材に
　より、業務を処理すること——発注者の所
　有する機械、設備等を請負人が使用する場
　合には別途賃貸借契約を結び、保守、修理
　費用の負担等事業者としての独立性が必要。
(2) 自ら行う企画または自己の有する専門的
　な技術もしくは経験に基づいて、業務を処
　理すること——請負人側の企業体としての
　専門性を有すること。
　これによると、(1)は機械、材料等の自己負
担で、(2)は企業としての独自の企画、ノウハ
ウ、知識、技術、経験等による専門性で、い
ずれも事業主としての独立性を明らかにする
ものであり、(1)または(2)のいずれかの要件を
充足すればよい。
　特に問題となる情報処理サービス業務の場
合には、発注者からコンピュータ等の機械・
設備等を無償で提供を受け、その作業場所も
発注者の指定、提供する場所であることが多
いため、結局上記の(2)の事業主自身の企画ま
たは専門的技術及び経験に基づいて処理する
業務という要件を充足しなければならない。
　なお、資材、器具等は、できるだけ請負人
の所有または購入するものを用いて行うよう
にすることが望ましい。

えるが、故意や重大な過失で壊した
という場合には、派遣契約に基づく
正常な労働の提供といえないから、
派遣元がその一部を負担すべきもの
となろう。
　また、使用方法等就業上の指揮監
督は派遣先の権限であり、また義務
でもあって、派遣労働者は派遣先の指
揮命令に従い、すべて派遣先のもの
を利用して派遣先の業務に従事する
わけだから、派遣先の指揮命令の過
失は当然派遣先使用者の責任となる。
　派遣の場合には、派遣労働者は派
遣先の指揮命令に従って就業するの
で、事業者としての専門性や技術経
験等といったことは全く問題になら
ない。

10　事業形態と独立性

請負または業務委託	労働者派遣
請負、業務委託について民法上は事業形態について何も触れておらず、契約目的、内容のみしか規定していない。 　しかし、派遣との区分において、請負、業務委託の中心は民法のように「契約目的」ではなく、事業としての独立性であり、労働法	派遣の場合には、許可基準としては事業の財政上、管理上の安定性、自立性が要件となっているものの、現実の派遣にあたっては、これらは直接の要件とはなっておらず、事業形態も問わない。

第2章● 「労働者派遣事業と請負事業との区分告示」をめぐる問題

上の概念なのである。この点について、「告示」では次のように定められている。

次のいずれにも該当することにより請負契約により請け負った業務を自己の業務として、当該契約の相手方から独立して処理するものであること。

イ　業務の処理に要する資金につき、すべて自らの責任の下に調達し、かつ、支弁すること──事業資金、資本等調達方法を問わないが自己支弁のこと。

ロ　業務の処理について、民法、商法その他の法律に規定された事業主としてのすべての責任を負うこと──注文書に対する契約違反、不法行為等損害賠償責任を負い、法的にも業務能力を有すること。

なお、上記「告示」には、職安法施行規則第4条第1項第3号にある「作業に従事する労働者に対し、使用者として法律に規定された全ての義務を負うものであること」が掲げられていないが、請負の要件として、これは当然のことである。

なお、派遣労働者に対する使用者としての義務は、派遣元、派遣先についてそれぞれ法律上区別されており、「使用」と「雇用」の分離に応じたもので「使用者として法律に規定された全ての責任を負うもの」ではなく、両者別々に定められており、一体的責任ではない点にも特徴がある。

5 製造請負適正化ガイドラインの取扱い ▷「区分基準」の判断に影響はない◁

1 製造請負適正化ガイドラインとは

製造業の請負事業については、いわゆる偽装請負の問題をはじめとする労働者派遣法等の労働関係法令違反、労働条件や処遇の改善の必要性、これらの職場で働く労働者のキャリアパスが明らかでない等、様々な問題点が指摘されているところであるが、一方では再チャレンジ可能な社会の実現に向けては、これら問題点への対応が喫緊の課題となって

203

いるとの認識を踏まえ、厚労省では「製造業の請負事業の適正化及び雇用管理の改善に関する研究会」（座長：諏訪康雄 法政大学大学院教授（当時））を平成18年10月に設けた。そして、製造業の請負事業に係る雇用管理の改善及び適正化の促進を効果的・効率的に進めることができるよう、雇用管理の改善等に取り組む請負事業主及び発注者がどのような措置を講ずべきかについての研究会を開催し、検討を進めた。

　その結果、同研究会において製造業の請負事業の雇用管理の改善及び適正化の促進に取り組む請負事業主及び発注者が講ずべき措置に関するガイドライン及びそのチェックシートを含めた報告書が取りまとめられた。

　そこで、厚労省では、平成19年6月29日付にて同研究会のまとめた報告を受けて「製造業の請負事業の雇用管理の改善及び適正化の促進に取り組む請負事業主が講ずべき措置に関するガイドライン」（以下「請負事業主ガイドライン」という）及びチェックリスト、「製造業の請負事業の雇用管理の改善及び適正化の促進に取り組む発注者が講ずべき措置に関するガイドライン」（以下「発注者ガイドライン」という）及びチェックリストを公表し、都道府県労働局長に対し、これらガイドライン（いわゆる「製造請負適正化ガイドライン」）及びそのチェックシートの周知・啓発を行うよう指示した。

　「請負事業主ガイドライン」は、「区分基準」をより的確に遵守し、偽装請負をどう是正するかという観点ではなく、その「趣旨」で述べられているように「製造業の請負事業が広がりを見せ、製造現場で大きな役割を果たしている中で、請負労働者（請負事業主（請負事業を営む者をいう。）に雇用され請負事業で就業する労働者をいう。）については、雇用契約が短期で繰り返される等労働条件、処遇その他雇用管理が必ずしも十分でなく、技術・技能が蓄積されないといった現状や、労働関係法令が徹底されていないといった現状があり、これらの改善により請負労働者が現在及び将来の職業生活を通じてその有する能力を有効に発揮することができるようにする必要がある」ことにかんがみ、請負労働者の「雇用管理の改善及び適正化の促進に取り組む請負事業主が講ずべき措置に関して、ガイドラインとして必要な事項を定めたものである」。

　したがって、前項までで述べた注文者と請負事業者との間の請負契約の適正化を中心とするものではなく、前掲「区分基準」の判断や運用に

第2章 ● 「労働者派遣事業と請負事業との区分告示」をめぐる問題

直接的に影響を有するものではない。

　また、注文者（発注者）についても、前記「請負事業主ガイドライン」と同様、その「趣旨」に明らかなように「請負事業は、請負労働者の雇用等に関して、請負事業主が発注者（請負事業主が締結している請負契約の相手方をいう。）からの影響を受けやすい特徴があり、その雇用管理の改善及び適正化の促進を実効あるものにするためには、発注者の協力が必要である」との観点から定められたものであり、同様に前記「区分基準」の判断や運用に直接的な影響を有するものではない。

2　製造請負適正化ガイドラインの内容

　「製造請負適正化ガイドライン」の内容は、次のとおりである。これに基づき都道府県労働局において行政指導が行われているので、請負事業主側及び発注者側においてはその内容を理解し、対応する必要がある。

製造業の請負事業の雇用管理の改善及び適正化の促進に取り組む請負事業主が講ずべき措置に関するガイドライン

> 平19・6・29基発第0629001号
> 職発第0629001号
> 能発第0629001号
> （別添1）

第1　趣旨

　製造業の請負事業が広がりを見せ、製造現場で大きな役割を果たしている中で、請負労働者（請負事業主（請負事業を営む者をいう。以下同じ。）に雇用され請負事業で就業する労働者をいう。以下同じ。）については、雇用契約が短期で繰り返される等労働条件、処遇その他雇用管理が必ずしも十分でなく、技術・技能が蓄積されないといった現状や、労働関係法令が徹底されていないといった現状があり、これらの改善により請負労働者が現在及び将来の職業生活を通じてその有する能力を有効に発揮することができるようにする必要がある。請負事業は、請負労働者の雇用等に関して、請負事業主が発注者（請負事業主が締結している請負契約の相手方をいう。以下同じ。）からの影

205

第２部　労働者派遣と請負・業務委託、労働者供給をめぐって

響を受けやすい特徴があり、その雇用管理の改善及び適正化の促進を
実効あるものにするためには、発注者の協力が必要である。

　以上にかんがみ、これは、製造業の請負事業の雇用管理の改善及び
適正化の促進に取り組む請負事業主が講ずべき措置に関して、ガイド
ラインとして必要な事項を定めたものである。

第２　就業条件等の改善のための措置

1　安定的な雇用関係の確保

　請負事業主は、請負労働者について、募集及び採用を適切に行い、
各人の希望及び能力に応じた就業の機会の確保、労働条件の向上その
他安定的な雇用関係の確保を図ることとし、次のような措置を講
ずること。

(1)　募集及び採用

　請負事業主は、請負労働者が従事すべき業務の内容、当該業務
に従事するに当たり必要とされる能力、労働条件を具体的かつ詳
細に明示すること。また、請負事業主は、請負労働者を募集及び
採用する時に、発注者が当該請負労働者にとっての使用者である
との誤解を招くことがないよう、労働条件の明示に当たっては使
用者を明確化する等の措置を講ずること。

(2)　雇用契約

　請負事業主は、請負業務の安定的な確保を図り、請負労働者の
希望により、雇用契約の期間を請負契約の期間に合わせる、請負
契約の期間を超えるものにする等できるだけ長期のものにし、又
は期間の定めのない雇用契約とすること。雇用契約の期間中に請
負労働者を請負業務に従事させることができない期間が生じた場
合についても、当該期間中教育訓練を実施する等により雇用契約
を継続すること。

(3)　定着の促進

　請負事業主は、請負労働者との緊密な意思疎通を図り、その希
望に応じて、職務経験の機会を付与したり、待遇の向上を図る等
の措置を講ずること。

(4)　福利厚生

　請負事業主は、社宅・独身寮の整備等の福利厚生を充実するこ
と。また、発注者と協力して請負労働者の福利厚生を充実すること。

2　安定的な雇用関係の確保に配慮した事業の運営

請負事業主は、雇用の安定等に資する次のような事業運営上の措置を講ずること。

(1)　請負事業主は、請負契約の締結に当たり、発注者の責に帰すべき理由により請負契約が解除された場合における必要な損害賠償に関すること、当該発注者の協力を得て当該発注者及びその関連会社から適切な請負業務の機会の提供を受けること等について取決めを行っておくこと。ただし、発注者の責に帰すべき理由により請負契約が解除された場合であっても、請負事業主は労働基準法（昭和22年法律第49号）等に基づく雇用主としての労働者に対する直接の責任を免れるものではないこと。

(2)　請負事業主は、次のような事項を踏まえて適正な請負料金の設定を図り、併せて請負労働者の待遇の向上を図ること。

　　ア　技術及び技能の水準（発注者に対して明確に説明）

　　イ　技術力及び生産管理能力を高めたことによる請負の業務処理の質の向上

　　ウ　請負労働者に対する職業能力の評価、教育訓練等の内容

　　エ　労働保険料、社会保険料等の法令遵守のために必要となる負担

3　キャリアパスの明示等

(1)　請負事業主は、請負労働者に対して具体的かつ明確に多様なキャリアパスを示すこと。

(2)　請負事業主は、請負労働者の希望に応じて職務経験の機会を付与し、当該請負労働者が従事した職務の内容やその実績を適正に評価するとともに、その結果を蓄積し、処遇の向上に活用するほか、当該請負労働者に評価の結果を伝えつつ将来のキャリアパスに関する相談に応ずること。

(3)　請負事業主は、請負労働者が、雇用関係を継続しつつ、より高度な知識や技能を必要とする職務又はより高度な責任を負う職務への転換を希望する場合において、これが可能となる制度の導入、必要な条件の整備等をすること。

(4)　請負事業主は、請負労働者又は発注者との間で、雇用関係の終了後に請負労働者が発注者に雇用されることができない旨を約さないこと。

第3　職業能力開発

1　教育訓練等

第2部　労働者派遣と請負・業務委託、労働者供給をめぐって

⑴　請負事業主は、職業能力開発促進法（昭和44年法律第64号）に則り、請負労働者の職業能力の開発及び向上を図るため、次のような事項に留意して計画的に教育訓練等を実施すること。
　ア　教育訓練に係る設備、プログラム等を充実させること。
　イ　技能検定等の職業能力検定等を受けさせること。
　ウ　請負労働者の就業の実情及び職業生活設計を考慮して行うこと。
　エ　教育訓練プログラムの策定の検討に当たっては、発注者と必要な協力を行うこと。
⑵　請負事業主は、請負労働者が職業生活設計に即して自発的な職業能力の開発及び向上を図ることを容易にするため、労働者の職業生活設計に即した自発的な職業能力の開発及び向上を促進するために事業主が講ずる措置に関する指針（平成13年厚生労働省告示第296号）に則り、業務の遂行に必要な技能及びこれに関する知識の内容及び程度その他の事項に関する情報の提供、相談の機会の確保、労働者の配置その他の雇用管理についての配慮、教育訓練、検定等を受けるための休暇の付与や時間の確保等の必要な援助を行うこと。

2　職業能力の評価
　　請負事業主は、職務経験、教育訓練等により高められた請負労働者の職業能力を適正に評価し、賃金その他の待遇に適切に反映させること。

第4　法令遵守

1　請負と労働者派遣の適切な選択
　　請負事業主は、業務の内容、契約期間等を考慮して、労働者派遣、請負のいずれにより業務を処理すべきかを的確に判断し、労働者派遣により業務を処理すべきと考えられる業務については、請け負わないこと。

2　労働者派遣法及び職業安定法の遵守
　　請負事業主は、請負契約に係る事業において、労働者派遣事業の適正な運営の確保及び派遣労働者の就業条件の整備等に関する法律（昭和60年法律第88号。以下「労働者派遣法」という。）及び職業安定法（昭和22年法律第141号）を遵守するものとし、そのために労働者派遣事業と請負により行われる事業との区分に関する基準を定める告示（昭和61年労働省告示第37号）等により的確に判断を行う

ものとするが、次のような取組によりこれを確実なものとすること。
　ア　請負労働者に対する必要な指揮命令を請負事業主が自ら行って
　　業務処理ができる体制等を整備すること。
　イ　請負に係る契約、仕様等の内容を適切に定めるとともに、当該
　　契約、仕様等に即して業務処理を進めることができる体制等を整
　　備し、発注者から独立した適正な請負として業務処理を行うこと
　　ができるようにすること。
3　労働基準法、労働安全衛生法等関係法令の遵守
　⑴　請負事業主は、労働基準法等を遵守するものとするが、請負労
　　働者や管理者に対する労働基準法に関する周知を行うこと等の取
　　組により、これを確実なものとすること。
　⑵　請負事業主は、労働安全衛生法（昭和47年法律第57号）を遵守
　　するものとするが、製造業における元方事業者による総合的な安
　　全衛生管理のための指針（平成18年８月１月付け基発第0801010
　　号）に則り、次のような取組により、これを確実なものとすること。
　ア　安全衛生管理体制を確立するとともに、発注者との連絡等を
　　行う責任者を選任すること。
　イ　作業間の連絡調整の措置や合図の統一等を実施すること。
　ウ　法令に基づく安全衛生上の措置を講ずることはもとより、危
　　険性又は有害性等の調査を行い、これに基づいて自主的な安全
　　衛生対策を講ずること。
4　労働・社会保険の適用の促進
　⑴　請負事業主は、その雇用する請負労働者の就業の状況等を踏ま
　　え、労働・社会保険の適用手続を適切に進め、労働・社会保険に
　　加入する必要がある請負労働者については、加入させてから就業
　　させること。
　⑵　請負事業主は、労働保険の成立について届け出ていることを発
　　注者に対して明示すること。
　⑶　請負事業主は、請負労働者の健康保険、厚生年金保険、雇用保
　　険の加入の状況を発注者に対して明示すること。
5　法令の周知
　　請負事業主は、労働者派遣法、職業安定法、労働基準法、労働安
　　全衛生法等の関係法令の請負労働者や発注者への周知の徹底を図る
　　ために、説明会等の実施、文書の配布等の措置を講ずること。
6　法令遵守の取組

請負事業主は、次のような取組により、関係法令の遵守を図ること。
ア　法令遵守を徹底できる労務管理、生産管理等の事業の体制の整備及び改善を図ること。
イ　自主点検結果の公表等法令遵守の状況を発注者等に対し明らかにすること。
7　適正な請負料金の設定
　　請負料金の設定は、労働・社会保険の事業主負担分等法令遵守に必要な費用の確保を考慮したものとすること。

第5　苦情の処理

　　請負事業主は、**第2**から**第4**までの事項を始めとして、請負労働者の苦情の処理を行うとともに、発注者又は発注者の労働者に起因する請負労働者の苦情の処理については、発注者に対しその改善を求めること。

第6　体制の整備

1　事業所責任者の選任
(1)　請負事業主は、請負労働者及び請負事業に関する次の事項を行わせるため、発注者の事業所ごとに、自己の雇用する労働者（個人事業主本人及び法人事業主の役員を含む。）の中から、請負労働者100人につき1名以上の事業所責任者を選任すること。ただし、次のキに関する事項の一部又は全部を請負事業主が自ら行う場合には、事業所責任者に当該事項を行わせないこととすることができること。
　　ア　苦情の受付及び処理
　　イ　就業条件の整備
　　ウ　職業能力開発
　　エ　法令遵守
　　オ　工程管理等責任者の監督
　　カ　請負契約（仕様等を含む。キにおいて同じ。）の履行
　　キ　請負契約の締結又は変更
(2)　請負事業主の事業所ごとに事業所責任者を2人以上選任する場合は、そのうち1人を統括事業所責任者とし、事業所責任者の業務を統括させること。
(3)　統括事業所責任者を選任する場合は、統括事業所責任者が(1)の

キに関する事項を行うものとすること。
⑷　事業所責任者を選任した場合には、その氏名、役職及び⑴のキに関し与えられた権限の範囲を発注者に通知すること。
2　工程管理等責任者の選任
⑴　請負事業主は、請負労働者及び請負事業に関する次の事項を行わせるため、発注者の事業所における工程ごとの業務のまとまりごとに、自己の雇用する労働者（個人事業主本人、法人事業主の役員を含む。）の中から、請負労働者100人につき1名以上の工程管理等責任者を選任すること。
　ア　法令遵守
　イ　業務の処理の進行及び管理
　ウ　請負労働者の就業、業務の処理の進行等の状況の把握及びその内容の事業所責任者に対する報告
　エ　担当の業務に関する請負契約（仕様等を含む。）の履行
　オ　苦情の相談を受けた場合の事業所責任者への取次ぎ
⑵　工程管理等責任者は、事業所責任者が兼ねることができる。
⑶　一の業務のまとまりについて工程管理等責任者を2人以上選任する場合は、そのうち1人を統括工程管理等責任者とし、工程管理等責任者の業務を統括させること。

製造業の請負事業の雇用管理の改善及び適正化の促進に取り組む発注者が講ずべき措置に関するガイドライン

平19・6・29基発第0629001号
職発第0629001号
能発第0629001号
（別添2）

第1　趣旨

製造業の請負事業が広がりを見せ、製造現場で大きな役割を果たしている中で、請負労働者（請負事業主（請負事業を営む者をいう。以下同じ。）に雇用され請負事業で就業する労働者をいう。以下同じ。）については、雇用契約が短期で繰り返される等労働条件、処遇その他雇用管理が必ずしも十分でなく、技術・技能が蓄積されないといった現状や、労働関係法令が徹底されていないといった現状があり、これ

第2部　労働者派遣と請負・業務委託、労働者供給をめぐって

らの改善により請負労働者が現在及び将来の職業生活を通じてその有する能力を有効に発揮することができるようにする必要がある。請負事業は、請負労働者の雇用等に関して、請負事業主が発注者（請負事業主が締結している請負契約の相手方をいう。以下同じ。）からの影響を受けやすい特徴があり、その雇用管理の改善及び適正化の促進を実効あるものにするためには、発注者の協力が必要である。

　以上にかんがみ、これは、製造業の請負事業の雇用管理の改善及び適正化の促進に取り組む発注者が講ずべき措置に関して、ガイドラインとして必要な事項を定めたものである。

第2　就業条件等の改善のための措置

1　福利厚生施設の利用
　　発注者は、給食施設等自社の福利厚生施設について、利用料を適切に設定する等により請負労働者の利用も可能とすること。

2　請負事業主の選定と取引関係の継続
　⑴　発注者は、請負事業主の選定及び契約条件の交渉に当たり、請け負わせようとする業務に必要とされる技術及び技能の水準を明確に請負事業主に説明すること。
　⑵　発注者は、請負事業主が有する技術及び技能、生産管理及び労務管理、職業能力開発の状況等を十分に把握し、評価した上で、これらを請負事業主の選定及び請負料金に適切に反映させること。
　⑶　発注者は、請負契約を可能な限り長期のものにし、実績を十分に評価して更新することで安定的な取引関係を継続すること。

3　請負契約の解除
　⑴　発注者は、請負契約の契約期間が満了する前に請負契約の解除を行う場合であって、請負事業主から請求があったときは、請負契約の解除を行う理由を当該請負事業主に対し明らかにすること。
　⑵　発注者は、専ら発注者に起因する事由により、請負契約の契約期間が満了する前の解除を行おうとする場合には、請負事業主の合意を得ることはもとより、あらかじめ相当の猶予期間をもって請負事業主に解除の申入れを行うこと。
　⑶　発注者は、発注者の責に帰すべき事由により請負契約の契約期間が満了する前に請負契約の解除を行おうとする場合には、他の請負業務や関連会社での請負業務等の受注の機会の提供を行うこととし、これができないときには、請負契約の解除を行おうとす

第2章●「労働者派遣事業と請負事業との区分告示」をめぐる問題

る日の少なくとも30日前に請負事業主に対しその旨の予告を行うこと。当該予告を行わない発注者は、速やかに、当該請負労働者の少なくとも30日分以上の賃金に相当する額について損害の賠償を行うこと。発注者が予告をした日から請負契約の解除を行おうとする日までの間の期間が30日に満たない場合には、少なくとも請負契約の解除を行おうとする日の30日前の日から当該予告の日までの期間の日数分以上の賃金に相当する額について行うこと。その他発注者は請負事業主と十分に協議した上で適切な善後処理方策を講ずること。また、請負事業主及び発注者の双方の責に帰すべき事由がある場合には、請負事業主及び発注者のそれぞれの責に帰すべき部分の割合についても十分に考慮すること。

(4) 発注者は、請負事業主と協議して、請負契約において(1)から(3)までの事項に係る必要な措置を具体的に定めること。

4 中途採用における募集方法の明示等

(1) 発注者は、労働者の中途採用を行う場合の募集の方法を明示すること。

(2) 発注者が、文書募集、公共職業安定所への求人票の提出等により幅広い対象者が容易に応募し得る形式で中途採用を行おうとする場合には、取引先の請負事業主が雇用する請負労働者であることを理由に当該請負労働者を応募、採用等の対象から排除し、当該請負労働者を対象とする不利な選考基準を別個に設けてはならないこと。

第3 職業能力開発

1 教育訓練に係る協力

発注者は、請負事業主が教育訓練プログラムを策定するに当たって、当該請負事業主に必要な協力を行うこと。

2 教育訓練施設等の利用

発注者は、教育訓練に係る施設やプログラムについて、利用料を適切に設定する等して請負労働者の利用を可能とすること。

第4 法令遵守

1 請負と労働者派遣の適切な選択

発注者は、処理することが必要な業務の内容、契約期間等を考慮して、労働者派遣や請負と、自らの雇用する労働者のいずれにより

業務を処理すべきかを的確に判断し、労働者派遣や請負により業務を処理すべきと考えられる場合には、さらに、いずれにより業務を処理すべきかを的確に判断し、労働者派遣により業務を処理すべきと考えられる業務については、請け負わせないこと。

2　労働者派遣法及び職業安定法の遵守

　　発注者は、請負契約に係る事業において、労働者派遣事業の適正な運営の確保及び派遣労働者の就業条件の整備等に関する法律（昭和60年法律第88号。以下「労働者派遣法」という。）及び職業安定法（昭和22年法律第141号）を遵守するものとし、そのために労働者派遣事業と請負により行われる事業との区分に関する基準を定める告示（昭和61年労働省告示第37号）等により的確に判断を行うものとするが、次のような取組によりこれを確実なものとすること。

ア　発注者は、請負事業主が請負労働者に対する必要な指揮命令を自ら行って業務処理ができることを確保するよう、労働者派遣事業と請負により行われる事業との区分に関する基準を定める告示に係る自主点検を行うこと。

イ　発注者は、請負事業主が発注者から独立して適正に請負として業務処理ができるよう、請負に係る契約、仕様等の内容を適切に定める等必要な措置を講ずること。

3　労働安全衛生法等の遵守

　　発注者は、労働安全衛生法（昭和47年法律第57号）を遵守するものとするが、製造業における元方事業者による総合的な安全衛生管理のための指針（平成18年8月1日付け基発第0801010号）に則り、次のような取組により、これを確実なものとすること。

ア　労働災害を防止するための事業者責任を遂行できない事業者に仕事を請け負わせないよう配慮すること。

イ　統括管理者等を選任し、総合的な安全衛生管理体制を確立すること。

ウ　作業間の連絡調整、協議会、合図の統一等の措置を講ずること。

エ　請負労働者に機械等を使用させる場合には、法令上の措置を講じるとともに、危険性・有害性等に関する情報を提供すること。

オ　請負事業主が実施する安全衛生教育等に対する指導援助を行うこと。

4　労働・社会保険の適用の促進

⑴　発注者は、請負事業主が労働保険の成立について届け出ている

第2章●「労働者派遣事業と請負事業との区分告示」をめぐる問題

か確認すること。

(2) 発注者は、請負事業主が請負労働者を健康保険、厚生年金保険、雇用保険に適切に加入させているか確認すること。

5 法令の周知

発注者は、労働者派遣法、職業安定法、労働安全衛生法の関係者への周知の徹底を図るために、説明会等の実施、文書の配布等の措置を講ずること。その際、発注者は、請負業務を発注する現場の担当者も含めて、関係法令の周知の徹底を図ること。

6 法令遵守の取組

発注者は、次のような取組により、関係法令の遵守を図るとともに、請負事業主における関係法令の遵守にも協力すること。

ア 法令遵守を徹底できる体制の整備及び改善を図ること。

イ 法令遵守の自主的な点検等の状況を請負事業主等に対し明らかにすること。

ウ 法令遵守が確保されている請負事業主を選択すること。

第5 苦情の処理

発注者は、発注者又は発注者の労働者に起因する請負労働者の苦情を適切に処理するため、発注元責任者を選任し、体制を整備すること。また、発注者は、苦情の申立てを理由として、請負事業主に対し不利益な取扱いをしたり、請負労働者に対して不利益な取扱いをするよう請負事業主に求めてはならないこと。

第2部

第3章
業務請負・業務委託契約書例
と解説

第2部　労働者派遣と請負・業務委託、労働者供給をめぐって

1 業務請負・業務委託契約書の要点
▷適正な請負契約締結のために◁

1 請負契約締結にあたっての留意事項

● 1 請負事業者が直接労働者の指揮監督を行うこと――現場責任者（現場代理人）の定め（常駐は必須ではない）

　請負と認められるための第一の要件は、「自己の雇用する労働者の労働力を自ら直接利用する」ことであり、これは要するに、労働者に対する指揮監督を請負事業者自身が直接行うということである。

　そして、そのための要件は、前述の「区分告示」のとおりであるが、請負事業者の労働者が発注者の事業場内で就労する場合においては、あくまで請負人が請負人の労働者に対して直接指揮監督を行っていることを明白にしておかなければならない。そのためには、原則として請負人側から自己の雇用する労働者を指揮監督できる責任者（現場責任者・現場代理人）も併せて発注者の事業場に赴かせる措置が必要である。

　このため、典型的な請負契約である「公共工事標準請負契約約款」（国土交通省中央建設業審議会決定、平22・7・26改正）においては、次のように定め、第10条第1項で第一番に「現場代理人」を現場に配置することを求めている。

> 公共工事標準請負契約約款
> （現場代理人及び主任技術者等）
> 第10条　受注者は、次の各号に掲げる者を定めて工事現場に設置し、設計図書に定めるところにより、その氏名その他必要な事項を発注者に通知しなければならない。これらの者を変更したときも同様とする。
> 　一　現場代理人
> 　　（以下　略）

2　現場代理人は、この契約の履行に関し、工事現場に常駐し、その運営、取締りを行うほか、請負代金額の変更、請負代金の請求及び受領、第12条第１項の請求の受理〔編注：工事関係者に対する措置要求書〕、同条第３項〔編注：同措置の結果〕の決定及び通知並びにこの契約の解除に係る権限を除き、この契約に基づく受注者の一切の権限を行使することができる。
　3　発注者は、前項の規定にかかわらず、現場代理人の工事現場における運営、取締り及び権限の行使に支障がなく、かつ、発注者との連絡体制が確保されると認めた場合には、現場代理人について工事現場における常駐を要しないこととすることができる。
（以下　略）

　このように、現場代理人は、請負契約に定められた工事を完成するため、現場において工事の施工及びそれに必要な一切の業務を取りしきる請負人側の代理人であり、現場所長あるいは現場責任者等と呼ばれることもある。上記標準請負契約約款は、現場に常駐しなければならないと定めている（同約款第10条第２項）が、同条第３項で、発注者は、前項の規定にかかわらず、「現場代理人の工事現場における運営、取締り及び権限の行使に支障がなく、かつ、発注者との連絡体制が確保されると認めた場合には、現場代理人について工事現場における常駐を要しないこととすることができる。」として、常駐が必須ではないものとされている。

　また、「民間（旧四会）連合協定工事請負契約約款」では、「常駐」条項を設けておらず、円滑な業務の遂行に支障なく連絡を取ることさえできれば、常駐することは要求されていないと解されている（『民間（旧四会）連合協定工事請負契約約款の解説（平成12年（2000）４月改正）』（大成出版社）54頁）。

　この点について、厚労省の「疑義応答集（第２集）」では、「請負業務を行う労働者が１人しかいない場合、当該労働者が管理責任者を兼任することはできず、当該労働者以外の管理責任者又は請負事業主が、作業の遂行に関する指示、請負労働者の管理、発注者との注文に関する交渉

第2部　労働者派遣と請負・業務委託、労働者供給をめぐって

等を行う必要があります。しかし、当該管理責任者が業務遂行に関する指示、労働者の管理等を自ら的確に行っている場合には、多くの場合、管理責任者が発注者の事業所に常駐していないことだけをもって、直ちに労働者派遣事業と判断されることはありません。」（問8）とされているところである。

　しかし、この現場代理人の権限は、「現場代理人は、……次の各号に定める権限を除き、この契約に基づく受注者のいっさいの権限を行使することができる」（前記民間連合協定約款）とされているとおり、「請負代金の変更や代金の請求・受領」といった経営的なものを除き工事を完成するために現場で必要な一切の事項に及ぶものであり、現場代理人は、工事が契約どおり行われるよう、必要な工程管理、安全管理、品質管理、労務管理等を行う現場の統轄者である。請負事業の適正な施工のため、工事関係者を指揮するとともに、発注者との技術面の折衝にあたる責任者でもある。その職責は重要であり、請負人は発注者にその氏名を書面で通知しておかなければならない（公共工事標準請負契約約款第10条第1項）と定められている。

　そこで、一般の請負契約においても、請負事業主が直接現場で指揮監督できないわけであるから、自社の代理人を現場責任者として定め、当該代理人に権限と義務を付与して、受注先における請負業務の統括実施にあたらせる必要がある。すなわち、現場責任者や現場代理人が必ずしも現場に常駐する必要はないが、請負人の請負業務の独立処理のためにその責任者は置いておく必要があるということである。このことは、「疑義応答集（第2集）」においても、「なお、労働者派遣事業と判断されないためには、管理責任者の不在時であっても、請負事業主が自己の雇用する労働者の労働力を自ら利用するものであること及び請け負った業務を自己の業務として相手方から独立して処理するものであることが担保される必要があり、例えば、発注者と請負事業主の管理責任者との確実な連絡体制をあらかじめ確立しておくことや、請負労働者の出退勤管理を含む労働時間管理等労働者の管理や業務遂行に関する指示等を請負事業主自らが確実に行えるようにしておくことが必要です。」（問8）とされていることからも明らかである。

第3章●業務請負・業務委託契約書例と解説

●2　企業としての経営上の独立性──請負業務としての危険負担

　次に、事業としての独立性の要件の充足である。すなわち、請負人が自ら労働者の指揮監督を行っており、注文者に対し、労働者のみを派遣・供給しているものではないということが必要である。そのためには、前述の現場責任者の設置とともに、注文者企業の労働者と請負人の労働者の就労場所を区分するとか、業務分担を明確に区分する等して、両者が同じ場所で混然一体となって同じ業務を遂行するという事態とならないようにし、事実上も契約上も注文者が請負人の労働者を直接指揮監督しないものであることを明確にしておかなければならないということである。

　したがって、「区分告示」に定める業務の指揮命令や労働時間関係の管理等は、すべて請負人が行うことでなければならず、また、請負人の労働者の人事管理を注文者がするがごとく履歴書を提出させることや、不適格者の懲戒処分等を注文者が請負人に対し申し立てることができる旨の規定なども避けておかなければならない。

　さらに、「区分告示」の第二の要件としては「請負契約により請け負った業務を自己の業務として当該契約の相手方から独立して処理すること」であるが、これは企業としての独立運営の経営基盤を有し企業としての実体を有するということである。そこで請負契約上は、当該請負業務遂行に係る諸経費及び当該請負業務遂行上生じる法的責任については、すべて請負人において負担するということが必要である。

　また、この企業経営上の独立性があるというためには、当該業務遂行に係る機械・器具等を注文者において負担する場合には、請負人の企画または専門的知識、経験、技術等を要する業務を対象にしておかなければならず、請負人は、特別な理由ややむを得ない必要性もなく単に従事した労働者の人数と働いた時間に応じて請負代金を支払ってもらうという契約形態であってはならない。さらに、請負業務遂行に必要な基礎的な教育訓練についてまで注文者に実施してもらうということでは、単なる労働者供給や労働者派遣と同様となり、請負としての実体を有していないということになるので留意を要する。

　すなわち、請負業務の完成の事情によっては損失を被ることもあり得るというのが請負であり、赤字を生ずる危険も伴うのが事業としての独

221

第2部　労働者派遣と請負・業務委託、労働者供給をめぐって

立性であり、仕事の出来、不出来にかかわらず、とにかく契約時間さえ経過すれば、請負代金を支払ってもらえるというのでは本来的な請負とはいい難いものであるため、この点、業務請負代金の決め方には注意しなければならない。

なお、業務委託の場合には、仕事の完成ではなく自己の責任による業務の裁量的処理が主目的であるので、必ずしも請負の場合のような代金決定方法をとらなくても差し支えないが、事業としての独立性が明らかな定め方が必要である。この点については、「疑義応答集（第2集）」においても「マネキンを含め、販売、サービス又は保安等、『仕事を完成させ目的物を引き渡す』形態ではない請負業務では、当該請負業務の性格により、請負業務を実施する日時、場所、標準的な必要人数等を指定して発注したり、労働者の人数や労働時間に比例する形で料金決定したりすることに合理的な理由がある場合もあります。このような場合には、契約・精算の形態のみによって発注者が請負労働者の配置決定に関与しているとは言えず、労働者派遣事業又は労働者供給事業と直ちに判断されることはありません。なお、上記の判断の前提として、請負事業主が自己の雇用する労働者の労働力を自ら直接利用するとともに、契約の相手方から独立して業務を処理していることが必要となります。」（問7）とされているところである。

●3　製造請負適正化ガイドラインによる事業所責任者・工程管理等責任者

いわゆる「製造請負適正化ガイドライン」（請負事業主、発注者それぞれが講ずべき措置を示したガイドライン）では、事業主に代わって請負事業所の全体の責任を有する「事業所責任者」と各工程ごとの業務のまとまりごとに管理を担当する「工程管理等責任者」の選任を定めている。

すなわち、「請負事業主ガイドライン」では、第6「体制の整備」において次頁のとおり定められている。

これを要約すれば、図2-24のとおりである。

第3章●業務請負・業務委託契約書例と解説

図2-24 事業所責任者と工程管理等責任者の選任

事業所責任者の選任（請負事業所の全体の責任）

事業所責任者の業務
① 苦情の受付及び処理
② 就業条件の整備
③ 職業能力開発
④ 法令遵守
⑤ 工程管理等責任者の監督
⑥ 請負契約の履行
⑦ 請負契約の締結または変更

ガイドラインにかかわらず発注者の事業所ごとに事業所責任者を置いた方がよい。

発注者の事業所ごとに、自己の雇用する労働者（個人事業主本人及び法人事業主の役員を含む）の中から、請負労働者100人につき1名以上の事業所責任者を選任すること（2人以上のとき、1人を統括事業所責任者）。

工程管理等責任者の選任（工程ごとの管理の責任）

工程管理等責任者の業務
① 法令遵守
② 業務の処理の進行及び管理
③ 請負労働者の就業、業務の処理の進行等の状況の把握及びその内容の事業所責任者に対する報告
④ 担当の業務に関する請負契約（仕様等を含む）の履行
⑤ 苦情の相談を受けた場合の事業所責任者への取次ぎ

ガイドラインの100人につき1名ではなく工程（現場）ごとに工程管理等責任者を置いた方がよい。

発注者の事業所における工程ごとの業務のまとまりごとに、自己の雇用する労働者（個人事業主本人、法人事業主の役員を含む）の中から、請負労働者100人につき1名以上の工程管理等責任者を選任すること。2人以上のとき、1人を統括工程管理等責任者とする。事業所責任者と兼務してよい。

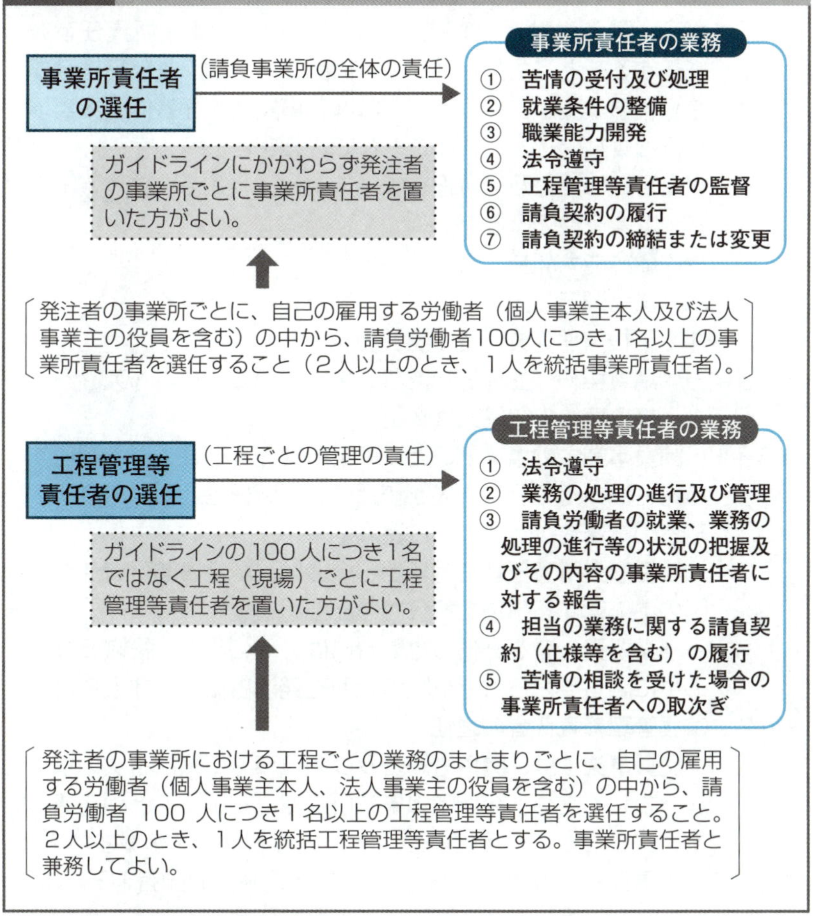

▶請負事業主ガイドライン

第6 体制の整備
1 事業所責任者の選任
 (1) 請負事業主は、請負労働者及び請負事業に関する次の事項を行わせるため、発注者の事業所ごとに、自己の雇用する労

働者（個人事業主本人及び法人事業主の役員を含む。）の中から、請負労働者100人につき1名以上の事業所責任者を選任すること。ただし、次のキに関する事項の一部又は全部を請負事業主が自ら行う場合には、事業所責任者に当該事項を行わせないこととすることができること。

ア　苦情の受付及び処理

イ　就業条件の整備

ウ　職業能力開発

エ　法令遵守

オ　工程管理等責任者の監督

カ　請負契約（仕様等を含む。キにおいて同じ。）の履行

キ　請負契約の締結又は変更

(2)　請負事業主の事業所ごとに事業所責任者を2人以上選任する場合は、そのうち1人を統括事業所責任者とし、事業所責任者の業務を統括させること。

(3)　統括事業所責任者を選任する場合は、統括事業所責任者が(1)のキに関する事項を行うものとすること。

(4)　事業所責任者を選任した場合には、その氏名、役職及び(1)のキに関し与えられた権限の範囲を発注者に通知すること。

2　工程管理等責任者の選任

(1)　請負事業主は、請負労働者及び請負事業に関する次の事項を行わせるため、発注者の事業所における工程ごとの業務のまとまりごとに、自己の雇用する労働者（個人事業主本人、法人事業主の役員を含む。）の中から、請負労働者100人につき1名以上の工程管理等責任者を選任すること。

ア　法令遵守

イ　業務の処理の進行及び管理

ウ　請負労働者の就業、業務の処理の進行等の状況の把握及びその内容の事業所責任者に対する報告

エ　担当の業務に関する請負契約（仕様等を含む。）の履行

オ　苦情の相談を受けた場合の事業所責任者への取次ぎ

第3章●業務請負・業務委託契約書例と解説

(2) 工程管理等責任者は、事業所責任者が兼ねることができる。

(3) 一の業務のまとまりについて工程管理等責任者を2人以上選任する場合は、そのうち1人を統括工程管理等責任者とし、工程管理等責任者の業務を統括させること。

2 業務請負契約書のモデル例と解説

筆者なりに業務処理の請負について、「区分基準」に留意した契約書の例をモデルとして示せば、次頁以下のとおりであるので、参考とされたい。

なお、条文の構成を一覧にすれば、以下のとおりである。

(1) 契約の目的	(11) 公益通報者の保護
(2) 契約金額	(12) 第三者使用
(3) 契約期間	(13) 従業員控室等福利厚生の提供
(4) 設備、機械、工具及び消耗資材	(14) 苦情処理
(5) 契約業務の履行	(15) 業務の処理責任
(6) 現場責任者（現場代理人等）	(16) 損害賠償の責任
(7) 計画、報告	(17) 社会紛争及び天災
(8) 労働法上の責任	(18) 契約違反等による解除
(9) 規律維持	(19) 契約の解除
(10) 守秘義務・個人情報管理	(20) 協議事項

225

業務請負・業務委託契約書モデル例（筆者試案）

注 名称は、「請負契約」、「管理委託契約」、「業務処理委託請負契約」等適切な名称であれば特に問題はない。なお、「請負」という用語をできるだけ用いた方が「労働者派遣事業と請負により行われる事業との区分に関する基準」（労働省告示第37号）（以下、この契約書例の解説において「告示」という）では「請負」という用語が用いられていることから、同基準の適用を前提とするものとして、「委託」とするより誤解がなくてよい。

> ［注文者］○○株式会社（以下「甲」という。）と、［請負事業者］××株式会社（以下「乙」という。）とは、甲の注文に係る業務の請負処理について、次のとおり業務請負（委託）契約を締結する。

注 (1) ここで「業務請負（委託）」という契約名称を用いたのは、一定の業務処理の請負というのは、注文者の業務処理の注文に係る仕様書（注文事項の内容）に基づいて業務の処理を行うという契約であるときは、仕事の完成を目的とする民法第632条の請負よりも、一定の事務の処理を委任するという民法第656条の準委任契約に近いが、民法上の委任と違って営業として行う有償行為を前提としており、乙の業務の独立処理に重点があって、請負と準委任の両者の性質を備えた民法に定めのない非典型的な契約であると解されるものであることによる。しかし、「告示」では、民法上の契約名称にこだわらず、事業としての独立性を中心として「請負の形式による契約により行う業務」としている関係上、また、職安法施行規則第4条も「請負」という名称を用いている関係上、本来の性質は業務委託に近いものであっても、同告示その他法令の用語に合致する契約であることをはっきりさせるため「請負」という名称を付することとしたものである。

(2) 「業務請負（委託）」としたのは、この契約の目的は請負人（受託者）である乙側が、注文者（委託者、甲側）の注文に係る仕様書

第3章●業務請負・業務委託契約書例と解説

（細部的な注文指示事項）に従い、独立して業務処理を行い、自社の雇用する従業員を直接指揮命令して自社の裁量権をもって自ら業務処理を遂行するものであることを明らかにするためである。

(3) 業務処理の請負も、それを会社で行ったり、営業目的で行うときは商行為となり、商法の適用も受ける。すなわち、商法第502条では「次に掲げる行為は、営業としてするときは、商行為とする。ただし、専ら賃金を得る目的で物を製造し、又は労務に従事する者の行為は、この限りでない。」と定められ、「五　作業又は労務の請負」と規定されているので、「作業請負」や「業務請負」という形態の請負も法律上成立することはいうまでもない。

（契約の目的）
第1条　甲は、本契約に定めるところに従い、乙に対し、下記の業務処理を注文し、乙はこれを請け負い、完成し、または誠実に処理する履行義務を負う。

〔別案〕
第1条　この業務請負（委託）契約に基づく請負（委託）業務の範囲及び内容は別添注文仕様書に定めるとおりとする。
2　乙は、甲に対し前項の業務の完成の責任と義務を負い、甲は注文者として乙の業務遂行に必要な協力義務を負う。

注 (1) 「注文」、「請け負い」、「完成し」、「誠実に処理する」としたのは、本契約が、製品の完成というより、商法第502条の「作業の請負」をも視野に入れ、請負的な仕事の完成を目的とする性質とともに、乙側の自己裁量による業務処理（準委任）という性質をも有している（業務委託）ので、両者を兼ねた行為を目的とする債権契約であることを表現するためである。仕事の完成を目的とする場合ならば単純に「請負契約」とした方がよい。

(2) 請負業務の内容は、具体的に書くことが必要であり、できるだけある業務の一部ではなく当該業務全部の包括請負とした方がよい。

(3) 契約の内容としてその業務処理範囲を明らかにする必要がある

227

が、具体的には甲側の発注する詳細な注文事項を定めた「仕様書」によることにしてもよい（別案）。

(4) 乙は、注文業務の請負処理の本旨に従い業務目的を完遂するため自己の裁量権が定められる必要があるので、「請負完成する」、「乙は誠実に処理する」、あるいは「自己の裁量と責任で完遂する」等としてもよい。

（契約金額）
第2条 本契約に基づき甲が乙に支払う請負代金の金額は、月額○○○○○円とする。

> 〔別案〕
> **第2条** 本契約に基づき甲は、乙に基本契約金額として月額○○○○○円を支払い、仕様書に定める特別業務を処理したときは、その定めにより特別金額を支払う。

2 甲は、乙に対し、前項の金額を毎月（前月分を翌月）末日までに持参または送金して支払う。

> 〔別案〕
> 2 乙は、契約金額を毎月○日に締め切って当月（翌月）○日までに甲に請求し、甲はその金額を当月（翌月）○日までに○○をもって乙に支払う。

3 甲は、乙に対する前項の代金の支払いを遅延した場合には、遅延日数に対し年○％の割合による遅延損害金を支払うものとする。

4 経済状況の変化、物価の上昇、法令の変更、契約業務内容の変更、その他契約金額の変更を必要とする事由が生じた場合には、契約期間中であっても、甲乙協議の上、契約金額を改正することができる。

5 甲の注文により乙が仕様書に定めるもの以外の特別な業務等を請負処理した場合には、甲は（第2項〔別案〕に準じて）別途精算して支払うものとする。〔第1項が別案のときは本条項は不要〕

6 乙は、甲の負担に係る費用を立て替えることができる。この場合の精算については、第2項に準ずる。

第３章●業務請負・業務委託契約書例と解説

注 (1)　契約金額は、仕事の完成や業務の独立処理を会社として請け負うのであるから、できるだけ労務賃（人工賃）計算（労働者数×日数（時間数）×単価）としないようにし、請負の業務処理代金としてすべての経費を含めて一括して定めた方がよい。

毎月の業務処理内容により金額が異なるときでも、基本金額と特別金額という形で基本金額〇〇円、特別金額は「別途仕様書に定めるところによる」とした方がよい。ただし、金額の記載は印紙税法との関係があるので留意すること。

なお、「疑義応答集（第２集）」では、労働者の人数や労働時間による料金の決定について「マネキンを含め、販売、サービス又は保安等、『仕事を完成させ目的物を引き渡す』形態ではない請負業務では、当該請負業務の性格により、請負業務を実施する日時、場所、標準的な必要人数等を指定して発注したり、労働者の人数や労働時間に比例する形で料金決定したりすることに合理的な理由がある場合もあります。このような場合には、契約・精算の形態のみによって発注者が請負労働者の配置決定に関与しているとは言えず、労働者派遣事業又は労働者供給事業と直ちに判断されることはありません。」（問７）としている。

(2)　１カ月に満たない場合や特別に多いまたは少ない業務が生じたときの代金の決定の方法として「原則として日割計算」と規定することもあるが、単純な日割とすることは労働者に対する賃金の支払いと同じとみなされることもあり、適当な方法とはいえない。やむなくそうせざるを得ない場合は、業務の独立処理でありながら当該業務が日割を適当とする特別な必要性を要する。このため、途中の精算のときは別の精算方法を定めてもよく、また「甲乙協議して精算する」という契約条項としてもよい。

(3)　第６項の立替金の規定は、乙の事業者としての独立性をより明白にする（労働者派遣の場合は、派遣元が派遣先に代わって立替払い等をすることはない）ためであり、これを規定化したのは民法第474条（第三者の弁済）の要件を充足するためでもある。

(4)　「仕様書」または「別途覚書」等の方式にした場合は、次の例のようになる。

229

第2部　労働者派遣と請負・業務委託、労働者供給をめぐって

（請負契約の内容及び代金）
第○条　基本契約第○条に定める個別的な請負契約に基づく請負業務の内容及び請負代金は、次のとおりとする。

請負品目 （又は処理業務）	請負代金（単価） （単位・一式等）	納　期	備　考

注　「チェックリスト」を作成して行政指導している労働局もあるが、その中の多くの例で、「取引は、労働者の就労した時間数（男女別・早出残業・休日出勤・深夜労働等）に応じた処理体制になっていないこと」、「業務の処理に係る対価が当該業務の内容に応じて算定されていること」及び「業務の処理に関する対価が主として労働者の数、賃金のみに対応して決定されていないこと」とされているので、この点に注意すること。ただし、そのような請負代金の決定であっても請負事業としての独立性と労務管理の自己管理性が維持される場合は差し支えない。

（契約期間）
第3条　本契約の期間は、平成○○年○月○日から平成○○年○月○日までの1カ年とする。ただし、当事者のいずれかから期間満了の2カ月前までに書面による意思表示がない場合は、同一契約内容で更に1カ年間更新するものとし、以降も同様とする。なお、第2条、第4条の金額等については、本契約更新の都度、甲乙協議する。

注　(1)　この条項は、契約期間を定めたものであるが、この期間中は甲、乙ともに一方に債務不履行等がない以上は原則として解約できず、双方ともそれぞれの債務を履行しなければならない。
　　(2)　通常本件のような業務の請負処理については、一般に継続性が

第3章●業務請負・業務委託契約書例と解説

あり、容易に中断できない性質のものであるケースが多いことから自動更新規定を定めた。更新には、期間満了に際し、その契約の同一性を存続させつつその期間のみを延長する「期間の更新」と、期間満了に際して、従来の契約に代えて同一内容の別個の契約を新しくする「契約の更新」の区別があるが、ここではその両者の性質を併せ持つものとした。

(3)　自動更新としながら契約金額については、別途協議することとしたが、これは業務が中断できない性質であることからそのようにしたものであり、本来的には金額に異議のあるときは、更新前にその旨意思表示すべきなのである。本契約条項によると金額についての協議が整わない場合でも、契約は自動的に延長されているので乙は本契約の業務の処理について中断が許されない。中断できない継続的性質の業務に関して請け負った以上、乙は完全履行義務を負っており、どうしても金額が折り合わないときは、本契約書例第18条に基づいて解約することになるものである。

（設備、機械、工具及び消耗資材）

第4条　本契約業務の履行にあたって乙が必要とする設備、機械等については、甲は乙に賃貸［有償で貸与］するものとし、別途賃貸借契約［覚書］において定める。

2　乙が、本契約の履行にあたって必要とする工具及び消耗資材は、甲の設備、機械に付属する特定の部品及び工具を除きすべて乙の負担とする。ただし、甲の提供する特定の部品及び工具の使用損料については、別に定めるところにより乙が負担する。

3　第1項の設備、機械等の保守及び修理等については、乙において行い、甲はこれに必要な協力をする。ただし、乙の要請に基づいて甲において保守及び修理等を行った場合には、乙は必要な費用を負担する。

〔材料、部品等の無償支給の場合の別案〕
（材料、部品の支給）

231

第2部　労働者派遣と請負・業務委託、労働者供給をめぐって

第○条　甲は、甲所定の手続に従い、乙が目的物を完成させるために必要となる材料及び部品（以下「支給部品」という。）については、その特殊性にかんがみ、すべてを乙に対して無償で支給するものとする。支給部品の所有権は、無償支給後も引き続き甲に帰属する。

2　乙は、甲より支給部品を受領する都度、その部番及び数量を確認の上、部品受領証を作成して甲に交付するものとする。

3　乙は、善良な管理者の注意をもって支給部品を占有管理し、「預り部品管理簿」をもって管理するものとする。

4　乙は、甲より受領した支給部品の中から不良品を発見したときまたは支給部品の破損があったときは、遅滞なく不良品または破損品を甲に返却しなければならない。

5　支給部品の滅失または破損が、乙の故意または重大な過失によるときは、乙は、甲に対してその損害を賠償しなければならない。

注　支給部品の受渡し、使用の確認は、部品受領証に代えて「預り部品管理簿」への記入チェックにより行うことができる。

〔乙側が甲の事務所や建物の一部を使用する場合〕
（建物等の賃貸借契約）
第○条　乙は、別に定めるところにより甲から本請負契約の履行に必要な建物等を賃貸借する［有償で貸与を受ける］。

注　短期間の場合で無償とするときも、使用（貸与）契約条項は、事業としての独立性の確保の観点から加えておくべきである。

注　(1)　「告示」の第2条第2号のハに、次のとおり記載されている点に留意すること。

- -
　ハ　次のいずれかに該当するものであって、単に肉体的な労働力を提供するものでないこと。
　　①　自己の責任と負担で準備し、調達する機械、設備若しくは器材（業務上必要な簡易な工具を除く。）又は材料若しくは資材により、業務を処理すること。
　　②　自ら行う企画又は自己の有する専門的な技術若しくは経験に基づいて、業務を処理すること。
- -

　　また、特に①のケースについては、「業務取扱要領」では「機械、

232

資材等が相手方から借り入れ又は購入されたものについては、別個の双務契約（契約当事者双方に相互に対価的関係をなす法的義務を課する契約）による正当なものであることが必要である。」（第1の1⑶ロ）とされ、製造業の場合には、注文者の所有する機械等の使用についての双務契約（賃貸借契約）のほか、「保守及び修理を受託者が行うか、ないしは保守及び修理に要する経費を受託者が負担していること。」（同）とされている点に留意しなければならない。

⑵　したがって、原則として業務に必要な設備、機械、資材等は乙側の負担とする旨の規定を設けておく必要がある。なお、前記①または②のいずれかの要件を充足すればよいので、②に該当する乙独自の企画または専門的な技術、経験による業務処理を内容とする業務の請負（委託）の場合には、請負としての要件を満たすために、設備、機械、資材等を乙側が準備し調達することは必ずしも必要とされないが、その場合でもできるだけ業務遂行に必要な設備、機械、資材等で乙が負担できるものは負担した方がよい。

⑶　乙側が使用する自社の従業員の管理・事務用に使用する建物や工場の一部は、甲側より有償で借り受けて使用する方がよく、それは、できるだけ独立区画とし、建物等の賃貸借契約を結んでおいた方がよい。なお、「疑義応答集（第1集）」では、「請負業務の処理に間接的に必要とされるもの（例えば、請負業務を行う場所の賃貸料や、光熱費）、請負業務の処理自体には直接必要とされないが、請負業務の処理に伴い、発注者から請負事業主に提供されるもの（例えば、更衣室やロッカー）については、別個の双務契約までは必要なく、その利用を認めること等について請負契約中に包括的に規定されているのであれば特に問題ないものです。」（Q13）とされている。

（契約業務の履行）
第5条　本契約の履行にあたり、乙は、甲の仕様書に従い関係諸法令を守り、自ら業務処理計画を立案し、従業員を適正に配置し、

指揮監督と教育指導を行い、注文の趣旨に従い誠実かつ善良な管理者の注意をもって、処理しなければならない。

> 〔追加別案〕
> 2 乙は、本契約の履行にあたり、法令上の有資格業務について乙の労働者を使用するにあたっては、その資格を確認し、必要な場合には甲に届け出ておかなければならない。

(1) 本契約に基づく業務の処理は、注文者である甲の指揮命令によらず乙が独立して自己の雇用する従業員を配置し指揮監督して請負業務処理の完遂をなすものであるため、乙は契約当事者としての仕事の完成義務（民法第632条）、受託業務の本旨に従った善良な管理者の注意（民法第644条）が要求されるので、この業務の独立処理権限と契約上の義務の履行権限を定めておく必要がある。

(2) 〔追加別案〕の法令に基づく有資格者の選任については、甲の機械を使用する際に、それを使用する者が甲の従業員でなければならない場合は別として、一般にはその旨特定されているものは少ないので、乙に請け負わせてその選任する者としてよい。ただし、行政官庁等への届出の関係もあり、この場合は、その有資格者の業務のみの請負ではなく、乙が有資格者の業務をも包括的に管理することを請け負う形にしなければ労働者派遣とみなされるおそれがあるので特に留意を要する。

なお、「乙は、甲に対し免許証や資格証の写を添付して届け出ておかなければならない」旨を加えるケースもあるが、行政指導上要求されている場合は別として、そこまで注文者が求めている場合に、かえって無資格業務による事故等があったときなどには、これが励行されていないと注文者の責任となるケースもあるので、少なくとも甲としては、届出程度は求めておいた方がよい。

(3) 乙の業務処理計画の策定にあたっては、甲と協議する旨定めることは差し支えない。しかし、処理計画の主体は乙であり、乙が甲の注文仕様に応じ自ら企画し、専門的な技術、経験により処理するものであることに留意すべきである。

第３章●業務請負・業務委託契約書例と解説

（現場責任者〔「現場代理人等」としてもよい〕**）**
第６条　乙は、本契約業務の履行につき甲との連絡調整にあたり、乙を代理して個別注文事項を請負処理し、かつ本契約業務の処理に従事する乙の従業員を管理し、直接指揮命令する者（以下「現場責任者」という。）を選任し、次の任にあたらしめるものとする。
一　乙の従業員の労務管理及び作業上の指揮命令
二　乙の従業員の安全衛生管理及び災害事故の防止並びに請負箇所の管理
三　本契約業務履行に関する甲との連絡及び調整
四　甲からの仕様書に基づく注文事項の請負または受任並びに仕様書外の特別発注事項の処理
五　甲乙間の原材料、部品等の受渡し及び製品または業務処理結果の伝票、請書その他書類の授受
六　乙の従業員の規律秩序（守秘義務等を含む。）の保持並びにその他本契約業務の処理に関する事項
２　甲は、本契約履行に関する注文者としての注文・指図等を乙の選任した現場責任者に対して行い、乙の従業員に対して直接これを行ってはならない。
３　乙は、現場責任者の氏名を書面をもって甲に通知する。これを変更した場合も同様とする。

注　(1)　本来は、「現場責任者」という用語よりも「現場代理人」という用語の方が請負現場の代理人としてはふさわしい。
　　　「現場代理人」という用語は一般にはあまり用いられていないが、ここでは、「公共工事標準請負契約約款」（平22・7・26改正）で定められている「現場代理人は、この契約の履行に関し、工事現場に常駐し、その運営、取締りを行うほか、……この契約に基づく受注者の一切の権限を行使する」（同約款第10条第2項）との例を参考とした。これは、甲からの注文業務処理のために乙が置く責任者としての立場を明確にし、請負人の立場をはっきりさせ、乙側の業務の処理が甲の一機関として甲の従業員による処理のような観を呈さないようにする必要があるためである。

235

第2部　労働者派遣と請負・業務委託、労働者供給をめぐって

(2)　このため、乙の現場責任者（現場代理人）の立場は、

①　乙の現場責任者（乙の会社を代理して業務処理現場における一切の乙の権限を有する現場の責任者）であること

②　乙の雇用する従業員を直接指揮監督する者であること

③　安全衛生管理及び秩序規律維持等のすべての管理権限を有する者であること

④　乙の会社を代理して個別または細部の注文の受任にあたること

⑤　仕様書に付随する注文や仕様書外の特別注文の受任権限を有する者であること

等である。

(3)　注文者である甲が、乙の雇用する従業員を直接指導監督すると「告示」の「請負」の要件を充足しないので、注文者においてそのようなことをしないように第2項を加えた。

(4)　この業務処理の独立性について、「告示」では次のようになっている。

> イ　次のいずれにも該当することにより業務の遂行に関する指示その他の管理を自ら行うものであること。
> ①　労働者に対する業務の遂行方法に関する指示その他の管理を自ら行うこと。
> ②　労働者の業務の遂行に関する評価等に係る指示その他の管理を自ら行うこと。
>
> （告示第2条第1号）

(5)　現場責任者（現場代理人）の氏名の書面による注文者への通知は、各種の建設工事標準請負契約約款にも定められている。ただし、個人情報の第三者への提供となるので（個人情報保護法第23条第1項）本人の同意を事前に得ておく必要がある。同意は、明示・黙示を問わない。

〔注文者の事業所で請負業務を処理する労働者が1人の場合〕

注文者の事業所で請負業務を処理する労働者が1人の場合には、特にこの条項は重要である。なぜなら、「疑義応答集（第2集）」で、次のように述べられているからである。

第3章●業務請負・業務委託契約書例と解説

　　請負業務を行う労働者が１人しかいない場合、当該労働者が管理責任者を兼任することはできず、当該労働者以外の管理責任者又は請負事業主が、作業の遂行に関する指示、請負労働者の管理、発注者との注文に関する交渉等を行う必要があります。しかし、当該管理責任者が業務遂行に関する指示、労働者の管理等を自ら的確に行っている場合には、多くの場合、管理責任者が発注者の事業所に常駐していないことだけをもって、直ちに労働者派遣事業と判断されることはありません。

　　なお、労働者派遣事業と判断されないためには、管理責任者の不在時であっても、請負事業主が自己の雇用する労働者の労働力を自ら利用するものであること及び請け負った業務を自己の業務として相手方から独立して処理するものであることが担保される必要があり、例えば、発注者と請負事業主の管理責任者との確実な連絡体制をあらかじめ確立しておくことや、請負労働者の出退勤管理を含む労働時間管理等労働者の管理や業務遂行に関する指示等を請負事業主自らが確実に行えるようにしておくことが必要です。 (問8)

〔製造請負適正化ガイドラインに対応した条項とする場合〕

（事業所責任者の選任と職務等）
第6条　乙は、この契約に基づく請負事業に関し、事業所ごとに、自己の雇用する従業員（役員を含む。）の中から事業所責任者を選任し、次の事項を行わせる。ただし、第七号に関する事項の一部又は全部を乙が自ら行う場合には、事業所責任者に当該事項を行わせないこととすることができる。
一　苦情の受付及び処理
二　就業条件の整備
三　職業能力開発
四　法令遵守
五　工程管理等責任者の監督
六　請負契約（仕様等を含む。七において同じ。）の履行（ただし、緊急の追加注文、細部仕様等については工程管理等責任者の職務とすることができる。）
七　請負契約の締結又は変更
2　乙は、事業所責任者を２人以上選任した場合は、そのうちの１人を統括事業所責任者とし、事業所責任者の業務を統括させるものとする。
3　統括事業所責任者を選任した場合は、統括事業所責任者が第１項第七号に関する事項を行うものとする。

237

第2部 労働者派遣と請負・業務委託、労働者供給をめぐって

4 事業所責任者が常駐しないときは、次条の工程管理等責任者に兼任させる場合を除き、工程管理等責任者の中から代行者を選任して第1項の職務を行わせなければならない。

5 乙は、事業所責任者を選任した場合には、その氏名、役職及び第1項第七号に関し与えられた権限の範囲を甲に通知するものとする。

6 甲は、第1項各号の事項に関しては、事業所責任者に対して連絡、調整、打ち合わせ、注文等を行うものとする。

> 注 (1) 本条は「請負事業主ガイドライン」第6の1に基づく。ただし、同ガイドラインの100人に1名というのは、単なる人数をもとにした選任要件であり、必ずしも実情に合わないので、契約条文化をしなかった。
> (2) 常駐の有無及び工程管理等責任者との関係も定めた。

（工程管理等責任者の選任と職務等）

第6条の2 乙は、甲の事業所における工程ごとの業務のまとまり（以下「現場」という。）ごとに、自己の雇用する従業員（役員を含む。）の中から、工程管理等責任者を選任し、次の事項を行わせる。

一 法令遵守

二 業務の処理の進行及び管理（工程管理、人員管理、勤務管理、業務管理等を含む。）

三 乙の従業員の就業、秩序保持、業務上の指導監督、業務の処理の進行等の状況の把握と対応（指揮命令を含む。）及びその状況内容等の事業所責任者に対する報告

四 担当の業務に関する請負契約（仕様等を含む。）の履行（緊急、追加注文、細部仕様等の受注及び処理を含む。）

五 苦情の相談を受けた場合の事業所責任者への取次ぎ

2 前項の工程管理等責任者は、当該事業所に常駐しなければならない。ただし、担当工程の人員が少人数の場合、工程が断続する場合その他やむを得ない場合には、工程管理等責任者を選任しないこととし、必要に応じ他の工程管理等責任者に兼任させることができ、または代行者を選任することができる。

3 工程管理等責任者は、事業所責任者が兼ねることができる。

4 一現場について工程管理等責任者を2人以上選任する場合は、そのうち1人を統括工程管理等責任者とし、工程管理等責任者の業務を統括させる。

5 工程管理等責任者を選任したときは、その氏名、現場名等を甲に通知するとともに、当該担当する現場ごとに掲示して乙の従業員に周知させ

第3章●業務請負・業務委託契約書例と解説

なければならない。
6 甲は、第1項の各号事項に関しては、工程管理等責任者に対して連絡、調整、打ち合わせ、注文指図、注文協議等を行うものとする。

注 (1) 本条項は、「請負事業主ガイドライン」第6の2に基づくものである。ただし、同ガイドラインの定める100人に対し1名というのは、現実の請負業務の状況からみて適切でないケースが多いと思われるので、人数要件は契約条文上では定めないこととした。
(2) 工程管理等責任者は、その性質上当該事業所（必ずしも各現場でなくてもよい）に常駐する必要があるので、これに対応する規定を設けた。

（計画、報告）
第7条 乙は、甲の注文に基づく本契約業務の請負処理については第5条に定める業務処理計画に基づき、計画的に業務を実施するが、必要に応じ甲に注文上の指図を求めることができ、甲は必要に応じて注文上の指図を行う。
2 甲は、いつでも乙に対し契約業務の処理状況の報告を求めることができる。
3 乙は、必要に応じ甲からの要求があれば業務日報、報告書等の書面をもって、業務の処理状況を速やかに甲に報告するものとする。
4 乙が本契約履行上、甲側の注文上の過失または機械設備等の瑕疵、欠陥等を発見したときは、その旨を［書面をもって］速やかに甲に対し報告するものとする。

注 (1) 乙は、独立した専門業者であるから甲からの発注の趣旨に従い自己の責任において専門的知識、経験、技術、ノウハウ等を活かして本件業務処理の実施計画を策定し、これを甲に提出の上、甲より受注または受託して自己の責任で計画的に業務を実施するものとするが、必要に応じ甲も注文上の指図をすることがあるのでその旨を規定した。これはあくまでも注文上の指図であって業務の指揮命令であってはならない。業務命令は、あくまでも乙において行うものである。

239

第2部　労働者派遣と請負・業務委託、労働者供給をめぐって

(2)　本条は、本契約書例第5条とも関連する。初めから「甲乙協議して実施計画を策定する」と定めた契約もあるが、そのようなケースでは乙の独立性と専門事業者性を明白にするため、例えば「注文の趣旨に従い、乙において実施計画を策定し、甲の承認を得るものとする」等の契約条項とした方がよい。

(3)　民法第645条に「受任者は、委任者の請求があるときは、いつでも委任事務の処理の状況を報告し、委任が終了した後は、遅滞なくその経過及び結果を報告しなければならない。」と定められているので、本条第2項及び第3項はその趣旨を明白にした。

(4)　第4項は、民法第644条の「善良な管理者の注意」義務の一つである。

（労働法上の責任）

第8条　乙は、乙の従業員に対する雇用主及び使用者として、労働契約法、労働基準法、労働安全衛生法、労働者災害補償保険法、職業安定法、社会保険諸法令その他従業員に対する法令上の責任をすべて負い、責任を持って労務管理し、甲に対し一切責任及び迷惑等を及ぼさないものとする。

2　乙は、甲に対し、本契約業務の履行に従事する乙の従業員に関し、甲の所有または占有に係る建設物、設備、機械、装置、通路等についても乙が賃借したもの及び乙が使用を許されているものについて安全衛生上の責任を負うとともに、危険・有害のおそれが発見されたときはその旨を直ちに甲に申し出るものとし、甲はそれに応じ速やかに措置をとり、または乙がとることを認めるものとする。

〔追加別案〕
3　前項の場合、その危険が急迫し、緊急のときは、乙はその安全が確認されるまで甲に対し本契約業務の履行を拒否することができるものとし、この場合においても甲は、第2条の契約金額の支払義務を負うものとする。ただし、当該危険が乙の責に帰すべき事由により生じたときはこの限りでない。

第3章●業務請負・業務委託契約書例と解説

注 (1) 職安法施行規則第4条第1項第3号は、「作業に従事する労働者に対し、使用者として法律に規定された全ての義務を負うものであること。」と規定しており、「告示」においても労働時間管理上の独立性として、

　① 始・終業時刻、休憩、休日、休暇等の指示・管理を自ら行うこと

　② 時間外・休日労働命令等を自ら行い管理すること

等が定められている。そこでこの点に留意し、これらはすべて乙側で行われなければならないことを念のために規定した。

(2) 「雇用主及び使用者」としての責任としたのは、労働者派遣との場合とは異なり、業務請負の場合には雇用主と使用者が一致していることを甲、乙双方とも確認するためである。

(3) 第2項は、乙の従業員に対する安全配慮義務を履行するのは乙の責任であることの確認と甲の協力義務を規定したものである。この規定により乙側がこれらの施設上の欠陥についても自己の従業員に対する責任者であることが明白になる。ただし、所有者としての甲側の工作物責任（民法第717条）は免れない。

(4) さらに〔**追加別案**〕第3項は、安全上の危険についてそれが急迫かつ具体的で緊急のときは、甲の構内における乙の請負業務遂行の拒否権を明白にし、かつこれにより乙の契約当事者としての独立性を明白にした。

（規律維持）

第9条　乙は、甲に対し本契約業務の処理に従事する従業員の教育指導に万全を期し、職場の秩序規律を保持し、風紀の維持に責任を負い、秩序ある業務処理に努め、甲の信用を維持し、甲及び甲の取引先等に迷惑をかけないものとする。

注 (1) 乙は、自らの従業員の教育指導と規律維持の責任を有し、これらは乙の責任で行わなければならない。この点について、「告示」で次のように定められているのでこれを具体化するよう契約条文化した。

241

第2部　労働者派遣と請負・業務委託、労働者供給をめぐって

> ハ　次のいずれにも該当することにより企業における秩序の維持、
> 　確保等のための指示その他の管理を自ら行うものであること。
> 　①　労働者の服務上の規律に関する事項についての指示その他
> 　の管理を自ら行うこと。
> 　②　労働者の配置等の決定及び変更を自ら行うこと。
>
> 　　　　　　　　　　　　　　　　　　　　　　　（告示第2条第1号）

(2)　注文者である甲は、乙の人事管理上の事項について一切関与しては
　ならず、契約業務に従事する乙の従業員の人物評価について履歴書の
　提出を求めたり、秩序違反者の懲戒や解雇を求めたりすることはでき
　ない。秩序維持と技術、技能の教育指導及び規律維持の責任と権限は
　一切、独立の事業者である請負人としての乙にある。
　　よく「乙の従業員は、甲の定めた職場規律に従って契約業務を確実
　に遂行しなければならない」等の規定があるが、注文者である甲は乙
　の従業員の服務規律を定めることはできないので留意すること（甲側
　としては、自社の構内管理や工場管理上の物的・環境的な規律・秩序
　の維持権限やセキュリティ管理・安全衛生管理上の権限を有するが、
　その場合でも乙の労働者に対する直接の労務管理権限はない。同じ管
　理権であっても法的根拠が異なり、甲側は乙の人事権の代理行使のよ
　うなことはできないので注意を要する）。

〔製造請負適正化ガイドラインに対応する条項を加える場合〕

（安全衛生管理）
第○条　乙は、本契約の請負業務を遂行するにあたって労働安全衛生法
　の定めるところにより、甲の構内に設けた事業所において同法所定
　（常時50人以上）の従業員を使用するときは、安全管理者及び衛生管
　理者を選任し、同法に定めるところにより安全衛生委員会を設け、同
　法所定の活動を行い記録を保存し、または同法所定（常時10人以上50
　人未満）の従業員を使用する場合には安全衛生推進者を選任し、従業
　員の安全及び衛生の確保の責任を負う。同法所定の産業医の選任につ
　いても同様とする。

　注　(1)　乙の事業者としての法的責任を明記し、乙の労働者に対する
　　　　安全衛生管理義務のあることを確認したものである。乙が、独
　　　　立事業者として請負業務を遂行するにあたっては、甲の構内で
　　　　業務処理を行うものについても乙の安衛法上の安全衛生管理組
　　　　織を設けることが必要で、そのための乙側の安全管理者等の選
　　　　任は少なくとも甲側の安衛法第30条の統括管理、第29条の指

第3章●業務請負・業務委託契約書例と解説

導義務にも関わるので、甲、乙双方にとって必要な規定である。また、乙は法令所定以上の常用労働者のいる継続的請負現場の場合には、安全委員会または衛生委員会（衛生委員会は全業種対象で常時50人以上）の設置と月1回以上の開催義務があり、その記録の保存も必要である。

⑵　この規定は「請負事業主ガイドライン」第4の3の定めに基づく。

2　甲は、労働安全衛生法第30条の2の元方事業者に該当するときは、次の各号の措置を講ずる。

一　統括管理者等を選任し、総合的な安全衛生管理体制を確立すること。

二　各請負事業者の作業間の連絡調整、協議会、合図の統一等の措置を講ずること。

三　乙の労働者に甲の貸与した機械等を使用させる場合には、法令上の措置を講ずるとともに、危険性・有害性等に関する情報を提供すること。

四　乙が実施する安全衛生教育等に対する指導援助を行うこと。

3　甲は、労働安全衛生法第29条の元方事業者に該当するときは、次の各号の措置を講ずる。

一　乙の従業員が、甲の発注した業務の仕事に関し、同法または同法に基づく命令等に違反しないよう必要な指導を行うこと。

二　前項の仕事に関し同法令の規定に違反していると認めたときは、是正のための必要な指示を行うこと。

4　甲は乙に対し、同法令上の措置を履行するのに必要な範囲で、乙の作業員名簿、各種有資格者名簿等の届出を求め、その他安全衛生管理についてのパトロール等を行うとともに、乙から必要な報告を求めることができる。

注　甲が構内作業の請負人の乙に対し、安衛法上の元方事業者に当たるのが一般的であり、同法に基づき、統括安全衛生管理措置及び指導、是正指示の措置義務を負うことになる（したがって、請負人が安衛法第11条以下の安全管理者の選任等を行っていないときは、元方事業者も指導義務違反として労働基準監督署から行政指導を受ける）こと及び乙の作業員名簿や

243

第2部　労働者派遣と請負・業務委託、労働者供給をめぐって

　　　有資格者名簿を甲に届け出ることの根拠となる規定（安全衛生事項なので、甲側が届出や報告を求めることは差し支えない）である。

5　乙は、前3項に定める甲の労働安全衛生法令上の措置に従い、次の各号の措置を行うとともに、甲の行う前3項による必要な指導及び是正指示に従い、かつ乙の従業員に対しても従わせなければならない。
　一　安全衛生管理体制を確立するとともに、甲との連絡等を行う責任者を選任すること。
　二　甲と協議して作業間の連絡調整の措置や合図の統一等を実施すること。
　三　法令に基づく安全衛生上の措置を講ずることはもとより、危険性または有害性等の調査を行い、これに基づいて自主的な安全衛生対策を講ずること。

注　(1)　安衛法上の請負人の義務である。この甲の指導や是正指示に従う義務は、安全衛生管理に関する事項なので「告示」の注文者の指揮命令には該当しない。
　　(2)　本項は、「請負事業主ガイドライン」第4の3(2)に基づく規定である。

〔教育訓練等に関する条項を加える場合〕

（職業能力開発及び技術指導）
第○条　乙は、本契約の請負業務については注文の本旨に従った業務の実施及び処理を行い、従業員の教育及び技術指導に努め、所定の品質の製品等の納入または適正な業務の完了を行う。
2　乙は、職業能力開発促進法に則り、従業員の職業能力の開発及び向上を図るため、従業員の就業の実情及び職業生活設計を考慮して、教育訓練プログラムを策定し、計画的に教育訓練等を実施するものとする。
3　甲は、乙が教育訓練プログラムを策定するにあたっては、乙に必要な協力をするとともに、教育訓練に係る施設、プログラム等について、利用料を適切に設定する等して乙の従業員の利用を可能とするものとする。

第3章●業務請負・業務委託契約書例と解説

> **注** (1) 本条は、「請負事業主ガイドライン」第3の1及び「発注者
> ガイドライン」第3の1、2に基づく規定である。
> (2) 契約上の履行責任としての債務の本旨（民法第415条）に
> 従った履行義務が乙にある。行政指導上、委託業務の処理方法
> は、相手方（乙）に任せてあり、技術指導は注文者（甲）が行
> うようになっていないこと、及び労働者の業務実施に関する訓
> 練、技術指導を請負人（乙）の作業責任者等が実施しているこ
> ととされているが、ガイドラインの線に沿って甲にその協力義
> 務を定めた。

（守秘義務・個人情報管理）

第10条 甲及び乙は、本契約業務の履行にあたって知り得た相互の
秘密を第三者に漏らしてはならない。特に乙は、甲から業務処理
のために預かった資料、データ等の保管・管理に万全を尽くし、
外部に漏洩しないように措置しなければならない。

2 乙は、乙の本件業務に従事する従業員についても前項の守秘義
務を遵守させるよう管理に万全を尽くすものとする。この義務は、
乙の従業員が退職後も同様に遵守させるものとする。

3 甲の有する個人情報に関するデータを本件契約業務の履行にあ
たって乙に委託または利用させる場合は、別に定める「個人情報
保護契約」による。

注 (1) 契約当事者として甲、乙双方とも業務上の守秘義務を負う。

(2) 乙の従業員についても当然のことであるが、ここでは念のため
に注文者である甲に対する責任としても明記した。

これは乙の従業員が退職した後も同様であり、この旨乙の就業
規則に定め、この契約上の乙の義務を担保しておかなければなら
ない。最近は、甲側の発注したコンピュータソフトの開発資料や
依頼したデータ入力資料が乙側の従業員によって不正に漏洩・開
示されるケースがあり、社会的に問題となっていることから、こ
れにも対応する規定である。

(3) 特に個人情報の保護については、個人情報保護法が平成17年4

245

月１日から施行されているが、平成27年９月に一部改正され、5,000件以上の個人データを保有する「個人情報取扱事業者」に該当する場合という要件（5,000件以上の要件）は廃止され、平成29年５月30日から施行されている。請負・業務委託等によって第三者にその取扱いを委託する場合には、同法第22条により「個人情報取扱事業者は、個人データの取扱いの全部又は一部を委託する場合は、その取扱いを委託された個人データの安全管理が図られるよう、委託を受けた者に対する必要かつ適切な監督を行わなければならない。」とされ、「個人情報の保護に関する法律についてのガイドライン（通則編）」（個人情報保護委員会、平成28年11月策定、改正：平成29年５月）によれば、次のように定められている。

委託先の監督（法第22条関係）

　個人情報取扱事業者は、個人データの取扱いの全部又は一部を委託（※１）する場合は、委託を受けた者（以下「委託先」という。）において当該個人データについて安全管理措置が適切に講じられるよう、委託先に対し必要かつ適切な監督をしなければならない。具体的には、個人情報取扱事業者は、法第20条に基づき自らが講ずべき安全管理措置と同等の措置が講じられるよう、監督を行うものとする（※２）。

　その際、委託する業務内容に対して必要のない個人データを提供しないようにすることは当然のこととして、取扱いを委託する個人データの内容を踏まえ、個人データが漏えい等をした場合に本人が被る権利利益の侵害の大きさを考慮し、委託する事業の規模及び性質、個人データの取扱状況（取り扱う個人データの性質及び量を含む。）等に起因するリスクに応じて、次の(1)から(3)までに掲げる必要かつ適切な措置を講じなければならない（※３）。

(1)　適切な委託先の選定

　　委託先の選定に当たっては、委託先の安全管理措置が、少なくとも法第20条及び本ガイドラインで委託元に求められるものと同等であることを確認するため、「８（（別添）講ずべき安全管理措置の内容）」に定める各項目が、委託する業務内容に沿って、確実に実施されることについて、あらかじめ確認しなければならない。

(2)　委託契約の締結

　　委託契約には、当該個人データの取扱いに関する、必要かつ適切

な安全管理措置として、委託元、委託先双方が同意した内容とともに、委託先における委託された個人データの取扱状況を委託元が合理的に把握することを盛り込むことが望ましい。

(3) 委託先における個人データ取扱状況の把握

　　委託先における委託された個人データの取扱状況を把握するためには、定期的に監査を行う等により、委託契約で盛り込んだ内容の実施の程度を調査した上で、委託の内容等の見直しを検討することを含め、適切に評価することが望ましい。

　　また、委託先が再委託を行おうとする場合は、委託を行う場合と同様、委託元は、委託先が再委託する相手方、再委託する業務内容、再委託先の個人データの取扱方法等について、委託先から事前報告を受け又は承認を行うこと、及び委託先を通じて又は必要に応じて自らが、定期的に監査を実施すること等により、委託先が再委託先に対して本条の委託先の監督を適切に果たすこと、及び再委託先が法第20条に基づく安全管理措置を講ずることを十分に確認することが望ましい（※4）。再委託先が再々委託を行う場合以降も、再委託を行う場合と同様である。

【委託を受けた者に対して必要かつ適切な監督を行っていない事例】

事例1）個人データの安全管理措置の状況を契約締結時及びそれ以後も適宜把握せず外部の事業者に委託した結果、委託先が個人データを漏えいした場合

事例2）個人データの取扱いに関して必要な安全管理措置の内容を委託先に指示しなかった結果、委託先が個人データを漏えいした場合

事例3）再委託の条件に関する指示を委託先に行わず、かつ委託先の個人データの取扱状況の確認を怠り、委託先が個人データの処理を再委託した結果、当該再委託先が個人データを漏えいした場合

事例4）契約の中に、委託元は委託先による再委託の実施状況を把握することが盛り込まれているにもかかわらず、委託先に対して再委託に関する報告を求めるなどの必要な措置を行わず、委託元の認知しない再委託が行われた結果、当該再委託先が個人データを漏えいした場合

　　　　（※1）「個人データの取扱いの委託」とは、契約の形態・種類を問わず、個人情報取扱事業者が他の者に個人データの取扱いを行わせることをいう。具体的には、個人データの入力（本人からの取得を含む。）、編集、分析、出力等の処理を行うことを委託すること等が想定される。

　　　　（※2）委託元が法第20条が求める水準を超える高い水準の安全管理措置を講じている場合に、委託先に対してもこれと同等の措置を求める趣旨ではなく、法律上は、委託先は、法第20条が求める水準の安全管理措置を講じれば足りると解される。

第2部　労働者派遣と請負・業務委託、労働者供給をめぐって

> （※3）委託先の選定や委託先における個人データ取扱状況の把握に当たって
> は、取扱いを委託する個人データの内容や規模に応じて適切な方法をとる
> 必要があるが、例えば、必要に応じて個人データを取り扱う場所に赴く又
> はこれに代わる合理的な方法（口頭による確認を含む。）により確認する
> ことが考えられる。
> （※4）委託元が委託先について「必要かつ適切な監督」を行っていない場合
> で、委託先が再委託をした際に、再委託先が不適切な取扱いを行ったとき
> は、元の委託元による法違反と判断され得るので、再委託をする場合は注
> 意を要する。

(4)　乙側の守秘義務に関しては、「公益通報者保護法」の適用を受け、請負人や業務受託者の労働者も受注先において「通報対象事実が生じ、又はまさに生じようとしている旨を、当該労務提供先若しくは当該労務提供先があらかじめ定めた者、当該通報対象事実について処分（命令、取消しその他公権力の行使に当たる行為をいう。）若しくは勧告等（勧告その他処分に当たらない行為をいう。）をする権限を有する行政機関又はその者に対し当該通報対象事実を通報することがその発生若しくはこれによる被害の拡大を防止するために必要であると認められる者（当該通報対象事実により被害を受け又は受けるおそれがある者を含み、当該労務提供先の競争上の地位その他正当な利益を害するおそれがある者を除く。）に通報すること」（同法第2条第1項）は正当とされる点に留意しなければならない。

（公益通報者の保護）

第11条　甲及び乙は、乙の従業員が甲の業務に従事する場合において、甲の役員、従業員、代理人その他の者について公益通報対象事実が生じ、またはまさに生じようとしている旨を、甲若しくは甲があらかじめ定めた者、当該公益通報対象事実について処分若しくは勧告等をする権限を有する行政機関またはその者に対し当該公益通報対象事実を通報することがその発生若しくはこれによる被害の拡大を防止するために必要であると認められる者に通報したことを理由として、甲において個別本件請負契約の解除、乙の従業員の就業停止その他不利益な取扱いをしてはならず、乙に

第3章●業務請負・業務委託契約書例と解説

おいて当該従業員に対して解雇その他不利益な取扱いをしてはならない。

注 (1) 公益通報者保護制度に関し規定したのは、コンプライアンスの観点から、公益通報をしたことを理由とする公益通報者の解雇の無効などを定めた公益通報者保護法への対応を明確にする必要があるからである。

(2) 公益通報とは、労働者（派遣労働者、請負人の労働者、公務員を含む）が、①当該労働者を自ら使用する事業者、②当該労働者が派遣労働者である場合の当該派遣労働者の派遣先事業者、③当該労働者が注文者の事業に従事する場合の①または②の取引事業者、またはその役員、従業員などについて、公益通報対象事実が生じ、または生ずるおそれがある旨通報することをいい、請負事業者の労働者も通報の保護の対象者となることは、次のような同法立法時の政府の国会答弁でも明らかである。

> 「雇用形態がいろいろな形で多様化してきているということであります。契約社員でありますとかあるいは独立の請負業者とか、いろいろな形の雇用形態があるということであります。これについても、先ほど来申し上げていますように、労働基準法に言う労働者、つまり『職業の種類を問わず、事業又は事務所に使用される者で、賃金を支払われる者』というふうに認定される人であれば、広くその通報をする人という形で考えております。」
> （公益通報者保護法制定当時（平成16年）の国会答弁より）

(3) そこで、請負事業者の独立性、請負労働者の保護の観点からも本条を加えておいた方がよい。

（第三者使用）
第12条 乙は、本契約業務の履行について乙の従業員以外の第三者を使用することができる［できない］。ただし、（**〔別案〕**：227頁参照〕仕様書に定めるもののほかは）この場合には甲の承諾を得なければならない。

第2部　労働者派遣と請負・業務委託、労働者供給をめぐって

注 (1)　請負人は、仕事を完成する義務を負うのであるが、請負人は自ら仕事を完成することを要せず、第三者を使用することが許される。なお、第三者を使用するといっても第三者をして請負業務の一部を担当させ自分に代わり独立して仕事を完成させる場合（下請負）と、自ら仕事の遂行を指揮してただ補助者を使用する場合（下請からの派遣形態）とがある。第三者が代わって行うことが原則として請負では許され、雇用では許されないということがあるので、第三者使用の可能性を契約で定め得るならば定めておいた方が請負性を強くするのでよい。

(2)　建設業では原則として一括して下請させること（いわゆる「丸なげ」）は禁止されている。例えば国土交通省の「民間建設工事標準請負契約約款（甲）」でも、「一括委任と一括下請負」は「受注者は、工事の全部若しくはその主たる部分又は他の部分から独立して機能を発揮する工作物の工事を一括して第三者に委任し、又は請け負わせることはできない。」（第5条）として原則的に禁止されているが、第三者の使用禁止は請負にならないというわけではない。しかし、請負であるということをよりはっきりさせるために、本条項の規定のように第三者の使用について契約に定めておいた方がよい。

(3)　個人情報保護や企業機密保持の観点から、注文者より「第三者使用禁止」を定めることは問題がない。

（従業員控室等福利厚生の提供）

第13条　甲は、本契約に基づく請負業務の処理に従事する乙の従業員のために従業員控室、ロッカー、給食施設、電話及び光熱用水等の福利厚生施設及び資材置場、駐車場等を乙に提供するものとする。ただし、原則として有償とし、貸与条件等については別途覚書をもって定めるものとし、光熱水料その他の経費分担については、甲乙協議してこれを定める。

注 (1)　この点については、請負人である乙側の事業主としての独立性

第3章●業務請負・業務委託契約書例と解説

に関わる事項であり、「告示」では次のように定められている。

> 次のイ、ロ及びハのいずれにも該当することにより請負契約により請け負った業務を自己の業務として当該契約の相手方から独立して処理するものであること。
> イ　業務の処理に要する資金につき、すべて自らの責任の下に調達し、かつ、支弁すること。
> ロ　業務の処理について、民法、商法その他の法律に規定された事業主としてのすべての責任を負うこと。
> ハ　次のいずれかに該当するものであって、単に肉体的な労働力を提供するものでないこと。（以下略）
>
> （告示第2条第2号）

(2)　「発注者ガイドライン」では、「福利厚生施設の利用」として「発注者は、給食施設等自社の福利厚生施設について、利用料を適切に設定する等により請負労働者の利用も可能とすること。」（第2の1）と定められている。

(3)　本来、このような福利厚生的なものの負担もできるだけ乙において行うことが請負の性格を強める要素になるが、ビルの設備管理の請負等の場合には必ずしも乙が設置できないものもあり、甲に設備の提供を求めざるを得ないことが多い。この場合でも、原則として賃貸借契約を結び有償とし、対価や費用を支払うことが請負としての業務の独立性から必要とされる。ただし、これは必須要件ではない（「疑義応答集（第1集）」のQ13参照）。

（苦情処理）

第14条　甲は、甲または甲の従業員に起因する乙の従業員の苦情を適切に処理するため、苦情処理責任者を選任し、これを乙に通知するとともに処理体制を整備し、甲は当該苦情の申立てを理由として、乙に対し不利益な取扱いをしたり、乙の当該従業員に対して不利益な取扱いをするよう乙に求めたりしてはならない。

2　乙は、乙の従業員の苦情の処理を行うとともに、甲または甲の従業員に起因する乙の従業員の苦情の処理については、甲に対しその改善を求めることができる。

251

第2部　労働者派遣と請負・業務委託、労働者供給をめぐって

> 3　前2項の苦情処理は、原則として甲の苦情処理責任者と乙の事業所責任者またはその代行者間において協議し、迅速・円滑な解決に努めるものとする。

注　本条は、「発注者ガイドライン」第5の「発注者は、発注者又は発注者の労働者に起因する請負労働者の苦情を適切に処理するため、発注元責任者を選任し、体制を整備すること。また、発注者は、苦情の申立てを理由として、請負事業主に対し不利益な取扱いをしたり、請負労働者に対して不利益な取扱いをするよう請負事業主に求めてはならないこと。」及び「請負事業主ガイドライン」第5の「請負事業主は、第2から第4までの事項を始めとして、請負労働者の苦情の処理を行うとともに、発注者又は発注者の労働者に起因する請負労働者の苦情の処理については、発注者に対しその改善を求めること。」に基づき契約条文化したものである。

（業務の処理責任）
第15条　乙の行う本契約業務の処理につき瑕疵があり、または善良な管理者の注意を欠いたため不完全な処理が行われた場合には、乙は甲に対し、直ちに完全な履行となるよう追完を行いまたは同時に損害の賠償の責に任ずる。
　　ただし、乙の予見できないときまたは甲の提供した部品、資材等の瑕疵による場合その他乙の責に基づかない場合にはこの限りでない。

注　(1)　請負人は、自己のした仕事に瑕疵があるときは担保責任を負う。すなわち、注文者は相当の期間を定めてその瑕疵の修補を請求することができる。注文者は、瑕疵の修補に代えまたは瑕疵の修補とともに損害賠償の請求をすることもできる（民法第634条）ので、このような条項を定めた方が請負性が明白になる。
　　(2)　ただし、仕事の目的物の瑕疵が注文者の供した材料の性質または注文者の与えた指図によって生じたときであっても、請負人が

その材料または指図が不適当なことを知っていながらこれを告げなかったときは、請負人は担保責任を免れない（同法第636条ただし書）ことになっているので、本条文にただし書を加えた。

（損害賠償の責任）
第16条 本契約業務の処理中、乙（乙の従業員を含む。）の責に帰すべき事由により、甲若しくは第三者に与えた損害に対し、乙は損害賠償の責任を負う。その賠償額については甲乙協議の上これを定める。

注 (1) 「告示」の基準に定める業務処理につき、民法・商法その他の法律に規定された事業主としてのすべての責任を負うことを規定する必要があるので、このような損害賠償義務も定めておく必要がある。

(2) 雇用の場合には、労働者は使用者の指揮命令に従い労働が従属性を帯び、その代わりに仕事の完成の危険を負担することはないのに対し、請負の場合には、請負人は労働の独立性の上に立って仕事の完成の危険を負担するとされている。

そこから、労働者が仕事中に第三者に損害を加えたときは、使用者はその賠償の責に任じなければならない（民法第715条）とされており、請負の場合には、注文者は原則として請負人がその仕事につき第三者に加えた損害を賠償する責任を負わないのである（同法第716条）。

ただし、建物、設備等の瑕疵によって他人に損害を生じた場合は、甲が土地の工作物等の所有者または占有者として責任を負う（同法第717条）。また、甲の注文または指図の過失も甲の責任（同法第716条ただし書）となる点に留意すること。

(3) 損害保険を付保する場合は「甲乙協議し、乙の責任範囲内で保険金額を定める」というようにした方がよい。

第2部　労働者派遣と請負・業務委託、労働者供給をめぐって

（社会紛争及び天災）

第17条　騒擾、労働争議等の社会紛争あるいは地震、洪水等天災の
　　事由により、乙の契約履行が不能または困難となった場合、甲が
　　被る損害について、乙はその責を負わないものとする。

2　乙は、乙の従業員の争議行為を理由として本契約業務の履行の
　　責を免れない。

注 (1)　東日本大震災に関し、厚労省は、「東日本大震災に伴う労働基準
　　　法等に関するQ&A（第3版）」（平成23年4月27日版）などに
　　　休業関係その他の取扱いについての対応を示しているので参照さ
　　　れたい。

(2)　労働争議であっても乙の従業員の労働争議の場合には、乙の経
　　　営内部の事情であるから、本件業務請負・委託契約上の履行責任
　　　を免れることはできない。

　　　この点について、次のような判例がある。

> 　「本来企業との契約関係から生ずる利益の侵害により第三者が蒙っ
> た損害については、それが労働組合の争議行為による場合であって
> も、使用者が契約責任を負担するに止まり、労働組合又は組合員は、
> 使用者と並んで、直接第三者に対し責任を負担しないものと解するの
> が相当である。」
> （王子製紙労組事件、札幌地裁室蘭支部昭43・2・29判決、労判54号4頁）

（契約違反等による解除）

第18条　甲または乙が次の各号の一に該当したときは、それぞれ相
　　手方は何らの予告なく直ちに本契約を解除することができる。

　　一　本契約に定める事項に違反し、または履行を怠ったとき

　　二　手形交換所の取引停止処分があったとき

　　三　財産上の信用に関わる差押え、仮差押え、仮処分を受け、ま
　　　たは、競売、強制執行、滞納処分等を受けたとき

　　四　破産、民事再生、特別清算、会社更生の申立てがあったとき

　　五　営業を廃止しまたは清算に入ったとき

六　その他、甲または乙の責に帰すべき事由の発生により本契約
　　を継続し難いとき
2　契約が解除された場合において、乙は原状に回復し、甲または
　甲の指定する者に対し本件契約業務の円滑な引継ぎをなし、業務
　処理の継続に支障がないよう協力する義務を負う。

注 (1)　甲または乙が本契約の履行を怠り、あるいは本件契約に違反し
　　問題が生じたとき、その他経営上の信用状態が著しく悪化したと
　　きは、甲または乙は契約解除ができる。甲が本件契約を解除した
　　ときは、乙側としても、甲または甲の指定した第三者に請負委託
　　し、業務処理を継続できることとしなければならないため、円満
　　な引継ぎ条項が必要となる。

(2)　このような事態が予想されるケースの一つとして、乙の従業員
　　が争議行為を行い、本件契約業務の履行を拒否し、ストライキに
　　入ったり、乙が使用者としての争議行為であるロックアウトを
　　行ったりしたときがある。このような乙内部の争議行為は、甲に
　　対する本件契約上の義務を免れさせるものではない。労働者派遣
　　の場合には、正当な争議行為等を理由とする派遣契約の解除は禁
　　止されている（派遣法第27条）。請負の場合にはそのような法律
　　上の制限はないが、乙側の労使問題への甲の不当な介入とならな
　　いよう慎重な対応が必要である。

(3)　なお、労働組合のストライキと操業継続の関係については一般
　　に次のようにいわれている。

> 　労働組合がストをしたからといって使用者に操業中止の義務はなく
> 操業や営業継続は当然の権限と責務（使用者の第三者たる取引先に対
> する責任はストを理由に免れない）である。判例でも「会社側が組合員
> のストに這入ったことに因り空虚となった職場を補い、業務を続ける
> 為非組合員である他の職員をその職場に就かせると云うことは、組合
> の争議行為に対する対抗手段として正当なもの」であるとされている。
> （朝日新聞社事件、福岡地裁小倉支部昭23・11・9判決、労裁集1号
> 　122頁）

　また、労働者派遣の場合には、争議中の事業所への新たな派遣

第2部　労働者派遣と請負・業務委託、労働者供給をめぐって

は禁止されているが（派遣法第24条により職安法第20条を準用）、請負の場合にはこのような法律上の制限はない。争議中に対抗手段として新たな請負契約により業務を継続することも事業者の自由であるが、これはいわゆるスト破りとして、組合側は実力阻止ピケッティングをもって対抗し得るとの見解もある。

（契約の解除）

第19条　甲または乙が前条の場合以外で契約有効期間中に本件契約を解除しようとする場合は、2カ月前までに書面をもってその旨を相手方に通知し、甲乙協議するものとする。ただし、契約の解除が相手方に不利な時期である場合または一方の帰責事由に基づく場合には、それによって生じた損害を賠償しなければならない。

2　契約が解除された場合には、前条第2項の乙の原状回復義務を適用する。

〔製造請負適正化ガイドライン条項を加える場合〕

（甲側の事由による解除）

第○条　甲は、本契約または本契約に基づく各個別の請負契約の契約期間が満了する前に請負契約の解除を行う場合であって、乙から請求があったときは、当該請負契約の解除を行う理由を乙に対し明らかにするものとする。

2　甲は、専ら甲に起因する事由により、当該請負契約の契約期間が満了する前に解除を行おうとする場合には、乙の合意を得ることはもとより、あらかじめ1カ月［2カ月］以上の猶予期間をもって乙に解除の申入れを行わなければならない。

3　甲は、甲の責に帰すべき事由により各個別の請負契約の契約期間が満了する前に請負契約の解除を行おうとする場合には、他の請負業務や関連会社での請負業務等の受注の機会の提供を行うこととし、これができないときには、当該請負契約の解除を行おうとする日の少なくとも30日前に乙に対しその旨の予告を行わなければならない。ただし、当該予告を行わない場合は、速やかに、乙の当該請負業務に従事する従業員の少なくとも30日分以上の賃金に相当する額について損害の賠償を行うこと。甲が予告した日から当該請負契約の解除を行おう

第3章●業務請負・業務委託契約書例と解説

とする日までの期間が30日に満たない場合には、少なくとも当該請負契約の解除を行おうとする日の30日前の日から当該予告の日までの期間の日数分以上の当該従業員の賃金に相当する額について損害の賠償を行うものとする。その他甲乙十分に協議した上で適切な善後処理方策を講ずるものとする。

4　乙が前項に定める賃金相当額の損害賠償を甲に求めるにあたっては、当該請負業務に従事する従業員の賃金明細を添付して請求するものとする。

> **注**「発注者ガイドライン」第2の3に基づく条項である。なお、本契約ではガイドラインに沿って
> (1)　甲に起因する事由による期間満了前解除……合意＋1カ月前の予告
> (2)　甲の帰責事由のある期間満了前解除……30日前の予告または予告に代わる当該業務に従事する請負従業員の30日分の賃金相当額の損害賠償
> と定めたが、本来は乙としては請負契約により「得べかりし利益」の損害の賠償が請求できるところ、「ガイドライン」に沿って乙の従業員の30日分の賃金相当の損害金さえ支払えば一方的な解除ができる条項とも解されることになる。そこで、甲の帰責事由による解除によって乙に発生したそれ以外の損害の賠償義務も甲にあることを、条項として本契約書例第19条第1項ただし書のように記載しておいた方がよい。

注 (1)　本条項は、本件契約業務が日々の継続的な履行を必要とする業務であることを前提として、契約有効期間中であっても将来に向かって契約を解除（解約）できる旨の規定を置いたものである。しかし、それは本契約の内容から2カ月前の通知を必要とすることとした。なお、契約有効期間中であるから一方的な解約が認められるのではなく、甲乙協議して行う合意解約とする必要がある。

(2)　本条項のただし書は、合意解約にあたって留意すべきもので念のために規定した。

(3)　本件解約は、あくまでも合意解約であり、本件契約の履行遅滞や違反に基づく解除の場合は、本契約書例第18条のとおり予告不要の即時解除となっているのでそれによる。なお、甲乙合意したときは2カ月前の通知によらずいつでも即時解約できることはいう

257

第2部　労働者派遣と請負・業務委託、労働者供給をめぐって

までもない。

（協議事項）

第20条　この契約に定めのない事項は、誠意をもって甲乙協議して定めるものとする。

平成○○年○月○日

　　　　　　　甲［注文者の法人］

　　　　　　　　　○○株式会社　代表者　　　　　　　印

　　　　　　　乙［請負事業者または業務受託者である法人］

　　　　　　　　　××株式会社　代表者　　　　　　　印

第3章●業務請負・業務委託契約書例と解説

2 「区分基準」による請負事業か否かの チェックポイント

　「労働者派遣」か「請負・業務委託」かが問題となるケースについて、前記「区分基準」に沿って、各労働局の行政指導によるチェックリスト等も参考にしながら、筆者なりに各企業で具体的に行われている実態に関し注意すべきチェックポイントとみられる項目を以下に示すので、参考にされたい。

1 契約書上のチェックポイント

　請負か労働者派遣かについて、まず請負契約として認められる契約書上のチェック項目に関して述べると、次のとおりである。

1 契約書（注文書、覚書等を含む）がつくられているか

　契約書の作成は絶対的な必要要件ではないが、請負業務というためには独立の事業であることが要件となるから、契約上において両者対等の企業間の取引契約であり、双方ともに権利・義務を負う立場であることを明白にすることが望ましく、そのため契約書があることが重要であり契約書の作成が望ましい。

2 契約の名称が請負契約または業務委託契約となっているか

　契約ではその目的が何かということが重要であり、それを明白に示す名称を付しておく必要がある。業務委託契約でもよいが、なるべくなら「区分告示」の名称に合わせて「請負」という用語を用いることが望ましい。

259

第2部　労働者派遣と請負・業務委託、労働者供給をめぐって

3　契約の内容について

> ① 　完成すべき仕事の内容、目的とする成果物、処理すべき業務の内容が明記されているか。

　この定めがないと単なる労働提供にすぎなくなってしまうおそれがある。そこで、必ずこの目的を明記することが必要である。

> ② 　処理すべき業務について、包括的（一括請負）か、少なくとも独立業務として処理内容や成果物が区分されるものとなっているか。

　処理すべき業務については、必ず具体的に特定し、他との独立性が明白になるように区分しないと単なる労働提供になってしまうおそれもあるので注意すること。

> ③ 　業務処理について、請負人、受託者の独立業務遂行が明白になっているか。注文者の指揮命令により業務を遂行することになっていないか。

　この業務の独立、裁量的処理が請負であることのポイントである。

> ④ 　契約目的となる完成すべき仕事、処理すべき業務が自己の責任で調達する機器、材料等によっているか。または自ら行う企画によるものか、あるいは専門的なもの、技術的なものであって単なる肉体的な労働の提供にすぎないものでないか。

　この目的業務の内容が、業務処理の独立裁量性とともにチェックすべきポイントである。また、その方法についても機材等の必要なものは自己調達することとなっており、機材等を用いない技術的なものにあっては専門性の高いものか否かがポイントとなる。

> ⑤ 　注文者の設備、機械、装置等を無償で使用ないし利用し、注文者の指示に従って単なる作業のみを行う契約になっていないか。

　「業務取扱要領」では、これらの設備、機械等の賃貸借契約による使

260

第3章●業務請負・業務委託契約書例と解説

用が請負の場合には必要であるとされている。このような設備等の単なる無償使用で自社の業務としての独立処理性のないものは、単純な労働の提供目的のものとして請負性を否定されるので、そのようになっていないか注意すること。無償使用の場合でも契約書に必ず記入してその事業者としての貸与使用の法的根拠を明白にしておくことが必要である。

⑥ 納期、処理すべき期限（期間）が明記されているか。

継続的業務処理の委託契約では、必ずしも納期等は決められないが、業務処理受託者の裁量性と契約目的実現のための債務の本旨に従った自主的履行責任が明白になっていることが必要であるので、この点に留意すること。

⑦ 請負代金または業務処理報酬が明記されているか。

必ずしも金額自体が明記される必要はなく、代金の支払いと金額の決定方法は「別に定める仕様書による」という形であってもよいが、いずれにしても記載されている必要がある。なお、請負代金の記載は、印紙税法により貼付すべき印紙との関係があるのでこの点にも留意しておくこと。また、労働契約関係の文書については印紙税法の適用はない。

⑧ その代金が人工単価（労務単価）×人数×日数となっていないか。なっているとすれば、「疑義応答集（第2集）」に定めるような、そうすべき特別な合理的事由があるか。

いわゆる人工賃（労務賃）計算となっているときは、単なる労働提供と解されるケースもあるので、このような算定方式のときは、その理由と必要性が請負と矛盾しない性質のものであることの事由の確認が大切であり、要は業務の内容いかんによる。従来の都道府県労働局の指導では、このようなケースは請負と認めないとされることもあったが、「疑義応答集（第2集）」では、請負や業務委託であっても、そのような代金の定め方が必要な場合があり、それだけで事業としての独立性が否定されるものではないとされている（問7）。

261

第2部　労働者派遣と請負・業務委託、労働者供給をめぐって

> ⑨　出張旅費、日当等について注文者側の社員規程によることになっていないか。また、旅費、日当等が注文者側にその雇用労働者と同様、直接請求する社員出張型でその都度実費精算する方式となっていないか。

　注文者の出張命令により出張先の旅費規程による手当を受けて出張するということは、注文者の支配下にある労働者となっているか、注文者たる派遣先への派遣労働者となってしまっているともみられるおそれがある。請負人としての業務の独立処理性を失わないためには、このような方法はとらない方がよい。このような方法をとるときは、出張の場合の旅費の負担、その計算方法、支払い規定等について、それが単なる旅費等の精算方法であることを契約書で定めるよう注意すること。

> ⑩　従事者の履歴書等人物評価の書類の提出等により注文者から従事労働者を選考されるものではないか。また、請負業務の遂行にあたる請負人側の労働者について、注文者側からの合理的理由のない人物、人格上の従事拒否項目はないか。

　請負の場合には従事する労働者の人物、人格等は注文者企業の関与できないものであり、要は注文者企業としては、仕事の完成や業務の処理が注文どおりであるか否かにしか関与できない。このような人物評価による請負業務従事者の選考等を注文者側が要求すると注文者側が雇用主とみられるおそれも生ずる。なお、反社会的勢力に関する暴力団排除条例に基づくような合理的理由のある場合はよい。

> ⑪　要員の配置、変更等の人事管理上の措置を注文者が請負人や受託者に直接求め得る項目はないか。

　請け負った業務についてどのくらいの人数で、どのような配置で処理していくかは、請負人の権限であり、注文者はこれについて人事管理的に関与できない。

> ⑫　就業時間管理、始業・終業時刻の決定、労働条件の内容等に関し労務管理を注文者が行うような事項はないか。

　労働時間管理等は請負人の権限と義務であり、これを注文者が行うと請負性の否定要素となる。あくまでも、現場におけるこれらの労務管理は請負人側が行わなければならない。

> ⑬　請負人の労働者の時間外労働や休日労働の命令を注文者が直接行うような事項はないか。

　時間外労働や休日労働の命令は使用者である請負人のなすべきことで、注文者がこれを行うと請負性の否定要素となる。

> ⑭　請負業務従事者の直接の時間外労働や休日労働に対する代金が法定割増賃金相当の割増人工賃（労賃）×時間×人数という形で賃金とピタリと一致し、結果的に労基法による割増賃金の請求と同じような処理をするといった、労働の対価的な決定がなされるような取決めとなっていないか。

　このような法定割増賃金とピタリと一致する金額が特別報酬ないし追加代金として支払われるということは、賃金分の支払いであって、これでは請負報酬といえるのかという問題が生ずる。したがって、このような決め方はしない方がよいが、そのような取決めについて、合理的な理由がある場合ならば、それだけで請負性が否定されるわけではない。その場合でも、労働時間の把握義務は請負人にあるので、請負人側の請求によって注文者が請負代金として支払うとの契約をしていなければならない。

> ⑮　要員の欠勤、休暇、遅刻、早退等の承認、届出等の労務管理上の事項を注文者が行うことになっていないか。

　要員管理は、受注者である雇用主たる請負人側の責務であり、これを注文者側が行うと請負性の否定要素となる。

☐ ⑯ 要員の欠勤、休暇、遅刻等について、それにより少なくなった作業時間数等に応じて請負代金の減額等が定められるようなことになっていないか。

　提供される労働力の増減に対応したこのような報酬・料金の取決めは、一般に労働者派遣とみなされることが多い（適正な請負と認められるには、仕事の完成高、業務の処理量等によって報酬・料金を決める必要がある）。このような労働者の管理は請負人側の責務であり、こうしたケースの対応責任と義務は請負人にある。

☐ ⑰ 注文者の許可、承認がなければ請負人の労働者が職場を離脱できないことになっていないか。

　これは職場の秩序維持管理で、請負人の支配下で労働しているものであるから請負人側が行わなければならない。これを注文者側が行っている場合には、労働者派遣の場合の派遣先であるとみられる要素が強くなる。
　ただし、構内管理や施設管理上、保安や機密保持上の管理に関しては、注文者が行うものであるからその指示に従うことは問題ない。

☐ ⑱ 作業に従事する全要員数（標準要員数の場合はよい）の取決めがないか。

　請負や業務委託のときは、業務処理の完成がなされること自体が目的で、何人で処理するかということは請負人側の裁量によって決定される事項である。このように人数までも取り決めていると、提供する人数を決めた労働者派遣とみられることも多い。ただし、請負や業務処理の性質にもよるので特別な理由がある場合ならばよい。

☐ ⑲ 作業に従事する者の資格ランク別の個人名をもって人員提供の取決めがなされていないか。

　このような資格や技能のランク別による特定の個人の指定による人員の提供契約では請負とならない（作業従事者個人の技量に着目することは、一人親方の個人請負の場合を除いては、注文者側における雇用契約性が強くなる要素とみられる。請負の場合は仕事の処理が中心であり、

第3章●業務請負・業務委託契約書例と解説

どのような人物が処理するかは原則として問題ではない)。

> ☐ ⑳ 仕事の完成や業務の処理につき請負人側に契約違反があっ
> た場合の損害賠償の規定があるか（法律上の独立性）。

雇用の場合には、労働の提供があれば義務の履行となるのに対し、請負や業務委託では仕事の完成や業務の処理が目的であるから、処理結果についての瑕疵担保責任を負うのであり、そのような規定が必要となる。

> ☐ ㉑ 請負人側の瑕疵担保責任や善良な管理者の注意義務が規定
> されているか（業務上の独立性）。

業務の独立処理が請負の要件なので、企業間の請負契約として債務の本旨に従った履行上の注意義務を負う。

> ☐ ㉒ 請負人の労働者の故意、過失による注文者または第三者へ
> の損害賠償について規定されているか（法律上の責任）。

自己の雇用する労働者の故意、過失による加害責任は、使用者として負担する必要がある（民法第715条）。このような責任負担をしなければ独立の事業者とはいえない。

> ☐ ㉓ 作業従事者の秩序維持や服務規律について注文者の指揮命
> 令に服することになっていないか。

請負業務の遂行について、作業従事者の職場秩序や服務規律の維持は自己の義務であるから、請負人側で行う責任がある。

> ☐ ㉔ 第三者の使用が許されているか。または注文者の許可、承
> 諾を得れば、このような第三者使用が許されることになって
> いるか（事業の独立性）。

これは必須の要件というわけではないが、このような定めができていれば、独立事業者として請負人の責任で仕事を完成するにあたり、自己の労働者を供給しているとはいえないので、請負契約の立証としてはベターである。

265

第2部　労働者派遣と請負・業務委託、労働者供給をめぐって

> ☐ ㉕　注文者が全額費用を出して請負人の従業員を社員旅行等に参加させたり、無償で社宅・宿舎等を提供すること等になっていないか。

　このような福利厚生についても、請負人の経営上の独立性の観点から、請負人の負担とする必要がある。

　ただし、会社間の協力関係や業務提携関係の維持等から合理的理由がある場合は除く。しかし、その場合でも、税務上注文者から贈与を受けたことにならないように、その理由の合理性が社会通念上認められるようにする必要があるので、なるべく請負人側の負担として処理した方がよい。

2　現実の業務遂行方法、業務上の指示その他の管理上のチェックポイント

　次に、契約書上のポイントではなく、実際に行われている請負や業務委託の現実の管理上のポイントについて、「区分基準」に基づく適正な請負、業務委託と認められるチェック項目を述べると次のとおりである。

> ☐ ①　請負作業や受託業務の処理における労働者の人数、配置、変更等の指示をすべて請負人側が行っているか。

　注文者側において人数、配置及びその変更等を行うことは、注文者側が労務を受領していることになるため労働者供給ないし労働者派遣となり、請負業務の独立処理とはいえないことになる。

> ☐ ②　請負人側の作業責任者が自らの判断で作業スケジュールの作成及び調整を行い、自社の従事者に指示しているか。

　注文者側で請負人側の労働者を含む勤務や作業のスケジュールを組んで貼り出す等しているケースもあるが、これは請負性を否定する要素となる。あくまでも労働者を指揮命令して作業や業務の処理を行うのは請負人側でなければならない。

> ③ 欠勤、欠務、業務内容上の人員配置・その変更等は、請負人側の責任者が指示し、手配をしているか。

　欠勤管理や補充配置等を注文者側が行っているケースがあるが、これも請負性を否定する要素となる。あくまでも人員の配置、変更等は請負人側が行わなければならない。

> ④ 請負人側の作業責任者が自らの判断で従事者に仕事の割り当て及び調整を行い、直接指示しているか。

　請負人側が現実に人事管理や配置を行い、作業責任者（現場代理人）が注文者との調整にあたることとしなければならない。

> ⑤ 請負人側またはその作業責任者が自ら仕事の仕方、完成の方法、業務処理の方法等を定め、従事者に指示しているか。

　これらの業務処理等の方法は注文者からの注文内容そのものである場合も多いので、これについても、注文者の承認等を得ることにしている場合や双方協議して決定している場合にも、注文者としての「注文」または「指図」事項として区分されているならば問題ない。すなわち、これは注文内容に関わることで、仕事完成や業務処理の問題であるが、注文者の注文書、仕様書等といった注文指示と請負人側の業務処理、労務指揮とは区別しておかなければならない。

> ⑥ 仕事の完成や業務処理の方法に関する教育・指導は請負人側の責任で行っているか。注文者にこれら教育・指導をすべて任せてはいないか。

　請負人側の独立性の要素として、自社の労働者に対して自ら教育・指導を行い業務の適正な履行を図るということが重要である。「疑義応答集（第1集）」でも、一定の場合に注文者側での教育・指導が許されるケースが例示されているが（Q10）、その場合でも請負人側が管理して実施することが必要である。

☐ ⑦ 仕事の完成や業務処理の方法について、従事者一人ひとりの評価（出来高等）を注文者側が個別に行って検収するという方法になっていないか。

あくまでも仕事の完成や業務処理は、請負人側の企業責任事項であり、従事労働者一人ひとりの実施状況評価をして検収するといった労働の提供そのものではないので、この点は注意することが必要である。

☐ ⑧ 注文者側に、従事者一人ひとりの能力評価をするための資料等を提出していないか。

従事者一人ひとりの能力、技能、経験等に着目するのは、労働者派遣であり、請負ではない。

☐ ⑨ 注文者が日常の業務処理や技術、取扱い等について指導・教育をし、OJT式に注文者が請負人の労働者に対し労務管理上の指導や指揮命令をしていないか。

注文者側が職場でOJT式に請負人の労働者を指導・教育し、注意しているということは、注文者側が指揮命令していることとなり、労働者派遣的要素が強くなる。請負の場合は、労働者の人事管理や配置はすべて請負人の責任と義務であり、業務の独立処理を行うものであるので、教育・指示について注文者側が行っても請負人としての独立性が失われないケースを除いて留意すること。

☐ ⑩ 就労場所（職場）の管理責任は請負人側が負っており、注文者の許可・承認がなければ、請負人の労働者が職場離脱できないといったことはないか。

職場離脱について注文者の許可・承認を要するということは、注文者側が指揮監督し、支配していることになる。

ただし、施設管理上、機密保持上の合理的理由がある場合は、注文者側の管理に服することは差し支えない。当該業務の場所的管理責任は注文者側にあっても、職場の労務管理は請負人が行うものである。

第3章●業務請負・業務委託契約書例と解説

3 労働時間等の管理上のチェックポイント

> ☐ ① 注文者の就業規則をそのまま使用していないか。

　請負は、独立事業であるから、自社の労働者の労働条件はあくまでも自社の定めた就業規則による。なお、「疑義応答集（第2集）」では「請負業務では、請負事業主は自己の就業規則、服務規律等に基づき、労働者を指揮命令して業務を遂行する必要があります。ただし、例えば、請負事業主の業務の効率化、各種法令等による施設管理や安全衛生管理の必要性等合理的な理由がある場合に、結果的に発注者と同様の就業時間・休日、服務規律、安全衛生規律等となったとしても、それのみをもって直ちに労働者派遣事業と判断されることはありません。」（問11）とされている。

> ☐ ② 労働時間、休憩時間、休日等の決定は請負人側において
> 　　行っているか。

　もちろん注文者の注文・納品・事業場施設管理等の観点から注文者側の注文・指図に合わせることは必要であるが、あくまでも請負人の労働者の労働時間等の決定は、請負人側が自ら行うものでなければならない。

> ☐ ③ 注文者名義のタイムカードや出勤簿をそのまま使用してい
> 　　ないか。

　管理の都合上タイムレコーダー等を注文者より借用することは差し支えないが、注文者が自己の管理責任の下に請負人の労働者のタイムカード、出勤簿等を作成してはならない。

> ☐ ④ 注文者が請負人側の労働者の就業時間管理（欠勤、年次有
> 　　給休暇、遅刻、早退、生理休暇、慶弔休暇等の承認、届出及
> 　　びこれらの記録等）を行っていないか。

　これらの事項は雇用主側の行うことであり、これを注文者側が行うということは注文者が労務管理をしていることになり、場合によっては注文者側と請負人側の労働者との黙示の労働契約の成立といった問題も惹

269

第2部　労働者派遣と請負・業務委託、労働者供給をめぐって

起しかねない。

> ⑤　時間外労働や休日労働の命令を注文者側が直接行っていないか。

　時間外労働や休日労働の命令は、請負人側の労務管理権限として自ら行うことが必要である。

> ⑥　請負人の労働者の休日の振替・代休の付与といった取扱いを注文者側で行っていないか。

　これらは、労働時間管理であり、また配慮義務としての労務管理でもあるので請負人側で行うべき事項である。

> ⑦　請負人の労働者一人ひとりについての時間外労働時間、深夜労働時間、休日労働日数の把握、確認及び計算を注文者側で行っていないか。

　これらの把握、確認、計算は、労基法上の労働時間把握・算定義務を負っている使用者である請負人側が自ら行わなければならない。

4　服務規律の決定・管理上のチェックポイント

> ①　注文者と全く同一の作業服、帽子等を着用していないか。

　請負業務は、注文者の施設構内で実施されることから、注文者の施設管理、秘密管理、秩序管理といった管理上あるいは対外的な必要性から、構内で業務を行う請負人側の労働者が注文者側の労働者と同一の作業服、防止等を着用していたからといって、それだけで請負性を否定されるものではない。できれば帽子、ネームプレート等で注文者側の労働者と区分できるようにしていることが業務の外形的独立性からも望ましい。

　なお、厚労省の「疑義応答集（第1集）」では、「請負労働者に対して発注者が直接作業服の指示を行ったり、請負事業主を通じた関与を行ったりすることは、請負事業主が自己の労働者の服務上の規律に関する指示その他の管理を自ら行っていないこととなり、偽装請負と判断される

ことになります。ただし、例えば、製品の製造に関する制約のため、事業所内への部外者の侵入を防止し企業機密を守るため、労働者の安全衛生のため等の特段の合理的な理由により、特定の作業服の着用について、双方合意の上、予め請負契約で定めていることのみをもって、偽装請負と判断されるものではありません。」（Ｑ９）とされている。

② 注文者が作成した注文者の従業員である旨の身分証明書を使っていないか。

注文者の従業員とする身分証明書は問題となるので使うべきではない。入門証、通行証、作業証明書などは、あくまでも請負人の労働者としての入門、通行、セキュリティ管理の証明書とすること。

なお、構内のセキュリティ管理は注文者側が行うもので、請負人側もそれに従わなければならないが、「入構証明」は注文者側でするとしても、請負人として自社の従業員であるとの証明（従業員証明）をするのは請負人企業のみしかなし得ない。そこで、請負人の申請によって注文者が作成・交付することが必要である。

③ 注文者と全く同一の名札を着用していないか。

「疑義応答集（第２集）」では、「請負業務では、請負事業主が労働者の配置等の決定や変更を自ら行うことが必要です。ただし、当該決定・変更を請負事業主自らが行っている限り、施設の保安上の理由や企業における秘密保持等、発注者の事業運営上必要な場合に、従事予定労働者の氏名をあらかじめ発注者に提出しても、そのことのみをもって発注者が請負労働者の配置等の決定及び変更に関与しているとは言えず、直ちに労働者派遣事業又は労働者供給事業と判断されることはありません。なお、請負事業主から発注者へ請負労働者の氏名等の個人情報を提供する際には、個人情報保護法等に基づく適正な取扱（例えば、あらかじめ請負労働者本人の了解を得る等）が求められます。」(問12) とされている。

ただし、前記①のとおりその必要性があれば、機密保持、構内管理上の問題もあるのでそれだけで請負性が否定されるものではない。また、最近は、ICカード式の証明書兼入門証、入場キーロックの解除等多面的な活用がなされているので、それらの目的で注文者からICカードのよう

な証明書が交付されているケースはよい。

> ☐ ④ 注文者から直接、人事考課を受けていないか。

　注文者は、労務管理上の使用者にならないのでこのようなことをしてはならない（これは、労働者派遣の一つの表徴となる）。

> ☐ ⑤ 注文者より請負人側の労働者に対して直接、個人情報保護や守秘義務の誓約書を注文者宛てに提出を求め、その違反に対しては損害賠償責任を負う旨を誓約させていないか。

　個人情報保護等の個別的誓約書等を請負人の労働者に対して求めることは、受注している請負人側が行うべきことである。注文者側が請負人の労働者から直接誓約書を求めることは、労働者派遣的な要素となる。なお、「疑義応答集（第2集）」では、「請負事業主が、請負業務に従事する労働者の決定を自ら行っている場合は、発注者が請負事業主に対し、情報漏洩防止のため、請負労働者の請負事業主あての誓約書の写しを求めても、そのことのみをもって労働者派遣事業又は労働者供給事業と判断されることはありません。」（問13）とされている。

> ☐ ⑥ 注文者より請負人側の労働者について、従事業務不適格者、能力不足者等の指名、指摘が行われ、その者につき作業を拒否されることになっていないか。

　請負や業務委託では、従業者個人の能力不足や不適格性は問題とならず、完成した仕事や製品の品質の低下、欠品、業務の不完全処理といった結果（成果）については、事業者間の債務不履行の問題であり、請負人内部の問題として不適格者や能力不足者の交替、作業からの排除といったことを行うべきである。それを注文者側が個人の業務不適格の問題として、その排除等を直接求めることはできない。ただし、注文者の機密保持、安全管理、企業秩序維持等の合理的理由がある場合には、差し支えない。

第3章●業務請負・業務委託契約書例と解説

> ⑦ 注文者の朝礼やミーティングに作業者全員の参加が義務付けられ、参加しないと請負人の労働者として注文者の構内等への入構が拒否される等の不利益が定められていないか。

　このような場合、請負人側の管理責任者や担当者が出席することは業務の打ち合わせ、連絡調整等が必要であるので当然であるが、一般の請負人側の作業者については、注文者は使用者でないので、強制できない。ただし、「疑義応答集（第2集）」では、発注者との打ち合わせ会議や、発注者の事業所の朝礼に、請負事業主の管理責任者だけでなく請負労働者も出席した場合について「発注者・請負事業主間の打ち合わせ等に、請負事業主の管理責任者だけでなく、管理責任者自身の判断で請負労働者が同席しても、それのみをもって直ちに労働者派遣事業と判断されることはありません。」（問9）とされている。

　また、参加目的が安全衛生管理や作業場所の秩序維持的なものであったり、安全大会その他行事的なものであったりするならば問題ない。

> ⑧ 注文者が請負人の労働者の出退勤不良や誠実勤務義務違反その他規律違反等について懲戒処分を求めたりしていないか。

　このような労務管理は請負人側が行う必要がある。ただし、機密保持上、安全衛生管理上等の合理的理由がある場合等注文者の企業防衛上必要がある場合はこの限りでない。

5 要員の配置決定・変更上のチェックポイント

> ① 注文者が請負人側の作業要員の指名、分担、配置等の決定変更等を行っていないか。

　要員管理・人事配置・勤務スケジュール作成は、請負人側の行うべきことである。これを注文者が行うことは、労働者派遣とみられる。「疑義応答集（第2集）」においても、発注者から一般作業員に対し「打ち合わせ等の際、作業の順序や従業員への割振り等の詳細な指示が行われたり、発注者から作業方針の変更が日常的に指示されたりして、請負事業主自

らが業務の遂行方法に関する指示を行っていると認められない場合は、労働者派遣事業と判断されることになります。」（問9）とされている。

> ② 注文者が請負人側の作業人員の増減変更を直接指示していないか。

　注文者側は、品質や業務の検収権限を有するのみで、処理人員についてまで直接指示できない。繁閑に応じた人員調整は、独立処理を行うべき請負人側が行うことである。ただし、注文者としての施設管理上、就業環境上、業務上等の合理的理由があるときはよい。

> ③ 注文者が、要員の経歴書の提出を求めたり、従事要員の面接を行ったりして請負人側の作業者の選考を行っていないか。

　注文者は、自己が採用するのではないので、このようなことを行ってはならない。

> ④ 注文者側の従業員と請負人側の従業員が混在しており、注文者の職制との間に上司、部下という関係が生じ、同じ職場の所属長のような支配統率を受け使用従属的な状況で作業していないか。

　注文者側の従業員と請負人側の従業員が混在し、注文者側の人的組織に組み入れられると請負ではなく実質的な労働者派遣となる可能性が強くなる。「疑義応答集（第１集）」でも、業務の独立処理がなされているならば、「仮に両事業主の作業スペースがパーテーション等により物理的に区分されていることがなくても、それだけをもって偽装請負と判断されるものではありません。また、同様に、上記の要件が満たされているのであれば、パーテーション等の区分がないだけでなく、発注者の労働者と請負労働者が混在していたとしても、それだけをもって偽装請負と判断されるものではありません。ただし、例えば、発注者と請負事業主の作業内容に連続性がある場合であって、それぞれの作業スペースが物理的に区分されてない(ママ)ことや、それぞれの労働者が混在していることが原因で、発注者が請負労働者に対し、業務の遂行方法に必然的に直接指示を行ってしまう場合は、偽装請負と判断されることになります。」

（Q5）とされている。

6 請負業務等の自己の業務としての独立処理上のチェックポイント

1 業務の処理に必要な資金をすべて自らの責任において調達・支弁しているか

☐ ① 通勤費、交通費等が注文者から作業従事者個人に直接支払われていないか。

　通勤費や交通費は、雇用主である請負人の負担、支給とせずに直接労働者に対し注文者が支払うことは、自己が直接指示命令して使用するとみられる要素が強くなり、労働者派遣と判断される可能性が高い。
　そこで、このような取扱いは避けるべきであるが、経理処理上の便宜のためであるならその旨契約で定め、業務上の指揮命令権限は請負人にあることについて誤解を招かないようにする必要がある。

☐ ② 契約書（注文書、覚書等を含む。以下同じ）に明記されている場合を除き、出張交通費の実費を注文者の社員の旅費規程によって直接請負人の労働者が請求し、注文者が支払いをしていないか。

　注文者の業務で出張するということは、請負人の会社としての自社業務なので、あくまでも会社間の精算とすべきである。直接請負人の労働者が注文者に請求することは、注文者側での派遣労働性が強くなる要素をなす。

☐ ③ 契約書に明記されておらず、または会社間の取決めがないのに、出張先の宿泊施設を当然のように無償で借りていないか。

　請負人側の事業者としての独立性を明白にするため、これらは賃貸借契約とし有償とするか、その便宜供与としての取扱いを明白にしなければならない。有償としない場合も当該施設使用の根拠として貸与であることを明白にすべきであろう。

第2部　労働者派遣と請負・業務委託、労働者供給をめぐって

2　自己の責任と負担で準備し、調達する機械、設備もしくは器材または材料もしくは資材により、業務を処理しているか

> ④　事業者として自己の独立性のため、業務に使用する機械、設備、器材等について、自己調達や有償賃借をする旨または使用権限、責任を明白にしているか。

　事業者の独立性はヒト・モノ・カネの確保であり業務に用いる機械器具の準備、調達の責任を負わない単なる労働の提供は労働者派遣となる。なお、「疑義応答集（第1集）」では、「請負業務の処理に間接的に必要とされるもの（例えば、請負業務を行う場所の賃貸料や、光熱費）、請負業務の処理自体には直接必要とされないが、請負業務の処理に伴い、発注者から請負事業主に提供されるもの（例えば、更衣室やロッカー）については、別個の双務契約までは必要なく、その利用を認めること等について請負契約中に包括的に規定されているのであれば特に問題にないものです。」（Q13）、「食堂、化粧室等のように業務処理に直接必要とはされない福利厚生施設や、建物の玄関、エレベーターのように不特定多数の者が使用可能な場所・設備を、発注者と請負事業主が共同で使用することは差し支えありません。また、使用に当たって、別個の双務契約までは必ずしも要するものではありません。」（Q12）とされている。

> ⑤　契約書に明記されている場合を除き、資材、材料、原料、部品等を無償で使用していないか。

　請負人の事業者としての独立性の要素としてこれらの自己調達がある。そこで、これらはなるべく有償にするか、請負人側で調達することにした方がよい。ただし、注文者側の無償提供が必要な特殊な仕様品や守秘が必要な知財に関わる場合等の合理的理由があればよい。また、諸費用の中に包括する場合には、その旨契約書に明記しておくべきである。

> ⑥　契約書に明記されている場合を除き、給食費等として給食などが無償で支給されていないか。

　これは請負人の独立性の表徴なので、有償とし請負人側の負担とすべきである。そして、これらの無償提供は、場合によっては請負人への贈

第3章●業務請負・業務委託契約書例と解説

与（税法上）となるケースがあるので注意を要する。

3　業務の処理について、民法・商法その他の法律に規定された、事業主としてのすべての責任を負っているか

⑦　仕事の完成や業務の処理につき請負人側に契約違反があった場合の損害賠償の定めはなされているか（法律上の独立性）。

⑧　請負人側の瑕疵担保責任や善良な管理者の注意義務が規定されているか（業務上の独立性）。

⑨　請負人側の作業従事者の故意、過失による注文者または第三者への損害賠償について規定されているか（法律上の責任）。

⑩　作業従事者の秩序維持や服務規律について注文者の指揮命令に服することになっていないか（労務管理上の独立性）。

　これらの作業従事者の服務規律や職場秩序の維持は、請負人側に責任がある。ただし、注文者側の施設の保安上の理由や企業における秘密保持等、注文者の独自の事業運営上必要な場合における管理上の拘束は差し支えない。

⑪　第三者の使用の可否について定めているか。

　第三者（下請等）の使用が検討されていることは、請負人の独立性を表す一つの要素となる（事業の独立性）。

⑫　作業従事者に対する労働安全衛生の確保、管理責任は請負人側が負っているか。また、請負人側の安全衛生組織は定められているか。

　請負の場合には、従事労働者に対する安全衛生管理責任は全面的に請負人側が負う。したがって、請負人独自の安全衛生組織が必要であるが、施設管理等の問題もあり、注文者側と共同・合同して行うことは差し支えない。また、安全衛生活動についての注文者との協力実施は有効

277

第2部　労働者派遣と請負・業務委託、労働者供給をめぐって

である。

> ⑬　請負業務や出退勤記録、労働社会保険その他請負業務遂行
> 上の事務的な記録や事務処理、諸官庁への届出事務等につい
> て、請負人側にこれらを行う要員がおらず、すべて注文者に
> 任せていないか。

　これらの事務処理は請負人として当然なすべき労務管理の一環であ
り、事業主としての法的責任事項であるから、これらの処理要員がおら
ず注文者に任せているということは、請負人の経営上の独立性の否定的
な要素となる。

4　事業主としての業務の独立処理責任を有しているか。単に肉体的な労働力を提供するものとはなっていないか

> ⑭　処理すべき業務を、（イ）請負人側の調達する機械・設備・
> 器材・材料・資材を使用し処理しているか、または注文者側
> が設備等を調達する場合は無償で使用していないか。（ロ）
> 請負人側の独自の高度な技術・専門性等で業務処理をしてい
> るか（（イ）、（ロ）のどちらかに該当していること）。

> ⑮　契約書には、施設、機械、建物、装置等について賃貸借等
> の有償・双務契約と定めているが、実際には無償で何らの対
> 価もなく注文者の一部門のようにこれらを使用して請負業務
> を行っていないか。

　このような場合は、事業者としての独立性の否定的要素が強くなり、
仮に労働者の使用について労務管理上の独立性があったとしても注文者
の組織内に取り込まれた一部門とみられ、注文者の支配下に労働を提供
しているにすぎないと評価される要素が強くなる。

> ⑯　完成すべき仕事の内容、目的とする成果物、処理すべき業
> 務の内容が明記されているか。

　この定めがないと、単なる日々の注文者への包括的な労働提供にすぎ

278

なくなってしまうおそれがある。

> ⑰　労働者の欠勤、休暇、遅刻等による作業時間の減少等に応じて、請負代金の減額等が定められることになっていないか。

このような場合には、労働の提供の対価イコール請負代金となってしまい、単なる肉体的な労働力の提供とみなされるおそれがある。

> ⑱　請負代金は人工賃単価（労務単価）×人数×日数（時間）となっていないか。なっているとすれば、そうすべき特別な合理的な理由があるか。

最近は、このような請負代金の決め方が必要かつ合理的なケースも増えており、「疑義応答集（第2集）」でも認められるケースが例示されている（問7）。

いわゆる人工賃（労務費）計算となっているときは、単なる労働提供と評価されるケースが多いので、その理由を明白にしておくことも必要である。ただし、技術的、芸能的、美術的、宣伝的な業務の請負等では、逆にこのような方式が妥当し、かえってそれが合理的な理由となるケースも多く認められており、このような場合ならば差し支えない。

3 地方公共団体の外部委託契約と派遣

1 地方公共団体等のいわゆる民活と業務委託の問題

1　公務員への労働者派遣法の適用と民間委託

労働者派遣法の適用については、同法第3条において、「この法律は、船員職業安定法第6条第1項に規定する船員については、適用しない。」とあるのみで、その他については適用の制限はしていない。そこで派遣

法は、上記の船員を除く公務員を含めたあらゆる労働者、あらゆる事業に原則として適用される。これは、労働力の需給調整に関する一般法である職安法と同様である。このことは、国、行政執行法人、地方公共団体、特定地方独立行政法人への違法派遣に関する「労働契約申込みみなし」の適用を明らかにした規定（派遣法第40条の6、第40条の7）の存在からも明白である。

　また、国家公務員、地方公務員が派遣労働者となる場合にも、法の規制が適用される（国家公務員法附則第16条、地方公務員法第58条において適用除外とされていない）。郵政、林野、印刷、造幣のいわゆる旧四現業の職員や水道事業、軌道事業、自動車運送事業、地方鉄道事業、電気事業、ガス事業等の地方公営企業の職員についても同様である（行政執行法人の労働関係に関する法律第37条、地方公営企業法第39条において適用除外とされていない）。

　国、地方公共団体が派遣先である場合についても、派遣法は全面的に適用され、したがって、国、地方公共団体も派遣先としての同法上の責任を負う。

　ところで、地方公共団体等においては近時民間の活用が叫ばれており、最近では積極的に民間委託が進められ、このため民間の労働者派遣を利用することも多くなっているが、地方公共団体の事務や事業を外部に委託する場合、公権力の行使としての行政事務を外部、特に民間企業に委託することはできないことはいうまでもない。しかし、労働者派遣の派遣対象業務については、平成27年法改正により従来の26業務の制限がなくなり完全に原則自由化され拡大されたので、地方公共団体でも利用できるものは次第に多くなるものと思われる。ただし、改正派遣法の第40条の2第3項ないし第6項の派遣先事業所の労働者の過半数労働組合等の規定を国や地方公共団体等が派遣先のときにどう適用するか問題がある。

　また、このような問題があるゆえに労働者派遣形態によらないで、前述の「請負契約」や「業務委託契約」によれば対象業務は広がることになるが、その場合でも特別法や行政指導により制約されるものがある（例えば、清掃事業については「廃棄物の処理及び清掃に関する法律」及び同法施行令、同法施行規則で委託業者の基準が定められている。ま

第3章●業務請負・業務委託契約書例と解説

た、公の施設の管理委託は、条例の定めるところにより、法人その他の団体であって当該普通地方公共団体が指定する者（「指定管理者」という）により管理を行わせることができるとされている（地方自治法第244条の2第3項）。また、学校給食、病院給食、社会福祉収容施設給食等については、文部科学省や厚労省の通達によって、学校や病院の施設を利用しなければならない等の指導がなされている）。

●2　地方公共団体等の業務の民間請負・業務委託は──偽装請負のペナルティは

　いずれにしても、上記のような制限のある場合を除けば、地方公共団体等が現業的な業務を民間に委託することは差し支えないが、それが適法な派遣対象でないときや3年を超えて維持・継続するものであるとき（地方公共団体の場合には、従業員の過半数代表制度は実際上現在まで導入されていないため）は、業務委託契約または請負契約によらなければならない。

　この場合に関して、地方自治法等では次頁のとおり規定されており、地方公共団体における業務委託契約や請負契約の締結にあたっては、契約書及び仕様書（具体的実施事項の明細書）方式によって行われるのが一般的である。

　ところで、この場合において、前記の「請負」に該当する業務委託についても、「区分基準」を遵守する条件を備えていないと、地方公共団体といえども派遣法違反となる（ただし、処罰される場合であっても、その違反を実行した首長、担当部長、課長等の行為者に限られ、地方公共団体自体は刑事責任を負わないので処罰の対象にはならない）。

　実際、地方公共団体においても、違法な労働者派遣や職安法違反のケースが起こり、問題となっている（小原昇「地方公共団体における外部労働力の活用と労働関係法」（「季刊労働法」157号80〜91頁）参照）。

2　地方公共団体の業務委託契約書・仕様書の例と留意事項

　地方公共団体における現業的な業務を民間に委託するにあたっては、

第2部 労働者派遣と請負・業務委託、労働者供給をめぐって

請負契約または業務委託契約等によらなければならない（地方自治法第234条）が、いずれの場合であっても、前述の「区分基準」の要件を充足する適正な請負に該当するものでなければならない。仮にも偽装目的での請負による労務の受入れをしたときは、派遣法第40条の7の定めに該当し、「労働契約申込みみなし」に代わる「関係法令の規定に基づく採用その他の適切な措置を講じなければならない」ことになるというペナルティが、地方公共団体といえども課せられる。

次頁以下において、現実に行われている地方公共団体の「業務委託契約書」の例を参考にして紹介・検討する。

また、一般に地方公共団体においては、具体的な細部実施事項は仕様書や設計書という形の契約書に付属する関係書類によって明示される（地方自治法施行令第167条の15第2項）。そこで、「業務委託契約書」と一体となっている「仕様書」の記載も重要になるので、現実に地方公共団体で利用されているものの実例も併せて検討する。

地方自治法
第234条第1項
　売買、貸借、請負その他の契約は、一般競争入札、指名競争入札、随意契約又はせり売りの方法により締結するものとする。
第234条の2第1項
　普通地方公共団体が工事若しくは製造その他についての請負契約又は物件の買入れその他の契約を締結した場合においては、当該普通地方公共団体の職員は、政令の定めるところにより、契約の適正な履行を確保するため又はその受ける給付の完了の確認（給付の完了前に代価の一部を支払う必要がある場合において行なう工事若しくは製造の既済部分又は物件の既納部分の確認を含む。）をするため必要な監督又は検査をしなければならない。
地方自治法施行令第167条の15第2項
　地方自治法第234条の2第1項の規定による検査は、契約書、仕様書及び設計書その他の関係書類（当該関係書類に記載すべき事項を記録した電磁的記録を含む。）に基づいて行わなければならない。

地方公共団体の業務委託契約書（例）

（委託内容）
第1条　○○市（「甲」という）は、乙（受託業者）に対し、次のとおり、業務を委託し、乙は以下の条件によりこれを履行することを受諾した。
　一　委託業務の名称
　二　履行場所
　三　契約金額
　四　契約締結日
　五　契約期間
　六　契約保証金
　七　支払方法

（業務履行方法）
第2条　乙は、頭書の契約金をもって、頭書の契約期間内に別紙の仕様書に基づき受託業務を履行しなければならない。

> **注**　本件受託業務について、受託業者は、作業の完成について事業主としての財政上及び法律上のすべての責任を負うものであることを契約書上または仕様書上明らかにしなければならない。

（責任履行）
第3条　乙は、受託業務の目的及び趣旨に従い信義をもって誠実に自己の責任で受託業務を完全に履行しなければならない。
2　乙は、甲の承認を得た場合を除いて、受託業務の全部又は主要な部分を第三者に委託し、又は請け負わせてはならない。

> **注**　受託業者は、自己の裁量と責任によって独立して受託業務を遂行するものであり、単に労働者のみを派遣するものであってはならないためである。

第2部　労働者派遣と請負・業務委託、労働者供給をめぐって

（権利譲渡の禁止等）
第4条　乙は、この契約によって生ずる権利義務を第三者に譲渡し、又は担保に供してはならない。

（施設等の使用管理）
第5条　甲は、委託業務遂行上必要な設備機械器具等を無償で使用させることができる。
2　乙は、前項の施設等を善良な管理者の注意をもって取り扱わなければならない。
3　乙は、前項の施設等以外については自己の責任で調達しなければならないが、この場合、甲の定める条件性能等を有するものでなければならない。

> **注**
> (1)　工具類等は受託業者が所有しており、その対象となる業務は地方公共団体の業務であるから、施設等は公共団体等の所有に属する。しかしながら、「区分基準」によると業務遂行上必要な器材、資材、物品運搬車両、工具、用具等は受託業者が調達する必要がある。ところが、当該業務は市等の業務であり住民に対するサービス等の責任は市当局にあるから調達物品等は市当局の定める仕様や要件に合致するものでなければならない。だからといって市等が購入して提供するということは、「区分告示」第2条第2号の定めの趣旨から問題となるので留意しなければならない。
> (2)　委託業務に必要な設備、機械等も本来は有償で受託業者（乙）が賃借すべきであるが、地方公共団体の行政財産であるから、原則としてそれを一部区分する等して賃借するわけにはいかないので、住民サービスの見地等から、無償使用も合理性がある場合として認められよう。

（損害賠償責任）
第6条　乙が、故意又は過失により、前条に定める施設等を損傷等したときは、乙はその賠償の責を負わなければならない。
2　本委託業務処理に関し発生した損害（第三者に及ぼした損害を含

む。）は、すべて乙が負担するものとし、甲はその責を負わないものとする。ただし、その発生が甲の責に帰すべき事由による場合は、この限りでない。

3　前項について、甲が修理し又は支払った場合には、その金額を乙に求償し、乙はこれに応じなければならない。

（処理状況の調査）

第7条　甲は、必要と認めるときは、乙に対し委託業務の処理状況につき調査をし、又は報告を求めることができる。

> **注**　この報告は、委託者（甲）が受託業者（乙）に対して指揮命令に及ぶようなものにならないように留意しなければならない。

（業務内容の変更）

第8条　甲は、必要がある場合には、委託業務の内容を変更し、又は委託業務を一時中止することができる。この場合、契約金額又は履行期限を変更する必要があるときは、甲乙協議して書面によりこれを定める。

2　前項の場合において、甲は契約を解除するか履行期限の延長等をすることができる。

（期間の延長）

第9条　乙は、その責に帰することができない事由により、履行期限までに委託業務を完了することができないことが明らかになったときは、遅滞なく甲に対して、その理由を付して履行期限の延長を求めなければならない。

2　甲は、乙に違約金を請求することができる。違約金は遅延日数に応じ、契約金額に年8.25パーセントの割合で計算した金額とする。

（検査及び引渡し）

第10条　乙は、委託業務を完了したときは遅滞なく甲の指示する目的物及び完了報告書等（以下「関係図書等」という。）を甲に提出して、甲の検査を受けなければならない。

285

2　甲は、関係図書等を受理したときは、その日から10日以内に検査を行い、その結果を乙に通知しなければならない。

3　前項の検査の結果不合格となったときは、遅滞なく当該補正を行い、甲に補正完了の届けを提出して再検査を受けなければならない。

4　乙は、甲から検査合格の通知を受けたときは、当該関係図書等を甲に引き渡すものとする。

注　一般的な地方公共団体の会計取扱要領による。継続的な受託業務の場合には、毎月完了報告等を提出し、検査を受けるのが一般的取扱いである。

（委託料の支払い）

第11条　乙は、前条第4項の規定による通知を受けたときは、甲の指示する手続に従って契約金額の支払いを請求するものとする。

2　甲は、前項に基づき乙の支払請求があったときは、その日から30日以内に委託料を支払うものとする。

（甲の解除権）

第12条　甲は、乙が次の各号の一に該当する場合は、契約を解除することができる。

一　乙の責に帰すべき事由により期間内に業務を完了する見込がないと明らかに認められるとき

二　正当な理由なしに契約締結後10日以内に業務に着手しないとき

三　本契約の規定に違反したとき

四　契約解除の申出をしたとき

五　その他受託業務を継続し難いやむを得ない事由のあるとき

（業務責任者の届出）

第13条　乙は、本契約の履行に関し、乙の業務従事者の中から責任者を定め、甲に届出をし、その者に他の業務従事者を指揮監督させるとともに、受託業務の管理及び甲との連絡等にあたらせなければならない。

第3章●業務請負・業務委託契約書例と解説

注 「区分告示」第2条第1号の要件を充足するため、乙自身が直接指揮監督と受託業務の管理にあたる必要があり、このため現場責任者（現場代理人）及び巡回管理者等を定めて受託業者の自主管理と独立責任遂行にあたる必要がある。

（秘密の保持）

第14条　乙及び乙の業務従事者は、本契約の履行にあたって知り得た秘密（個人情報を含む。）を正当な理由なく漏らしてはならない。

2　乙は、成果品（設計業務等の履行過程において得られた記録等を含む。）を甲の承諾なく他人に閲覧させ、複写させ、又は譲渡してはならない。

（契約外の事項）

第15条　本契約書に定めのない事項等この契約に関し疑義が生じた場合は、必要に応じて甲乙協議して定めるものとする。

本契約成立の証として、本書2通を作成し、当事者記名押印の上、各々その1通を保有する。

○○業務委託仕様書（例）

※ 本例は小原昇「地方公共団体における外部労働力の活用と労働関係法」（「季刊労働法」157号）の掲載例をもとに小原氏の了解（当時筆者と共同研究していた）を得て加筆したものである。

（目的）
第１ この仕様書は、○○市における○○業務委託契約の内容及び履行方法等の細則について定めることを目的とする。

（委託業務）
第２ 委託業務は、○○市における本仕様書第６に定める施設の清掃、用務関係等の業務とし、乙は善良な管理者の注意をもって業務を完遂する。

（委託場所）
第３ 委託業務履行場所は、次に掲げる場所及び施設等とする。
〈記入例省略〉

（委託業務履行期間及び業務履行日）
第４ 平成○○年○月○○日から平成○○年○月○○日までの期間とする。ただし、日曜日、国民の祝日に関する法律に規定する休日、１月２日、３日、12月29日、30日、31日及び甲が指定する日を除く。
２ 施設において行事等の都合上委託業務日を変更する場合には、あらかじめ甲乙協議して変更できるものとする。

> **注** 「業務時間」を定める場合もある。その場合には「受託業務は、原則として午前○時○○分から午後○時○○分の間に行うものとするが、あらかじめ甲乙協議して変更できるものとする。」というような条項とする。
>
> 　本仕様書の対象とする業務は、学校のいわゆる用務員の業務であり学校行事の関係で休日等に行われる行事への対応等もあるので、委託業務日の変更が必要となる。

第３章●業務請負・業務委託契約書例と解説

（委託業務従事者）

第５　委託に係る業務を履行するにあたり、乙は第７により実施担当者を定め事前に通知しなければならない。

> **注** 第２項として「乙は、高年齢者の雇用促進の方針に協力し実施担当者の雇用と管理に万全を尽くさなければならない。」という趣旨の規定を入れる場合もあろう。

（委託業務内容）

第６　委託業務内容は、次のとおりとする。

　一　校舎及び管理室の清掃（ワックス清掃を含む。）

　二　管理室の給湯器及び暖房器（冬）の点火等

　三　校舎内外の紙くず、落葉その他のごみ処理及び消毒

　四　校庭の除草及びＵ字溝の清掃

　五　校舎その他の施設（設備を含む。）及び校具等の点検・小修理

　六　門扉等の施錠・開錠

　七　交換物集配業務委託に係る交換物集配以外の使送

　八　校庭の造園、植木の手入れ及び整備

　九　学校行事等の準備、後始末

　一〇　清掃整理等のための校庭巡視

　一一　その他一から一〇の業務に付随又は関連する業務

　一二　その他特別に委託した業務

> **注** 委託業務内容中「学校行事等の準備、後始末」とある点について、その業務の性質上、当該学校の教職員の指揮・命令に基づいてはじめて遂行し得るものであるから、職安法施行規則第４条第１項第２号の要件を満たさず違法であるとの問題が提起された（小原前掲論文）とのことであるが、この運用にあたっては、学校行事等の対応は、運動会・発表会・卒業式・入学式等が主たるものであり、年中行事的なものとなっている。したがって、定型的なものが多く事前に準備されるもので業務内容が定まっており、実施すべき事項についてあらかじめ注文書、仕様書等で具体的な机、椅子の並べ方、ロープの張り方、ラ

289

第2部　労働者派遣と請負・業務委託、労働者供給をめぐって

イン引き等についての委託がなされているところと解される。また、教職員による指示が現場で行われるときは問題であるが、仕様書に定める細部の注文指図であり、労務管理上の指揮命令といったものでないときは違法とはいえないので、このことを確認の上、実施する必要がある。

（業務の履行）
第7　乙は、受託業務の履行にあたって、次の事項を守らなければならない。
　一　業務の実施担当者を定め、委託の趣旨に従い、乙の責任において完遂すること。
　二　業務実施担当者に対し、乙の従業員であることを示す名札を着用させ、その地位を明確にし、業務の迅速かつ適切な遂行を期すること。
　三　乙は、業務報告書により、その業務履行について、学校長の検収を受けなければならないこと。
　四　業務担当者に支障が生じ、臨時に変更する場合には、直ちにその旨及び臨時担当者の氏名を甲又は甲の代理人に通知し、委託業務の遂行に万全を期すこと。

> **注**　業務履行について学校長の検収を受けなければならないことを規定しているが、これは、学校長による仕事の点検・是正・指示を予定しているということであり、職安法施行規則第4条第1項第2号に抵触し違法であるとの問題が提起された（小原前掲論文）が、この点については「業務報告書」をきちんと作成することとし、地方自治法上も受託業務の検収は当然のことで、かつ、それは料金支払いの基礎でもあるから運用上注意することで了解されたとのことである。

（業務責任者）
第8　委託業務の完遂を期し、乙は実施担当者のほかに業務責任者を置き次の事項を行わせる。
　一　業務実施担当者を指揮監督するとともに、特別な委託事項の処理及び、円滑な業務の履行を管理し、甲との連絡にあたらせる。

第3章●業務請負・業務委託契約書例と解説

　二　委託業務の履行状況を把握し、甲に定期的に報告するものとする。

注　受託業者では、作業に従事する労働者のほかに業務責任者を置いて
巡回し指揮監督を行うこととしている。学校長等教職員が、直接実施
担当の業務受託者の従業員に仕事を頼むといったことが必要なときは、
仕様書に基づく付随業務の注文指図として手続き上明白にし、労務管
理上の指揮監督ではないことをはっきりさせている。
　なお、「疑義応答集（第2集）」では、請負業務を行う労働者が1人
しかいない場合の取扱いについて次のように述べられている。

　　請負業務を行う労働者が1人しかいない場合、当該労働者が管理責任者
を兼任することはできず、当該労働者以外の管理責任者又は請負事業主が、
作業の遂行に関する指示、請負労働者の管理、発注者との注文に関する交
渉等を行う必要があります。しかし、当該管理責任者が業務遂行に関する指
示、労働者の管理等を自ら的確に行っている場合には、多くの場合、管理責
任者が発注者の事業所に常駐していないことだけをもって、直ちに労働者派
遣事業と判断されることはありません。
　　なお、労働者派遣事業と判断されないためには、管理責任者の不在時で
あっても、請負事業主が自己の雇用する労働者の労働力を自ら利用するもの
であること及び請け負った業務を自己の業務として相手方から独立して処理
するものであることが担保される必要があり、例えば、発注者と請負事業主
の管理責任者との確実な連絡体制をあらかじめ確立しておくことや、請負労
働者の出退勤管理を含む労働時間管理等労働者の管理や業務遂行に関する
指示等を請負事業主自らが確実に行えるようにしておくことが必要です。

（問8）

（その他）
第9　乙は、実施担当者の使用者として、労働法及び労働社会保険法上
　の責任をすべて果たすとともに、適切な教育指導と、指揮監督を行う
　ものとする。

注　契約履行の過程において、実体上も事業主としての労務管理の独立
性はもちろん、事業経営上の独立性も崩れないようにしなければなら
ないのである。
　このことは、注文者あるいは委託者としての地方公共団体と請負人

第2部　労働者派遣と請負・業務委託、労働者供給をめぐって

　　　あるいは受託者の履行補助者（労働者）との間が実質的な使用者と労
　　　働者という関係にならないようにする必要があることを意味する。そ
　　　のために乙の使用者としての管理監督責任を明記している。

２　乙は、第7の四の臨時的措置が長期に及ぶときは、速やかに甲に報
　　告するとともに、実施担当者の変更等所要の管理上の措置をとる。
３　業務遂行上必要な器材、原材料及び実施担当者に係る経費（健康管
　　理に係る経費等一切を含む。）は、乙の負担とする。
４　第6の一二の特別委託業務については、それが緊急で甲側より乙の
　　業務責任者に業務の注文委託ができないときは、乙において実施担当
　　者を乙の臨時代理人と定め注文受託することができる。ただし、乙の
　　実施担当者は、電話、メール等で速やかに業務責任者へ当該注文受託
　　に関し連絡の上処理するものとする。

　注　地方公共団体側の者が直接受託者の労働者を指揮監督することのな
　　いよう、特別な緊急事態の処理の場合にもあくまで当該委託契約書ど
　　おり、「注文」と「注文の受託」であることを明白にする趣旨で定めた。
　　　なお、このようなケースについて、「疑義応答集（第2集）」では、
　　注文を受けた労働者が事業主に連絡して受託の了解をとるなどして請
　　負事業主が自らの労働力を直接利用していると認められる限り発注者
　　からの指揮命令に該当するとは判断されないとしている（問4）。

292

第3章●業務請負・業務委託契約書例と解説

3 司書補助、給食調理補助等「補助業務」の「委託」は可能か

　請負や業務委託として認められるのは、「区分基準」に該当する独立した業務処理であり、事業としての独立性が認められるものでなければならない。

　そこでよく問題となるのは、補助業務の委託のケースである。例えば地方自治体等が民間企業に自治体業務を委託するにあたって、主たる業務、本来業務は公務員である職員が行うので、その補助業務を民間企業に委託するという場合が多い。よくあるのは、「一般事務補助業務」、「図書館司書補助業務」、「研究補助業務」、「学校給食調理補助業務」、「保育士補助業務」といったものである。

　しかしながら、「○○○○の補助」業務というのは、一般的に、ある業務を補助する仕事をいい、それは独立した業務の対象とはならず、使用者または主たる担当職員等からの指示があってはじめてその業務の補助をなし得るのである。

　つまり、補助業務は必然的に受入れ先からの指揮命令（労働の従属性）が生じることから、業務請負（委託）契約として業務の独立処理をなすことは原則としてできないことになる（**図２−25**の(1)参照）。

　すなわち、請負や業務委託として認められるためには、「当該事業主によって業務の処理が独立して行われる」必要がある。そのためには、業務の遂行に関する指示その他の管理を自ら行うものであること、すなわち、労働者に対する業務の遂行方法に関する指示その他の管理を自ら行うこと、の要件の充足が必要であり、「業務取扱要領」では「当該要件の判断は、当該労働者に対する仕事の割り付け、順序、緩急の調整等につき、当該事業主が自ら行うものであるか否かを総合的に勘案して行う。」（第１の１(3)ロ）とされている。ところが「補助業務」は、そのような業務の処理上の独立性がなく、受託者自らが計画して自主的に自らの判断で作業を遂行し、完成品を納入したり、注文業務を完了させたりはできない（それゆえ「補助」業務なのである）ので、業務の独立処理の要件を欠くことになる。

　しかしながら、「補助業務」ではあっても、注文仕様書等に基づいて

293

第2部　労働者派遣と請負・業務委託、労働者供給をめぐって

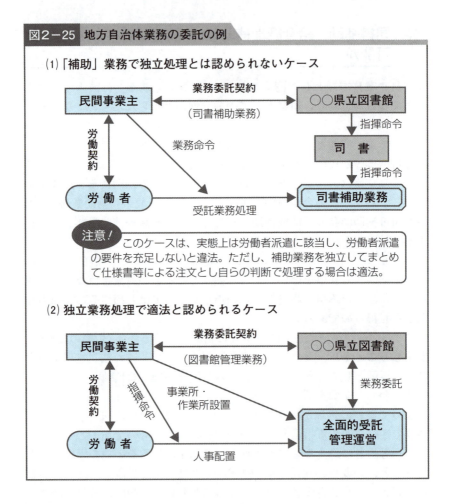

業務を独立して処理できる形態の場合もあり、その場合には委託業務として認められる。

　例えば、「研究補助業務」であっても、研究者が使用した器材、用具、試験管その他実験用の物品等を「補助業務の受託者」が注文仕様書の定めに従って回収してまわり、それを洗浄、清掃、廃棄物処理等を行い、洗浄等した器材、用具、試験管等を所定の置き場に格納するといったように、いちいち研究者から指示命令を受けないで、所定の注文仕様書に

第3章●業務請負・業務委託契約書例と解説

従って当該業務を独立して処理し、受託者は、作業遂行の速度を自らの判断で決定することができるといった場合は適法な委託業務となる。あるいは、受託者が当日の作業順序等を自らの判断で決定することができる、といった請け負った内容に沿った業務を行っているという場合も同様に、適法な業務委託として成立する。

　また、「補助業務」としてではなく、当該業務全体または区分された独立処理部分（例えば会館管理、受付業務等）について受託することは、差し支えない。例えば、自治体の図書館の司書の単なる補助の業務については、適法な業務委託の対象とならないが、図書館業務を一体としてその管理運営の委託を受ける場合や図書館の会館管理業務の請負をするといった場合には、請負または業務委託として適法に成立する（図2－25の(2)参照）。

　地方自治体関係で業務委託として適法に行われているのは、「庁舎管理業務」、「庁舎清掃業務」、「電話交換業務」、「受付・案内業務」、「庁舎守衛・警備業務」、「コンピュータ部門の管理業務」、「車両運行管理業務」などのようである。

295

第2部

第4章
労働者派遣と出向との区別をめぐる問題

第2部　労働者派遣と請負・業務委託、労働者供給をめぐって

1 労働者派遣と出向との差異

1 出向とは

　いわゆる「出向」という用語は、様々な形態のものに広く用いられており、「労働基準法研究会報告」（昭59・10・18）は、「出向の概念」について次のように述べている。

> ▶労働基準法研究会報告
>
> イ　いわゆる「出向」という語は、さまざまな形態のものについて広く用いられているが、一般には、濃淡の差はあれ出向元事業主と何らかの関係を保ちながら、出向先において新たな労働契約関係に基づき相当期間継続的に勤務する形態と理解されているといえよう。
>
> ロ　このような出向をその目的により分類すると、人事交流型（関係企業間において人事異動を円滑かつ合理的に運営するために行うもの）、業務提携型（関係企業間の業務提携を緊密化するために行うもの）、実習型（一定期間経過後呼び戻すことを前提に、業務を習得させるために行うもの）、要員調整型（関係企業間において一時的に要員を調整するために行うもの）等に分類できる。
>
> ハ　また、労働基準法等の適用という観点から分類すると、在籍型出向（出向元事業主及び出向先事業主双方との間に労働契約関係があると考えられる。）と移籍型出向（出向先事業主との間にのみ労働契約関係があると考えられる。）に分けることができる。

　この報告の分類は適当であると思われるが、上記の「移籍型出向」というのは通常「転籍」あるいは「転属」といわれており、転籍とは、当該労働者と従来の企業との間の労働契約関係が解消され（退職）、新た

298

第4章●労働者派遣と出向との区別をめぐる問題

に他の企業に雇い入れられる（採用）ことであって、この元の会社の退職と新たな会社への就職が法的な関連性を持ち、同時に行われるものである（**日本石油精製転籍事件、横浜地裁昭45・9・29判決、判時614号32頁**）と一般にいわれている。したがって、これは労働者派遣形態ではなく、労働契約関係は転籍先1社との間でしか生じないので全く問題はない。

そして企業社会でいわゆる「出向」と称せられるのは前記の分類でいう「在籍型出向」のことであり、同報告にいう出向元事業主及び出向先事業主双方との間に労働契約関係があると考えられる、いわゆる二重雇用形態の在籍型出向を、本書でも「出向」として（以下、単に「出向」という）検討する。

2 労働者派遣と出向との違いは

以上のような「出向」とは、一般に労働契約を結んで採用した会社が、自社の業務に服務させるのではなく従業員としての地位を保有したまま、「使用者が労働者に対し、第三者の利益のために第三者の指揮命令下において労務に服」せしめるもの（**スイス事件、名古屋地裁昭45・9・7判決、労経速731号7頁／日東タイヤ事件、最高裁第二小法廷昭48・10・19判決、労判189号53頁ほか多数**）とされており、第三者の会社に出向元の人事異動命令により派遣されて第三者（出向先）のために労働に従事するものであり、この点において転勤などの企業内人事異動と異なるとともに、労働者派遣に外形上類似している面がある。

しかし、「出向」と「労働者派遣」とは明らかに根本的に違うものである。というのは、「出向」とは「出向先の従業員としての地位をも有することになる」のに対し、「労働者派遣」とは「派遣先の従業員としての地位は一切持たず、派遣先企業の一員とはならない」のである。これは、法的にいえば、出向は出向元との雇用契約関係の上に立って、出向元、出向先、労働者の三者間において出向先との間にも雇用契約（労働契約）を成立させ（出向契約）、出向先はこの出向契約により自社との間にも発生した雇用契約関係に基づいて自社労働者に対するのと同一の立場で労務指揮権限を行使するのであり、「二重の労働（雇用）契約」

299

が成立することになるのである。このため出向先は、単なる指揮命令権のみではなく労務人事権（ただし解雇権は除く）を持つのである。

● 1　労働者派遣は

労働者派遣は、派遣元との雇用契約（労働契約）の下に、派遣元の業務命令に基づき派遣先と派遣元との間で締結した労働者派遣契約の範囲内において、派遣先の指揮命令に従い就業するものであって、派遣先の指揮命令は派遣先との雇用契約に基づくものではなく、派遣契約に基づく指揮命令権の委託（その根拠は労働力の使用収益権限の賃貸借類似の契約）的な移転によるものであるから、あくまでも労務提供義務と対価としての賃金の支払いという雇用契約は派遣元との間にある（図２－26参照）。

● 2　出向は

企業間の出向契約は、一般的には企業間の人事異動ないし民法第625条第１項の労働契約上の権利の一部譲渡と解されており、この譲渡は、労働給付請求権だけでなく賃金支払義務等のすべてが移転する場合（これはいわゆる転籍で在籍型出向ではない）に限らず、労働給付請求権のみの譲渡も民法第625条第１項の権利譲渡の中に含まれると解されてい

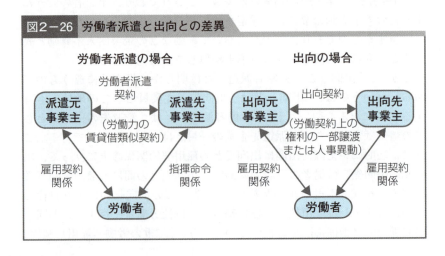

図２－26　労働者派遣と出向との差異

る（和田肇「出向命令権の根拠」日本労働法学会誌63号31～33頁）。ま
た、労働給付請求権の譲渡に伴い必要な範囲内で雇用主としての地位の
譲渡も伴うことになると解される場合もある。

　いずれにしても、出向労働者は出向元との雇用関係の上に立って出向
先との間にも雇用関係を発生させ（その法的構成として労働契約上の権
利の一部譲渡の場合もある）、出向先の従業員としての地位を得て出向
先に勤務するものである。出向元との労働契約を解消することなく一定
の期間出向先との雇用関係をも発生させる旨の契約関係が成立しても、
それは出向元との雇用関係を前提とするので、結局労働契約上の権利の
一部譲渡または出向先への人事異動と解されるのである。

　その意味で出向を人事上典型的な形で取り扱うとすれば「出向元との
労働契約関係は休職とし、出向先との間で新たに労働契約を締結する
『休職派遣』」（最高裁判所事務総局編『労働関係民事裁判例概観5』（法
曹会）108頁）という方がはっきりする。

　なお、雇用主としての権利の譲渡に当たるといっても全面的な譲渡で
はなく、出向先と出向元との企業間の出向契約ないし業務提携契約や親
子会社・関連会社といった会社間の関係によって、部分的譲渡の範囲も、
出向先の雇用主としての地位の広狭も異なってくる（これらについて拙
著『企業間人事異動の法理と実務』（中央経済社）64～68頁参照）。

2 「業務取扱要領」における労働者派遣と出向との区分

　厚労省の「業務取扱要領」においては、労働者派遣と出向との区分に
ついて、次のように述べられている。

第2部　労働者派遣と請負・業務委託、労働者供給をめぐって

▶業務取扱要領

イ　労働者派遣には、「当該他人に対し当該労働者を当該他人に雇
用させることを約してするものを含まない」が、これによりいわ
ゆる在籍型出向が除外される。

ロ　いわゆる出向は、出向元事業主と何らかの関係を保ちながら、
出向先事業主との間において新たな雇用契約関係に基づき相当期
間継続的に勤務する形態であるが、出向元事業主との関係から、
次の二者に分類できる。

①　在籍型出向

　　出向元事業主及び出向先事業主双方との間に雇用契約関係が
ある（出向先事業主と労働者との間の雇用契約関係は通常の雇
用契約関係とは異なる独特のものである）。

　　形態としては、出向中は休職となり、身分関係のみが出向元
事業主との関係で残っていると認められるもの、身分関係が
残っているだけでなく、出向中も出向元事業主が賃金の一部に
ついて支払義務を負うもの等多様なものがある。

　　なお、労働者保護関係法規等における雇用主としての責任
は、出向元事業主、出向先事業主及び出向労働者三者間の取り
決めによって定められた権限と責任に応じて、出向元事業主又
は出向先事業主が負うこととなる。

②　移籍型出向

　　出向先事業主との間にのみ雇用契約関係がある。

　　なお、労働者保護関係法規等における雇用主としての責任
は、出向先のみが負うこととなる。

ハ　移籍型出向については、出向元事業主との雇用契約関係は終了
しており、労働者派遣には該当しない。

ニ　在籍型出向については、出向元事業主との間に雇用契約関係が
あるだけではなく、出向元事業主と出向先事業主との間の出向契
約により、出向労働者を出向先事業主に雇用させることを約して
行われている（この判断は、出向、派遣という名称によることな
く、出向先と労働者との間の実態、具体的には、出向先における

第4章●労働者派遣と出向との区別をめぐる問題

賃金支払、社会、労働保険への加入、懲戒権の保有、就業規則の直接適用の有無、出向先が独自に労働条件を変更することの有無をみることにより行う。）ことから、労働者派遣には該当しない。

ホ　二のとおり、在籍型出向は労働者派遣に該当するものではないが、その形態は、労働者供給に該当するので、その在籍型出向が「業として行われる」ことにより、職業安定法第44条により禁止される労働者供給事業に該当するようなケースが生ずることもあるので、注意が必要である。

　　ただし、在籍型出向と呼ばれているものは、通常、①労働者を離職させるのではなく、関係会社において雇用機会を確保する、②経営指導、技術指導の実施、③職業能力開発の一環として行う、④企業グループ内の人事交流の一環として行う等の目的を有しており、出向が行為として形式的に繰り返し行われたとしても、社会通念上業として行われていると判断し得るものは少ないと考えられるので、その旨留意すること。

ヘ　二重の雇用契約関係を生じさせるような形態のものであっても、それが短期間のものである場合は、一般的には在籍型出向と呼ばれてはいないが、法律の適用関係は在籍型出向と異なるものではないこと（例えば、短期間の教育訓練の委託、販売の応援等においてこれに該当するものがある）。

ト　なお、移籍型出向については、出向元事業主と労働者との間の雇用契約関係が終了しているため、出向元事業主と労働者との間の事実上の支配関係を認定し、労働者供給に該当すると判断し得るケースは極めて少ないと考えられるので、その旨留意すること。

　　ただし、移籍型出向を「業として行う」場合には、職業紹介事業に該当し、職業安定法第30条、第33条等との関係で問題となる場合もあるので注意が必要である。

チ　いわゆる出向は、法の規制対象外となるが、出向という名称が用いられたとしても、実質的に労働者派遣とみられるケースがあるので注意が必要である。

(第1の1(4))

すなわち、前記の「業務取扱要領」が述べるように、労働者派遣と出向との違いは、雇用関係上の区分からみると分かりやすい。

● 1　労働者派遣の形態

労働者派遣法にいう「労働者派遣」とは、「自己の雇用する労働者を、当該雇用関係の下に、かつ、他人の指揮命令を受けて、当該他人のために労働に従事させることをいい、当該他人に対し当該労働者を当該他人に雇用させることを約してするものを含まないものとする。」（同法第2条第1号）とされている。そこで、これは図2−27の(1)のとおり、「雇用」と「使用」の分離する特殊な雇用形態である。

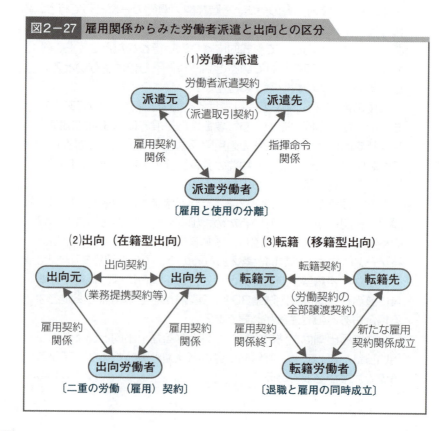

図2−27　雇用関係からみた労働者派遣と出向との区分

第4章●労働者派遣と出向との区別をめぐる問題

●2　出向の形態

　出向のうちのいわゆる「在籍型出向」（これを通常「出向」という）とは、自社との雇用契約（労働契約）に基づき、自社に在籍しながら企業間の出向契約（その原因としては、両会社間の業務提携契約や親子会社関係の人事交流といった多様なものがある）に基づき、自社の命令によって他社へ赴き、かつ他社の従業員ともなりその指揮監督に従い、当該他社の業務に従事するものをいう。したがって、その特徴は、出向元との雇用契約関係の上に立って出向先とも雇用契約関係を生ずる二重の雇用契約関係となる（**図2－27の(2)**）ことである。

●3　転籍の形態

　転籍（いわゆる移籍出向）とは、自社の雇用契約（労働契約）を解約（退職）し、新たに他社と雇用契約を締結し、他社の社員となるものであるが、自社の退職と他社の採用とが相互に法的な条件関係になっているものをいう（退職と雇用の同時成立）（**図2－27の(3)**）。これは、労働契約の全部譲渡契約とも考えられるものである。また、他社の退職を自社への再雇用（復帰）条件とするというような元の会社への復帰もあり得るといった形態のもの（特に兼職禁止の利益相反となる幹部要員や執行役員の転籍出向形態の場合等）もある。

3 労働者派遣と出向との具体的な労務管理上の差異

1 従業員としての地位の有無

　出向とは、出向元と出向先との親子、系列（企業グループ）、業務提携、取引関係、教育協力関係その他何らかの合理的な企業間の関係から、企業間の人事異動として両会社間の従業員の出向に関する契約に基づき出

305

向元との雇用契約（労働契約）上の従業員としての地位を保ちながら、出向先との間においても新たな雇用契約関係を発生させ、出向先の従業員としての地位を取得し、相当期間継続的に、出向先に勤務する形態である。

したがって、出向の場合は、前述のとおり出向元の事業主との間に雇用関係がある点では、労働者派遣と同様の外形的形態であっても、出向先の事業主との間にも同時に雇用関係がある点で、そのような関係に立たない労働者派遣と異なっている。すなわち、出向は、出向元との雇用契約の上に立って、出向元の事業主と出向先の事業主との間の出向契約により、出向労働者と出向先の事業主との間にも雇用関係を発生させることを約しているものであり、したがって、出向労働者は出向先の従業員としての地位を有することになる。これに対し、労働者派遣は、派遣先との間には全く雇用関係が発生せず、「派遣先の従業員としての地位は一切持たず、派遣先企業の従業員とはならない」のであり、事実上の指揮命令の関係にとどまる場合に限って「労働者派遣」と認められるものである。このため、労働者派遣は「労働者を当該他人に雇用させることを約してするものを含まないものとする」（派遣法第2条第1号）ことが要件となっているのである。

いずれにしても、出向は出向先の従業員としての地位を出向先で有することになるのに対し、労働者派遣の場合には、派遣先の従業員としての地位を全く有しないものであり、この点において明白に異なるのである。派遣労働者は、派遣先事業主にとってはいわば"かやの外"の労働者であり、いわゆる"よその人"となるのである。ここに出向と労働者派遣の法律的な差異がある。

2 労務管理上の差異

このような両者の法律的な差異は、主要項目について具体的にみれば次頁の表のような点に表れる。

例えば、その差異の典型的な実務上の表れとして労基法第36条の時間外・休日労働協定（36協定）についてみれば、出向の場合は、出向先の労働者として出向先の36協定の対象労働者となり、出向先が協定し所

第４章 ●労働者派遣と出向との区別をめぐる問題

出向と労働者派遣との労務管理上の具体的差異

出　　向	主要項目	労働者派遣
出向先と出向元の両方	労働者としての地位	派遣元
出向先	労務提供義務	派遣元 （派遣先への欠勤は派遣元 への労務提供義務違反）
出向元及び出向先	賃金支払義務	派遣元
出向元及び出向先	信義則その他労働者の 義務	派遣元
出向先が原則	就業規則（勤務関係） の適用	派遣元
出向先	36協定	派遣元
出向先	指揮命令	派遣先
出向元及び出向先	人事労務管理権限	派遣元
出向元及び出向先 （懲戒解雇権は出向元）	懲戒処分権限	派遣元
出向元	解雇・定年	派遣元

轄労働基準監督署長に届け出ておかなければならない（出向先の36協定の中に出向労働者の人数も含めて協定し届け出ておかなければならない）が、労働者派遣の場合は、派遣労働者は派遣先の事業場の労働者にはならないので、派遣先の36協定の適用を受けない立場にあるから、いわば派遣先の36協定の「かやの外」であり、「外部の人」的な立場に立つのである。それゆえに、派遣元所属の労働者として当該派遣先における時間外・休日労働について、派遣元でその過半数労働者代表との間で協定し所轄労働基準監督署長に届け出ておかなければ、派遣先で時間外・休日労働を行うことはできない。

　このことは、出向者は労働時間、休日、休暇等の就労管理に関する事項については出向先の従業員として出向先の就業規則の適用を受けるが、派遣労働者は、全く派遣先の従業員にはならないから派遣先の就業規則の適用を受ける余地がないという根本的差異による。

第2部　労働者派遣と請負・業務委託、労働者供給をめぐって

4 出向労働の成果を「売上高」とする場合 ▷出向が「業」として行われる場合◁

1 人事異動・雇用調整目的の出向

　出向も労働者派遣も「労働者が雇用事業主との雇用関係を継続しながら、その雇用関係の下に第三者の事業主の下に派遣され、その第三者の指揮命令を受けながらその第三者の業務に従事する」という外形においては類似したものがある。

> **参考**　～派遣法立法当時（昭和60年）の国会答弁から～
>
> 　出向と労働者派遣について、厚労省（当時、労働省）も派遣法の立法時の国会において、「いわゆる在籍出向の定義でございますが、これは確定的な定義があるわけじゃございませんけれども、労働基準法研究会等におきましては、出向元企業においては雇用関係があることはもちろんでございますが、出向元企業との雇用関係を維持しながら出向先の企業において就業規則に服するとか、そういった形で出向先とも雇用契約を結んだ形となる、いわゆる出向元、出向先との二重の雇用契約関係に入るものが在籍出向というふうに考えられるわけでございます。今回のこの法案におきます労働者派遣は、派遣元との雇用関係を維持した上で雇用関係を持たない派遣先に派遣されて仕事に従事するということでございますから、そういう意味で派遣先との雇用関係はない。出向先との雇用関係があるという意味で、労働者派遣と在籍出向との違いがあるわけでございます。」と述べている。また、髙梨昌教授は議員の質問に答えて、「出向の中にも在籍出向と移籍出向とございます。ですから、それを派遣とカテゴリー規定するかどうかというところの解釈が分かれるところだと思います。今、法律上は出向を業としてない。今回、国鉄も余剰人員対策で派遣という言葉を使いましたが、あの中身は私は出向だと思っています。そういうようなことで出向と派遣というのは、明確に業とするか否かで区別せざるを得ない、私はこういうように考えているところでございます。」と説明している。

第4章●労働者派遣と出向との区別をめぐる問題

> **参考** **～出向と労働者供給～**
>
> 　労働者派遣事業等小委員会の座長を務めた髙梨教授も、出向と労働者供給との関係について次のように述べている。
> 　「通常、出向といわれるものは、出向元事業主が利益を得ることを目的として行われるものではなく、出向元事業主が雇用調整の手段として労働者の雇用の安定を維持するために行ったり、出向先企業の育成や研修等を目的として行うものであるので、『事業』として労働者供給を行うものではないと考えられる。したがって、いわゆる在籍出向は、通常は、職業安定法第44条において禁止される労働者供給事業には該当しないと考えられる。」
> （髙梨昌編著『詳解労働者派遣法』（日本労働協会）190頁）

　根本的には、出向は出向先との雇用関係に立ち、労働者派遣は派遣先との雇用関係が発生せず派遣先の従業員にはならないという差異はあっても、現実の外形においては差異がない。

　そもそも出向が労働者供給にも当たらず労働者派遣にも当たらない適法なものとして承認されるゆえんのものは、雇用主責任が明白で、出向労働者の地位と労働条件の保障も明白であるとともに、それが労働者供給目的ではなく企業間の人事異動形態ないし雇用調整方法の一つとして、人事権に基づいて適正に行われている点にある。

　すなわち、出向とは出向元との雇用契約関係の上に立って、出向元、出向先、労働者の三者間において出向先との間にも雇用契約（労働契約）を成立させ（出向契約）、出向先はこの出向契約により自社との間に発生した雇用契約関係に基づいて自社労働者に対するのと同一の立場で出向労働者に対し労務指揮権限を行使する（出向関係の成立）のであり、「二重の労働（雇用）契約」が成立することになるものである。このため出向先は、単なる仕事上の指揮命令権のみではなく労務人事権（ただし解雇権は除く）も持つのである。

2　出向が「業」として行われる場合は労働者派遣に該当

　それでは出向が「業」として行われる場合はどうか。厚労省は、「し

309

かし、在籍出向の形態は、労働者供給に該当する可能性があり、その在籍出向が『業として行われる』ような場合には、職業安定法第44条により禁止される労働者供給事業として、司法処分の対象となることもあり得ます。」（労働省職業安定局編著『改訂版　人材派遣法の実務解説』（労務行政研究所）38頁）と述べている。

　職安法第44条や派遣法第4条その他の規定は労働者供給事業や対象業務外の「労働者派遣事業」を禁止しており、この点については、出向は事業として行われるものではないので禁止に当たらないと考えるのか、中間搾取等のおそれのない現在の「出向」制度については、形式的には職安法第44条に該当するが処罰を加えるだけの違法性がない（違法性阻却）と考えるのかということになる。

　しかし、そもそも出向は、企業間の人事異動や雇用調整の手段等として行われる限り「労働者供給契約」や「労働者派遣契約」には当たらず、もともと、労働者供給や労働者派遣の範ちゅうのものではなく企業の通常の人事権の行使の一態様なのであって、「違法性阻却」等の余地のないものといえる。したがって、今日では、政府は雇用調整助成金（雇用保険法第62条第1項第1号、同法施行規則第102条の3第1項第2号のロ）として労使協定に基づく雇用安定のための出向について助成金を支給しているほどである。

　しかしながら、出向と称していても、自己の雇用する労働者を営利目的で反復継続して出向させ、当該出向により企業利益を上げるという形態を継続して行うようになれば、通常の人事権の行使の範囲を超え、出向事業を行うという形態になり、まさに労働者の供給契約や派遣契約の脱法的な形態となる。そのような営利事業としての出向の場合は違法となり、派遣法第4条、第5条、（罰則は第59条第1号、第2号、第60条第1号）で禁止されることになるのである。例えばコンピュータソフト開発を目的とする会社などで、主として親会社のソフト開発部門に従業員を出向させ、その出向労働の成果を出向元の売上高として計上しており、それが出向元会社の売上高のすべてといってよいというケースもある。このように、労働者を他社に出向させて業務を行い、それを会社の売上高としているというケースでは、売上高として計上することは営業として行うということであるから、まさに「業」とすることになる。す

なわち、出向を実質的な労働者派遣として人材提供目的をもって利用して、出向先から出向料を受領し、いわば出向代金（労務提供料金）としてこれを企業活動に基づく「売上高」ないし収益とし、その収入を企業の経営収入として運営するような場合には、人材派遣により利益を得ていることになるから、まさに「出向業」を行うことになり、労働者派遣に該当する。

> ▶業務取扱要領
>
> 　在籍型出向は労働者派遣に該当するものではないが、その形態は、労働者供給に該当するので、その在籍型出向が「業として行われる」ことにより、職業安定法第44条により禁止される労働者供給事業に該当するようなケースが生ずることもあるので、注意が必要である。　　　　　　　　　　　　　　　　　　　　（第1の1(4)ホ）

　このように事業として営利目的をもって行う出向は、適法な出向には該当せず、労働者派遣とみなされることになるとともに、それが無許可事業者によって行われる違法な場合には、派遣法違反や職安法第44条の労働者供給にも当たることになる。

5 脱法的出向で「労働者派遣」となる場合 ▷偽装出向◁

　出向とは、出向元と出向先との親子、系列（企業グループ）、業務提携、取引関係その他何らかの合理的な企業間の関係から、企業間の人事異動として両会社間の従業員の出向に関する契約に基づき出向元との雇用契約（労働契約）上の従業員としての地位を保ちながら、出向先との間においても新たな雇用契約関係を発生させ、出向先の従業員としての地位

を取得し、相当期間継続的に、出向先の従業員として勤務する形態である。

したがって、企業間の人事異動として相当と認められる範囲において適法と認められ、この出向という契約関係を装って実態は一方の企業から他の企業への人材の提供、労働者の派遣でありながら出向名目をもって労働者派遣法違反を免れるということは許されない。

請負を装って派遣法等の規制を免れるために故意に偽装されたもの（「区分告示」第3条）と同様に、出向を装って法違反を免れようとする場合は「偽装出向」となり、無許可で「労働者派遣を行う事業」として派遣法の違反となる。

● 1　偽装出向のケース

そのような例として図2－28に掲げるようなケースがある。これは政府系出先機関の問題として新聞紙上に報ぜられたケースで、本来同機関が職員のみで自前で行うべき業務を、民間のコンサルタント会社、建設会社、設計会社等から当該業務の補助・支援目的で多数の社員を出向名目で受け入れて行わせていたとして指摘されたものである。そして正

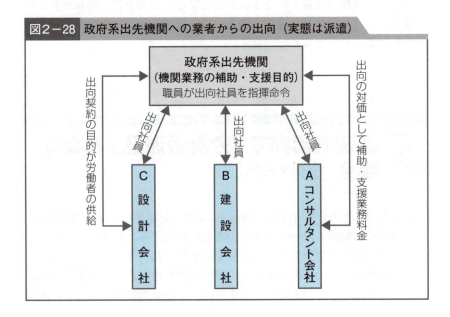

図2－28　政府系出先機関への業者からの出向（実態は派遣）

第4章●労働者派遣と出向との区別をめぐる問題

規職員の80％をこのような出向社員が占めており、出向社員抜きでは業務の遂行ができない状況になっていたことが判明したといわれる。これが事実であれば出向目的は同機関の業務の処理であり、それが労働者派遣ないし業務委託として適法要件を備えていなければ違法となり、いわゆる偽造出向として政府系出先機関としては「労働契約申込みみなし」（派遣法第40条の7、本制度の詳細は**第3部**参照）の対象となる。

　また、出向により補助・支援業務の料金が支払われるという形になっている場合には、出向という企業間の人事異動の目的ではなく、「業」として利益を得る目的で出向が行われることになり、労働者の供給を目的とするものとして実態上は労働者派遣に該当し、違法となる。

●2　偽装請負状態を是正しようとして偽装出向となったケース

　また、**図2－29**のような偽装請負を是正する目的でかえって、偽装出向となってしまうケースもある。**図2－29**の(1)のような例も新聞紙上に報ぜられた例で、発注企業内で構内請負事業の労働者に対し、発注者側の社員が直接指揮命令しており、これは適正な請負には該当せず偽装請負に当たるとして労働局より行政指導を受けたところ、その是正策として発注企業の社員を請負人の企業に出向させ、請負人の労働者の地位をも取得させて、同じ請負人の従業員が指揮命令する形にしたケースである。

　これは、同じA社A工場の甲社の請負業務で指揮命令者もそこで働く労働者も同じでありながら、指揮命令をしていた発注者側の社員を請負人側に出向させて請負人の労働者の身分を取得させたとしても他の条件が変わらなければそれだけで適法な請負となるわけではない。同じ発注者側の社員の指揮命令の下に、従前と同じ業務に従事しているわけであるから、これにより偽装請負が是正されることにはならず、かえって脱法的な偽装出向に形を変えたにすぎない。

　次に**図2－29**の(2)のケースは、同じ生産ラインに請負人側の労働者と発注者側の社員が混在して作業をしており、発注者側の監督者の指揮命令を受けていたために偽装請負とみなされ、労働局から是正を求められた例である。そこで、請負人側の労働者を発注者側に出向させ、すべて発注者側の生産ライン従事者として是正を図ったケースである。しか

313

第2部　労働者派遣と請負・業務委託、労働者供給をめぐって

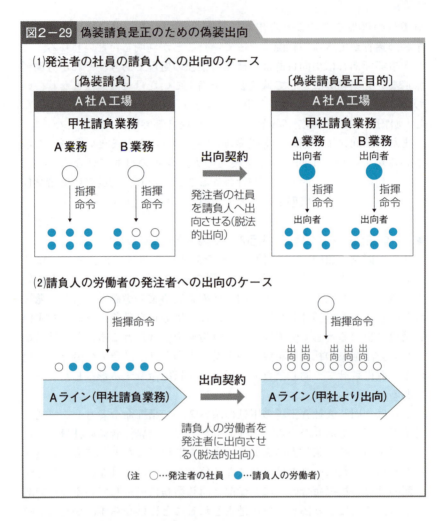

し、この場合も従来のラインはそのままにして、従前当該ラインで請負業務として従事していた請負人の労働者を発注者に出向させただけであるから、出向契約という名目であっても実態上は労働者派遣であり、いわゆる偽装出向として脱法行為となることに変わりはない。

このように、企業間人事異動として認められない、単に偽装請負となることを免れるための出向契約は逆に偽装出向となってしまうのである。

第４章●労働者派遣と出向との区別をめぐる問題

　企業間人事異動として合理的と認められる出向とは、次のようなもの
である。

①　雇用調整の方法として、労働者を離職させず関係会社において雇用
　機会を確保する場合（いわゆる一時帰休の代替的な出向の場合も含む）

②　経営管理、経営指導、技術指導、販売確保、品質管理、クレーム対
　策等の実施（自社の事業活動の確保、発展）のために行う場合

③　職業能力開発の一環として行う人材の教育、技術の習得、新規事業
　の開発、業務経験の交流等の目的の場合

④　企業グループ内の人事交流の一環（企業集団内人事異動）として行
　う場合

⑤　業務提携、合併準備等企業間の業務上相互の必要性による場合

　このような適正な目的によらない、出向契約を装った実質的な労働者
の供給目的の出向は、実態上労働者派遣に該当し、違法となる。

6 全面的な転籍・出向型のアウトソーシングと労働者派遣

1 「在籍型出向」と「移籍型出向」の労基法等の適用関係

　労働者派遣には、「当該他人に対し当該労働者を当該他人に雇用させ
ることを約してするものを含まない」が、いわゆる在籍型出向は、当該
労働者を当該他人に雇用させることを約してするものであるため、労働
者派遣には該当しない（「業務取扱要領」第１の１(4)イ）のである。

　さらに、厚労省の通達（昭61・６・６基発第333号）では、次のよう
に述べられている。

315

第2部 労働者派遣と請負・業務委託、労働者供給をめぐって

▶行政通達（昭61・6・6基発第333号）

　出向とは、出向元と何らかの労働関係を保ちながら、出向先との間において新たな労働契約関係に基づき相当期間継続的に勤務する形態であり、出向元との関係から在籍型出向と移籍型出向とに分類される。

(一)　在籍型出向

　在籍型出向は、出向先と出向労働者との間に出向元から委ねられた指揮命令関係ではなく、労働契約関係及びこれに基づく指揮命令関係がある形態である。

　出向先と出向労働者との間に労働契約関係が存するか否かは、出向・派遣という名称によることなく出向先と労働者との間の労働関係の実態により、出向先が出向労働者に対する指揮命令権を有していることに加え、出向先が賃金の全部又は一部の支払いをすること、出向先の就業規則の適用があること、出向先が独自に出向労働者の労働条件を変更することがあること、出向先において社会・労働保険へ加入していること等総合的に勘案して判断すること。

　在籍型出向の出向労働者については、出向元及び出向先の双方とそれぞれ労働契約関係があるので、出向元及び出向先に対しては、それぞれ労働契約関係が存する限度で労働基準法等の適用がある。すなわち、出向元、出向先及び出向労働者三者間の取決めによって定められた権限と責任に応じて出向元の使用者又は出向先の使用者が出向労働者について労働基準法等における使用者としての責任を負うものである。この点については、昭和59年10月18日付け労働基準法研究会報告「派遣、出向等複雑な労働関係に対する労働基準法等の適用について」中「3　いわゆる出向型に対する労働基準法等の適用関係」を参照のこと。

(二)　移籍型出向

　移籍型出向は、出向先との間にのみ労働契約関係がある形態であり、出向元と出向労働者との労働契約関係は終了している。移籍型出向の出向労働者については、出向先とのみ労働契約関係があるので、出向先についてのみ労働基準法等の適用がある。

316

第4章●労働者派遣と出向との区別をめぐる問題

　「在籍型出向」については、出向元事業主との間に労働契約関係があるだけではなく、出向元事業主と出向先事業主との間の出向契約により、出向労働者を出向先事業主に雇用させることを約して行われている（この判断は、出向、派遣という名称によることなく、出向先と労働者との間の実態、具体的には、出向先における賃金支払い、社会・労働保険への加入、懲戒権の保有、就業規則の直接適用の有無、出向先が独自に労働条件を変更することの有無等をみることにより行う）ことから、労働者派遣には該当しない。

　また、「移籍型出向」については、出向元事業主との労働契約関係は終了しているものであるため、雇用主と使用者との分離形態に立たず、したがって労働者派遣には該当しない。

　これに対し、「労働者派遣」は、派遣元との労働契約の下に、派遣元の業務命令によって派遣先と派遣元との間の労働者派遣契約に基づき派遣され、派遣先の指揮命令に従い就業するものであって、派遣先の指揮命令は派遣先との労働契約に基づくものではなく、派遣契約に基づく派遣元から派遣先への指揮命令権の委託ないし労働力の賃貸（労働力の使用収益を図る）的な移転によるものである。そこで、あくまでもその労働契約上の権利義務関係は、派遣元と派遣労働者との間にあるのであって、派遣先は派遣契約により派遣を受けた労働力の使用収益のみを図る権利があるだけであって、それ以上の権限はない。ところが、最近のいわゆるアウトソーシングの手法の一つとして、この出向や転籍と労働者派遣が組み合わされた次のようなケースが出てきている。

2　アウトソーシングの多様な形態

● 1　全面的転籍・出向型

　まず第一は、「全面的転籍・出向型」のアウトソーシングのケースで**図2−30**（319頁）の(A)の場合である。

　これは、いわゆる会社業務管理の全面的委託といわれているものであり、平成11年派遣法改正時の国会審議の中でも「米国でのリストラの一つの手段といたしまして普及していると言われている、従業員を派遣会社に移籍させて、そしてまた派遣社員として再契約をして働いてもらう

317

第2部　労働者派遣と請負・業務委託、労働者供給をめぐって

という方式が日本でも採用する企業がふえているようです。新聞にも
載っておりましたけれども。」と指摘されている形態である。

　これは、**図2-30**の(A)でみると、Ａ社からＢ社が会社の業務管理の
委託を受け（これはリストラの一方策でもある）、管理者以下のＡ社の
労働者をＢ社（人材ビジネス会社）へ転籍させ、Ｂ社の雇用する労働者
としての身分を取得させた上で改めて元のＡ社に出向させるものであ
る。この場合、労働者にとっては、雇用主が変わっただけで従来どおり
の業務を従来の部署でそのまま行うもので外形上何の変化も生じない
ケースである（このようなケースでは、Ａ社を退職して退職金の清算を
行い改めてＢ社と労働契約を結び新たな労働条件の雇用とする場合が多
い）。

　このケースについて厚労省の渡邊職業安定局長（当時）は、上記国会
において、労働者派遣に該当することを前提に、「派遣法の32条の２項
……の規定によりまして、派遣元事業主は自己の雇用する労働者を派遣
労働者にしようとするときは、あらかじめその旨を労働者に明示して同
意を得なければならないという当然の規定が置いてあるわけでありまし
て、その旨の指導の徹底を図ってまいりたいと思いますが、今後におき
ましては、同意しなかったことを理由として制裁を行うというふうなこ
とを行わないように、……指導してまいりたいというふうに考えており
ます。」と答弁しているが、なぜ出向でないのか理由は述べていない。

　この場合は、Ｂ社は人材ビジネス会社であり、自社の本来の業務の遂
行のためにＡ社からの労働者の転籍を受け入れたのではなく、Ａ社の労
働者をＢ社の雇用労働者としてＡ社においてそのままの形で労働に従事
させるといったことによってアウトソーシングした上で派遣に切り替え
るリストラの一手段にほかならず、企業間人事異動としての出向の概念
にも該当しない。

　したがって、Ｂ社の雇用名義の労働者がＡ社の指揮命令を受けてＡ社
で労働に従事する、という形態になるので労働者派遣に該当する。そこ
で、Ｂ社が労働者派遣の許可事業者でないときは、違法な労働者派遣事
業を行うことになるとともに、それに違反した場合には、派遣先がその
労働者に対して労働契約の申込みをしたものとみなされることになる
（派遣法第40条の６）。このため、この全面的転籍・出向型のアウトソー

318

第4章●労働者派遣と出向との区別をめぐる問題

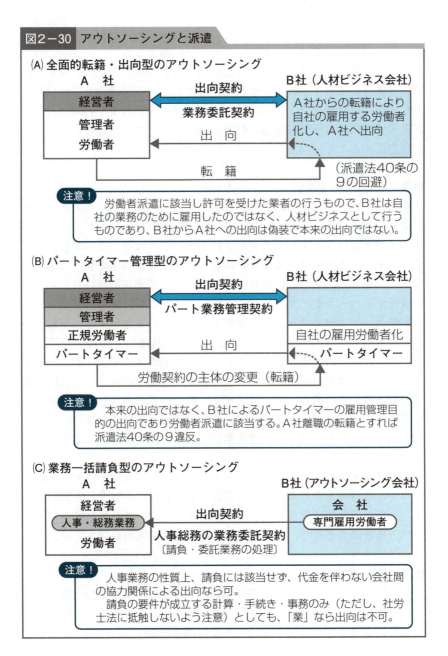
図2-30 アウトソーシングと派遣

第2部　労働者派遣と請負・業務委託、労働者供給をめぐって

シングのパターンは違法であり、また仮に適法であったとしても、その
ままでは労働者派遣であるから、この点で問題となる。

　また、A社からB社に転籍（A社退職、B社採用）の上、B社からA
社に労働者派遣をする形態とすれば、A社は、派遣法第40条の9で禁止
されている「離職の日から起算して1年を経過する日までの間は、当該
派遣労働者に係る労働者派遣の役務の提供を受けてはならない」との規
定に違反することとなる。

●2　一部転籍・出向型

　第二のパターンは、労働者の一部や業務の一部についての転籍と出向
によるアウトソーシングで、特に**図2−30**の(B)のパートタイマー管理
型のアウトソーシングとして利用される例がみられる。この場合の特徴
は、パートタイマーであるから、転籍というより雇用期間満了に際して
雇用主体をA社からB社に切り替えて、B社と労働契約を締結してB社
の雇用するパートタイマーとしてA社に出向する形にするのである。

　実際上パートタイマーはA社で従来どおりそのまま就労し、雇用主の
みB社とするために出向形態とするもので、B社としては、自社から
パートタイマーの雇用管理者のみをA社に出向させ、そこで働くパート
タイマー（B社が名義上雇用する）の雇用管理にあたらせることになる
ものである。この場合、パートタイマーのそのままのA社就労をB社か
らの出向とするのは、A社を退職した労働者を「離職後1年以内にA社
に派遣すること」を禁ずる派遣法第40条の9の適用を回避するためでも
ある。

　このアウトソーシングの目的は、A社で就労し、B社が雇用主名義と
なっているパートタイマーの雇用管理業務をB社に移管するためのもの
で、本来の出向には該当せず、パートタイマーは一括してB社からA社
への労働者派遣となり、偽装出向で派遣法違反の問題が発生する。

●3　請負・業務委託型出向

　第三は、A社の人事・総務業務を請負契約または業務委託契約により
B社が担当することとし、そのためB社の雇用する専門家をA社に赴か
せてその業務を担当させるものである（**図2−30**の(C)の場合）。この場

第4章●労働者派遣と出向との区別をめぐる問題

合、A社の担当者をB社に転籍させて、再度逆に元のA社に出向させるという前記●1、2のパターンと同じ場合もあるが、B社独自の雇用労働者の場合もある。その場合には、「人事・総務業務」の請負として成立するならば適法なアウトソーシングといえる。

　しかしながら、人事・総務業務について請負や業務委託としてA社の指揮命令によらずB社で独立した業務や処理の完成ができるかというとその仕事の性質上無理であり、結局A社の経営者の指揮命令の下にA社の業務をB社の労働者が処理することになるものである。そこで、A社・B社間に業務協力関係があり業務処理の対価を伴わない業務協力としての出向ならば適法である。対価を伴う場合には「業」として行うことになり、偽装出向であって労働者派遣に該当し、派遣契約によらなければ違法となると解される。A社独自の決定に係る人事・総務業務でなく、分離して他社に請け負わせてもよい独立業務であって請負の要件に該当する場合、例えば給与等の計算事務や各種の手続事務ならばそのようなアウトソーシングは可能といえる。しかしながら、この例のような給与計算や人事事務手続きのような業務は、「社会保険労務士又は社会保険労務士法人でない者は、他人の求めに応じ報酬を得て、第2条第1項第1号から第2号までに掲げる事務〔筆者注：労働・社会保険関係の書類作成・手続き代行等〕を業として行ってはならない。ただし、他の法律に別段の定めがある場合及び政令で定める業務に付随して行う場合は、この限りでない。」と規定する社会保険労務士法第27条に違反し、「1年以下の懲役又は100万円以下の罰金」（同法第32条の2第1項第6号）に処せられるという問題もあるので注意を要する。

　なお、請負業務と認められるケースについてその処理を従業員を出向させて行うということは、当該作業員が出向先の従業員となり出向先の指揮命令を受けて行うことになる。そうすると、図2－30の(C)の場合には、出向先のA社の従業員となるということであるから、請負の要件に該当しないという矛盾したこととなる。また、出向によってこのような人事・総務業務をB社がアウトソーシング業として自社の営業行為として行うことは、まさに出向を「業」とすることになるので、前述のとおりいわゆる偽装出向となり、結局実態上は「労働者派遣」となるともいえる。

321

第2部

第5章
いわゆる二重派遣的形態
をめぐる問題

1 二重派遣とは

　二重派遣とは、ある労働者派遣事業主が労働者派遣について顧客先（注文者）から依頼を受けて労働者派遣契約を締結したが、自社では派遣すべき適当な技術、能力等を有する労働者を雇用していないため、第三者の派遣事業主に再依頼して、当該第三者との間で派遣契約を結び、第三者（下請人材派遣業者）から労働者の派遣を受け、それを自社（元請人材派遣業者）が自己の派遣契約の履行として注文者である顧客先（派遣先）に再派遣するものをいう（**図2-31**参照）。

　すなわち、二重派遣とは、元請的な派遣事業主が下請的な派遣事業主から派遣を受けた派遣労働者を、さらに「業」として第三者（注文者である派遣依頼先）へ派遣することをいうのである。

　この場合には、いわば元請業者である派遣先は注文者（派遣先）へ派

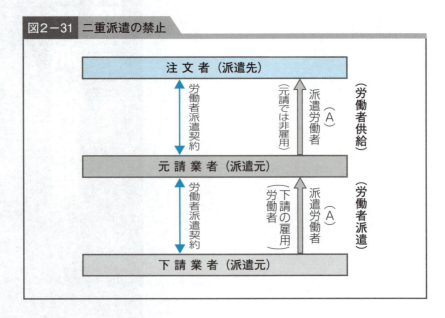

図2-31　二重派遣の禁止

第5章●いわゆる二重派遣的形態をめぐる問題

遣する派遣労働者を自ら雇用していないわけであり、派遣労働者は派遣先（元請）の従業員ではなく、あくまでも元請は派遣先として下請からの派遣労働者を指揮命令するのみで、自社の雇用する従業員に対するような全面的な人事労務支配権を有していないのである。そこで、当該派遣労働者をさらに第三者へ派遣することについては法的な権限がなく、結局事実上の支配下にある労働者を第三者に派遣し、その指揮命令下に労働に従事させることになるわけである。このため、事実上の支配下の労働者を第三者に労働要員として供給する形態に該当するわけであるから、その行為はまさに職安法第4条第6項の労働者供給に該当するのであり、それを反復継続し、または反復する意思をもって行うことは、「業」として労働者供給を行うことに該当し、同法第44条で禁止されている違法な行為となるのである。

　ところで、なぜこの「二重派遣」が問題になるかというと、わが国の企業社会でのこの種の事業の実態は、大手人材ビジネス業者を除けば、相当のものが元請負、下請負という形の重層下請関係によって派遣業務処理が行われてきた過去の実情があったからである。さらに最近では、わが国の一般大手企業は、自社の雇用する高年齢者の雇用対策等もあって、人材派遣や下請業務処理等の別会社をつくり、そこに自社の業務を請負や委託という形で発注して行わせ、高年齢者の雇用の継続と年金に対応した労働条件の低下変更という目的で活用することも多くなっている。また、大手企業における開発業務のための専門技術者や大規模イベントのための要員の派遣を依頼された派遣事業者が、自社の派遣労働者のみでは対応できないため、他の派遣事業者に依頼して派遣を求め、再派遣をすることもある。子会社、関連会社等においては、専門技術者や作業者等の労働者を十分雇用していない場合が多く、それをさらに専門業者へ下請して、専門労働者の派遣を求めまたは再下請形態で親会社に派遣しているケースもみられる。このような実態があることから「二重派遣」の違法性が問題となるわけである。

325

第2部　労働者派遣と請負・業務委託、労働者供給をめぐって

2 なぜ二重派遣は禁止か
▶二重派遣のパターン◀

1 自己の雇用しない者の派遣は労働者供給

　労働者派遣法自体は、直接二重派遣の禁止規定を置いているわけではない。

　本来ならば、「労働者派遣事業を行う者から労働者の派遣を受けた者は、当該派遣労働者を第三者に再派遣してはならない」というような趣旨の規定を設けるとはっきりするのであるが、派遣法はこのような再派遣ないし二重派遣禁止という規定を置いていない。それは、このような行為は職安法の「労働者供給事業」に当たることから、当然、同法第44条の「労務供給」の違反として罰則つきで禁止されることになるからである。

　この点について、派遣法立法当時の国会でも、下記のとおり質疑・答弁が行われている。

> **参考**　〜派遣法立法当時（昭和60年）の国会答弁から〜
>
> 「二重派遣あるいは三重労働派遣が行われていることが中央職業安定審議会や小委員会でも議論があったがこの点はどうか」との趣旨の質問に対し、当時の労働省当局は「御指摘の二重派遣につきましては、職業安定法の労供〔編注：労働者供給〕禁止規定に触れるおそれの極めて強いものである、〔編注：本法〕4条の面でも触れるものである。例えこれを派遣形式のものにいたしましても、その中間に入るものについては労供違反であるという基本的な認識を持っております」と述べている。

　すなわち、派遣先が派遣元から派遣された労働者をさらに第三者に再派遣するということは、派遣先としては自己の雇用する労働者でないものを派遣し他人の指揮命令下に置くものであるから、まさにこれは労働

者供給に該当し、これを「業」として行うことは禁止されることになるのである。このため当初の派遣法制定時の国会審議の中でも附帯決議として「政府は、次の事項について特段の配慮をすべきである」とされている１項目に「いわゆる二重派遣は、労働者供給事業に該当し、禁止されるものであるので、その旨の周知徹底を図るとともに、二重派遣が行われることのないよう、厳格な指導に努めること」が明記されているところである。

　そのため、「労働者派遣」は「自己の雇用する労働者を、当該雇用関係の下に、かつ、他人の指揮命令を受けて、当該他人のために労働に従事させることをいい、当該他人に対し当該労働者を当該他人に雇用させることを約してするものを含まないものとする」（派遣法第２条第１号）のに対し、「労働者供給」は、職安法で「この法律において『労働者供給』とは、供給契約に基づいて労働者を他人の指揮命令を受けて労働に従事させることをいい、〔労働者派遣法〕第２条第１号に規定する労働者派遣に該当するものを含まないものとする。」（第４条第６項）と規定されている。そして、「何人も、次条に規定する場合〔筆者注：労働組合等が、厚生労働大臣の許可を受けた場合は、無料の労働者供給事業を行うことができる〕を除くほか、労働者供給事業を行い、又はその労働者供給事業を行う者から供給される労働者を自らの指揮命令の下に労働させてはならない。」（職安法第44条、第45条）と定められているところである。

　そこで、派遣法の制定により、従来、労働者供給とされていたものの中から、「自己の雇用する労働者を当該雇用関係の下に、かつ、他人の指揮命令を受けて、当該他人のために労働に従事させる」場合を対象として、これを別途労働者派遣と定義し、その場合には、職安法上の労働者供給に該当しないこととしたものといえる。

　このため、従来の労働者供給のうちで、労働者派遣となり、労働者供給にならないのは、自己の雇用する労働者を他人に派遣する場合である。したがって、派遣先は、派遣されてきた派遣労働者を指揮命令して労働に従事させることはできるが、さらに第三者に派遣する（再派遣・二重派遣）ということになると、自己の雇用しない労働者を労働者派遣契約に基づいて他人の指揮命令を受けて労働に従事せしめることになるから、まさに「労働者供給」に該当し、それを「業」として行う場合は

327

第2部 労働者派遣と請負・業務委託、労働者供給をめぐって

職安法第44条に違反し、禁止されることになるのである。

2 業務委託の再委託か二重派遣か──多様なパターン

　ある派遣元事業主が、労働者派遣の依頼を受けるにあたって、自社には現在その依頼に対応するだけの派遣労働者の人数がいないとか、依頼に関わる職種、職務能力の派遣労働者がいないといったことから、再下請的に別の派遣元事業主に依頼して労働者派遣を求めて、そこから派遣された労働者をユーザー側に派遣してその依頼に応えるといった典型的な二重派遣は分かりやすい。しかし、現実には請負や業務委託、販売委託といったものがからみ、その再委託・再下請（禁止されない自由営業）か、再派遣・二重派遣（職安法上の労働者供給に該当し違法）か、といったボーダーラインのケースも多い。このようなケースには多様なものがあるが、その例として以下のケースを検討してみよう。

●1　メーカーのプログラム開発業務の再委託のケース

　二重派遣の問題でよく生ずるのは、**図2−32**の(1)の例のようなメーカーのプログラム開発業務の再委託のケースである。

　この例の場合には、甲社よりA社がコンピュータのプログラム開発業務を受注し、これをコンピュータプログラムの専門開発会社のB社に再業務委託し、さらにB社がソフト開発専門会社のC社に再々委託し、C社の労働者が甲社内のA社のプログラム開発室に赴いて、そこでプログラムの開発業務に従事するという例である。

　まず、甲社・A社間において請負または業務委託の要件を充足する形態か否かが問題となり、甲社側の社員がA社側の社員を指揮命令する場合は、業務委託に該当せず実質的な労働者派遣となるし、もし、C社から派遣されたプログラム開発要員を甲社がA社の社員同様指揮命令する場合には、三重派遣となって違法となる（甲社・C社間には何らの契約関係もないので、まさにC社は甲社に自己の雇用する労働者をB社ないしA社を介して提供することになって職安法第44条の労働者供給に該当し違法となる）。

　次に、A社とB社との間の業務委託契約に基づいてB社のプログラム

第5章 ● いわゆる二重派遣的形態をめぐる問題

図2-32 多様な二重派遣のパターンの例

(1) メーカーのプログラム開発業務の再委託のケース

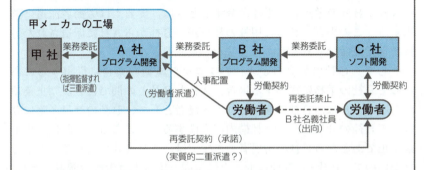

(2) 大型販売店舗における販売委託の派遣利用のケース

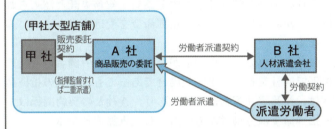

(3) メーカー等の販売子会社利用による労働者派遣のケース

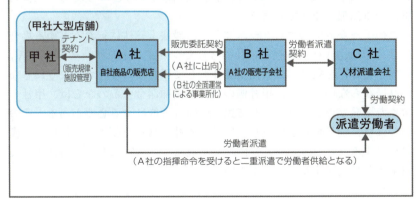

第2部　労働者派遣と請負・業務委託、労働者供給をめぐって

開発要員がA社の開発業務に従事する場合に、A社がB社にその開発業務のすべてを委託する（いわゆる丸なげ）場合は別として、A社の指揮命令下で業務に従事するという場合には、業務委託契約の名目であってもA社がB社の労働者を指揮命令するときは、実質上は労働者派遣に該当する。この場合、さらに甲社の社員が、B社からA社に派遣された労働者を指揮命令するとしたら違法な二重派遣となる。

そして、C社の労働者がA社のプログラム開発業務に従事するにあたってB社の業務に従事する場合、A社とB社との間で再委託禁止条項があったときは、B社に雇用される労働者として、B社の社員名簿に登載してB社の社員として甲社構内に入構することになる。これは、再下請禁止であるからC社の労働者のままでは、A社業務に携わることができないので、B社・C社間は形式上は出向（実質上は労働者派遣）とし、B社への出向社員としてA社に赴きA社の開発業務に従事することになる。この場合、B社の業務が独立性を有する請負・業務委託と認められるものであればよいが、A社や甲社側の指揮命令を受ける場合には、違法な二重派遣となる。

また、A社・B社間で再委託禁止条項がなく、C社の労働者がA社の再委託の承諾の下でA社業務に従事する場合であっても、A社の指揮命令を受けるときは、業務委託契約はB社とあり、A社との契約関係はないので、A社の指揮命令は労働者派遣に該当し二重派遣となる。

さらに、発注者の甲社側の社員の指揮命令の下にA社、B社、C社の労働者が混在してプログラム開発業務に従事するといった場合は、二重、三重派遣となってしまう。

このような形態のプログラム開発を労働法上適法に行おうとする場合には、結局、A社、B社、C社の3社でジョイント・ベンチャー（JV、共同企業体）を組織し、共同企業体として甲社から受注するようにしなければならない。また、甲社側の社員が指揮命令するのならば、甲社も含めた開発プロジェクトとして民法の組合契約による必要がある。その場合には、別途規約を作成し、甲社、A社、B社及びC社を社員（構成員）とする団体（人格なき社団）を結成して、各社にとって自社の直接事業として実施する方法しかない。

第5章●いわゆる二重派遣的形態をめぐる問題

●2　大型販売店舗における販売委託の派遣利用のケース

次に、**図2－32**の(2)の大型販売店舗における販売委託の労働者派遣利用のケースの例がある。

この例の場合、甲社の設置した大型店舗において、Ａ社が商品販売の委託を甲社より受託したが、自社の直接雇用社員によらず人材派遣会社のＢ社と派遣契約を結び、Ｂ社から労働者派遣を受けて販売に従事させるものである。

このケースにおいて、Ａ社の社員がＢ社からの派遣労働者を指揮命令してＡ社の販売業務を遂行するときは通常の労働者派遣であって問題はない。

しかし、甲社側の社員がＡ社に派遣されているＢ社の派遣販売員を指揮命令したり、実質的に指揮命令していると認められる場合には、二重派遣に該当する。甲社側にとっては、Ｂ社の派遣労働者とは何の契約関係もないのであり、それにもかかわらず甲社側がＢ社の派遣労働者を指揮命令し、甲社の委託する商品の販売活動に従事せしめることは、まさに労働者供給のパターンとなって違法となる。

●3　メーカー等の販売子会社利用による労働者派遣のケース

図2－32の(3)の例は、甲社の設置した大型店舗内においてテナント契約をしてメーカーＡ社が自社商品の販売店を設けた場合で、Ａ社は当該商品販売を100％出資の子会社であるＢ社に委託し、Ｂ社は派遣元会社であるＣ社との派遣契約によりＣ社から販売員の派遣を受けて、Ａ社を派遣就業の場所としてそこにおいて商品販売業務を行うという例である。

この場合、Ａ社の社員が販売子会社のＢ社の労働者を指揮命令して販売活動に従事させるというとき、Ａ社・Ｂ社間の業務提携契約に基づく出向なのか、出向名目の実質的労働者派遣なのかという問題があるが、この点については**第4章**の**4**の**2**を参照されたい。

問題は、派遣元のＣ社からＢ社に派遣された派遣労働者が、Ａ社という販売店舗に派遣されてＢ社が受託した商品販売業務に従事する場合であり、この場合、Ａ社が指揮命令するなら二重派遣に該当する。

Ａ社における商品販売業務をＢ社が全面的に委託を受けて、いわば甲社の大型店舗内にＡ社名義のＢ社の販売事業所があるという形態になっ

331

第2部　労働者派遣と請負・業務委託、労働者供給をめぐって

ている場合には、B社・C社間の派遣契約に基づいてC社の派遣労働者がB社の指揮命令を受けてA社の委託商品の販売を行うことは適法な労働者派遣であって問題はない。

このように、いわゆる「二重派遣」に該当し違法となるか否かは、単に契約名義のみでなく、実態に即して判断しなければならず、前記に例示したケースにとどまらず多様な形態があるので、この点に留意しなければならない。

3　派遣元事業者間の応援派遣は二重派遣か──ウラ手数料の問題

いわゆる二重派遣の問題は、派遣元事業者とユーザー側の派遣先との間に生ずるだけでなく、実は許可を受けて適法に労働者派遣事業を営む派遣元事業者間においても生ずる場合があり、特に一時的、短期的な派遣のようなケースについてどう考えるかという問題がある。

●1　典型的な二重派遣のケース

まず、典型的な二重派遣のケースである。それは、例えば、ある派遣元事業者（A社）がユーザーの要請によって労働者派遣を受託したものの自社の雇用（または登録）する派遣労働者では所要の派遣人員が充足できない場合、あるいは依頼に応ずる職種、能力、技術、資格を有する派遣スタッフが直ちに雇用できないといった場合に、別の派遣元事業者（B社）から労働者派遣の応援を得てユーザー側に派遣するといった場合である。これはそのまま形式的にみると、派遣元のB社からA社に派遣された労働者をA社を派遣元としてさらに派遣先ユーザーに派遣することになるから典型的な二重派遣となる。すなわち、**図2−33の①の**ケースであり、このような場合には、政府の監督に服する派遣事業を営む派遣元としては、いかに短期的・臨時的であったとしても避けなければならない。

●2　登録変更により対応するケース

第二は、このような二重派遣は違法となるので、これを避けるため派

第5章●いわゆる二重派遣的形態をめぐる問題

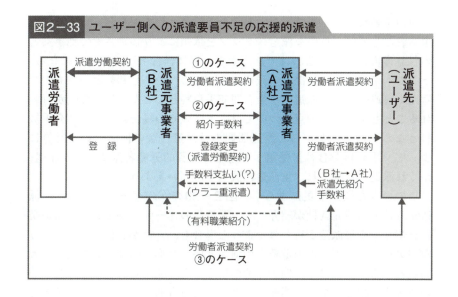

図2-33 ユーザー側への派遣要員不足の応援的派遣

遣元事業者間で派遣労働者の登録の変更を行うケースである。すなわち、図2-33の②のケースのように派遣元B社に登録している派遣労働者をA社の要請によりA社に登録を変更してA社が派遣労働契約を締結した上でA社の派遣労働者としてユーザーに派遣する場合である。このケースにおいて、別の派遣元事業者（B社）からA社に、派遣労働者の登録変更を本人の同意を得て行い、自社（A社）の雇用労働者として派遣するときは二重派遣に該当しない。この際に、派遣労働者としての登録変更についてA社・B社間で紹介手数料の授受が行われる場合がある。その場合には、有料職業紹介の許可を受けている事業者が職業紹介の要件を充足して行うのであればよいが、そのような要件を充足しないで、派遣元事業者間での取引として派遣料金の何％を派遣期間中にB社に手数料として支払うといった契約の場合には、実質上は二重派遣となり脱法行為といえよう。

●3　派遣元事業者間で手数料を授受するケース

　第二の派遣労働者の登録変更により対応するケースであっても、登録スタッフをA社に移動して自社雇用とする目的の依頼による派遣元事業

第2部　労働者派遣と請負・業務委託、労働者供給をめぐって

者間の移動なので、当該派遣労働者を登録者として保有している派遣元事業者としては、重要な派遣スタッフを依頼により移動させて他事業者の収益獲得に協力するわけであるから、事業経営上はマイナスになる。そこで本来その派遣労働者の派遣によって得べかりし利益というものを考えて前述のように派遣元事業者間で手数料といったものの授受が行われることもある。この点については、1回限りの場合には職業紹介手数料となる。しかしながら、派遣期間中は派遣料金の何％という計算によって、手数料をB社が受領する場合は実質的労働者派遣（ウラ派遣、かくれ派遣）と解され二重派遣に該当するといえよう。

　このような登録変更によらず、**図2−33**の③のケースのように、派遣元B社を派遣元A社が紹介して、派遣先のユーザー側とB社が派遣契約を結んで直接派遣が行われたような場合も、A社がB社から同じようなパターンで、毎月の派遣料金の何％といった形で紹介料金を受けると問題となる。これは、労働者派遣の紹介であり職業紹介には該当しないので適法な紹介料であり問題ないとの考え方もあろう。しかし、筆者としては、毎月の派遣料金の何％という形で当該派遣個別契約の継続する限り仲介派遣業者として手数料を受領することは、当該派遣契約の履行について利益を有し、1個の派遣契約により2社の派遣元事業者が継続的に利益を得ることになるので、この場合には実質的には二重派遣となると解する。それは、A社がB社を当該派遣に関し、事実上支配しているのと同様となり、特段の合理的理由のない限り二重派遣と同様に解すべきではなかろうかと考える。

3 二重派遣に該当しない場合

　二重派遣をめぐって問題となるのは、前述のとおり注文者（派遣先）から業務の処理について人材派遣の要請を受けて、要員派遣の契約をし

第5章 ●いわゆる二重派遣的形態をめぐる問題

たが、自社には派遣要員がいないため、これをいわば下請して、下請となった企業から要員の派遣を受けて注文者へ再派遣を行う場合が典型的なケースである。労働者派遣契約により下請から元請に派遣され、元請から注文者（派遣先）へ再派遣されるということになると、これは明白に「二重派遣」に該当することになるのである。そこで、このようないわば下請形態によって業務を処理する必要が生じた場合には、二重派遣にならないようにしなければならない。

1 業務請負とする方法

そのためには、第一の方法としては、図2−34（337頁）の(A)の場合のように、請負契約による業務処理とし、さらにそれを下請負契約という形で業務処理を請負により行うという、合法的かつその実体を伴った「請負業務」の処理という方法をとることである。すなわち、それが顧客先（注文者）と元請との間、元請と下請との間において、それぞれ請負契約を締結して業務を処理するにあたり、契約上も実態上も請負の要件である「区分基準（告示）」に適合し、「労働力を自ら直接利用する」ものであり、独立業務処理としての要件をそれぞれ充足するものでなければならない。

そのためには、当該業務そのものが請負処理になじむものであり、その処理につき顧客先（注文者）と元請となる事業者との間で業務の請負によって処理する請負契約を締結し、そして、元請業者としては自社で当該請負業務を処理することはせず、その業務の下請負契約をして、請け負った業務を下請事業者が現実にも独立して処理する方法をとる（請負の要件の充足が必要）ことである。

もちろん、この場合には、注文者と元請事業者との間で、下請事業者によって業務を処理することについての承諾ないし同意を得ておく（「下請同意約款」）必要がある。なお、当然のことながら、それが脱法的な契約名義のみではなく実体的にも適法な請負に該当する必要があることはいうまでもない。

335

第2部　労働者派遣と請負・業務委託、労働者供給をめぐって

2 注文者と事業者の間を請負とし自己の業務へは派遣とする方法

　第二は、図2−34の(B)の場合のように、顧客先（注文者）との間に請負業務処理契約を結んだ事業者が請負人として「自社の事業」である請負業務を処理するにあたって、その業務の処理につきいわば下請的な派遣元事業者と派遣契約を結んで、当該派遣元より労働者派遣を受けて、その派遣労働者を自己の請負業務に使用するという場合である。

　この場合には、派遣契約は1個であり、派遣された労働者は再度派遣されるのではなく、派遣先で、派遣先の業務（請負業務）に従事するので、派遣先からさらに第三者に派遣されるのではなく、あくまでも派遣先である請負事業者において派遣された労働者を直接指揮命令して労働させるものであるから、二重派遣には該当しないのである。「業務取扱要領」でも「これについては、派遣労働者を雇用する者と、当該派遣労働者を直接指揮命令する者との間のみにおいて労働者派遣契約が締結されている場合は、『二重派遣』に該当しないものである。」（第1の1(5)ニ）とされている。この形態の場合には、当該派遣労働者を雇用する派遣元と派遣契約をした当事者の派遣先である元請事業者が、派遣労働者を直接指揮命令するということがポイントであり、その場合には適法な派遣である。しかし、この指揮命令を注文者が行うという事実がある場合には「二重派遣」に該当し、違法となるので注意を要する。この点については「業務取扱要領」でも、「労働者派遣を受け、当該派遣労働者を用いて、請負により事業を行うことが可能であるのは当然であるので留意すること。」（第1の1(3)ロ）として、派遣労働者を用いて請負業務を行うことは適法とされているところである。

3 出向社員を派遣する方法

　第三は、会社間の業務提携契約等適正な人事異動として、関係会社から自社への出向を求め、出向社員を派遣就業の同意をとって顧客先（注文者）に労働者派遣をする方法である（図2−34の(C)のケース）。出向は、第4章で述べたとおり出向元に在籍したまま出向先に異動し、出向

第5章 ● いわゆる二重派遣的形態をめぐる問題

図2-34　二重派遣にならない場合

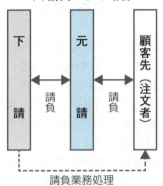

(注) 適法な請負であることが前提

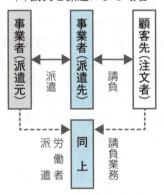

(注) 適法な請負であることが前提

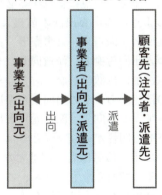

(注) ①適法な出向によることが前提
②出向先事業者が派遣事業の許可を受けた派遣事業者であることが前提

第2部　労働者派遣と請負・業務委託、労働者供給をめぐって

　先の従業員（被雇用者）ともなるという二重の雇用関係の生ずるものであるため、出向した労働者を出向先が注文者である派遣先事業主に派遣することは「自己の雇用する労働者」を派遣することになるわけであるから、労働者派遣法の「労働者派遣」に該当し、「労働者供給」にはならないのである。

　問題はまず、派遣元となる会社として自社への関係会社からの出向が適法な出向と認められる場合でなければならない。実質的な労働者派遣に該当する出向（**第4章の4の2**）であるときは二重派遣に該当してしまうからである。したがって、自社の子会社、関係会社といったグループ企業間の人事上の措置として認められる場合その他適法な出向目的のものと認められるものでなければならない。

　次に、他社からの出向労働者については、当初から派遣スタッフとして出向を求める（高年齢者雇用安定法に基づく高年齢者の継続雇用措置としての再雇用先での派遣スタッフ出向のケースが多い）ときは、本人の出向にあたっての同意を要し（派遣法第32条第1項）、出向してきている社員を労働者派遣するにあたっては本人の同意を得なければならない（同条第2項）点に留意する必要がある。

　このような適法な出向の前提に立って、**図2−34**の(C)のような顧客先（注文者・派遣先）と事業者（出向先・派遣元）との労働者派遣契約に基づき出向労働者（派遣同意）を派遣する場合には、適法な派遣であり二重派遣には該当しない。というのは、①派遣元となる出向先と出向元との関係から、その出向が企業間の人事異動等適正なものであり、したがって、②出向先（派遣元）と出向労働者との間に適法な雇用関係を発生させる関係が成り立つときは、まさに③出向先（派遣元）としては自己の雇用する労働者の派遣となり、「二重派遣」にはならないので適法となるのである。もちろん、このような出向が人事異動その他適正な出向と認められるものではなく、労働者供給的な営業行為を目的として行うような脱法的な場合は、「出向」という名義であっても実態は派遣であるから、「偽装出向」となって二重派遣に該当することになるので注意を要する。

338

第5章●いわゆる二重派遣的形態をめぐる問題

4 事業者間の協力・協業形態と 二重派遣

二重派遣禁止の法理とその内容については前述したところであるが、親子会社や関連会社の関係などで形式的にみれば二重派遣に該当するようにみえても、契約内容や実態に即してみると必ずしも二重派遣に該当しないいくつかの形態がある。そこで次に、このような事業者間の協力ないし協業による協同（共同）業務処理形態について、その問題点を検討することにする。

1 親会社の一部門の管理業務形態の場合

親会社の中の一部門、例えばコンピュータ部門やビル管理部門のように、業務上の独立性のある仕事について親会社独自で発注、検収、指示、評価等を行うことにつきノウハウ等を有していなかったり、そのような組織的管理が不適当であるといったケースで、当該業務の管理のすべてを子会社に委託し（業務委託契約）、子会社が当該部門の一切を受託して管理する場合がある。

このような場合、例えば、ソフトウェアの開発や、メンテナンス、電算機オペレーション等について親会社のコンピュータ部門の管理業務の一切を受託している子会社が、これらの技術者、技能者等を有している労働者派遣会社（いわば下請的な派遣元）との間で労働者派遣契約を結び、親会社の中の自社（子会社）が管理している部門に派遣元（専門的会社）より労働者の派遣を受けて業務を処理する場合、これが二重派遣になるかという問題がある（**図2-35参照**）。

この場合には、子会社が、下請的な派遣元会社から派遣されてきた派遣労働者を親会社へ再派遣するというのであれば二重派遣になるが、そうではなく、自社が親会社から管理業務の委託を受けて、一切を管理している部署（自社の事業所に該当する）に、専門業者である派遣元と自社（子会社）の派遣契約に基づいて当該派遣元より労働者の派遣を求め

339

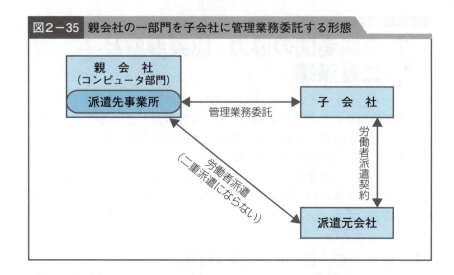

図2-35 親会社の一部門を子会社に管理業務委託する形態

て、自社（子会社）が派遣労働者を直接指揮命令して労働に従事せしめるものであるから、二重派遣には該当しないと解せられる。

このケースでは、労働者の派遣先は子会社になるので、派遣先責任者の選任（派遣法第41条）、派遣先管理台帳の作成（同法第42条）等はすべて子会社で行うとともに、労基法等の使用者とみなされる部分の規定の適用についても、子会社が派遣契約の当事者であるので、派遣先として責任を負わなければならない。

2 親会社の業務代理形態の場合

親会社のある部門、例えばコンピュータ部門において、発注、管理、製品の検収、指示、代金の算定・支払い、仕事の瑕疵の点検その他専門技術的な事項について親会社独自ではその能力がないか、実施上適切な組織がないというような場合、その管理の一切を子会社に委ねるのではなく、子会社が親会社の業務代行ないし業務代理という形態で、子会社がアウトソーシングによってこれらの事務を処理するというケースがある。例えば、ソフトウェア開発やオペレーター業務について子会社が親会社の代理人となって派遣元会社（コンピュータ業務派遣専門会社）と

の間に派遣契約を結び、労働者を親会社の当該代行業務部門に派遣するというケースである（図２−36参照）。

この場合、親会社と子会社との間の契約は、業務代理ないし業務代行契約となる。

この形態の場合には、派遣契約は子会社が親会社の代理人名義で締結するにしても、あくまでも代理人であるから派遣契約の当事者は親会社と派遣元会社であり、派遣された労働者を再派遣するという二重派遣には該当しない。派遣契約は業務代理人である子会社と派遣元との間で行われているにしても、当該派遣労働者を指揮命令して労働に従事させるのは契約の当事者（本人）である親会社であって派遣契約の当事者であるから、二重派遣には該当しないのである。したがって、派遣先責任者の選任や派遣先管理台帳の作成は親会社で行うことになる（もちろん派遣先管理台帳等の作成事務自体を子会社に代行させることは禁止されていない）。

問題は、親会社の従業員が直接指揮命令を行うのではなく、業務代行ないし業務代理を行う子会社の従業員が親会社の代理人（業務代行者）として指揮命令を行うといった場合はどうなるか、また注文書等も親会社の代理人として作成し、派遣労働の検収も派遣代金の支払いもすべて

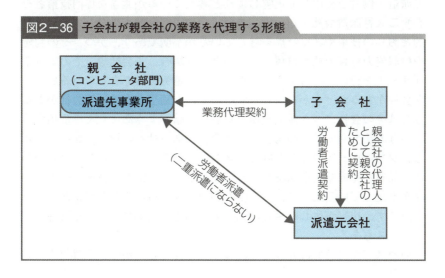

図２−36　子会社が親会社の業務を代理する形態

第2部　労働者派遣と請負・業務委託、労働者供給をめぐって

子会社が親会社の代理人として行うケースもあるが、これはどうなるか
という点である。

　この場合も、労働者派遣として労働者を中心としてみれば、当該労働
者は派遣先である子会社にいったん派遣されて、そこから親会社に再派
遣されるというものではなく、あくまでも派遣契約の当事者である派遣
元会社から契約上の派遣先である親会社に直接労働者が派遣され、子会
社は親会社の代理人として親会社の立場で派遣労働者を指揮命令して労
働に従事させるものである。親会社の立場で親会社としての権限と責任
において行われるものであれば、このような指揮命令や派遣労働の検
収、派遣代金の支払い等を子会社が親会社の代理人として行うというこ
と自体は禁止されておらず、二重派遣には当たらないと思われる。した
がって、このような関係が実体上も契約どおりの形で行われる限りは、
二重派遣にはならないと解される。

3 労働者派遣契約のあっせんと保証形態の場合

● 1　労働者派遣契約のあっせん・保証とは

　親会社等において自社のある部門、例えばコンピュータ部門等につい
て派遣労働者を使用して運営しようと考えているが適当な専門技術者を
有する人材派遣会社を知らず、また、その専門会社が果たして所期の目
的どおりの技術やノウハウを有しているか不明であり、かつ、その判定
や検収能力も親会社等自体にはないという場合、子会社等でそのような
リサーチを行い、このようなノウハウや派遣労働者を有している専門的
な会社があるかどうかを調査し、そのような適当な人材派遣会社がある
ならばその会社につき派遣契約を親会社と結ぶようあっせんを依頼する
という方法もある。この場合に、子会社があっせんの趣旨に従って、新
しいソフトウェアの開発や確実なメンテナンスの行われること等のいわ
ゆる品質と完成納入を保証し、万一派遣された労働者の技術力や専門知
識が不足しているために、あっせん仲介に係る労働者派遣が初期の目的
を達せず、損害が生じた場合には、その損害を賠償するという契約を結
ぶケースもある。

　いわば"派遣契約に介入してあっせん仲介"し、かつ、派遣契約の完

342

第5章●いわゆる二重派遣的形態をめぐる問題

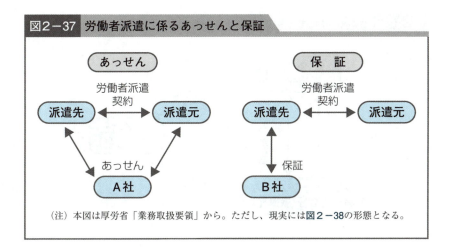

図2-37 労働者派遣に係るあっせんと保証

（注）本図は厚労省「業務取扱要領」から。ただし、現実には図2-38の形態となる。

全な履行について派遣元会社とともに連帯して保証をするという形態である（図2-37、図2-38参照）。

　もちろんこのような場合には、子会社は親会社からあっせん仲介と保証契約について相当のあっせん料や保証料を受領するという有償契約が締結されているのが通例である。

　このようなことが行われるのは、当該子会社が、労働者派遣によって業務を行う親会社の部門について一切の管理運営を請け負っているが、親会社の地方の工場や支店等については、当該地域には当該子会社独自の営業所もなく従業員もいないため地元の専門業者をあっせんして紹介するというケースが多い。この場合に親会社としては、本来子会社に行わせるところであるが、やむを得ないのでそのあっせん仲介を認めるが、その代わり派遣される労働者の技術・能力等を子会社が保証し、作成されるプログラム等の品質管理と完成納入に責任を持ってもらいたいということになるのが一般的であろう。

●2　労働者派遣のあっせん・保証の適法性・有効性

　そこで、派遣契約のあっせん仲介、保証契約やこのような形態で他人の派遣契約の締結等に関し仲介・介入して利益を上げることが適法・有効かという問題がある。

343

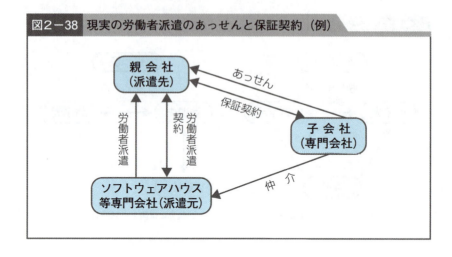

図2-38 現実の労働者派遣のあっせんと保証契約（例）

　この点については、これが「労働者派遣」ではなく、「雇用関係の成立」を目的とするものであれば「求人者と求職者との間における雇用関係の成立をあっせんする」もので職業紹介に当たり、このような職業紹介は職安法第30条以下において厚生労働大臣の有料職業紹介事業の許可を得た者以外については禁止されている。

　しかしながら、「派遣契約の成立あっせん」という会社間の取引契約のあっせんについては、これを禁止する法令はなく、契約自由の原則の範囲内のものとして憲法の定める「営業の自由」の下において許されていると解される。

　また、この場合には、あっせんを行う子会社は、派遣契約という派遣元と派遣先との取引契約を仲介するのみであって、自ら派遣契約の当事者になるのでもなく、派遣された労働者を指揮命令するわけでもない。あくまでも労働者派遣は、派遣先である親会社等と派遣元である専門会社との間で直接行われるものであるため、「二重派遣」にも該当しないと解されるのであり、この面からも法令上の禁止規定の適用はない形態と思われる。

　しかしながら、現行法令上の直接の禁止規定はないにしても、このような派遣契約のあっせんを「業」として行うことは、民法第90条の公序良俗に反する「業」に当たらないのかという点も検討しなければならな

第5章●いわゆる二重派遣的形態をめぐる問題

い。この点について、このような営業行為は業務上の必要性に基づく合理的なものであり、反社会性を有することもなく、公序良俗や社会通念に反するものともいえないと思われるので適法な営業と認められる。しかも、品質管理・完成納入等についても、"保証"する場合にはなおさら社会的有用性と必要性があり不法、違法とみることはできないといえる。

　厚労省も「業務取扱要領」で「(イ)派遣元に対して派遣先を、派遣先に対して派遣元をそれぞれあっせんし、両者間での労働者派遣契約の締結を促し、援助する行為は法上禁止されていないこと〔編注：**図２－37**参照〕。(ロ)また、派遣元のために、当該派遣元が締結した労働者派遣契約の履行について派遣先との間で保証その他その履行を担保するための種々の契約の締結等を行うことも、同様に法上禁止されていないこと〔編注：**同図参照**〕。」（第１の１(6)ハ）としている。なお、企業社会におけるこの種の保証契約は、(イ)、(ロ)が別々に行われるのではなく**図２－38**のような一体的な形態で行われているのが現実である。いずれにしても、このような派遣契約のあっせんと業務の品質・完成についての保証業務は適法である。

4 共同企業体（JV）形態の場合

● 1 共同企業体（JV）形態とは

　注文者からある業務の完成、例えばソフトウェアの開発等を請け負ったり、ある業務の遂行、例えばビル管理業務の委託を受けた場合、１社で行うのではなく共同で業務を処理する形態をとることもある。このうち、共同で連帯して請け負う方式については「共同企業体（ジョイント・ベンチャー、JV）」と称して共同事業についての協定を結びそれを構成する各会社の個別性を離れて、一つの事業組織体としての独立性を強く持つ形態のものもある。

　そして、この共同企業体の場合については「２人以上の者が出資（資金、労務、ノウハウ等を問わない）をなし、営利を目的とする単一の共同事業を営む団体」であると一般的には定義されており、目的の営利事業性、共同目的の存在、事業の単一性及び一時性、目的達成のための財産、労務、資金の共同管理、代表者（スポンサー）を中心とする経営的

345

管理会計の独立性等から単なる連名による共同請負というよりは民法の組合契約の一種と解されている。

2 共同企業体（JV）と二重派遣

注文者との間で派遣契約を共同企業体（JV）として結んだ場合においても、共同企業体というのは民法の組合の一種であって各構成員の事業であるから、いわば派遣先との派遣契約に基づいて労働者を派遣することは民法第667条第2項の「出資は、労務をその目的とすることができる。」との規定に基づく労務出資と解されるので、自社の事業としての直接派遣（これは共同企業体という第三者の事業主に派遣して、第三者から派遣先に再派遣するという形態にはならないため）に当たり、二重派遣には該当しないといえる（図2－39参照）。

この場合、共同企業体は民法上の組合的な構成になる。民法上の組合には法的人格はなく組合員の共同の事業として一時的に組合契約をもって寄り集まったにすぎないのであるから、構成各社が共同企業体と派遣契約を結んで派遣し、さらに共同企業体と注文者との間で派遣契約を結んで派遣するという派遣契約が二重に階層別に結ばれたと解することは

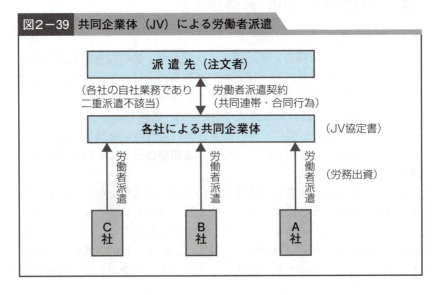

図2－39　共同企業体（JV）による労働者派遣

できない。組合は、いわば合同的なものであり、共同企業体の構成員である各派遣元と派遣先の契約と解されるからである。

そして、共同企業体の中で協定により業務執行の代表者（スポンサー）を決めた場合において、その代表者の企業が全構成員の労働者を指揮命令するケースであっても、それは民法第670条の組合の業務執行の方法にすぎないから二重派遣には当たらない。

なお、「業務取扱要領」では、共同企業体（JV）形態の場合の二重派遣にならない要件が次のとおり定められている。

> ### ▶業務取扱要領
>
> イ　JVの請負契約の形式による業務の処理〔編注：図2-40参照〕
>
> (イ)　JVは、数社が共同して業務を処理するために結成された民法上の組合（民法第667条）の一種であり、JV自身がJV参加の各社（以下「構成員」という。）の労働者を雇用するという評価はできないが、JVが民法上の組合である以上、構成員が自己の雇用する労働者をJV参加の他社の労働者等の指揮命令の下に従事させたとしても、通常、それは自己のために行われるものとなり、当該法律関係は、構成員の雇用する労働者を他人の指揮命令を受けて、「自己のために」労働に従事させるものであり、法第2条第1号の「労働者派遣」には該当しない。
>
>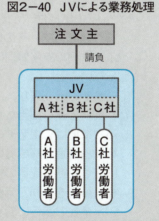
>
> （注）厚労省の「業務取扱要領」の図に筆者が加筆したもの。
>
> 　しかしながら、このようなJVは構成員の労働者の就業が労働者派遣に該当することを免れるための偽装の手段に利用されるおそれがあり、その法的評価を厳格に行う必要がある。
>
> (ロ)　JVが民法上の組合に該当し、構成員が自己の雇用する労働

者をJV参加の他社の労働者等の指揮命令の下に労働に従事させることが労働者派遣に該当しないためには、次のいずれにも該当することが必要である。

a　JVが注文主との間で締結した請負契約に基づく業務の処理について全ての構成員が連帯して責任を負うこと。

b　JVの業務処理に際し、不法行為により他人に損害を与えた場合の損害賠償義務について全ての構成員が連帯して責任を負うこと。

c　全ての構成員が、JVの業務処理に関与する権利を有すること。

d　全ての構成員が、JVの業務処理につき利害関係を有し、利益分配を受けること。

e　JVの結成は、全ての構成員の間において合同的に行わなければならず、その際、当該JVの目的及び全ての構成員による共同の業務処理の2点について合意が成立しなければならないこと。

f　全ての構成員が、JVに対し出資義務を負うこと。

g　業務の遂行に当たり、各構成員の労働者間において行われる次に掲げる指示その他の管理が常に特定の構成員の労働者等から特定の構成員の労働者に対し一方的に行われるものではなく、各構成員の労働者が、各構成員間において対等の資格に基づき共同で業務を遂行している実態にあること。

①　業務の遂行に関する指示その他の管理（業務の遂行方法に関する指示その他の管理、業務の遂行に関する評価等に係る指示その他の管理）

②　労働時間等に関する指示その他の管理（出退勤、休憩時間、休日、休暇等に関する指示その他の管理（これらの単なる把握を除く。）、時間外労働、休日労働における指示その他の管理（これらの場合における労働時間等の単なる把握を除く。））

③　企業における秩序の維持、確保等のための指示その他の

管理（労働者の服務上の規律に関する事項についての指示その他の管理、労働者の配置等の決定及び変更）
　h　請負契約により請け負った業務を処理するJVに参加するものとして、a、b及びfに加えて次のいずれにも該当する実態にあること。
　　①　全ての構成員が、業務の処理に要する資金につき、調達、支弁すること。
　　②　全ての構成員が、業務の処理について、民法、商法その他の法律に規定された事業主としての責任を負うこと。
　　③　全ての構成員が次のいずれかに該当し、単に肉体的な労働力を提供するものではないこと。
　　　i　業務の処理に要する機械、設備若しくは器材（業務上必要な簡易な工具を除く。）又は材料若しくは資材を、自己の責任と負担で相互に準備し、調達すること。
　　　ii　業務の処理に要する企画又は専門的な技術若しくは経験を、自ら相互に提供すること。
(ハ)　JVが(ロ)のいずれの要件をも満たす場合については、JVと注文主との間で締結した請負契約に基づき、構成員が業務を処理し、また、JVが代表者を決めて、当該代表者がJVを代表して、注文主に請負代金の請求、受領及び財産管理等を行っても、法において特段の問題は生じないと考えられる。
ロ　JVによる労働者派遣事業の実施〔編注：図２－41参照〕
　(イ)　JVは、数社が共同して業務を処理するために結成された民法上の組合（民法第667条）であるが、法人格を取得するも

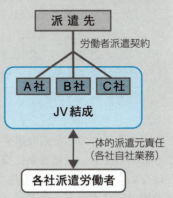

図２－41　JVによる労働者派遣

（注）厚労省の「業務取扱要領」の図に筆者が加筆したもの。

349

第2部　労働者派遣と請負・業務委託、労働者供給をめぐって

のではなく、JV自身が構成員の労働者を雇用するという評価はできないため（イの㈠参照）、JVの構成員の労働者を他人の指揮命令を受けて当該他人のための労働に従事させ、これに伴い派遣労働者の就業条件の整備等に関する措置を講ずるような労働者派遣事業を行う主体となることは不可能である。

　　したがって、JVがイに述べた請負契約の当事者となることはあっても、法第26条に規定する労働者派遣契約の当事者となることはない。

㈡　このため、数社が共同で労働者派遣事業を行う場合にも、必ず個々の派遣元と派遣先との間でそれぞれ別個の労働者派遣契約が締結される必要があるが、この場合であっても、派遣元がその中から代表者を決めて、当該代表者が代表して派遣先に派遣料金の請求、受領及び財産管理等を行うことは、法において特段の問題は生じないものと考えられる。

㈢　この場合、派遣先において、派遣元の各社が自己の雇用する労働者を派遣元の他社の労働者の指揮命令の下に労働に従事させる場合、例えば特定の派遣元（A）の労働者が特定の派遣元（B、C）の労働者に対し一方的に指揮命令を行うものであっても、派遣元（A）の労働者は派遣先のために派遣先の業務の遂行として派遣元（B、C）の労働者に対して指揮命令を行っており、派遣元（B、C）の労働者は、派遣先の指揮命令を受けて、派遣先のために労働に従事するものとなるから、ともに法第2条第1号の「労働者派遣」に該当し、法において特段の問題は生じない。

（第1の1(6)）

　前記の厚労省の「業務取扱要領」では「JVが請負契約の当事者となることはあっても、法第26条に規定する労働者派遣契約の当事者となることはない」のでJVの場合も注文者である派遣先とJV構成員の各派遣元との間で「必ず個々の派遣元と派遣先との間でそれぞれ別個の労働者派遣契約が締結される必要がある」としているが、各労働者派遣事業者である派遣元がJV構成員間の協定書において「JV名義で労働者派遣契約

を締結すること、業務執行を委託した代表者（いわゆるスポンサー構成員）によってJVを代表して行うこと」を定めておけば派遣契約は1個で足りる（契約形式上は1個であるがJV構成員の各労働者派遣基本契約及び派遣法第26条の派遣個別契約をまとめて1本（1個）としたもの……合同行為）と解される（**図2-42**参照）。このようなJV名義による受注契約も有効であり、それは同時に各構成員に責任が及ぶものである（例えば**和歌山県水害復旧工事事件、最高裁大法廷昭45・11・11判決、民集24巻12号1854頁**）。

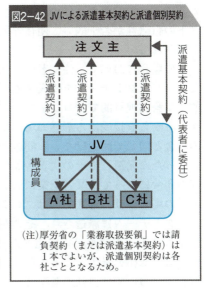

図2-42 JVによる派遣基本契約と派遣個別契約

(注)厚労省の「業務取扱要領」では請負契約（または派遣基本契約）は1本でよいが、派遣個別契約は各社ごととなるため。

　なお、共同企業体を構成するといっても、その共同事業性の弱い並列的な共同連帯請負と考えられるケースもあるが、共同事業性が弱いほどむしろ派遣元である各企業と派遣先に当たる注文者との直接派遣契約性が強くなっていくので、基本的には「業務取扱要領」の考え方に近くなろう。

　いずれにしてもJVの場合には、派遣法上の二重派遣とはならない。

5 プロジェクトチーム形態の場合

　各社が一体となって行うプロジェクトチーム形態で業務を処理する場合にもいろいろな種類があり、その契約形態いかんで法律上の捉え方は異なる。一般にはこの場合も民法の組合の一種と解されており、本章**4**

の**4**で述べた共同企業体の場合よりも構成員に対する拘束力やプロジェクトの組織性が若干弱い、団体性の少し薄い形態で、共同請負的なものと解されている。

　この場合において、注文者の一部門、例えばコンピュータ部門においてプロジェクトチームを構成する各会社からの派遣労働者をもって一体的に業務処理目的でプロジェクトが組織されているものの、指揮命令は注文者から直接受ける形態の場合には、各会社を派遣元とする単純派遣の場合と同じで問題はない。問題となるのは、プロジェクトチーム自体にいったん派遣してその代表者等の指揮監督を受け、かつ、その代表者等の命令によって注文者企業に派遣されるといった形態の場合である。

　この場合には、形式的にはプロジェクトチームの各構成会社よりプロジェクトチームに派遣され、そこから注文者に再派遣されるということになるため、本章**4**の**4**で述べたJVの場合と同様に外形的にみれば二重派遣の様相を呈することになる。しかしこの場合には、あくまでも各派遣元においては自社の業務として共同してプロジェクトチームを構成しているのであるから、いわば一体となった共同連帯的労働者派遣契約

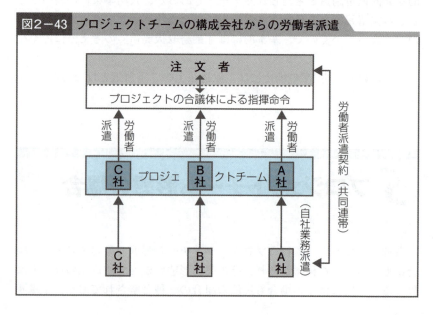

図2-43　プロジェクトチームの構成会社からの労働者派遣

第5章●いわゆる二重派遣的形態をめぐる問題

と考えられるので、各構成員である企業（派遣元）と注文者との直接的派遣契約に基づく派遣と同じで、それが共同連帯しているにすぎないと解されるものであるから二重派遣には該当しないと解される（**図2－43**参照）。

　この場合も、派遣契約は、各個別派遣元ごとに締結してもよいし、1個のプロジェクトチーム構成員の一体的共同連帯的派遣契約として、その代表者名義で行ってもよい（法的には、各社が注文者である派遣先と派遣契約をしていることと同じ）。

6 協同組合形態の場合

　最近では、中小企業の商業、工業、鉱業、運送業、サービス業その他の事業を行う者等が「相互扶助の精神に基き協同して事業を行う」（中小企業等協同組合法第1条）ため、同法に基づき「事業協同組合」や「事業協同小組合」等が組織されるようになってきている。

　そこで、これらの事業協同組合等が注文者から労働者派遣の依頼を受け、組合員である事業主の労働者を注文者に派遣することが協同組合の「共同事業」として行われるようになっており、特にコンピュータ等情報関連産業やサービス業においてこのような協同組合による労働者派遣事業も検討されているようである。

● 1　協同組合の指示による労働者派遣

　このような場合、協同組合の共同事業として「労働者派遣事業」を定め、厚生労働大臣の許可による労働者派遣事業者となっている必要がある。協同組合が発注者より受注した労働者派遣の申込みを承諾して、組合員である事業主の労働者を協同組合の指示によって派遣するという形態がまず第一に考えられる（**図2－44**の(A)）。

353

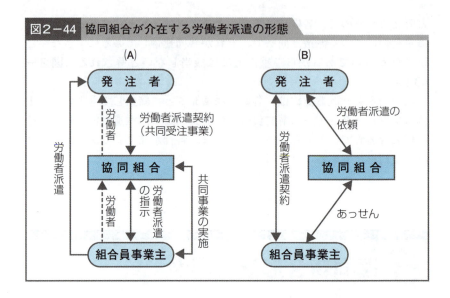

図2-44 協同組合が介在する労働者派遣の形態

　この場合には、発注者と協同組合との間に労働者派遣契約が結ばれ、協同組合の共同事業として加入組合員である企業の労働者を派遣するということになると、それは二重派遣になるかという問題が生ずる。
　事業協同組合等は通常、中小企業等協同組合法第9条の2第1項第1号において「生産、加工、販売、購買、保管、運送、検査その他組合員の事業に関する共同事業」を行うことができることになっている。したがって、組合員の事業に関するものである限り、共同購買、共同販売、共同受注、共同宣伝等を共同事業として行うことができると解されており、さらに最近ではこれらの事業を活発、積極的に行うよう行政指導されている。
　そこで、協同組合が、派遣事業の許可等を受けることもできる。この場合、協同組合が発注者から労働者派遣の依頼を受けたときに、協同組合の共同受注事業として派遣契約を結び、組合員である事業主の労働者を発注者に派遣するということは、①協同組合自体は自己の雇用する労働者を派遣するのではなく（協同組合では通常、事務員等事務担当者しか雇用していない）、組合員の共同事業として派遣する契約を締結するものであること、②したがって、協同組合としての法人格は有するもの

第5章●いわゆる二重派遣的形態をめぐる問題

の派遣契約は自己の独自のものではなく、法律に基づき、協同組合を構成する組合員事業主の共同受注事業として行うものであること、③組合員である事業主の雇用する労働者を共同事業運営規約に基づいて派遣するものであること、④この関係は協同組合の組合員である各事業主を一括代理して派遣契約を結ぶことに類似していること、⑤法令による事業活動であって違法性がないこと（自己の雇用しない労働者の派遣は労働者供給になるが、法律に定められた共同事業のためであり法令に基づいて正当な事業として許される）等の観点から、筆者は二重派遣ではないと解するものである。

●2　協同組合のあっせんにより個別に派遣契約を結ぶ場合

①　組合員事業主（派遣元）が個別に派遣契約を締結することで二重派遣の問題を回避

　●1の場合のように、協同組合自体の共同事業としての派遣ではなく、構成員であり、派遣事業の許可により派遣事業を営む組合員事業主のために派遣契約のあっせん事業を行うことは差し支えない。協同組合の事業として派遣事業の許可を受けるにあたっての問題とも関連するが、協同組合自体は派遣労働者を雇用していないことが問題となる。組合員である事業主が派遣事業の許可を受けているといったケースでは、協同組合という派遣元事業主と別の法人が派遣契約を結ぶ形式に問題がないわけではない。協同組合が発注者との間で派遣契約を結んでも協同組合としては組合自体の雇用する労働者を派遣するのではなく、構成組合員事業主の労働者を派遣するのであり、協同事業として構成組合員と一体性を有するものであるとしても、形式的にみれば第三者である構成組合員事業主の雇用する労働者を派遣の対象とすることになり、必ずしも明白に違反でないともいい切れないのではないかとの疑義はある。

　そこで一番無難な第二の方法として、図2－44の(B)のように協同組合が直接派遣契約を結ぶのではなく、協同組合は組合員である個々の事業主と発注者との間の派遣契約のあっせん、仲介を行い、派遣契約は各個別の許可を受けた組合員事業主と発注者との間で行うような形にすれば全く問題なく適法であって、二重派遣にはならない。

355

第2部　労働者派遣と請負・業務委託、労働者供給をめぐって

　具体例を挙げれば、ちょうどタクシー会社の無線事業の協同組合のような形である。すなわち、タクシー無線協同組合の場合は共同事業としてタクシー無線営業を行っており、乗客からタクシーの乗車の申込みが電話等で協同組合になされると、無線で組合員事業主の雇用する各個のタクシー運転者を呼び出し、その運転者に対し配車を指令して乗客にその旨を伝達するのである。このようないわゆる無線共同事業による配車の場合には、旅客運送契約は乗客が乗車したとき個々のタクシー運転者を代理人として個々の組合員である事業主たるタクシー会社との間で結ばれるという構成になっており、タクシー無線協同組合は、この運送契約のあっせん、仲介をし、集金等の共同事業（チケットの発行、回収、集金等）を行っているという形態になっているようである。このような法律上の契約構成を情報関連産業等の協同組合の共同事業についてもとることができれば、労働者派遣法上の問題はないといえる。

② 　協同組合による労働者派遣は労働者保護の観点からは問題か

　この協同組合形態の場合でも、派遣法上の事業の許可は個々の組合員たる事業主が厚生労働大臣に申請し、適法な派遣元になっておく必要がある。協同組合には自己の直接雇用する派遣労働者がいない（組合員事業主を介する共同雇用とみることもできないわけでもないが）ので、原則として許可の対象とはならないと解されるからである。しかしながら、協同組合の共同事業性を重視する立場からは、共同企業体の場合にも二重派遣にならないのだから、ましてそれよりも拘束力の強い特別法により設立された協同組合の共同事業にあっては、いわば組合員たる事業主の雇用する労働者は、一方において組合員（事業主）を構成員とする共同事業の共同雇用者とみることもでき、協同組合自体として自己の雇用する労働者と同視され、協同組合が派遣法上の派遣元事業主となり得るとも解される。その場合には、協同組合自体が許可を受けて適法な労働者派遣事業を営む者となっておく必要がある。

　ただし、この共同事業の主体である協同組合自体を派遣当事者（派遣元）とする取扱いは、派遣労働者の労基法上の使用者責任、労働条件の保護等の面において問題である。これらを協同組合自体の責任と

第5章●いわゆる二重派遣的形態をめぐる問題

することは、自己が雇用も指揮命令もしない者に責任を負わせること
になるので実態から無理があるようにも思われる。

　したがって、いずれにしても協同組合は介在するものの、派遣契約
は発注者（派遣先）と派遣元である個々の構成組合員事業主との間で
締結され、労働者の保護義務は各派遣元の個々の事業主にあると解す
るのが自然であろう。

第3部

派遣先、発注者への「労働契約申込みみなし」の適用をめぐって

第1章

派遣先等への「労働契約申込みみなし」制度とは

第3部　派遣先、発注者への「労働契約申込みみなし」の適用をめぐって

1 合意原則によらない強制雇用の成立

　従前の労働者派遣法には、派遣先の派遣労働者に対する労働契約の申込み義務（旧法第40条の4、第40条の5）の定めがあり、雇入れ努力義務（旧法第40条の3）も定められていた。ところが、これらの規定は民事上（私法上）の効力のない公法上の義務であり、たとえこれらに該当した場合であっても、「労働者派遣法は、申込の義務を課してはいるが、直ちに、雇用契約の申込があったのと同じ効果までを生じさせるものとは考えられず（したがって、原告が承諾の意思表示をすることにより、直接の雇用契約が締結されるわけではない。）、被告に直接雇用契約の申込の義務が課せられ、これを履行しない場合に、労働者派遣法に定める指導、助言、是正勧告、公表などの措置が加えられることはあっても、直接雇用契約の申込が実際にない以上、直接の雇用契約が締結されると解することはできない。」（パナソニックプラズマディスプレイ（パスコ）事件、大阪地裁平19・4・26判決、労判941号5頁）とされている。本事件の上告審判決もこの認定を前提としていると解される（同事件、最高裁第二小法廷平21・12・18判決、労判993号5頁）。

　しかしながら、労働者派遣制度の多様な問題点を整理し、適正な労働者派遣事業と労働者保護について検討するため厚労省に設けられた「今後の労働者派遣制度の在り方に関する研究会」は、平成20年7月28日の報告書において、この問題に関し、是正のための措置につき派遣先による抑止力となる大きな効果があるとの観点から、派遣先と派遣労働者との間に直接雇用関係を成立させる制度の立法化を提言し、その後これが平成24年改正法で、派遣先・発注者の直接雇用の効果を生じ得る「労働契約申込みみなし」制度として規定化され、改正法の一次施行後3年間の猶予期間を置いて、平成27年10月1日から施行された。

　これは、派遣法違反の是正等をさらに実効あらしめるため、派遣先の負う責任を強化する制度であり、「合意原則によらない法政策目的のための労働契約の強制による法律関係の形成」との趣旨の発言（労政審・

360

公益委員）は、本制度の本質を表現しているといえよう。まさに、労働契約の原則である「合意」によらない強制的雇用関係を形成する、法律に基づく「労働契約申込みみなし」制度による一方的な承諾をもって、直接派遣先・発注者と派遣労働者との間にみなし雇用関係を成立させる立法といえる。

2 「労働契約申込みみなし」の適用要件は
▷違法派遣の民事上のペナルティとしての直接雇用◁

　平成27年10月１日から施行されているこの労働者派遣法違反の派遣先に対するペナルティとしての直接雇用のための「労働契約申込みみなし」制度について、行政通達は、「同制度は、違法派遣の是正に当たって、派遣労働者の希望を踏まえつつ雇用の安定が図られるようにするため、禁止業務に従事させた場合、無許可事業主から派遣労働者を受け入れた場合、派遣可能期間の制限に違反した場合、又はいわゆる偽装請負等の場合については、当該行為を行った時点において、労働者派遣の役務の提供を受ける者が派遣労働者に対して、労働契約の申込みをしたものとみなす制度である。同条の規定は、民事的効力を有する規定であり、その効力が争われた場合については個別具体的に司法判断されるべきものであるが、制度の趣旨及び行政解釈は、下記のとおりであるので、それらについて関係方面への周知等その施行に万全を期せられたく、通達する。」（「労働契約申込みみなし制度について」平27・９・30職発0930第13号。以下「みなし通達」という）として、本制度は従来の単なる行政法規ではなく、民事上の効力を有することを明言している。

　派遣法第40条の６は、労働者派遣の役務の提供を受ける者（以下「派遣先等」という）の採用意思にかかわらず、違法派遣のペナルティとして、違法派遣の役務を受領した派遣先等に、その時点をもって「派遣先等から当該派遣労働者に対して、当該派遣労働者に係る労働条件と同一

第3部　派遣先、発注者への「労働契約申込みみなし」の適用をめぐって

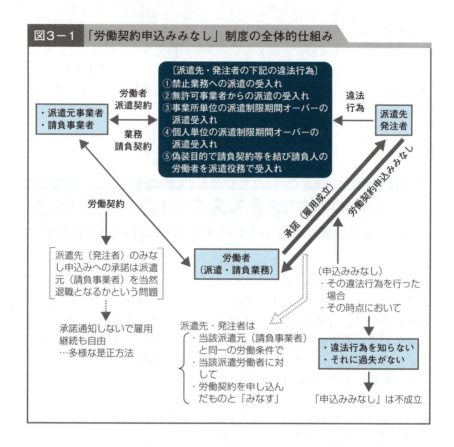

図3−1　「労働契約申込みみなし」制度の全体的仕組み

の労働条件で労働契約の申込みがなされたものとみなす」ものである。そして、その後、当該派遣労働者がその申込みを「承諾する」旨の意思表示を派遣先等に行ったときは、その時点において派遣先等と当該派遣労働者との間で直接雇用の労働契約が成立し、派遣先等の雇用労働者となる（図3−1参照）という制度である。

派遣法第40条の6
1　労働者派遣の役務の提供を受ける者〔中略〕が次の各号のいずれかに該当する行為を行った場合には、その時点において、当該

362

労働者派遣の役務の提供を受ける者から当該労働者派遣に係る派遣労働者に対し、その時点における当該派遣労働者に係る労働条件と同一の労働条件を内容とする労働契約の申込みをしたものとみなす。ただし、労働者派遣の役務の提供を受ける者が、その行った行為が次の各号のいずれかの行為に該当することを知らず、かつ、知らなかったことにつき過失がなかったときは、この限りでない。

一　第４条第３項〔**派遣禁止業務**〕の規定に違反して派遣労働者を同条第１項各号のいずれかに該当する業務に従事させること。

二　第24条の２〔**無許可派遣の禁止**〕の規定に違反して労働者派遣の役務の提供を受けること。

三　第40条の２第１項〔**事業所単位の派遣期間の制限**〕の規定に違反して労働者派遣の役務の提供を受けること（同条第４項に規定する意見の聴取の手続のうち厚生労働省令で定めるものが行われないことにより同条第１項の規定に違反することとなったときを除く。）。

四　第40条の３〔**個人単位の派遣期間の制限**〕の規定に違反して労働者派遣の役務の提供を受けること。

五　この法律又は次節の規定により適用される法律の規定の適用を免れる目的〔**いわゆる偽装目的**〕で、請負その他労働者派遣以外の名目で契約を締結し、第26条第１項各号に掲げる事項を定めずに労働者派遣の役務の提供を受けること。

2　前項の規定により労働契約の申込みをしたものとみなされた労働者派遣の役務の提供を受ける者は、当該労働契約の申込みに係る同項に規定する行為が終了した日から１年を経過する日までの間は、当該申込みを撤回することができない。

3　第１項の規定により労働契約の申込みをしたものとみなされた労働者派遣の役務の提供を受ける者が、当該申込みに対して前項に規定する期間内に承諾する旨又は承諾しない旨の意思表示を受けなかったときは、当該申込みは、その効力を失う。

（第４項　略）　　　　　　　　　　　　　　　（注：〔　〕内は筆者の加筆）

3 派遣先等の「労働契約申込みみなし」による雇用の法的性質は

　派遣先・発注者の直接雇用を生じ得る「労働契約申込みみなし」制度においては、派遣先側の5つの違法行為について、「その時点において」、「その時点における当該派遣労働者に係る労働条件と同一の労働条件を内容とする労働契約の申込みをしたものとみなす」との法的事実の発生に対応して、その「申込みみなし」に対し、当該労働者が「承諾の意思表示」を派遣先等に行ったときは、その意思表示の到達をもって派遣先等と当該労働者との間で派遣先等を雇用主とする「労働契約が締結された」とみなされる（通常の意思表示による合意ではなく、法律上の「みなし」であるから民法第526条の「隔地者間の契約は、承諾の通知を発した時に成立する。」といった規定は適用されないと解する）。

　この「みなし雇用」によって成立した労働契約の法的性質は何かということが問題となる。これについては、図3－2のとおり「労働契約申

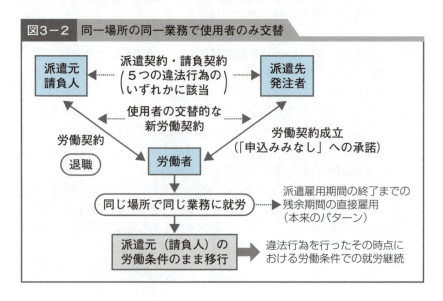

込みみなし」の対象となる違法行為の時点における派遣元・請負人（以下「派遣元等」という）と当該派遣労働者との間における労働条件が同一のまま、就労している場所も従事している業務も同じで、使用者のみ交替する効果が発生するということである。

したがって、外部からみると何も変わらないで、「昨日と同じ就労を昨日と同じように続ける」もので、使用者のみが派遣元等から派遣先等に交替したことになる。

これは、「労働契約関係は、当事者相互の信頼関係を基礎とするものであるから、契約当事者の交替があれば、原則として交替前の契約と交替後の契約は同一性を失い、別個の契約と考えられる。」（厚生労働省労働基準局編『平成22年版　労働基準法　上』（労務行政）275頁）とされているところの法律効果が、意思表示の合致によらない法律上のみなしによって成立するということである。

すなわち、この「みなし労働契約」の成立によっては、「原則として、承諾時点までの派遣元事業主等と派遣労働者との労働契約期間と、当該派遣労働者が承諾して派遣先等で直接雇用となった場合の派遣先等と当該者との労働契約期間は通算されない」（「みなし通達」）という、新労働契約の成立なのである。

また、「労働条件が派遣元事業主等に固有の内容である場合等」については、「立法趣旨に鑑み、申し込みをしたものとみなされる労働条件の内容は、使用者が変わった場合にも承継されることが社会通念上相当であるもの」のみが労働契約の内容となるのであって、このため、「労働契約の期間に関する事項（始期、終期、期間）は、みなし制度により申し込んだものとみなされる労働契約に含まれる内容がそのまま適用される」（「みなし通達」）ことになる。

第3部　派遣先、発注者への「労働契約申込みみなし」の適用をめぐって

4 「労働契約申込みみなし」雇用の特異性
▷派遣労働者の人事情報不知のままの雇用◁

　ところで、「労働契約申込みみなし」に基づいて派遣先等の直接雇用する労働者とみなされることになるといっても、派遣先等が採用選考の上、合意によって雇用したものではない。派遣先等は当該労働者がどんな労働者であるか人事情報は全く知らないみなし雇用なのである。というのは、労働者派遣法上、派遣先に対しては、事前の特定禁止規定（同法第26条第6項、派遣元指針第2の11）によって、同法第35条（同法施行規則第27条の2、第28条）による、①派遣労働者の氏名、年齢、性別（年齢については、45歳以上である場合にあってはその旨及び性別、18歳未満である場合にあっては年齢及び性別、60歳以上の場合はその旨）、②無期雇用派遣労働者か有期雇用派遣労働者かの別、③社会保険の適用関係、④派遣期間、就業日等の内容が異なる場合にはその内容しか通知されないことになっており、その他の事項の通知は禁止されているからである。また、請負契約に基づく場合には、請負人から発注者に対して労働者の氏名、年齢といった基本的なことすら通知することにはなっておらず、本人の詳しい人事情報（履歴書等）を提供すると、むしろ請負性を否定する要件の一つにすらなる。そこで、発注者にとっては一般の採用の場合とは全く違い、当該労働者の人事情報は不知のままで「労働契約申込みみなし」によって労働契約が成立することとなる。

　また、このような「みなし労働契約」の申込みと労働者の承諾による派遣先等での直接雇用の成立にあたっても、派遣先等が派遣元等に対して法律上求めることができるのは、「申込みをしたものとみなされた時点における」、「当該派遣労働者に係る労働条件の内容」（法第40条の6第4項）のみであって、その余の人事情報や履歴書などについては、これを求めることができない仕組みになっている。

　そこで、この派遣先等でのみなし雇用は、派遣先等として合意により採用した自社労働者とは異なり、派遣元等の定める労働条件のままで派遣先等のみなし雇用となるのである。したがって、派遣先等の人事体系

366

第1章●派遣先等への「労働契約申込みみなし」制度とは

上の取扱いとしては、予定されていない特異な労働者となる。このため、このような派遣元等の労働条件のまま長期にわたり雇用することは、不合理な結果を招くことになるおそれもあるので、本来は予定されていないと解される。当該労働者の人事情報不知のままの直接雇用ということであるから、それは現に従事する派遣業務や請負業務の適正化と派遣労働者の雇用維持のため、当該場所の当該業務に従事したままで派遣先等の直接雇用となるという使用者の変更である。したがって、派遣元等との労働契約期間以上の雇用の保障はないので、当該派遣労働者と派遣元等との間の派遣労働契約が有期雇用のときは、派遣労働者の承諾によって派遣先等との間でみなし直接雇用となっても、その雇用期間は元の有期労働契約の残余期間となることを前提としているものと解されるのである。

第3部

第2章
「労働契約申込みみなし」の対象行為をめぐって

第3部　派遣先、発注者への「労働契約申込みみなし」の適用をめぐって

1 「労働契約申込みみなし」の対象となる違反5類型とは

　労働者派遣法による直接雇用の「労働契約申込みみなし」の対象となる違法行為とは、以下の5つの類型に該当するものをいう。

> **第1類型**　派遣禁止業務に労働者派遣を受け入れ従事させた場合（派遣法第40条の6第1項第1号）
> **第2類型**　無許可事業主から労働者派遣の役務の提供を受けた場合（同第2号）
> **第3類型**　事業所単位の派遣可能期間制限に反して労働者派遣の役務の提供を受けた場合（同第3号）
> **第4類型**　個人単位の派遣可能期間制限に反して労働者派遣の役務の提供を受けた場合（同第4号）
> **第5類型**　労働者派遣法等の適用を免れる目的で請負等の名目で契約を締結し、派遣法第26条第1項各号に定める事項を定めずに労働者派遣の役務の提供を受けた場合〔いわゆる「偽装請負目的」の場合〕（同第5号）

● 1　第1類型

　第1類型の派遣禁止業務に労働者派遣を受け入れ従事させた場合に該当するのは次の4つの場合である。

①港湾運送業務

　港湾労働法第2条第2号に規定する港湾運送の業務及び同条第1号に規定する港湾以外の港湾において行われる当該業務に相当する業務として政令で定める業務をいう。

②建設業務

　土木、建築その他工作物の建設、改造、保存、修理、変更、破壊もしくは解体の作業またはこれらの作業の準備に係る業務をいう。

370

第2章● 「労働契約申込みみなし」の対象行為をめぐって

この禁止業務は建設工事の現場において、直接これらの作業に従事する者に限られる。したがって、例えば、建設現場の事務職員が行う業務は、これによって法律上当然に適用除外業務に該当するということにはならない。そこで、現場事務の業務への派遣は認められる。また、「業務取扱要領」により、従来は禁止されていたいわゆる建設現場の施工管理業務についても労働者派遣が認められるようになった。

③警備業務

警備業法第2条第1項各号に掲げる業務をいう。

④その業務の実施の適正上労働者派遣によることが不適当な業務

政令で定める医師もしくは歯科医師の行う医療行為（医業）に係る業務または看護師等の行う診療の補助等の業務（派遣労働者の就業の場所がへき地にある場合を除く）をいう。

●2　第2類型

第2類型は、無許可事業主から労働者派遣の役務の提供を受けた場合である。

従来は、労働者派遣事業について、常時雇用する労働者のみを派遣する「特定労働者派遣事業」の場合は、届出により認められていたが、平成27年法改正によって届出制が廃止され許可事業一本になった。ただし、改正法施行の日から3年間（平成30年9月29日まで）は、従来どおり特定労働者派遣事業として継続が認められる。

そこで、適正な派遣と認められない「無許可事業主」から派遣先等が派遣役務の提供を受けた場合が、第2類型に該当する。

●3　第3類型

第3類型は、事業所単位の派遣可能期間制限に反して労働者派遣の役務の提供を受けた場合である。

平成27年法改正により、派遣先の事業所単位の派遣可能期間制限として、当該事業所に改正法施行以後初めて派遣労働者を受け入れた日から起算して3年間の派遣制限期間が定められた。そして派遣先は、過半数労働組合等に対する意見聴取等の所定の延長手続きを経ることなく、「事業所」等ごとの業務について3年を超えて継続して有期雇用派遣労働者

371

第3部　派遣先、発注者への「労働契約申込みみなし」の適用をめぐって

を受け入れてはならず、また、派遣元事業主もこの期間を超えて労働者を派遣してはならないことになった（派遣法第35条の2、第40条の2）。

平成27年改正では、この期間制限の違反とならないように、派遣先が新たな労働者派遣契約に基づいて有期雇用派遣労働者を受け入れようとするときは、派遣契約の締結にあたり、あらかじめ、派遣元事業主に当該労働者派遣に係る事業所単位の期間制限の抵触日を通知しなければならないこととされた（同法第26条第4項）。

なお、ここでいう「派遣可能期間を超えた労働者派遣の受入れ」には、派遣可能期間延長手続きに重大な瑕疵がある場合も含まれると解されており、「意見を聴取した過半数代表者が、使用者の指名等の民主的な方法により選出されたものではない場合、派遣可能期間の延長手続のための代表者選出であることを明らかにせずに選出された場合、管理監督者である場合については、事実意見聴取が行われていないものと同視できることから、労働契約申込みみなし制度の適用がある」（「業務取扱要領」第8の5⑷ニ㋺）とされている。

これに対して、次の3つのケースについては「労働契約申込みみなし」の対象にはならない（同法第40条の6第1項第3号）。

①　過半数労働組合等への意見聴取の通知義務違反（同法施行規則第33条の3第1項違反）

②　意見聴取に関する事項の書面の記載・保存義務違反（同条第3項違反）

③　意見聴取に関する事項の労働者への周知義務違反（同条第4項違反）

● 4　第4類型

第4類型は、派遣労働者個人単位の派遣可能期間制限に反して労働者派遣の役務の提供を受けた場合である。派遣可能期間制限は、有期雇用派遣労働者のみが対象（ただし、60歳以上の高年齢者の派遣及び有期プロジェクト業務等の改正前派遣法において期間制限の対象外とされていたものは、改正後も対象外とされている）である。

平成27年法改正では、派遣先事業所の同一の組織単位（原則として「課」を意味する）において、同一の有期雇用派遣労働者を継続して3年を超えて受け入れてはならないことになった。

第2章●「労働契約申込みみなし」の対象行為をめぐって

　すなわち、「派遣元事業主は、派遣先の事業所その他派遣就業の場所における組織単位ごとの業務について、3年を超える期間継続して同一の派遣労働者に係る労働者派遣（第40条の2第1項各号のいずれかに該当するものを除く。）を行ってはならない。」（派遣法第35条の3）とされ、「派遣先は、……派遣可能期間が延長された場合において、当該派遣先の事業所その他派遣就業の場所における組織単位ごとの業務について、派遣元事業主から3年を超える期間継続して同一の派遣労働者に係る労働者派遣（同条第1項各号のいずれかに該当するものを除く。）の役務の提供を受けてはならない。」（同法第40条の3）と規定された。

　個人単位の期間制限は、同一の組織単位の業務ごとの期間制限であるため、同一の組織単位の業務について、派遣可能期間である3年間同一の派遣労働者を受け入れた後、同じ事業でも異なる組織単位の業務であれば、さらに新たな派遣契約により3年間、空白期間（クーリング期間）を置くことなく同一の派遣労働者を受け入れることも可能である。

　ここでいう「組織単位」とは、「課、グループ等の業務としての類似性や関連性がある組織であり、かつ、その組織の長が業務の配分や労務管理上の指揮監督権限を有するものであって、派遣先における組織の最小単位よりも一般に大きな単位」が想定されている（「派遣先指針」第2の14(2)）。

●5　第5類型
　第5類型は、派遣法等の適用を免れる目的で請負等の名目で契約を締結して、労働者派遣契約条項を定めずに労働者派遣の役務の提供を受けた場合である。

　このいわゆる偽装請負目的による労働者派遣をめぐっては多様な問題があるので**次章**において検討する。

373

第3部　派遣先、発注者への「労働契約申込みみなし」の適用をめぐって

2 類型別の「労働契約申込みみなし」の対象となる行為の法的性質の差異

　「労働契約申込みみなし」の対象となる法所定の5つの違法行為の類型の中でも、「労働契約申込みみなし」制度の対象として、派遣労働者の救済を行う理由は異なっている。

　第1類型の派遣禁止業務の場合は、当該業務に派遣した派遣元等については、1年以下の懲役または100万円以下の罰金に処せられる（派遣法第59条第1号）。また、派遣先等についても、「労働者派遣事業を行う事業主から労働者派遣の役務の提供を受ける者は、その指揮命令の下に当該労働者派遣に係る派遣労働者を〔派遣法第4条〕第1項各号〔派遣禁止業務〕のいずれかに該当する業務に従事させてはならない。」（同法第4条第3項）と定められてはいるが、罰則の対象ではない。

　しかし、いずれにしても直ちに当該派遣は停止し、労働者派遣契約を解消しなければならない。そこで、派遣労働者の救済のため、派遣禁止業務に対して役務の提供を受けた派遣先等について、派遣労働者に労働契約の申込みをしたものとみなし、派遣労働者がこれを承諾すれば直接雇用が成立するという措置を定めたものである。

　第2類型の無許可事業主からの派遣役務の提供に関しては、「許可を受けないで労働者派遣事業を行った者」（同法第59条第2号）については同様の罰則の対象となるが、派遣先等については、「労働者派遣の役務の提供を受ける者は、派遣元事業主以外の労働者派遣事業を行う事業主から、労働者派遣の役務の提供を受けてはならない。」（同法第24条の2）との規定はあるものの、罰則の対象ではない。

　これら第1類型、第2類型の違法行為は、もともと派遣役務の受入れ自体が禁止されており、直ちに派遣契約を停止し、解除しなければならない。「労働契約申込みみなし」制度は、このような派遣先等に対するペナルティとしてその適用対象としたものであるとともに、労働者の保護措置でもある。

　第3、第4類型は、もともと派遣就業自体は適法であり、適正な派遣

374

受入れによる就業がなされているところ、派遣元の派遣可能期間を超えることによって法に抵触する違法派遣となるものである。派遣可能期間制限の抵触日を超える派遣や派遣役務の受入れ自体には罰則の適用はない。しかし、派遣元については「当該抵触することとなる最初の日以降継続して労働者派遣を行ってはならない」（派遣法第35条の２）、「３年を超える期間継続して同一の派遣労働者に係る労働者派遣……を行ってはならない」（同法第35条の３）として派遣が禁止され、派遣先についても「派遣可能期間を超える期間継続して労働者派遣の役務の提供を受けてはならない」（同法第40条の２第１項）、「３年を超える期間継続して同一の派遣労働者に係る労働者派遣……の役務の提供を受けてはならない」（同法第40条の３）と定められており、抵触日以降の派遣就業は即時中止し、終了しなければならないものである。

　したがって、第１類型から第４類型までの違法行為の場合には、その時以降、派遣元等では当該派遣を即時中止し、派遣先等も直ちに受入れを中止しなければならない義務が定められている。そうすると、当該業務に従事する労働者は、それ以後の就労が禁止され、また、次の派遣先就労が確保されることの確実な保障もなく、場合によれば解雇となるおそれもある。そこで、派遣労働者の役務の提供を受けていた派遣先等が違法行為を行った時において直接雇用のため「労働契約の申込みをしたものとみなし」、これに応じて労働者が雇用継続の目的で承諾の通知をしたときは、派遣先等との間で労働契約が成立したという効果を生じさせることによって、派遣労働者の雇用の安定を図るとともにこのような違法行為防止のためのペナルティとしたものである。

　しかし、第５類型の脱法目的の請負契約等による派遣受入れの場合には、派遣法上「派遣先は第26条第１項に定める労働者派遣契約を締結しないで（同条の規定に違反して）、労働者派遣の役務の提供を受けてはならない」という直接の禁止規定はない。そのため、他の４つの行為と違って「規定に違反して役務の提供を受ける」という要件が定められないことから、「脱法目的」といった主観的要素を要件として、法の趣旨に違反する「故意的」な偽装請負行為を防止する見地から、現実に指揮命令する派遣先等に対して「労働契約の申込み」をしたものとみなし、派遣労働者の承諾によって直接雇用の法的効果を発生させる旨を規定し

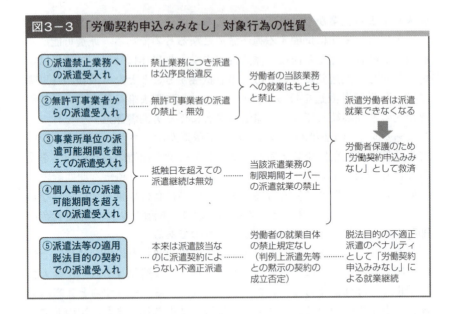

たという特殊性がある（**図3-3**参照）。

ただし、第5類型の場合も、派遣事業の許可を得ていない事業者が偽装目的の契約をもって実質的な労働者派遣をした（派遣先等が役務を受け入れた）という場合には、第2類型の無許可事業者からの派遣受入れにも該当することになる。

3　事業所単位の派遣期間延長手続きの瑕疵による「労働契約申込みみなし」

「労働契約申込みみなし」の対象となる第3類型は、事業所単位の派遣可能期間を超えた労働者派遣の役務を受け入れた場合であるが、当該条文に「第40条の2第1項の規定に違反して労働者派遣の役務の提供を

第２章● 「労働契約申込みみなし」の対象行為をめぐって

受けること（同条第４項に規定する意見の聴取の手続のうち厚生労働省令で定めるものが行われないことにより同条第１項の規定に違反することとなったときを除く。）。」（派遣法第40条の６第１項第３号）とあるように派遣先事業所の過半数代表者等の意見聴取手続き違反も「労働契約申込みみなし」の対象に含まれるが、その手続きの一部については該当しないことが条文上明らかにされている。

　派遣法は、派遣先の事業所単位の派遣可能期間を３年と定めるとともに（同法40条の２第２項）、一定の手続きをとることで、３年に限り、同期間の延長を認めている（同条第３項）。また、延長した後さらに延長が必要になった場合も、同様の手続きをとることでさらに３年に限り延長することができ、その後も同様である（同項）。

　すなわち、「派遣先は、派遣可能期間を延長しようとするときは、意見聴取期間に、厚生労働省令で定めるところにより、過半数労働組合等（当該派遣先の事業所に、労働者の過半数で組織する労働組合がある場合においてはその労働組合、労働者の過半数で組織する労働組合がない場合においては労働者の過半数を代表する者をいう。次項において同じ。）の意見を聴かなければならない。」（同法第40条の２第４項）とされ、さらに、「派遣先は、前項の規定により意見を聴かれた過半数労働組合等が異議を述べたときは、当該事業所その他派遣就業の場所ごとの業務について、延長前の派遣可能期間が経過することとなる日の前日までに、当該過半数労働組合等に対し、派遣可能期間の延長の理由その他の厚生労働省令で定める事項について説明しなければならない。」（同条第５項）、「派遣先は、第４項の規定による意見の聴取及び前項の規定による説明を行うに当たっては、この法律の趣旨にのっとり、誠実にこれらを行うように努めなければならない。」（同条第６項）とされている。

　そして、過半数代表者の意見を聴取する場合は、当該過半数代表者は①労基法上の管理監督者に該当しないこと、②労働者派遣の期間制限に係る意見を聴取される者であることを明らかにして実施される投票、挙手等の民主的な手続きによって選出されたものであることが必要である（同法第40条の２第４項、同法施行規則第33条の３第２項）。

　これらの手続きに関し、比較的軽微な次の３つのケースについては、「労働契約申込みみなし」の対象から除外されている（同法第40条の６

377

第3部　派遣先、発注者への「労働契約申込みみなし」の適用をめぐって

第1項第3号かっこ書）。しかしながら、これらの手続きを除いては、過半数代表者からの意見聴取義務違反の瑕疵は「労働契約申込みみなし」の対象となるので留意が必要である。

〔「労働契約申込みみなし」の適用外の意見聴取手続き違反〕

① 過半数労働組合等への意見聴取にあたっての書面通知義務（派遣法施行規則第33条の3第1項）の違反
② 意見聴取に関する事項の書面の記載・保存義務（同条第3項）の違反
③ 意見聴取に関する事項の労働者への周知義務（同条第4項）の違反

　この点について、「業務取扱要領」では、以下のように記載されていることに注意が必要である。

▶業務取扱要領

　「意見を聴取した過半数代表者が、使用者の指名等の民主的な方法により選出されたものではない場合、派遣可能期間の延長手続のための代表者選出であることを明らかにせずに選出された場合、管理監督者である場合については、事実意見聴取が行われていないものと同視できることから、労働契約申込みみなし制度（平成27年10月1日より施行）の適用があることに留意すること。」（第8の5（4）二（ロ））。
　「労働者派遣の役務の提供を受ける者が、過半数労働組合等からの意見聴取をせずに事業所単位の期間制限を超えて労働者派遣の役務の提供を受けている場合〔編注：上記①～③の場合を除く〕及び派遣労働者個人単位の期間制限を超えて同一の組織単位において同一の派遣労働者から労働者派遣の役務の提供を受けている場合には、当該労働者派遣の役務の提供を受ける者から当該派遣労働者に対し、その時点における当該派遣労働者に係る労働条件と同一の労働条件を内容とする労働契約の申込みをしたものとみなされる（法第40条の6）。

第2章● 「労働契約申込みみなし」の対象行為をめぐって

　なお、派遣先は、労働契約申込みみなし制度の下で、有期の労働契約が成立した後に当該契約を更新することについては、当該労働者の意向を踏まえつつ、派遣元事業主と締結されていた労働契約の状況等を考慮し真摯に検討すべきものである。」　　（第8の7（5））

4 脱法目的の偽装請負の場合の特殊性とは

　第1類型から第4類型の場合には、各類型に該当する行為は、派遣元等についても派遣先等についても労働者派遣法上禁止規定が定められており、それに違反する派遣の受入れは直ちに法令違反として中止できることになる。

　しかし、第5類型の場合には、労働者派遣契約（派遣法第26条）を結ばないで労働者派遣をしてはならないといった偽装請負的な派遣を直接禁止する規定は派遣法上定められておらず、また派遣元や請負人と当該労働者との労働契約は有効であって、偽装請負となるような派遣をしたからといって、派遣元や請負人と労働者との労働契約まで無効とするといった規定はないという特殊性がある。

　この点について、「みなし通達」においても、次のように述べられているところである。

▶みなし通達

　違法行為の類型のうち、いわゆる偽装請負等については、派遣労働者を禁止業務に従事させること、無許可事業主から労働者派遣の役務の提供を受けること、事業所単位の期間制限に違反して労働者派遣の役務の提供を受けること及び個人単位の期間制限に違反して

379

第3部　派遣先、発注者への「労働契約申込みみなし」の適用をめぐって

労働者派遣の役務の提供を受けることという他の４つの類型と異なり、派遣先等の主体的な意思が介在するため、善意無過失に係る論点に加え、固有の論点が存在するものであること。

労働者派遣法等の規定の適用を免れる目的（以下「偽装請負等の目的」という。）で、請負契約等を締結し、当該請負事業主が雇用する労働者に労働者派遣と同様に指揮命令を行うこと等によって、いわゆる偽装請負等の状態（以下「偽装請負等の状態」という。）となった時点で労働契約の申し込みをしたものとみなされるものであること。

偽装請負等の目的の有無については個別具体的に判断されることとなるが、「免れる目的」を要件として明記した立法趣旨に鑑み、指揮命令等を行い偽装請負等の状態となったことのみをもって「偽装請負等の目的」を推定するものではないこと。

いわゆる偽装請負の場合について、最高裁判例（パナソニックプラズマディスプレイ（パスコ）事件、最高裁第二小法廷平21・12・18判決、労判993号５頁）では、偽装請負であっても、注文者がその場屋内において労働者に直接具体的な指揮命令をして作業を行わせているような場合には、これを請負契約と評価することはできず、注文者と請負人の労働者との間に雇用契約が締結されていないのであれば、この関係は、労働者派遣法の労働者派遣に該当すると解すべきで、「それが労働者派遣である以上は、職業安定法４条６項にいう労働者供給に該当する余地はない」と判示し、「仮に労働者派遣法に違反する労働者派遣が行われた場合においても、特段の事情のない限り、そのことだけによっては派遣労働者と派遣元との間の雇用契約が無効になることはないと解すべきである」から、派遣元の労働者と派遣先との間で「雇用契約関係が黙示的に成立していたものと評価することはできない」とされた。

このような判例もあって、偽装請負のケースの場合に、現実に指揮命令をする派遣先等との間で直接雇用関係の成立を認めるためには、合意によらない法律上の「みなし雇用」とする必要のあることから、平成24年の法改正による立法化に至ったものと解される。しかしながら、実際

380

第2章● 「労働契約申込みみなし」の対象行為をめぐって

の現場においては様々なケースがあり、第1類型から第4類型の各行為
の場合のように明白に違法行為と判断することは困難である。そのた
め、当該契約関係や労働の実態、指揮命令権の所在といった現実の事実
関係から判断しなければならない。それとともに、会社間の契約の問題
でもあることから、形式的な契約目的と契約によって実現しようとする
実態関係の相違に着目して、「脱法目的」という意図のあることを「申
込みみなし」の法定要件としたものと思われる。

　そこで、いわゆる偽装請負等については、禁止業務への従事、無許可
事業主からの労働者派遣の受入れ及び期間制限に違反した労働者派遣の
受入れという他の4つの類型と異なり、「派遣先等の主体的な意思が介
在するため、善意無過失に係る論点に加え、固有の論点が存在するもの
であること」（「みなし通達」）と指摘されているのである。

381

第3部

第3章
脱法目的の偽装請負契約による派遣受入れをめぐって

第3部　派遣先、発注者への「労働契約申込みみなし」の適用をめぐって

1　偽装請負における「免れる目的」の要件とは

　労働者派遣法は、派遣先・発注者の直接雇用の「労働契約申込みみなし」となる5つの違反行為のうち、いわゆる偽装請負の場合のみについて「この法律又は次節の規定により適用される法律の規定の適用を免れる目的で、請負その他労働者派遣以外の名目で契約を締結し」（第40条の6第1項第5号）と定め、同法等の適用を「免れる目的」で他の名目による契約をしたという「主観的な要件」を定めている。なぜ、このような要件としたのかという点については、労働政策審議会職業安定分科会労働力需給制度部会（以下「需給制度部会」という）において、当時の厚労省鈴木英二郎課長が次のように述べている。

> **参考**　なぜ偽装請負だけが主観要件かということですが、この議論については、まず禁止業務派遣、期間制限違反については禁止業務に就かせるなり、期間制限を違反していたということは、派遣先では明白にわかりますから、派遣先でわかった上で、違反をやっている。無許可・無届派遣については、派遣先において、例えば無許可とか、無届出というのは容易に確認することができるので、そういう派遣を受け入れたということは、故意、もしくは重大な過失があると評価できるだろう。ただ偽装請負の場合は、37号告示の適用解釈等々がなかなか難しいというご意見もあって、実際に派遣先・派遣元が偽装請負をやっているという意識がないまま、正しい請負でやっていると考えつつも、労働局の目から見ると、偽装請負だというケースもままあるわけです。そういう意味でこの4つの違反類型の中で、偽装請負だけが故意又は重過失という場合ではない形で違反が成立するケースもあるだろうという議論になって、みなし雇用等の派遣先に雇用をさせる形での法違反の解決方法については、派遣先がこの違反について責任を負っているという形でないと不公平だろうという議論が前提としてあって、その場合、残りの3つは構わないが、偽装請負の場合については、派遣先が一定程度それをわかってやっていて、もしくは重過失で偽装請負になってしまっているということがあるときに限ってやるというのが、公平性の観点からいいだろうという議論で、偽装請負だけに主観要件をかけているということです。
>
> （厚労省鈴木需給調整事業課長発言、第116回（平20・7・30）労政審・需給制度部会）

第3章●脱法目的の偽装請負契約による派遣受入れをめぐって

　また、その後も「偽装請負というのは現在でも違反条文がありませんので、基本的には派遣法26条の派遣契約を結ばずに派遣している場合が偽装請負となりますが、これについては、偽装請負とは派遣法の義務を免れる目的で、派遣契約を結ばずに労働者派遣を行うというケースではないかと思っております」（第140回（平成21年12月18日）同部会、同課長発言）と述べている。すなわち、偽装請負の場合には、派遣先等が「区分基準」に適合しているか否かの認定が難しく、明白な違反として派遣先等に責めを負わせることが困難な事情もあるということから、派遣先等における偽装目的意図の存在を「労働契約申込みみなし」の要件としたものといえる。

2 「免れる目的」は誰に必要か

1 「免れる目的」の主体とその有無の判断

　「労働契約申込みみなし」となる「法律の適用を免れる目的」という意図は、誰に必要かという問題がある。これは、実態は派遣であり、派遣先等が指揮命令する役務の提供（**図3－4**参照）であるため、本来は、労働者派遣法第26条に定める労働者派遣契約を派遣元等・派遣先等の会社間で締結すべきところを脱法目的で請負契約などの別の契約名で締結して役務を受けることが要件であるから、契約の名義人である派遣先等の法人（事業主）にその脱法目的（意図）があることが必要である。

　しかし、事業主が法人である場合、法人名義の契約といっても、「免れる目的」という意図は、法人自体は組織体であり、「目的」や「意図」は人間しか持ち得ないので、一般には法人の代表者について判断するということになる。ところが、請負契約等は現場での生産やサービスなどの業務への対応であるから、一般には工場長・部長・店長といった会社

385

第3部　派遣先、発注者への「労働契約申込みみなし」の適用をめぐって

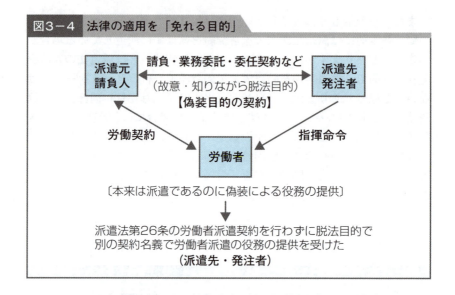

図3-4　法律の適用を「免れる目的」

　組織に応じて部門長などに決裁権限の授権が行われていることがあるので、この場合には、会社から契約締結権限を実際に授権されている者（明示・黙示を問わない。中小企業では決裁権限が明白でないことも多いが、実態による授権者）について、「免れる目的」の認識が問われることになる。

　なお、契約名義人は、社内決裁規程によって工場長であるが、現実には工場の製造部長が担当責任者として契約を行っているといった場合もある。このような場合は、実際上の契約担当責任者が偽装請負になることを知りながら、契約名義人の工場長を通じて請負の名目での契約を結ぶというケースである。この場合、工場長が事実上、製造部長に権限を委譲ないし代理させながら偽装請負の目的で契約を結ぶことを黙認した場合は当然として、契約名義人の工場長が「知らなかった」としても、契約にあたって十分に注意すれば偽装目的が分かったということであれば、「知らなかったこと」について「過失がある」ということになろう。

　この点について、前記厚労省鈴木課長も、「派遣先が偽装請負ではないと確信していて、ある程度信じたことについてもっともな理由がある、つまり派遣先が故意又は重過失で違反を犯しているわけではないと

第3章●脱法目的の偽装請負契約による派遣受入れをめぐって

いうことであれば発動しません。しかし嘘の行為や故意も含めて、重過失で違反が成立していた場合は、そういう主観要件をチェックいたします」と第119回（平成20年9月4日）需給制度部会で述べている。

2 脱法目的の対象となる法律とは

ここでいう「免れる目的」とは、「この法律又は次節の規定により適用される法律の規定の適用」（法第40条の6第1項第5号）に限られており、ペナルティとしての「労働契約申込みみなし」であるから限定解釈となり、社会保険や雇用保険など他の法律の適用を免れる目的は含まない。

本来の派遣契約の場合には、派遣先には派遣法に定める各種の講ずべき措置の義務が課せられ、かつ、派遣法に適用の特例が定められている①労基法（第44条）、②安衛法（第45条）、③じん肺法（第46条）、④作業環境測定法（第47条）、⑤男女雇用機会均等法（第47条の2）、⑥育児介護休業法（第47条の3）の6つの法律に定める一部の規定については、派遣先も使用者（または事業者、事業主）とみなされ所定事項の適用を受ける。

第5類型の「脱法目的の偽装契約による派遣受入れ」のいわゆる「脱法目的」による場合とは、これらの適用を免れる目的で、これらの規定に基づく義務が発注者側には発生しない請負・業務委託といったほかの名目で契約を結び、実質的には労働者派遣の役務の提供を受ける行為が該当する。

これは、脱法目的で他の名義の契約とした会社間の契約行為が法規範に反し違法であり、それに基づき就労する労働者自体の就労の継続については、直接「してはならない」と禁止する法律上の規定はない。しかし、脱法目的から請負等の名目で偽装し、それに基づく派遣役務の発注者側の受領は、違法な契約に基づくものとなるため、「労働契約申込みみなし」の対象行為としたものである。

第3部　派遣先、発注者への「労働契約申込みみなし」の適用をめぐって

3 どんな場合が「脱法目的」の偽装に該当か

　派遣先等の直接雇用の「労働契約申込みみなし」の対象となる「いわゆる偽装請負等」の行為については、「この法律又は次節の規定により適用される法律の規定の適用を免れる目的」（労働者派遣法第40条の6第1項第5号）という「免れる目的」のあることが構成要件となっている。この点については、第1類型の禁止業務への従事、第2類型の無許可の者からの労働者派遣の受入れ及び第3、第4類型の派遣可能期間の制限を超えた労働者派遣の受入れという4つの類型とは異なり、「派遣先等の主体的な意思が介在する」ことが要件になるとし、「『免れる目的』を要件として明記した立法趣旨に鑑み、指揮命令等を行い偽装請負等の状態となったことのみをもって『偽装請負等の目的』を推定するものではないこと」（「みなし通達」）としている。

　派遣法第40条の6第1項第1号から第4号まではいずれも、労働者派遣の役務を受ける者は、これらの場合には「業務に従事させてはならない」（同法第4条第3項）、「役務の提供を受けてはならない」（同法第24条の2、第40条の2第1項）と明白な禁止規定を定めている。しかしながら、同法第40条の6第1項第5号だけは、所定の法律の「規定の適用

参考　〔審議会資料1-1の2⑴「エ　違法行為の類型」について〕労働者派遣法等の規定の適用を免れる目的でというようなことがここだけ書いてあって、他の3つの所については、単に違法行為のことしか書いていないということです。4点目〔編注：いわゆる偽装請負等〕の所だけは、単に違法行為であるかどうかを知っているだけではなくて、免れる目的というものを役務の提供を受けている人が持っていなければいけないということが、上の3つとは違う所です。客観的に見れば、偽装請負の状況になっていたとしても、上の3つと違って、直ちに労働契約申込みみなし制度が発動するというわけではなくて、この目的が認定されるということが前提になってくるのが違いだということです。

（厚労省富田望需給調整事業課長発言、第221回（平27・5・18）労政審・需給制度部会）

第3章●脱法目的の偽装請負契約による派遣受入れをめぐって

を免れる目的」で、請負その他の名目で契約を締結し、本来は労働者派遣の役務であるのに、労働者派遣契約を結ばないで「労働者派遣の役務の提供を受ける」場合ということを要件としており、他の4つの類型の場合とは異にしている。

そこで、どのような場合が、労働者派遣の役務の提供を受ける者において、脱法目的をもって他の名義で契約を結び派遣役務の提供を受けた場合に該当するかが問題となるので、若干のケースを例示すると次のような例が考えられる。

① 派遣先・発注者側として労働局から調査を受けて、偽装請負として是正指導を受けたにもかかわらず、実態の改善をして適法化しないで、また同じようなケースで同じく請負の名目による契約を繰り返して、役務の提供を受けた場合

② 同じ会社のA工場で偽装請負と指摘され、労働局の指導を受けて工程、製造方法、形態といったあり方を適正化して是正したのに、それを知りながら同じ会社の別のB工場では同じような形態の役務の受領を旧態のまま継続し、請負名義の契約として実態上発注者の指揮命令下で請負人の労働者の就労受入れを繰り返した場合

③ 労働者派遣で役務を受けながら抵触日が到来したのに、クーリング期間を置かず継続して業務を行う目的で、実態を全く変更せずに契約名義のみを請負に切り換えて当該業務を継続させた場合

④ 発注者側の都合で短期間で大量の派遣社員による業務処理が必要なケースが発生し、本来日雇派遣で対応すべきものを法律上制限があることを知りながら、これを回避する目的で請負契約名義によって役務の提供を受けた場合

第３部　派遣先、発注者への「労働契約申込みみなし」の適用をめぐって

4 契約締結時点で脱法目的がなく途中で偽装状態となった場合は

　偽装請負のケースは、脱法目的をもって契約をして派遣役務を受けた場合であるから、請負契約等を締結した時点では適法な契約で脱法目的はなかったが、請負業務遂行の途中で偽装請負状態が発生した場合にはどうなるかという問題がある。「みなし通達」では契約当事者の事業主の脱法意図が要件であり、「偽装請負等の目的の有無については個別具体的に判断されることとなるが、『免れる目的』を要件として明記した立法趣旨に鑑み、指揮命令等を行い偽装請負等の状態となったことのみをもって『偽装請負等の目的』を推定するものではないこと。」とされており、当初は「免れる目的」はなく、途中で発注者側が請負人の労働者に対して「指揮命令等を行い偽装請負等の状態となったことのみをもって『偽装請負等の目的』を推定するものではない」のである。すなわち、派遣法第40条の６第１項第５号では「……目的で……契約を締結し……役務の提供を受けること」が要件となっている。途中で偽装請負の状態となったとしても、それで直ちに第５号の要件を満たすことにはならないわけである（図３－５参照）。

　これは発注者側に「労働契約申込みみなし」の成立という予期しない不利益を課すものであるから、それに該当する「構成要件」の発生と充足は厳格に解されなければならないためである（図３－５の(1)のケース）。例えば、特に当初の請負契約及びそれに基づく請負業務の実施は適法であったが、発注者の現場の係長から請負人の現場の班長に対し、「風邪が流行して一時的に人手不足となったが、納期が切迫しているので応援派遣してほしい」といった一時的・臨時的依頼があり、現場同士で対応して、上部の部課長権限者が不知でかつ短期にこのような状態が終了したという場合である。

　しかし、「請負契約等を締結した時点では派遣先等に『偽装請負等の目的』がなく、その後、派遣先等が受けている役務の提供がいわゆる偽装請負等に該当するとの認識が派遣先等に生じた場合は、日単位の役務

390

第3章●脱法目的の偽装請負契約による派遣受入れをめぐって

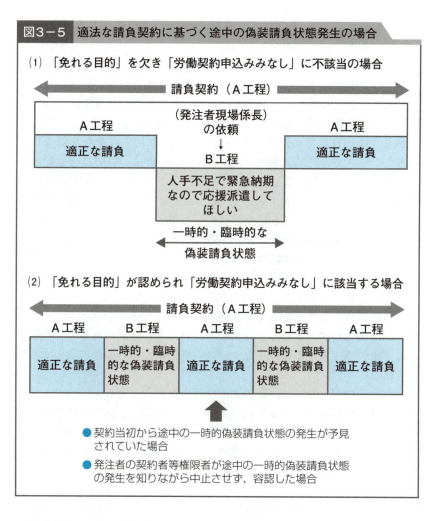

の提供とならない場合を除き、いわゆる偽装請負等に該当すると認識した時点が1日の就業の開始時点であれば当該日以降、認識した時点が開始時点より後であればその日の翌就業日以降初めて指揮命令を行う等により改めて『偽装請負等の状態となった』と認められる時点において、『偽装請負等の目的』で契約を締結し役務の提供を受けたのと同視しうる状態だと考えられ、この時点で労働契約の申込みをしたものとみな

第3部　派遣先、発注者への「労働契約申込みみなし」の適用をめぐって

れるものであること。」（「みなし通達」）とされていることとの関係で、どう解するかという問題がある。

　これは、適法な請負契約により、適正な請負業務が継続されていた場合、その途中で、一時的・客観的に偽装請負状態となっていることのみをもって「脱法目的」とみるのではなく、第5号に該当するのは、このような偽装請負状態が継続し、具体的な事情の下においては、これは初めから「偽装目的での請負であった」と認定されてもやむを得ないといったケースであろう（図3−5の(2)）。この点については、需給制度部会の審議で、本件の成立要件は「脱法目的」で「契約を締結」して派遣役務を受け入れることであるから、「適法な契約による業務の途中で偽装請負状態が発生しても、それは本号の構成要件に該当しないのではないかとの意見もあったところである」とされていることからも明らかである。派遣先や発注者に対して、違法派遣のペナルティとしての直接雇用となり得る「労働契約申込みみなし」という不利益を課すわけであるから、厳格な構成要件該当性が要求されると思われる。したがって、途中で偽装請負状態となっても、当然にそのことのみをもっては本号の要件には該当せず、少なくとも未必の故意に近い認識のある場合や形態として悪質性を有するといったケースの場合に本号の要件に該当すると解される。

　そのような例としては、次のような場合が考えられる。

① 請負契約等の当初から途中で一時的・臨時的な偽装請負状態の発生が予見されながら、その場合の別途対応（その間のみ臨時的な適法な労働者派遣契約の別途締結による適正な対応）をせず、全体的に請負契約として実施した場合

② 途中において一時的・臨時的な偽装請負状態が発生した場合に、それを上位の部課長等の権限のある者が知りながら放置し、偽装請負状態を容認し継続した場合

　ただし、このような場合であっても一時的・臨時的な偽装請負状態の前後の適法な請負契約に基づく適正な請負業務については、第5類型の構成要件である派遣法第26条第1項各号に掲げる事項を定めずに発注者側としての「労働者派遣の役務の提供を受けること」に該当しないから、この期間の各日についての「申込みみなし」は成立しないと解される。

392

第3章●脱法目的の偽装請負契約による派遣受入れをめぐって

5 多重請負形態や二重派遣の場合の「労働契約申込みみなし」の適用は

　重層下請状態の形態下にあるいわゆる多重請負の場合における「労働契約申込みみなし」の適用については、次のとおり通達されている。

●1　多重請負形態において偽装請負等の状態となっている場合

▶みなし通達

　多重請負の形態でいわゆる偽装請負等の状態となっている場合について、申込みの主体は改正後の労働者派遣法第40条の6において『労働者派遣の役務の提供を受ける者』としているため、原則として、労働者を雇用する者（下請負人）と直接請負契約を締結している者（元請負人）が労働契約の申込みをしたものとみなされると解されるものであること〔編注：図3－6（395頁）の(1)〕。このため、注文主は下請負人とは直接請負契約を締結していないため、注文主が下請負人が雇用する労働者に対して指揮命令等を行った場合は、原則として、元請負人から労働者供給（職業安定法第4条第6号）を受けているものと解され、この場合に本条の適用はないと解されるものであること〔編注：図3－6の(1)〕。

●2　元請負人の「申込みみなし」に承諾後、注文主との間で偽装請負等の状態となった場合

▶みなし通達

　多重請負の形態でいわゆる偽装請負等の状態となっている場合に、みなし制度に基づき元請負人が請負契約を締結している下請負人の労働者に対して労働契約の申込みをしたものとみなされ、当該労働者が承諾の意思表示をした後、当該元請負人と契約している注文主が偽装請負等の目的をもって偽装請負等の状態で役務の提供を

393

第3部　派遣先、発注者への「労働契約申込みみなし」の適用をめぐって

> 受けた場合には、みなし制度が適用され、注文主が当該労働者に対して労働契約の申込みをしたものとみなされると解されるものであること〔編注：図3－6の⑵〕。

　この図3－6の⑵のケースの場合は同図の⑴のケースの後の場合である。⑴のケースで下請負人の労働者が元請負人との「労働契約申込みみなし」の成立により、元請負人の「みなし」雇用となって元請負人との労働契約が成立した後で、さらに同じ形態による注文主の指揮命令により元請負人の労働者として注文主の業務に従事する場合の例である。この場合には、元請負人が雇用者となり、偽装目的での契約により注文主に役務が提供されていることになるから、注文主と元請負人の労働者としてみなし雇用となった者との間に、注文主の「労働契約申込みみなし」が成立することになる。いわばこのようなケースは二重の「労働契約申込みみなし」となるわけである。

　この図3－6の⑴のケースのように、下請負人に雇用されている労働者が脱法目的となる偽装請負契約により元請負人の業務に従事する場合には、いわば派遣元は下請負人（雇用主）であり、当該労働者が元請負人の指揮命令の下に当該請負業務に従事する場合には「脱法目的契約」による偽装請負となるので、元請負人との間で「申込みみなし」の成立となり、それを労働者が承諾して元請負人のみなし直接雇用となる。この場合、下請負人の労働者が元請負人に対し、法的に成立している「労働契約申込みみなし」に対する承諾の意思表示をしていないとき、さらに、当該元請負人が注文主との間の請負契約に基づき、注文主の事業場で下請負人の労働者を注文主の指揮命令の下に注文主の業務に従事させた場合には、元請負人は自己の雇用する労働者でない、下請負人の雇用する労働者を注文主の指揮命令の下に業務に従事させることになるから、この場合は労働者供給に該当し、労働者派遣形態に該当しないため「労働契約申込みみなし」の対象とならないことになる。

● 3　二重派遣の場合

　いわゆる二重派遣の場合について、「みなし通達」で次のように示さ

第3章●脱法目的の偽装請負契約による派遣受入れをめぐって

図3-6　多重請負形態の場合の脱法目的偽装請負

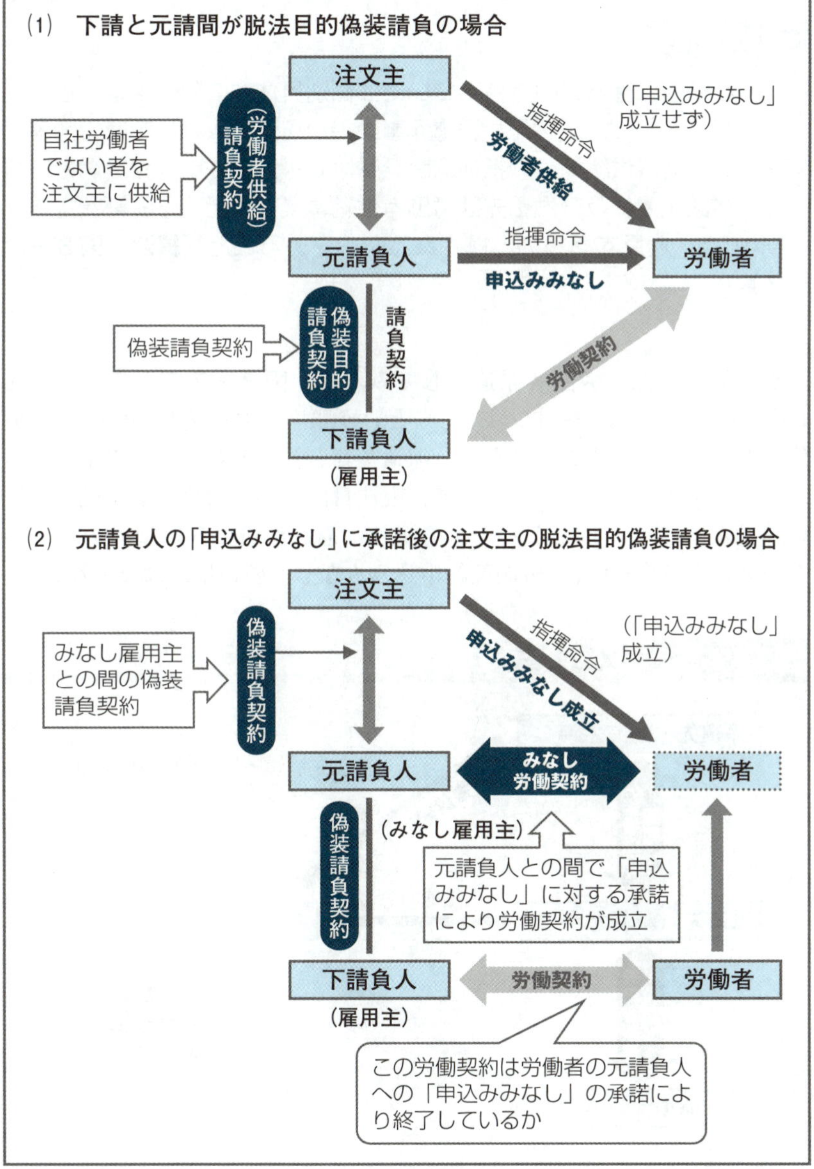

(1)　下請と元請間が脱法目的偽装請負の場合

注文主

自社労働者
でない者を
注文主に供給

（労働者供給）
請負契約

指揮命令
労働者供給

（「申込みみなし」
成立せず）

元請負人

偽装請負契約

偽装目的
請負契約

請負契約

指揮命令
申込みみなし

労働者

労働契約

下請負人
（雇用主）

(2)　元請負人の「申込みみなし」に承諾後の注文主の脱法目的偽装請負の場合

注文主

みなし雇用主
との間の偽装
請負契約

偽装請負契約

指揮命令
申込みみなし成立

（「申込みみなし」
成立）

元請負人

**みなし
労働契約**

労働者

（みなし雇用主）

元請負人との間で「申込
みみなし」に対する承諾
により労働契約が成立

偽装請負契約

下請負人
（雇用主）

労働契約

労働者

この労働契約は労働者の元請負人
への「申込みみなし」の承諾によ
り終了しているか

395

れている点に注意する必要がある。

> ▶ みなし通達
>
> 　いわゆる二重派遣の場合については個別具体的に判断することとなるが、一般に、派遣先が派遣元事業主から受け入れた派遣労働者を、第三者（供給先）の指揮命令を受けて労働に従事させた場合には、当該派遣先及び供給先は労働者供給事業を禁止する職業安定法第44条に違反するものと解されるものであること〔編注：図３－７〕。

　この場合には、労働者派遣としてみれば、図３－７のように派遣元（Ａ）→派遣先（Ｂ）→注文主（Ｃ）という順序で派遣契約が締結され労働者派遣が行われることになる。派遣契約としてみれば、各事業者間においては適法に成立しているので、脱法目的の偽装請負による役務の提供にはならない。したがって、前記した違法派遣の５類型のいずれのケースにも該当せず、「労働契約申込みみなし」の適用にはならない。

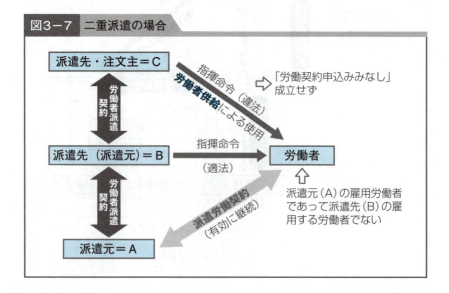

図３－７　二重派遣の場合

第３章●脱法目的の偽装請負契約による派遣受入れをめぐって

　これは、派遣先（B）としては、派遣元（A）から派遣された派遣労働者は自己の雇用する労働者にはならないので、二重派遣により注文主（C）である派遣先に派遣役務が提供されたとしても、「自己の雇用する労働者」の派遣ではないため、それは労働者供給事業の違反となる。そこで、労働者供給の違反となる場合であっても、その違反をもって「労働契約申込みみなし」の法的効果が成立する構成要件には該当しないので、「労働契約申込みみなし」制度の適用はないのである。派遣先（B）の注文主（C）に派遣する行為は二重派遣の関係にある。しかし、「労働契約申込みみなし」の成立する要件には該当しないので、その行為が労働者供給に該当しても労働契約関係としては、元の派遣元（A）に雇用されている労働者と元の派遣元（A）との間の派遣労働契約がそのまま有効に継続するのである。

●4　派遣先・発注者とのみなし雇用が成立した労働者は派遣元で当然退職となるか

　派遣元の雇用する派遣労働者や請負人の雇用する労働者が、違法派遣や偽装目的の派遣先・発注者への派遣役務の提供として派遣法第40条の6第１項に基づく「労働契約申込みみなし」が適用され、それに対する労働者の承諾の意思表示によって派遣先・発注者との間に直接雇用が成立し、派遣先・発注者の直接雇用する労働者となった場合、元の派遣元・請負人との間の当該労働契約はどうなるのかという問題がある。

　この点について、労働契約は、債権契約であるから、同一労働時間に労務を提供するという矛盾する契約（一方の労働契約に基づく労務の提供は不能）になっても、契約関係としては二重の労働契約関係が成立する形になっても問題はないという見解もある。

　しかしながら、労働契約は労働者が使用者に労務を提供し、使用者がその労働の対価として賃金を支払うという契約（労働契約法第６条）であるから、労働者が「労働契約申込みみなし」制度によりみなされた派遣先等の申込み（みなし申込み）に応じて承諾し、派遣先等の直接雇用する労働者になることを選択した場合には、それは派遣元等との間の派遣労働契約を終了させ、派遣先等の直接雇用の労働者になるとの意思表示（派遣元等の承諾を得て「みなし申込み」に応じた場合はその旨の明

397

第3部　派遣先、発注者への「労働契約申込みみなし」の適用をめぐって

示の意思表示、黙って「みなし申込み」に応じた場合は黙示の意思表示）であると解される。

　したがって、「労働契約申込みみなし」制度により、対象労働者の「承諾」の意思表示をもって派遣先や発注者との間で労働契約が同一労働条件を契約内容として成立した場合には、派遣元や請負人と当該労働者との労働契約は、派遣先や発注者との間で直接労働契約が成立することによって労働者側から解除され、当然退職となるものと解される。

　まして、前記●2のような元請負人との間でのみなし雇用の成立（偽装目的の契約に基づく派遣労働の役務の受領による）となり、さらに発注者（注文主）との間で「労働契約申込みみなし」が成立し（同様に、偽装目的の派遣役務の元請負人の受領による）、これを労働者が承諾し、発注者の直接雇用労働者となるという三重の労働契約が問題となるといったケースでは、なおさら同一の労働条件で「みなし雇用」の成立となるわけであるから、同一の労働者について同一の勤務時間帯における複数の会社との労働契約が成立するというのは、労働力の提供を目的とする労働契約の性質上認められないと解すべきであろう。

第3部

第4章
「労働契約申込みみなし」への労働者の承諾をめぐって

第3部　派遣先、発注者への「労働契約申込みみなし」の適用をめぐって

1 「労働契約申込みみなし」と承諾により成立する労働契約の特殊性

　労働者派遣の役務の提供を受ける者が労働者派遣法第40条の6第1項に定める5つの違法行為を行った場合には、「当該労働者派遣の役務の提供を受ける者から当該労働者派遣に係る派遣労働者に対し、その時点における当該派遣労働者に係る労働条件と同一の労働条件を内容とする労働契約の申込みをしたものとみなす。」（同項本文）と定められている。この「当該派遣労働者に係る労働条件と同一の労働条件」については、「違法行為の時点における労働者派遣をする事業主（以下『派遣元事業主等』という。）と当該派遣元事業主等に雇用される派遣労働者との間の労働契約上の労働条件と同一の労働条件（当事者間の合意により労働契約の内容となった労働条件の他、就業規則等に定める労働条件も含まれる。）であり、労働契約上の労働条件でない事項については維持されるものではないこと。」、「労働契約の期間に関する事項（始期、終期、期間）は、みなし制度により申し込んだとみなされる労働契約に含まれる内容がそのまま適用されるものであること」（「みなし通達」）とされている（**図3−8**参照）。

　このような形態の派遣先等の「労働契約申込みみなし」の対象となる違法行為により法律でみなされた申込みと、それに対する派遣労働者の承諾の意思表示によって成立する労働契約は、通常の場合と違った特殊性を持っている。すなわち、通常の場合は、「契約は2個の相対立する意思表示の合致によって成立する。その一方は申込みで他方は承諾である。……契約を成立させる2つの意思表示は、共に同一の法律効果を欲する意思表示であって、その間に本質的に異なるものはないと解される」（『新版 注釈民法(13) 債権（4）契約総則 補訂版』（有斐閣）432頁）。

　しかし、本制度の労働契約の申込みは、契約の当事者である「当該労働者派遣の役務の提供を受ける者」からは、労働契約の成立の効果を欲する意思表示は、明示的にも黙示的にもなされていない。「申込みをしたものとみなす」という法的な擬制であり、派遣先・発注者からは申込

400

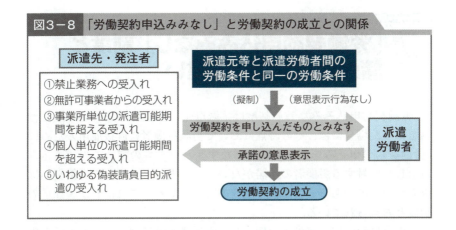

図3-8 「労働契約申込みみなし」と労働契約の成立との関係

みの意思表示はなされていない。前述の５類型の法定要件に該当する事実があったという「事実上の行為」をもって、そのような意思表示があったとのみなしの効力が強制的に生ずるものである。

　そのため、民法上の意思の欠缺（意思の不存在）及び瑕疵ある意思表示に係る規定（民法第93条～第96条）や、通常の契約の成立についての定め（民法第521条～第528条）などは、適用される余地がないのである。そこで、民法第521条の「承諾の期間の定めのある申込み」の意思表示に関する「承諾の期間を定めてした契約の申込みは、撤回することができない。」（第１項）、「申込者が前項の申込みに対して同項の期間内に承諾の通知を受けなかったときは、その申込みは、その効力を失う。」（第２項）との規定も適用されない。一方、「労働契約申込みみなし」制度においては、申込みの撤回について定める民法の原則に代わるものとして、違法派遣のペナルティと当該労働者の保護の観点から申込みの撤回の制限を定めた。すなわち、「当該労働契約の申込みに係る同項に規定する行為が終了した日から１年を経過する日までの間は、当該申込みを撤回することができない。」（派遣法第40条の６第２項）、「第１項の規定により労働契約の申込みをしたものとみなされた労働者派遣の役務の提供を受ける者が、当該申込みに対して前項に規定する期間内に承諾する旨又は承諾しない旨の意思表示を受けなかったときは、当該申込みは、その効力を失う。」（同条第３項）という規定が定められている。

第3部　派遣先、発注者への「労働契約申込みみなし」の適用をめぐって

2 「労働契約申込みみなし」制度と諸外国の制度との違い

　「労働契約申込みみなし」制度は、派遣先・発注者が法所定の違法行為を行った場合には、その時点において当該労働者に直接雇用のために「労働契約の申込みをしたものとみなす」というもので、この「申込みみなし」に対する労働者の承諾がないと派遣先等との直接の労働契約は成立しないのである。ここに本制度の特色があり、これはわが国独自の制度と考えられている。

　この点について、諸外国の例としても労働者派遣法違反による派遣先への違法派遣の受入れについて民事制裁の定めがあるが、その主要なものを紹介すると、次のようになっている。

　ドイツの場合には、派遣元企業が連邦雇用エージェンシーの許可なしに労働者派遣を行った場合は、派遣元と派遣労働者の労働契約が無効となり、派遣先企業と派遣労働者が労働契約を締結していたものとみなされる。

　フランスの場合には、①派遣期間終了後も派遣先企業が派遣労働者を違法に継続就労させた場合、②派遣先企業が利用事由、派遣期間、禁止事項及び期間の調整に関する規定に違反して派遣労働者を利用した場合には、派遣元企業と派遣労働者との派遣労働契約を、派遣先企業と派遣労働者との期間の定めのない労働契約とする民事制裁となっている。しかし、この民事制裁は、実際に派遣労働者が派遣先企業に直接雇用されるのではなく、派遣労働者を期間の定めのない労働契約の常用労働者とみなし、解雇の際の金銭的補償を受けられるようにするものである（フランスは解雇について金銭的補償制度をとっている）。

　ベルギーでは、①ストライキまたは工場閉鎖中の派遣先企業が派遣労働者の利用を継続した場合、②必要な手続き期間を遵守しない場合、③許可される事由以外で派遣労働者を利用した場合、④派遣労働禁止の業種または職業カテゴリーで派遣労働者を利用した場合は、派遣先企業と派遣労働者が期間の定めのない労働契約を締結していたものとみなされる。

402

第4章● 「労働契約申込みみなし」への労働者の承諾をめぐって

　また、韓国では、①派遣対象業務以外の業務（一時許可業務を除く）に派遣を使用した場合、②絶対派遣禁止業務へ派遣を使用した場合、③派遣対象業務で2年を超えて継続派遣した場合、④不許可または変更の届出違反の派遣を使用した場合、⑤その他の制限を超える派遣使用について、派遣期間に関わりなく、派遣先企業に派遣労働者を直接雇用する義務が生じるとされている。この直接雇用義務を履行しない派遣先には、違反回数に応じて労働者1人当たり1千万ウォンから最高3千万ウォンまでの過料が科せられる（以上は、JILPT「諸外国の労働者派遣制度における派遣労働者の受入期間について」（2012年）の調査より）といった民事制裁制度をとっている。

3 「労働契約申込みみなし」への承諾の自由

　わが国の違法派遣に対する派遣先等への民事制裁の定めは、**2**で述べた諸外国の制度とは異なり、法所定の5つの違法行為を行った場合には、「その時点において」、「当該労働者派遣の役務の提供を受ける者」から、「当該労働者に対し」、「労働契約の申込みをしたものとみなす」という制度である。

　したがって、当該労働者がこの「労働契約申込みみなし」に応じて、「承諾する旨」の意思表示を直接当該派遣先等に対してする必要があり、そのような意思表示をするかどうかは、本人の自由意思に委ねられるものである。当該労働者に対して労働契約の承諾の意思表示をすべき旨の義務を課すものでもないし、また違反時点で、派遣先等との間で直接労働契約の成立が「みなされる」ものでもない。

　さらに、労働契約法第18条の有期労働契約の無期転換における使用者の承諾の意思表示のように「承諾したものとみなす」ものでもない。これは、労働契約といういわゆる労働者自身の将来のキャリア形成など職

403

第3部　派遣先、発注者への「労働契約申込みみなし」の適用をめぐって

業生活に関わるもので、労働者自身の一身専属性（民法第625条第2項）を尊重して、労働者自身にその選択権を与えたものと考えられる。

そして、契約自由の原則はさらに、申込みの自由と承諾の自由に分けられるところ、使用者となる「派遣役務の提供を受ける」側には、違反事実に対するペナルティとして雇用の意思がないにもかかわらず労働契約の申込みの意思表示の発生という法律効果を生じさせるもので、「申込の自由を制限する（申込の義務を課する）方が、承諾の自由を制限するよりも、締約の自由に対する一層強度の制限であることは、いうまでもない。」（我妻榮『債権各論 上巻（民法講義Ⅴ-1）』（岩波書店）18頁）とされているところである。一方、当該労働者側については、あくまでも「承諾の自由」が保障されており、片面的な契約の自由となっている。

しかしながら、この制度はあくまでも労働者派遣法を派遣先等が遵守することを求めるもので、その違反に対するペナルティとしてのものである。したがってこの面では、行政法的な、国の政策的な強制力をもって関係者に迫っているものであるから公序としての特性を有する。

このようなことから、「承諾をしないことの意思表示」については、「みなし制度は派遣先等に対する制裁であることから、違法行為の前にあらかじめ派遣労働者が『承諾をしない』ことを意思表示した場合であっても、当該意思表示に係る合意については公序良俗に反し、無効と解されるものであること。」（「みなし通達」）とされている。そして、「労働契約の申込みをしたものとみなされた後について、承諾をするか否かは派遣労働者が選択することが出来るが、『承諾をしない』との意思表示を行った後に、再度違法行為が行われた場合には、新たに労働契約の申込みをしたものとみなされるものであること。」（同通達）とされている。派遣法違反に対するペナルティとしての派遣先等との労働契約の成立については、当該労働者にとっては契約締結の自由が保障されているというのがわが国の特徴であり、これは民事制裁の制度であるといえる。

404

第4章 ● 「労働契約申込みみなし」への労働者の承諾をめぐって

4 みなし労働契約の成立日は

「労働契約申込みみなし」の要件に該当する違法行為の発生を認識した派遣労働者が、派遣先等に対して承諾の意思表示を行った場合、労働契約の成立はいつになるか。この点について、「みなし通達」によれば、「申込みを行ったとみなされる時点」は、「労働者派遣の役務の提供を受ける者（以下「派遣先等」という。）が、改正後の労働者派遣法第40条の6第1項各号に該当する行為（以下「違法行為」という。）を行った時点」であり、原則として、「違法行為が行われた日ごと」に「申込みをしたとみなされるものであること」とされている。

そして、「労働契約の成立の時点等」については、「労働契約が成立するのは、みなし制度に基づく申込みについて、派遣労働者が承諾の意思表示をした時点（意思表示の効力発生時期については民法の規定に従う。）となるものであること。」（同通達）とされている。契約は申込みに対する承諾の意思表示によって成立するものであるから、例えば、現に派遣先等で就労中の派遣労働者が直接派遣先等と相対して承諾の意思表示を行った場合には、当該意思表示を派遣先等が受領したその時点で派遣先等との労働契約が成立する。なお、当該労働者が、派遣中に派遣法第40条の6に掲げる違反類型に該当し、「労働契約みなし申込み」が成立していたとして、派遣期間が終了した後になって郵便等により隔地から意思表示したときは、民法によれば、「隔地者間の契約は、承諾の通知を発した時に成立する。」（民法第526条第1項）とされているが、申込みが通常の意思表示で行われたのではなく、違反類型の行為の発生をもって法律上の「労働契約申込みみなし」となるので、申込みの意思表示への信頼関係といったものは成立せず、民法の「通知を発した時に成立する」との規定の適用はなされないと解される。

また、「労働契約申込みみなし」は、各違法類型行為の「いずれかに該当する行為を行った場合には、その時点において、当該労働者派遣の役務の提供を受ける者から当該労働者派遣に係る派遣労働者に対し、そ

405

第3部　派遣先、発注者への「労働契約申込みみなし」の適用をめぐって

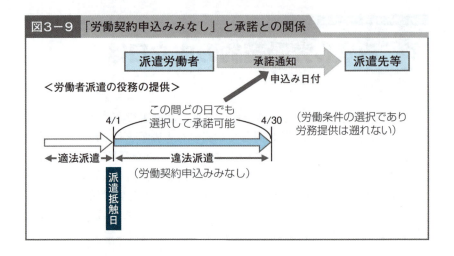

の時点における当該派遣労働者に係る労働条件と同一の労働条件を内容とする労働契約の申込みをしたものとみなす」（派遣法第40条の6第1項本文）ものであり、通常、派遣の役務の提供は日ごとに行われると解されることから、労働契約の申込みも日ごとに行われると解されている（「みなし通達」）。したがって、派遣労働者は、日ごとに行われる労働契約の申込みのうちどの申込みに対して承諾をするのかを、自由に選択することができる（図3－9参照）。

そのため、例えば4月1日から派遣可能期間（抵触日）を超えて第3類型や第4類型の違法な派遣役務となった場合において、派遣元事業主等と派遣労働者との間で締結している労働契約では、4月1日から7日までの時給が1,500円であったのに対して、4月8日からは時給が1,200円になるといった場合に、派遣労働者は時給の高い4月5日を選定して、同日の労働契約申込みに対して承諾することも可能である（図3－10参照）。

ただし、その承諾の意思を通知した時期が4月10日であり、すでに派遣役務は派遣元との派遣労働契約に基づいて派遣先等に提供済みであったとき、時給はその時点（選定した4月5日）の派遣元との労働条件となるものの、成立した契約の効力発生日は承諾の意思表示をした4月10日ということになる。

第4章 ●「労働契約申込みみなし」への労働者の承諾をめぐって

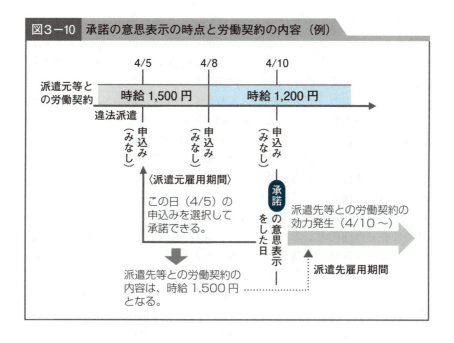

図3-10 承諾の意思表示の時点と労働契約の内容（例）

5 みなし労働契約は遡及するのか
▶派遣法違反期間も私法上の労働契約は有効◀

　ドイツやフランスのみなし雇用制度等では、労働者派遣法違反があった場合、派遣元と派遣労働者との間の労働契約関係が無効になり、違法行為発生時に遡って派遣先と派遣労働者との間の労働契約関係が成立したと擬制されることから、わが国の制度でも、ドイツ等と同様に、派遣先との労働契約の始期は違法行為時まで遡及すべきとの考え方もある。
　しかし、わが国の制度は、ドイツ等のみなし雇用制度とは異なり、違法行為時点に遡及して労働契約関係の成立を擬制する制度とはなっていない。違法行為時点において労働契約の「申込み」がなされたものとみ

なすもので、派遣労働者は承諾するか否か、自由に選択して意思表示を行うものである。また、その場合の労働条件の内容は、労働契約の期間（始期、終期、期間）を含めて、違法行為時点における派遣労働者と派遣元との間の労働契約と同一の労働条件になる。

　また、わが国の「労働契約申込みみなし」制度においても、派遣労働者が承諾することで成立する労働契約の始期は、遡及するのかという問題もある。この点について、第221回（平成27年5月18日）需給制度部会で議論が行われている。ここでは、仮に、派遣元等と派遣労働者との労働契約が4月1日から9月30日まであり、4月23日に違法行為が行われ、その後も継続したという例で考えると、派遣先等が派遣労働者に対して申込みをしたものとみなされる労働契約の期間は、4月1日から9月30日までの期間となる。この場合、5月10日に労働者が承諾をして派遣先等との「みなし労働契約」が成立した場合、4月1日から5月10日までの間の部分はどうなるのかということについて、「現実問題として、これは双方が履行できないという状況ですので、履行不能の状態になります。原始的不能ということで、これは法学の先生にもそこは御確認いただきたいのですけれども、効力はないということになるのではないか

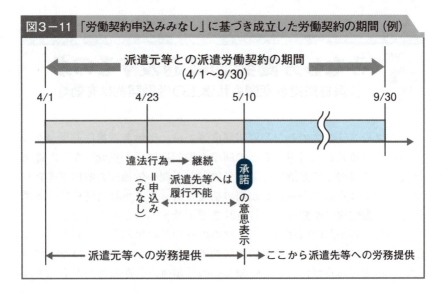

図3-11　「労働契約申込みみなし」に基づき成立した労働契約の期間（例）

第4章● 「労働契約申込みみなし」への労働者の承諾をめぐって

と考えております。」（富田課長発言）と述べられている（**図3−11参照**）。

　すなわち、現に派遣労働として派遣元等の派遣労働者としての地位のままで派遣先等に労務が提供されている以上、後日になって行われた承諾によって遡って派遣先等の労働者であったということは、原始的不能であって、当該部分については無効であり、結局本制度によって「みなされた申込み」に対して「承諾の意思表示」が行われた時点から、派遣先等の直接雇用する労働者になると考えられているのである。そして、派遣先等との直接雇用が成立することによって、当該派遣労働者の意思としては、労働条件が同じ内容の労働契約を派遣元等と派遣先等との間に二重に存続させる意思（二重雇用意思）は有しないと考えられることから、派遣労働者の意思としては、派遣元等との労働契約を終了させる意思を有するものと考えられる。それゆえ、派遣元等との労働契約は派遣先等とのみなし労働契約の成立によって終了（退職）することになると解される。

　前記の例のように違法行為の時点（労働契約申込みみなし）と現実に派遣労働者等がこれに対し承諾の意思表示をした時点との間に期間の経過があった場合、そもそも禁止業務への派遣の役務の受入れや無許可事業主からの派遣の受入れというケースでは、このような派遣役務の提供は違法であって許されないのだから、違法状態を解消するためにも契約の最初に遡って派遣先等の雇用となるのだという考え方がある。しかし、派遣法は公法（行政法）であり、企業間の労働者派遣契約が違法であることと、派遣元等と派遣労働者との私法上の労働契約の有効性とは別であり、行政法上の派遣法違反であっても、私法上の労働契約は有効なので、労働契約の成立が遡るとの考え方はとれないと解される。

　企業間の派遣契約（取引契約）が仮に違法であって、派遣役務受入れの最初から派遣契約が無効であっても、派遣元等と派遣労働者との私法上の労働契約は有効なのである。

　したがって、違法行為の時から労働契約の「申込みをしたものとみなされ」たとしても、それに対する承諾が後日になったときは（承諾の自由は労働者にあるので）、承諾までの私法上の労働契約は有効であって、みなされた申込みと承諾が合致した日から派遣先等との労働契約が成立すると解される。

409

第3部 派遣先、発注者への「労働契約申込みみなし」の適用をめぐって

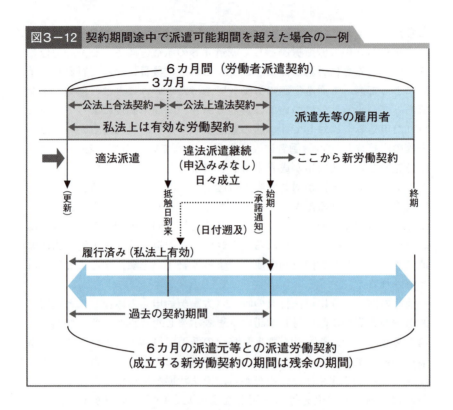

図3-12 契約期間途中で派遣可能期間を超えた場合の一例

　このことは、例えば、図3-12のとおり、仮に派遣可能期間の制限を超える役務の受入れが企業間の派遣契約として違法となったとしても、それは公法上の行政法的な規定（国の政策により違反とされたもの）であって、直接私法上の効力を有するものではない。そこで、派遣元等と労働者との間の私法上の労働契約まで無効とするものではないので、派遣先等との間に成立する新たな労働契約が遡及して効力を発生することはないと解される。
　すなわち、「労働契約申込みみなし」に基づいて成立する労働契約における労働条件となるのは、「その時点における当該派遣労働者に係る労働条件と同一の労働条件を内容」とするものである。図3-12の例では、派遣労働者と派遣元等との間で6カ月間の期間の定めのある派遣労働契約を結んで6カ月の派遣契約（会社間の取引契約）で派遣された

410

ものである。その労働契約期間の途中で、派遣契約に基づく労働者派遣の派遣可能期間が終了し、抵触日を超え「違法な役務の提供」状態となった後、当該労働者から「承諾」の意思表示がなされたものである。そこで、「派遣元等との6カ月の期間の定めのある派遣労働契約」に基づく派遣先等での就業であるから、途中まで適法な派遣期間として履行が終わっている部分は問題とならず、派遣先等の「労働契約申込みみなし」となるのは、違法行為の「その時点」の労働契約での労働条件によるのである。6カ月の労働契約期間を内容とする労働契約は、派遣元等と当該派遣労働者の私法上の労働契約であり、事業者間の派遣契約が違反となったとしても、有効に存続するわけである。そして、派遣契約の方が途中で抵触日が到来し、それ以降の労働者派遣が違法となり、そのため派遣先等において直接雇用の「労働契約申込みみなし」が成立し、派遣先等に対して派遣労働者が「承諾」の意思表示をしたとして、その承諾の意思表示の時点では、もうすでに3カ月間の派遣労働の提供が、図3−12の例のように適法な期間も含めて履行を終了しているという場合には、仮に労働者が抵触日の翌日に遡って労働契約の承諾の意思表示（日付遡及）を行ったとしても、すでにその期間は司法上有効な派遣元等との間の労働契約に基づいて履行がなされているのである。たとえ派遣期間制限に違反していたとしても、労働契約上は有効な労働力の提供がなされているので、履行済みである。したがって、労働契約としては、結局は現実の承諾がなされた日以降、派遣先等とのみなし労働契約が有効となるものと解される。

　そこで、図3−12のケースでは、「当該労働者に係る労働条件と同一の労働条件を内容とする契約」で新労働契約が成立するので、元の6カ月間の労働契約となり、すでに履行が終了した部分を除くので、残余の3カ月の労働契約となるのである。

第3部　派遣先、発注者への「労働契約申込みみなし」の適用をめぐって

6 派遣業務終了後の派遣先等への「承諾」の効力は

　「労働契約申込みみなし」制度は、派遣の役務の提供を受ける者から当該派遣労働者に対し、5類型の違法行為を行った時点における、当該派遣労働者に係る労働条件と同一の労働条件を内容とする労働契約の申込みをしたものとみなすものであるから、「労働契約の期間に関する事項（始期、終期、期間）は、みなし制度により申し込んだとみなされる労働契約に含まれる内容がそのまま適用される」（「みなし通達」）。

　したがって、**図3－12**（410頁）の例でいえば、前述のとおり、派遣元等との労働契約が6カ月間であり、派遣先等とのみなし労働契約の成立が3カ月経過後であるとすれば、派遣先等との間で成立した「新労働契約」の期間は残余の3カ月ということになる。

　例えば、6カ月の労働者派遣契約期間で、同時に6カ月の派遣労働契約をもって契約している例であるが、成立するのは派遣先等との労働契約であるから、派遣先等との新労働契約は、残余の派遣労働契約期間とする内容となるのである。また、この例で、派遣されている登録型派遣労働者の場合に、始期から2カ月を超えた日から、派遣期間の制限に抵触する違法派遣となったとした場合、派遣先等が「労働契約申込みみなし」とされるのは、派遣期間の制限を超えて違反となった当該日からであるが、この事実が発生した後、当該派遣労働者が承諾の意思表示をしたのが派遣の始期から3カ月目の場合には、成立するのは派遣先等との間の労働契約であるから、派遣契約の期間にかかわらず、派遣元等との労働契約期間の残余期間となるから、その労働契約期間は結局、残余の3カ月となる。

　ところが、派遣先等が派遣法「第40条の2第1項の規定に違反して労働者派遣の役務の提供を受ける」（第40条の6第1項第3号）期間中は、日々「労働契約の申込みをしたもの」とみなされるが、当該違反の期間中に当該派遣労働者が派遣先等に対して承諾の意思表示をせず、当該派遣期間が終了し、したがって、派遣元等との間の派遣労働契約期間も満

了した後になって、「承諾の意思表示」を派遣先等にしたような場合であっても派遣先等との間で労働契約が成立するかが問題となる。

というのは、同法40条の6第2項で「前項の規定により労働契約の申込みをしたものとみなされた労働者派遣の役務の提供を受ける者は、当該労働契約の申込みに係る同項に規定する行為が終了した日から1年を経過する日までの間は、当該申込みを撤回することができない。」とされ、さらに同条第3項で「第1項の規定により労働契約の申込みをしたものとみなされた労働者派遣の役務の提供を受ける者が、当該申込みに対して前項に規定する期間内に承諾する旨又は承諾しない旨の意思表示を受けなかったときは、当該申込みは、その効力を失う。」と定められていることから、違法行為が終了した後でも1年を経過するまでは当該派遣労働者としては「承諾する旨」の意思表示をすることができると解されるからである。

しかしながら、「労働契約申込みみなし」に基づいて成立する労働契約における労働条件は、前述のとおり、違法行為時点における派遣元等と当該労働者との間の労働条件と同一であり、労働契約の期間についても同一となるから、当該派遣雇用期間である、例えば「始期○月○日、終期○月○日（3カ月）」との労働条件も同一である。

そこで、当該派遣雇用期間が終了した後に承諾の意思表示をしたとしても、過去の期間について、労務の提供をすることはできないから、当該派遣労働者の負担する労務提供義務は原始的不能であって、すでに業

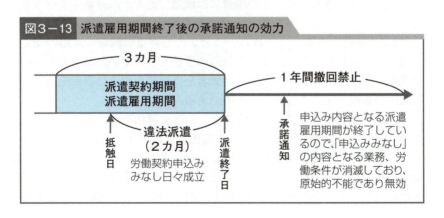

図3-13 派遣雇用期間終了後の承諾通知の効力

第3部　派遣先、発注者への「労働契約申込みみなし」の適用をめぐって

務もそれに伴う労働条件も派遣期間終了で消滅しており、いずれにして
も結局、派遣雇用期間が終了した後では、過去の「申込みみなし」に対
して当該労働者が承諾しても、その対象となるべき派遣先等との間に成
立する労働契約の内容が消滅しているので、承諾の意思表示は無効とな
るものと解される（**図3-13参照**）。

7 1年間の撤回禁止なのに派遣労働契約終了後の承諾では不成立か

　違法行為をした時点において、申込みをしたものとみなされた派遣先
等は、違法行為が終了した日から1年を経過するまでの間は当該申込み
を撤回できないと定められているのに、当該「労働契約申込みみなし」
に係る労働条件が期間の定めのある労働契約であり、当該派遣雇用期間
が終了しているがゆえに、撤回禁止の1年以内の承諾の意思表示であっ
ても前述のとおり原始的不能であるとして、派遣先等の直接雇用となる
労働契約が無効となるというのは不当ではないかとの見解もあろう。

　しかし、本来派遣法等に違反する派遣であれば、直ちに当該派遣を中
止して是正すべきところ、その場合には派遣労働者が派遣就業すべき業
務とその場所を失って雇用終了、すなわち解雇等となってしまうため、
「労働契約申込みみなし」制度は、このような派遣労働者の雇用の安定
を図ることを目的として、違法な派遣の役務を受けていた派遣先等への
制裁として、派遣先等が当該派遣労働者を直接雇用する仕組みを創設し
て雇用の確保を図ることとしたものである。

　このような制度趣旨にかんがみると、たとえ違法派遣であり、派遣先
等の「申込み」の撤回が禁止される違法行為から1年以内の期間中で
あっても、派遣期間が終了し、すでに派遣業務がなくなっているのに派
遣労働者から承諾の意思表示があったときは、派遣先等との間に労働契
約が成立したとみなされ、当時と同じ業務を創出して、当時の派遣元等

第4章● 「労働契約申込みみなし」への労働者の承諾をめぐって

と同じ労働条件で、同じ雇用期間の労働契約が派遣先等との間で強制されるということにはならないと解される。派遣法違反があったとしても、派遣元等と派遣労働者との間の私法上有効な労働契約について、すでにその履行が終了しているのに、違反行為の制裁として派遣先等が違法派遣がなされた時点と同一期間、同一業務をもって、改めて直接雇用しなければならないとするのは、従事すべき業務がなく、雇用意思がないのに雇用を強制することになってしまい、合理的な制裁の範囲を超えることになるのではないかと解されるからである。また、1年以内の撤回禁止期間であっても、「申込み」の内容である労働契約の期間は派遣元等との派遣労働契約の期間と同じであるから、この期間が終了し、かつ派遣元等との派遣労働契約に基づいてすでに労務提供がなされてしまっているにもかかわらず、違法行為の時点に遡って派遣先等との労働契約が成立するというのは、そもそも履行不能であって無効と解さざるを得ないということでもある。

8 派遣元等の退職、他社に就職後の撤回禁止期間中の承諾の効力は

　派遣先等に対する「労働契約申込みみなし」の適用に関し、最も問題なのが、派遣先等が対象違法類型に該当する行為をした場合において、その後当該労働者が派遣元等を退職し、別の会社に就職した後に、違法行為後1年の撤回禁止期間であったことを理由に、当該派遣先等へ承諾の意思表示をしたといったケースについて、それは有効となるかという点である。

　例えば、脱法目的の偽装請負により発注者である甲社の現場において役務を提供する請負事業主A社に無期雇用されている労働者が、甲社での「労働契約申込みみなし」が成立する偽装請負による業務期間中には甲社に「承諾」の意思表示をせず、甲社での請負業務終了後、A社を退

415

第3部　派遣先、発注者への「労働契約申込みみなし」の適用をめぐって

職し、Ｂ社に採用され、6カ月間Ｂ社で勤務した後に、甲社に対して、最終違法行為時点より1年以内の撤回禁止期間中であることを理由に、承諾の意思表示をした場合を例として検討してみる。

　まず、このようなケースでは、本制度の適用はなく無効と考える説が有力であり、次のような理論構成が考えられる。

●1　承諾適格の消滅説

　第一は、当該労働者は元の雇用主（Ａ社）を退職した時点において、Ａ社との雇用関係から自らの意思で離脱したと解されるところ、「労働契約申込みみなし」制度は、派遣先等に脱法目的があったとはいえ、発注者（派遣先）との請負契約関係があり、Ａ社との間に雇用関係が継続していることを前提とする制度であると解されるから、この枠組みから自ら離脱した以上、もはや当該労働者保護の必要性は消滅し、本制度の趣旨から「労働契約申込みみなし」の不適用となるという承諾適格（一方的意思表示により契約を成立させる状態）が消滅したものとみる考え方である。あるいは、「労働契約申込みみなし」制度は、労働者派遣法違反に対するペナルティ及び派遣労働者の雇用の安定を図るために制定されたところ、当該労働者が自らＡ社を退職し、さらにＢ社に雇用された場合には、Ａ社と甲社との契約関係から自ら離脱したのみならず、Ｂ社に雇用されるという選択をするに至った以上、本制度上の「承諾権」は消滅したとする考え方である。

●2　承諾権の放棄説

　本制度は、Ａ社と甲社との請負契約が偽装請負であったことから、発注者である甲社に対する違法行為に基づく「申込みみなし」のペナルティである。そこで、第二の説は、当該労働者は自ら派遣元のＡ社を退職して別のＢ社に就職した以上、Ａ社との雇用関係を自ら解消し、別会社に就職したものであるから、甲社とＡ社との関係、Ａ社と当該労働者との関係を自ら解消したものであって、この三者の関係上発生した「労働契約申込みみなし」に対する「承諾権」を行使しないことを態度で表明したことになり、黙示的な承諾権の放棄となるとの考え方である。

416

第4章●「労働契約申込みみなし」への労働者の承諾をめぐって

●3　権利の濫用説

　第三は、このように自ら元のＡ社を退職し、Ｂ社に雇用され、甲社ともＡ社とも自らの意思で関係を断った者が、甲社とＡ社間の偽装請負目的による甲社への役務提供に由来する承諾権を甲社に対して行使することは、本制度の目的・趣旨を逸脱するものであって権利の濫用となるとの考え方である。

●4　信義則違反説

　偽装目的の請負契約に基づく甲社への「労働契約申込みみなし」に対する承諾権は、前述のとおり、甲社とＡ社、Ａ社と当該労働者との関係から成立が認められるものである。そこで第四の説は、自らの意思でこの関係から離脱して別のＢ社に就職した後に、離脱前の雇用関係にあった時代における甲社への承諾権を利用して甲社との直接雇用の成立を主張するのは、信義則違反となるので無効になるとの考え方である。

●5　他社での雇用形態に着目する考え方

　「労働契約申込みみなし」制度が、派遣労働者の雇用の安定を一つの目的としていることから、現在雇用されている当該労働者とＢ社との間の労働契約に着目し、例えばそれが①派遣労働契約である場合と一般の労働契約である場合とで異なり、一般労働者としての雇用を選択した場合に限り、自らの意思で承諾権を放棄し、あるいは一般労働者としての就職によって「承諾適格」が消滅する、②さらにＢ社との契約が派遣労働契約であっても無期の場合には、雇用の安定的性格から、もはや従前の雇用主の下で発生した承諾権を行使しないことは無期雇用の承諾によって明白に表明されたとして、承諾権が放棄されたとみなされる、③Ｂ社が、Ａ社や発注者の甲社との関係が密接であり、甲社とＡ社との偽装請負関係に関与しているといった場合は、信義則上「承諾権」を行使し得るが、全く関係のない場合には「承諾権」はＢ社への就職によって黙示的に放棄されたものである、等種々の解釈があり得る。

417

第3部　派遣先、発注者への「労働契約申込みみなし」の適用をめぐって

● 6　違法行為後１年内なら他社就職後も承諾有効説──複数社派遣のときの選択可能

現在の厚労省の解釈では、前記の解釈とは反対に「労働契約申込みみなし」となる違法行為の時点から１年間の申込み撤回禁止期間内であれば、申込みに対して承諾の意思表示がなされれば、たとえ当時の会社を退職して別の会社に就職して労働していたとしても、当時の発注者や派遣先が「申込み」をしたものとみなされる状態が継続しているのであるから、当該承諾の意思表示は有効であって派遣先等との間に直接労働契約が成立する、というように考えているのではないかと思われる。

すなわち、「対象となる派遣先等が複数ある場合は、それらすべてから当該派遣労働者に対して労働契約の申込みをしたとみなすものであること。そのため、派遣労働者は承諾する相手を選ぶことができるものであること。」という「みなし通達」は、A社を退職し、あるいは解雇され、次にB社に採用されB社にも該当違法行為があった場合というように、時系列的に派遣法違反による「申込みみなし」の対象となる就労行為が前後に並ぶ場合も想定し、その場合でもA社を承諾する相手として選択可能であることを意味していると解される。また、「派遣先が変わっても別に１年以内であればもちろん承諾の意思表示はできるわけでございまして……そういう意味では契約が切れた後のケースについても同様ではないかとは考えております。」との第220回（平成27年４月24日）需給制度部会における富田課長の発言からもうかがえるところである。

しかしながら、どのような場合にも「労働契約申込みみなし」制度に基づく労働者の「承諾」の意思表示による直接の労働契約の成立を有効と認めることには、大きな疑問がある。雇用されていた派遣元等を退職したり、解雇された後に、雇用保険を当該労働者が受給するケースも考えられ、このような場合にまで１年以内の撤回禁止期間だからという理由でその後の「承諾」に効力を認めてもよいのか等、多様なケースがある。この承諾の権利は民事上のもので当事者の自由に処分することのできる権利なので、１年の撤回禁止期間中だからといって、承諾の意思表示の効力をその後の事情を無視して、形式的に認めることは、前述のとおり多様な無効説も考えられることから、正当ではないと解される。

418

第4章● 「労働契約申込みみなし」への労働者の承諾をめぐって

9 派遣先等には一般に違法行為の認識がないことによるトラブル

　労働者派遣法第40条の6第1項に定める違法行為が行われた場合に、「その時点において、当該労働者派遣の役務の提供を受ける者から」、「当該派遣労働者に対し」、「労働契約の申込みをしたものとみなす」という該当事実のあったことによる要件・効果の発生に従い、これに対し当該労働者が「承諾の意思」を通知することによって、当該「労働者派遣の役務の提供を受ける者」との間で、直接労働契約が成立する。

　しかし、肝心の「労働契約申込みみなし」の効果が発生することについて、実際は派遣先等はそのような違法行為の認識がない場合が多いのではないかと思われる。それは、違法派遣に該当することを知っていれば、原則としてそのような違法行為はしないであろうし、通常であれば、必要な是正をしているからである。このようなことから、労働者派遣の役務の提供を受ける派遣先等としては、派遣労働者側に対し、労働契約の申込みを行ったとみなされるという認識がないことが多いと思われる。

　派遣先等として、違法行為について善意無過失であることが立証されれば、そのような「労働契約申込みみなし」は成立しないが、しかし、このような善意無過失の立証といったことも、派遣先としては、労働者側からの「承諾」の通知を受けてはじめてそのような違反行為があったのか否かという問題にぶつかり、当該事実の有無等の調査に着手し、その「承諾」の通知に対する派遣先等としての対応を決めるということになるのが現実であろう。

　そこで、理論的には、最初に「労働契約申込みみなし」があって、次にそれに対する労働者側の「承諾」という意思表示があって、直接派遣先等との間に労働契約が成立するという順序をたどるのである。しかし、実際には、労働者側が、派遣法第40条の6第1項各号のいずれかに該当する違法行為が行われたとして、それをもって労働契約の申込みがみなされたと判断して「承諾」の意思表示を派遣先等にしてはじめて本件の適用問題となる。すなわち、「私に対する○○○○の派遣法違反の

419

行為が行われたことにより、貴社からの労働契約の申込みがあったものとみなされました。そこで、これを私は承諾しますので、本日私と貴社との間で労働契約が成立しました」旨の「通知書」が届けられることになってはじめて、派遣先等は違法行為を行ったことを知るということが多いと思われる。

そして、労働者からの通知があってから、真実、「労働契約申込みみなし」の適用が主張されている違法行為があったのか、違法行為に該当することを知らず、かつ、知らなかったことにつき過失がなかったのか、といった調査が開始されるのが一般的である。そのため、現実の取扱いとしては図3－14のような経過をたどるのが通常となると思われる。

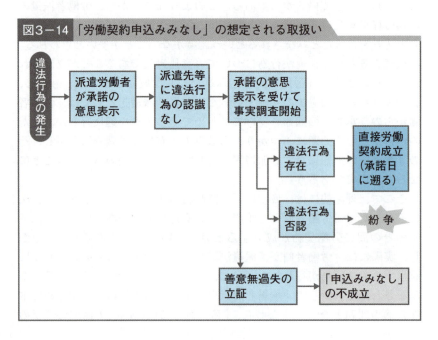

図3－14 「労働契約申込みみなし」の想定される取扱い

第4章● 「労働契約申込みみなし」への労働者の承諾をめぐって

10 違反行為の事実は労働者側の立証責任

　派遣先等と派遣労働者との間で「労働契約が成立するのは、みなし制度に基づく申込みについて、派遣労働者が承諾の意思表示をした時点（意思表示の効力発生時期については民法の規定に従う。）となるものであること。」（「みなし通達」）と通達されている。しかしながら、前述のとおり、実際に想定される取扱いは、このような時系列とは異なり、派遣労働者からの「承諾」の意思表示が派遣先等になされてから、本制度の適用をめぐる問題が開始されるという流れとなるのが通常と思われる。

　現実の問題としては、ある日突然「承諾の通知」が派遣先等に到達して事件が発生するということになるのか、事前に違反行為の指摘とみなし雇用の成立に向かっての申出があって、交渉・協議が行われてからの意思表示になるのか（「承諾」の意思表示については、法律上の定めがなく、口頭による意思表示も有効なので、交渉・協議の席上、承諾の意思表示がなされることもあろう）、ケースバイケースで様々な態様が考えられる。

　いずれにしても、図３−14に想定される取扱いのとおり、労働者側からの承諾の意思表示に端を発し、派遣先等が「労働契約申込みみなし」に該当する違反行為の事実の調査を開始し、それにより違法行為の存在と責任を認めた場合には、当該労働者との直接の労働契約の成立を認めることになるであろうし、違法行為の存在を否定したり、善意無過失を主張したりして「労働契約申込みみなし」の成立を否認した場合には、法的な紛争に発展することになろう。

　法的な紛争に発展した場合に、派遣先等に「労働契約申込みみなし」の対象となる違法行為の認識がなく、承諾の通知があっても、それを否認した場合にはどうなるのかという点に関しては、「ここは、もちろん司法の場で争われることになりますので、外形的なものを、労働者側でここは証明しなければいけない事由にはなってくるかと思います。実際にこれは証明責任の話になってくるかと思いますけれども、この構成要

421

第3部　派遣先、発注者への「労働契約申込みみなし」の適用をめぐって

件に該当する行為を、該当するということを主張するのは労働者側になるかと思いますので、労働者側で、こういうことがありましたということを主張することになるのではないかと、一般論としては思います。」（第221回需給制度部会、富田課長発言）ということになる。したがって、「労働契約申込みみなし」に該当する違反行為の存在及びそれに対する承諾の意思表示の事実は、労働者側の主張立証責任となり、善意無過失に係る事実の主張立証責任は、派遣先等が負うことになる。

　このような法的紛争を回避するためにも、派遣先等としては、今一度、派遣や請負が適正になされているか総点検をしておくべきであろう。

第3部

第5章
承諾により成立する直接雇用の契約内容

第3部　派遣先、発注者への「労働契約申込みみなし」の適用をめぐって

1 「労働契約申込みみなし」の承諾により成立する労働契約は

　派遣先等が前記の5類型の違法行為を行った場合には、「当該労働者派遣の役務の提供を受ける者から当該労働者派遣に係る派遣労働者に対し、その時点における当該派遣労働者に係る労働条件と同一の労働条件を内容とする労働契約の申込みをしたものとみなす。」（労働者派遣法第40条の6第1項）と定められている。この「当該……労働条件と同一の労働条件」ということについては、「違法行為の時点における労働者派遣をする事業主（以下『派遣元事業主等』という。）と当該派遣元事業主等に雇用される派遣労働者との間の労働契約上の労働条件と同一の労働条件（当事者間の合意により労働契約の内容となった労働条件の他、就業規則等に定める労働条件も含まれる。）であり、労働契約上の労働条件でない事項については維持されるものではないこと。」、「労働契約の期間に関する事項（始期、終期、期間）は、みなし制度により申し込んだとみなされる労働契約に含まれる内容がそのまま適用されるものであること」（『みなし通達』）とされている。

　そこで、例えば図3−15において、派遣元等と当該派遣労働者との派遣労働契約の期間が3カ月で、会社間の労働者派遣契約の期間も3カ月であったとした場合に、現行派遣法下において、同一場所の同一業務について先行の労働者派遣の役務の提供が行われていて、当該派遣先等と派遣元等との間の3カ月の派遣契約のうち、1カ月で同法第40条の2に定める派遣可能期間の終了日が到来し、翌日から派遣可能期間を超えて「第40条の2第1項の規定に違反して労働者派遣の役務の提供を受けること」に該当したと仮定する。その場合には、派遣先等として「当該派遣労働者に対し」、その時点において、派遣元等と同一の労働条件をもって「労働契約の申込みをしたもの」とみなされる。

　これに対して、その違反当日に、本制度によりみなされた「申込み」に応じ、当該派遣労働者から「承諾」の意思表示がなされたとすると、当日に派遣先等と当該労働者との間で、当日における「派遣元等と当該

第5章●承諾により成立する直接雇用の契約内容

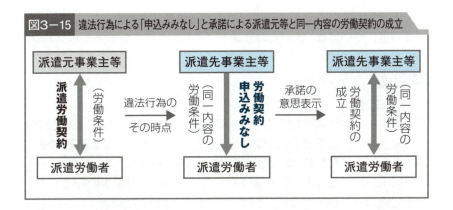

図3-15 違法行為による「申込みみなし」と承諾による派遣元等と同一内容の労働契約の成立

労働者との間の労働契約上の労働条件と同一の労働条件」で労働契約が成立し、当該労働契約に関する始期・終期の期間も同一のままとなる。そうすると結局、図3-15のケースのとおり、派遣先等の直接雇用となった労働契約の期間は、元の労働契約期間であり、それまでの期間は前述したように派遣元等との間の労働契約が有効に継続しており（派遣可能期間をオーバーした違法な派遣であっても、派遣元等と派遣労働者との間の労働契約は有効であるため）、結局、労働契約期間は残期間の2カ月ということになる。

2 「労働契約申込みみなし」の内容となる労働条件は ▷就業規則の適用はどうなるか◁

「労働契約申込みみなし」制度では、派遣先等は、違法行為の時点における「当該派遣労働者に係る労働条件と同一の労働条件を内容とする労働契約の申込みをしたものとみなす」（派遣法第40条の6第1項本文）とされている。ここでいう「当該派遣労働者に係る労働条件と同一の労働条件」とは、当該派遣労働者が、違法行為の時点において派遣元事業

425

第3部　派遣先、発注者への「労働契約申込みみなし」の適用をめぐって

主等と締結していた従前の労働契約上の労働条件を指す。

　この点については、次のとおり通達（前掲）されているところである。

▶みなし通達

（1）総論

　違法行為の時点における労働者派遣をする事業主（以下「派遣元事業主等」という。）と当該派遣元事業主等に雇用される派遣労働者との間の労働契約上の労働条件と同一の労働条件（当事者間の合意により労働契約の内容となった労働条件の他、就業規則等に定める労働条件も含まれる。）であり、労働契約上の労働条件でない事項については維持されるものではないこと。

（2）労働条件が派遣元事業主等に固有の内容である場合等

　（1）に関わらず、立法趣旨に鑑み、申し込みをしたものとみなされる労働条件の内容は、使用者が変わった場合にも承継されることが社会通念上相当であるものとなるものであること。

（3）労働契約期間

　労働契約の期間に関する事項（始期、終期、期間）は、みなし制度により申し込んだとみなされる労働契約に含まれる内容がそのまま適用されるものであること（始期と終期が定められている場合はその始期と終期となり、単に「1年間」としているなど始期と終期が定められていない場合には労働契約の始期等に係る黙示の合意等を踏まえて判断される。）。

　すなわち、上記の通達のとおり、「労働契約申込みみなし」の対象となる違法類型に当たる行為の時点において、「労働契約申込みみなし」に基づいて成立する労働契約の労働条件は「当事者間の合意により労働契約の内容となった労働条件の他、就業規則等に定める労働条件も含まれる」ものの、「労働契約上の労働条件でない事項については維持されるものではないこと」とされている。しかし、本来はこの順序の逆であり、当事者間の労働条件は「労働者及び使用者が労働契約を締結する場合において、使用者が合理的な労働条件が定められている就業規則を労

426

働者に周知させていた場合には、労働契約の内容は、その就業規則で定める労働条件によるものとする。」との労働契約法第7条によるのが原則である。その上で、「ただし、労働契約において、労働者及び使用者が就業規則の内容と異なる労働条件を合意していた部分については、第12条に該当する場合を除き、この限りでない。」（同条ただし書）となって、当該労働条件より有利な労働条件を当事者間で合意していた場合にはその労働条件ということになる。

そうなると、「労働契約申込みみなし」に基づく労働契約の成立によって定められている労働条件は派遣元等と同一の労働条件の内容となるが、それはとりも直さず派遣元事業主等の定める就業規則で定めた労働条件ということになる（図3－16）。

しかし、「労働契約申込みみなし」により派遣先等との間で労働契約が成立した場合には、その労働者は派遣先等の雇用する労働者となるから、前述の労働契約法第7条に規定による直律的効力によって、派遣先等の就業規則で定める労働条件が、派遣先等と当該労働者との労働契約の内容である労働条件となるのではないかとの考え方もある。

この点については、就業規則の労働契約への適用を定めた労働契約法第7条は、合意原則（同法第3条第1項）に基づいて労働者及び使用者が労働契約を締結する場面（合意により労働契約が成立する場面）において適用されるもので、一方当事者の意思に反して法定のみなし規定によって成立する労働契約に適用されることは想定していない。そこで、

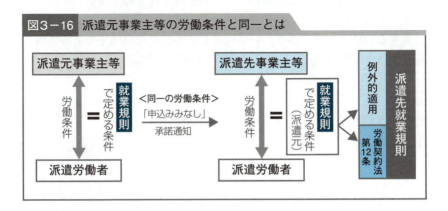

図3－16　派遣元事業主等の労働条件と同一とは

第3部　派遣先、発注者への「労働契約申込みみなし」の適用をめぐって

派遣法第40条の6第1項本文の場合には、「申込みみなし」という「法律の定め＝国家の意思」により、実質的に労働契約の成立が擬制される場面では、同条が適用される余地はないとして、派遣先等の就業規則の適用を否定する見解も有力である。

　これに対して、「労働契約申込みみなし」制度は、派遣先等と派遣労働者の間に当初から労働契約関係があることを擬制するものではなく、派遣先等が労働契約の「申込み」の意思表示をしたものとみなし、それに対する「承諾」によって労働契約に係る合意が成立することからすれば、労働契約法第7条により、抽象的には派遣先等の就業規則の適用があるものとする見解もあり得る。この見解によれば、この場合には、「その時点における当該派遣労働者に係る労働条件と同一の労働条件」（派遣法第40条の6第1項本文）ということは、それが派遣先等との間で成立した労働契約の内容となるということであるから、派遣先等の就業規則との関係でいえば労働契約法第12条により解決すべきであるとされる。すなわち、同条の「就業規則で定める基準に達しない労働条件を定める労働契約は、その部分については、無効とする。この場合において、無効となった部分は、就業規則で定める基準による。」との規定により、派遣先等の就業規則で定める労働条件の方が有利な場合には、同条の最低基準効により、派遣先等の就業規則の定める労働条件が適用され、逆に「労働契約申込みみなし」制度によって成立した労働契約の方が有利な場合にはそちらが優先して適用されるとする。

　しかし、派遣元等の労働条件と同一の労働条件での労働契約の成立とみなされるのが法律上の定めであるから、このように「いいとこ取り」と解するのは不合理である。いずれにしても法の空白部分であると解されるから労働契約の合意原則に従って当事者間で協議する必要があろう。

第5章●承諾により成立する直接雇用の契約内容

3 「労働契約申込みみなし」の内容とならない労働条件は

「労働契約申込みみなし」の内容となる労働条件は、強制的な労働契約成立に係る労働条件であるから一般的に認められる採用条件となる労働条件と解される。

そこで「みなし通達」でも「労働契約上の労働条件でない事項については維持されるものではないこと」、「立法趣旨に鑑み、申し込みをしたものとみなされる労働条件の内容は、使用者が変わった場合にも承継されることが社会通念上相当であるものとなるものであること」とされているところである。したがって、労働条件が派遣元事業主等に固有の内容である場合等（例えば給食や社宅や寮の提供その他の福利厚生等の便宜提供、育英制度や教育訓練等）、使用者が変わった場合に承継されることが社会通念上相当でない場合には、「申込み」の内容に含まれないことになる。例えば、使用者との関係における特有の信頼関係上の取扱い、秘密保持契約、個人情報保護に係る守秘義務を定めた誓約書、企業の秩序維持上の義務や身元保証契約等も、派遣先等に承継されることを想定していないことからすれば、「労働契約申込みみなし」制度によって派遣先等との間で労働契約が成立した場合にも承継されないと解される。派遣先等が自ら雇用者となったとき、必要であれば、改めて誓約書等を取得する必要があることになる。

なお、派遣元事業主等が労働組合との間で締結した労働協約に定める労働条件についても、「就業規則で定める労働条件」になるのか。この点については、労働協約で定める労働条件についても、労働協約の規範的効力（労働組合法第16条）や一般的拘束力（同法第17条）によって、労働契約の申込みをしたとみなされる時点における「当該派遣労働者に係る労働条件」であるから、「労働契約申込みみなし」制度によって成立する労働契約の労働条件に該当するとの解釈もあるが、これらは個別的な就業規則の内容をなしていない限り使用者が変わっても承継される、といった性質のものではなく、特定の使用者と労働組合との間にお

429

第3部　派遣先、発注者への「労働契約申込みみなし」の適用をめぐって

ける集団的な労働関係に基づくものであって、使用者が変更し労使関係がなくなった場合には承継しないとの見解も有力である。

4 「労働契約申込みみなし」での「同一労働条件」は承継でない ▷派遣先等との新規契約の成立◁

　「労働契約申込みみなし」制度により派遣先等と派遣労働者との間で直接労働契約が成立するという場合、当該派遣労働者は派遣元等から派遣先等へ転籍するとか、派遣元等・当該労働者・派遣先等との三者間契約によって労働契約が譲渡されるとかといった関係に立つのではない。

　あくまでも、違法類型に該当する労働者派遣法違反という事実行為の発生によって当該違反の対象となった当該派遣労働者に対して、法律上の定めによって労働契約が申し込まれたとみなされるという法律効果が生ずるものである。労働契約の申込みであるから、労働条件の明示が必要であり（職安法第5条の3）、特に労働契約の成立には賃金の定めが不可欠（労働契約法第6条）であることから、「労働契約申込みみなし」に基づいて成立する派遣先等との労働契約の労働条件として、当該違法類型行為の時点における派遣元等と当該派遣労働者との労働契約による労働条件と「同一の労働条件を内容とする労働契約の申込みをしたものとみなす」（派遣法第40条の6第1項本文）とされているところである。したがって、そのみなされた「申込み」に対する承諾によって成立する労働契約は派遣先等との新たな労働契約であり、従前の派遣元等との労働契約関係を個別的に承継するものではない。

　すなわち、この新たな契約は、法律上違法派遣に対するペナルティとしての「民事的な制裁を科す」（「みなし通達」）ものであり、何ら派遣元等・派遣先等間の当該派遣労働者の取扱いを定めたものであったり、労働契約関係の引継ぎを行ったりするものではない。

　したがって、有期労働契約が更新されて通算5年を超えた場合に無期

第5章●承諾により成立する直接雇用の契約内容

労働契約への転換申込権が発生するという労働契約法第18条のいわゆる「無期転換ルール」に関しても、「労働契約法第18条に規定する通算契約期間は、同一の使用者について算定するものであるため、派遣先等で就業していた派遣労働者が違法行為に該当する派遣によりみなし制度の対象になった場合、原則として、承諾時点までの派遣元事業主等と派遣労働者との労働契約期間と、当該派遣労働者が承諾して派遣先等で直接雇用となった場合の派遣先等と当該者との労働契約期間は通算されないものであること。」（「みなし通達」）とされている。したがって、派遣先等と当該派遣労働者との労働契約は、労働契約法第18条の観点からすれば、通算のない新たな労働契約ということになる。

また、派遣労働者については、派遣法第26条第6項において派遣先等は「労働者派遣契約に基づく労働者派遣に係る派遣労働者を特定することを目的とする行為をしないように努めなければならない」とされ、「派遣先指針」においては「派遣労働者を特定することを目的とする行為の禁止」（第2の3）が定められており、「労働契約申込みみなし」に基づく労働契約の成立にあたって、派遣先等としては自社の直接雇用する従業員となる当該派遣労働者について、その住所はもとより職務経歴をはじめ属性を全く知らない雇用強制でもあるので、従前の派遣元等と当該派遣労働者との間の労働契約を、企業間の契約で「引き継」いだりすることはできないのである。

5 有期派遣労働契約の場合、申し込んだとみなされる契約期間は

派遣元との間で有期派遣労働契約を結び、派遣先との労働者派遣契約においても「3年以内」との有期で派遣された場合において、その派遣契約期間の途中で派遣可能期間が満了して「抵触日」に達し、派遣終了となるにもかかわらず、これに違反して派遣先が派遣役務の受入れを継

431

続し、前記の第3類型または第4類型の違法行為に該当した場合、直ちに「労働契約申込みみなし」が適用される。そこで派遣労働者が当該「申込みみなし」に対し承諾の意思表示をした場合、派遣先と当該派遣労働者との間で直接、労働契約が成立する。この場合に成立する労働契約の内容は、「その時点における当該派遣労働者に係る労働条件と同一の労働条件」（法第40条の6第1項本文）であるから、「労働契約の期間に関する事項（始期、終期、期間）は、みなし制度により申し込んだとみなされる労働契約に含まれる内容がそのまま適用されるものであること（始期と終期が定められている場合はその始期と終期となり、単に「1年間」としているなど始期と終期が定められていない場合には労働契約の始期等に係る黙示の合意等を踏まえて判断される。)」（「みなし通達」）とされる。派遣元との労働契約においてきちんと始期、終期による期間を定めているものであれば、その労働条件と同一のままの派遣先との労働契約が成立するから、有期の労働契約の場合には、その時点から派遣元との労働契約の終期までの期間の定めのある労働契約が成立する。

　例えば、派遣元との派遣雇用期間及び派遣契約期間が3カ月の期間であった場合、途中の1カ月が経過したとき派遣可能期間の終了日が到来し、抵触日となったのに、派遣先がその抵触日を超えて当該派遣労働者の派遣役務の提供の受入れを継続した場合には、第3または第4の違法類型に該当するので、その時点で派遣元におけるのと同一の労働条件での「労働契約申込みみなし」が成立する。

　この場合に、当該労働者が派遣先に対して当該「申込みみなし」への承諾の通知をしたときは、派遣元との労働契約期間の残期間の2カ月間を内容とする労働契約が派遣先との間に成立したものとみなされる。

6 派遣元等との契約が有期の場合、みなし雇用後の期間満了との関係は

違法類型に該当し、「労働契約申込みみなし」が成立し、当該派遣労働者が承諾の意思表示をして派遣先等との間で直接雇用の労働契約が成立した場合、その時点における派遣元事業主等と当該労働者との間の労働条件（労働契約期間も含む）と同一の労働条件を内容とする労働契約が成立する。派遣元等との有期労働契約と「労働契約申込みみなし」に基づいて成立した派遣先等との有期労働契約は、使用者を異にする別個の新しい労働契約の成立となるので、前述のとおり「同一の使用者との間で締結された2以上の有期労働契約の契約期間を通算した期間」（労働契約法第18条第1項）には該当しないことになり、前雇用期間（派遣元等で雇用された期間）との通算はしないことになる。

しかしながら、「みなし通達」においては、「労働契約法第19条との関係」として、「みなし制度の適用により成立した労働契約の雇止めに関し、その効力が争われた場合、当該効力の有無については、労働契約法第19条に基づき個別具体的に司法判断されるべきものであること。」とされている。

前記のとおり、従前の派遣元等と派遣労働者間の有期労働契約が反復継続して更新されたものであっても、派遣先等への直接雇用となった場合には、使用者を異にする別個の新しい契約であって派遣元等で雇用された期間は「通算されない」ものである。そこで、「労働契約申込みみなし」に基づき派遣先等との間で成立した新規労働契約が期間満了時に更新をせず終了する場合には、1回限りの契約で更新の定めや更新の事実がないため、一般的には労働契約法第19条の問題とはならないと解されるところ、「みなし通達」が示すこの時点の「司法判断」とは何を指すのかという問題がある。

この通達の意味について、第一説は、派遣先等との労働契約が更新されることもあり得るところから、派遣先等において更新が重ねられることにより、「当該労働者において当該有期労働契約の契約期間の満了時

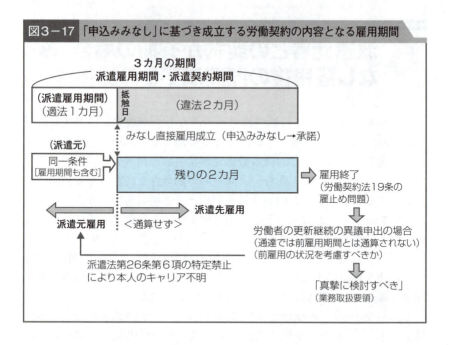

図3−17 「申込みみなし」に基づき成立する労働契約の内容となる雇用期間

に当該有期労働契約が更新されるものと期待することについて合理的な理由があるものであると認められること。」(同条第2号)という点が問題になる場合があるので、念のためその点を指摘した通達と解するものである。第二説は、本制度が派遣先等に対する派遣法違反の制裁としての「申込みみなし」であり、承諾により成立した労働契約につき、当該労働者の属性やキャリア等の職歴等も分からないまま(派遣法第26条第6項の派遣労働者の特定禁止のため)派遣先等が雇用をしなければならない制度であるという点を考えた場合、この労働契約法第19条に関する通達の意味は、当該労働者の雇用の安定という趣旨から、当該みなし雇用における契約期間の満了としての雇止めにあたっては、従前の派遣元等と派遣労働者間において反復更新されてきたという事情も、当事者間の事情として考慮されるべきであるといった趣旨をも含むことを指摘したものとする説である。この点について、司法上、どのように判断されるかは、今後の課題といえよう(図3−17参照)。

しかし、従前の派遣元等との派遣労働契約とは別個の新労働契約であ

第5章●承諾により成立する直接雇用の契約内容

りながら、従前の派遣元等との更新状況を加味すべきとの趣旨は、法的には理由がないと解される。この点について「業務取扱要領」では、「なお、派遣先は、労働契約申込みみなし制度の下で、有期の労働契約が成立した後に当該契約を更新することについては、当該労働者の意向を踏まえつつ、派遣元事業主と締結されていた労働契約の状況等を考慮し真摯に検討すべきものである。」（第8の7(5)）としている。

　前述のとおり、従前の派遣元等での雇用期間については通算されないのであるから、法的に前雇用の更新の繰り返し等の性質は当該使用者と労働者との関係であり、派遣先等の新規雇用となる「労働契約申込みみなし」制度においてこれを承継するものではないものの、新規雇用の派遣先等において派遣労働者の保護のために前雇用の事情を考慮することを行政指導としては求めているとも解される。いずれにしても、当該労働者自身に承諾の自由が与えられているのであるから、派遣労働者としては、承諾の意思表示にあたってこれらのことも検討した上での承諾が必要とされよう。

第3部

第6章 派遣元等との労働契約が無期雇用の場合の「労働契約申込みみなし」の適用をめぐる問題

第３部　派遣先、発注者への「労働契約申込みみなし」の適用をめぐって

1 派遣元等と派遣労働者との労働契約が無期雇用の場合の取扱い

　「労働契約申込みみなし」に基づいて成立する労働契約の期間について、「みなし通達」では、「労働契約の期間に関する事項（始期、終期、期間）は、みなし制度により申し込んだとみなされる労働契約に含まれる内容がそのまま適用されるものであること（始期と終期が定められている場合はその始期と終期となり、単に『１年間』としているなど始期と終期が定められていない場合には労働契約の始期等に係る黙示の合意等を踏まえて判断される。）」ということだけ記載されているのみで、「労働契約申込みみなし」に基づく派遣先等との労働契約における労働条件が「期間の定めのない労働契約（無期労働契約）」であった場合にどうなるのかについては、同通達は何ら触れていない。労働者派遣法第40条の２第１項本文は、「無期雇用派遣労働者」（期間を定めないで雇用される派遣労働者）を派遣する場合について、派遣可能期間の制限に関しては、「派遣先は、当該派遣先の事業所その他派遣就業の場所ごとの業務について、派遣元事業主から派遣可能期間を超える期間継続して労働者派遣の役務の提供を受けてはならない。」と規定した上で、「ただし、当該労働者派遣が次の各号のいずれかに該当するものであるときは、この限りでない。」として、その第１号において、「無期雇用派遣労働者に係る労働者派遣」と定めている。そこで、派遣元等との労働契約の期間を定めない無期雇用派遣労働者については、派遣期間の制限のない派遣となる（同条第１項ただし書）。したがって、無期雇用派遣労働者の場合は、「労働契約申込みみなし」の対象となる違法行為の第３類型である「派遣法第40条の２第１項の規定に違反して労働者派遣の役務の提供を受けること」及び第４類型の「派遣法第40条の３の規定に違反して労働者派遣の役務の提供を受けること」には該当しない。無期雇用派遣労働者の場合には、雇用主である派遣元等が原則として定年に至るまで（定年後再雇用も含め）雇用することが原則であり、雇用保障がなされているからである。

438

第6章●派遣元等との労働契約が無期雇用の場合の「労働契約申込みみなし」の適用をめぐる問題

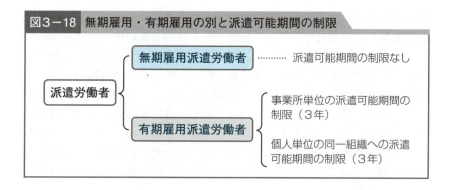

図3-18 無期雇用・有期雇用の別と派遣可能期間の制限

　また、平成27年の主要な改正点である派遣労働者の雇用の安定のためのキャリア形成に関しても、有期雇用派遣労働者と違って無期雇用派遣労働者の場合には、「段階的かつ体系的な教育訓練等」として、「当該無期雇用派遣労働者がその職業生活の全期間を通じてその有する能力を有効に発揮できるように配慮しなければならない。」（同法第30条の2第1項）と定められ、無期雇用として終身雇用制に応じ、「その職業生活の全期間を通じて」のキャリア形成措置の配慮がなされるという雇用安定のための制度化がなされていることからみても、無期雇用派遣労働者の場合には「労働契約申込みみなし」の適用の必要がなくなると解される。この点についてまとめれば、図3-18のとおりである。

2 偽装目的請負類型の場合でも無期雇用契約の場合は特例となるか

　「労働契約申込みみなし」に該当する労働者派遣法違反行為のうち、第1類型である禁止業務への派遣役務の受入れ及び第2類型である無許可事業主からの派遣役務の受入れに関しては、一般的に派遣元等と派遣労働者との雇用関係が無期であることは少ないと思われる。また、第3

439

第3部　派遣先、発注者への「労働契約申込みみなし」の適用をめぐって

類型及び第4類型である派遣可能期間の制限違反については、無期雇用派遣労働者には派遣可能期間の制限がなく該当しないため対象とならない。そこで、無期雇用の労働者に関して「労働契約申込みみなし」が問題になるものとしては、第5類型である脱法目的による請負等の名目に基づく派遣役務の受入れ（いわゆる「偽装目的請負」）の場合が考えられる。

　この場合、派遣法等の適用を免れる目的で請負契約等による労務の提供がなされても、それが実態的には「労働者派遣契約」であり、それなのに派遣法第26条に定める派遣契約によらないで、他の名目で実態上の派遣役務を受けることが違法として、「労働契約申込みみなし」の対象となるのである。

　そうであるとすれば、実態は労働者派遣なのであり、また、その雇用主である請負事業主等と労働者の間の労働契約が期間の定めのないものであれば、「無期雇用派遣労働者」と同様に、雇用主である請負事業主等との関係では、定年までの長期雇用が保障される立場にあるから、有期雇用者の場合とは違い、「労働契約申込みみなし」制度を適用して、発注者等に直接雇用させ、請負労働者の雇用の安定・確保を図る必要はなく、この制度は適用されないのではないかとの見解もあり得る。

　しかし、この「労働契約申込みみなし」制度においては、前述のとおり、違法行為時の派遣元等と当該労働者との間の労働条件の内容がそのまま、「労働契約申込みみなし」に基づいて成立する派遣先等との労働契約における労働条件となるのである。そこで、派遣元等との雇用関係が無期雇用であっても、違法行為類型に該当したときは労働者の希望により派遣先・発注者の直接雇用となる選択を認めることが雇用関係の安定という点でも必要であると解される。そこで、過去の労政審の議論の中でも、「有期であれば有期、無期であれば無期」で派遣先等に「労働契約申込みみなし」が適用されるということではないかとの厚労省の担当者の説明もなされている。また、偽装請負の場合には他の類型の場合と違って、「規定の適用を免れる目的で、請負その他労働者派遣以外の名目で契約を締結し」（派遣法第40条の6第1項第5号）という故意的なケースが対象とされており、過去の労政審の中での「派遣先が派遣法違反の成立に加担していると分かってやっているということで、そういった所にはペナルティとして雇用させてもいいのではないかというご

440

第6章●派遣元等との労働契約が無期雇用の場合の「労働契約申込みみなし」の適用をめぐる問題

議論があります」という厚労省の担当者の発言もなされている。これらのことなどから考えると、前述の4つの違法類型の場合とは異なる理由もあり、また、条文上、無期雇用については除外するとの規定もない。そこで、改正法において「無期雇用派遣労働者」についての派遣可能期間の制限がなくなり、「無期派遣」が認められるようになったとしても、偽装目的の請負等の場合には、請負事業主と労働者との労働契約が無期の場合で長期雇用としての保障があるからというだけで、「労働契約申込みみなし」制度の適用が除外されると解することは無理があるのではないかと思われる。

　「労働契約申込みみなし」制度は、派遣先・発注者側が法的根拠もないのに（脱法的に）実態上の派遣労働者を直接指揮命令するといった違法性に着目し、派遣先・発注者に「労働契約申込みみなし」をもって責任を問い、ひいてはかかる違法行為の予防に資する制度と捉えるべきであろう。無期雇用であるから「労働契約申込みみなし」制度の適用除外とするのではなく、自己のキャリア形成問題も含めて、当該偽装請負に従事する無期雇用の労働者自身に「申込み」に応ずるか否かの自由な判断を委ねることによって対応すべき問題であると思われる。

3 派遣元無期雇用者の場合の「労働契約申込みみなし」と承諾の効力

1 無期雇用労働者の承諾により成立する無期労働契約

　労働者派遣法違反による「労働契約申込みみなし」において問題となるのは、違法類型行為に該当した場合の派遣元と派遣労働者、あるいは、請負人とその労働者との雇用関係が「期間の定めのない」いわゆる無期雇用であった場合である。この場合、「労働契約申込みみなし」に基づいて派遣先等との間で直接成立する労働契約における労働条件は、法律

441

上対象違法行為が行われた「その時点における当該派遣労働者に係る労働条件と同一の労働条件を内容とする労働契約の申込みをしたものとみなす」（派遣法第40条の6第1項本文）とされているため、その「申込みみなし」により成立する労働契約における労働条件もまた「期間の定めのない無期雇用」となることである。そこで、当該労働者から承諾の意思表示があれば、派遣先等としては当該労働者を無期雇用の労働者として直接雇用したことになるという結果が生ずる。

対象違法類型中、これに該当するのは、実務上は派遣法第40条の6第1項第5号の「脱法目的の請負契約等」に基づく派遣役務の提供の場合が多くなると思われるので、請負人が無期雇用で発注者からの請負業務に従事させている形態の場合で、それが第5類型の違法行為に該当した場合について図3－19の例をもって検討する。このケースでは請負人と当該労働者との労働契約が、無期雇用で、発注者と請負人との間で6カ月の業務請負契約をしたが、それが初めから脱法目的の請負契約であったと認定されたケースである。脱法目的の請負契約によって発注者に役務を提供する日ごとに、無期雇用等を労働条件とする労働契約の申

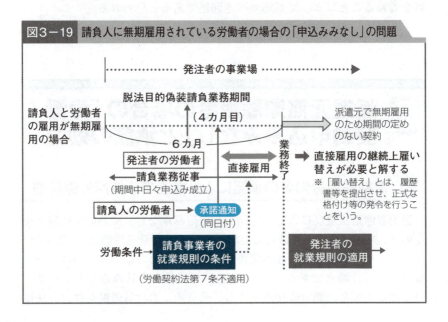

図3－19 請負人に無期雇用されている労働者の場合の「申込みみなし」の問題

第6章●派遣元等との労働契約が無期雇用の場合の「労働契約申込みみなし」の適用をめぐる問題

込みが、発注者から請負人の労働者に対してなされたものとみなされる。そこで、仮に4カ月目に当該労働者が発注者側に同日付で「承諾」の意思表示をしたときに、当日をもって当該労働者と発注者との間では直接、労働契約期間については「期間の定めのない」無期雇用とする労働契約が成立したことになる（新規雇用者としての就労の開始は翌日から）。

　そうすると、図3－19のとおり、その日から当該労働者と発注者との間で労働契約が成立したことになり、当該労働者はその日から発注者が直接雇用する無期の労働者として雇用されたことになる。

2 「申込みみなし」で成立した労働契約の労働条件は派遣元等と同じ

　ところで、「労働契約申込みみなし」により労働契約が成立した際の労働条件は、違法行為時点の派遣元と当該労働者との労働条件であり、「みなし通達」によれば、「違法行為の時点における労働者派遣をする事業主（以下『派遣元事業主等』という。）と当該派遣元事業主等に雇用される派遣労働者との間の労働契約上の労働条件と同一の労働条件（当事者間の合意により労働契約の内容となった労働条件の他、就業規則等に定める労働条件も含まれる。）であり、労働契約上の労働条件でない事項については維持されるものではないこと。」とされている。

　そうすると、「労働契約申込みみなし」制度に基づき成立した労働契約は、通常の求人者・求職者間の合意による労働契約法第6条の労働契約ではなく、また、同法第7条により労働者及び使用者が労働契約を締結する場合という労働契約の合意による締結ということではない。そこで、合意を原則とする労働契約法の適用はなく、派遣法第40条の6第1項の規定の適用により、「労働契約申込みみなし」に基づいて派遣先等の直接雇用となった時の労働条件は、同条の定めにより、派遣元等での労働条件と同一の内容となる。

　したがって、「労働契約の内容はその就業規則で定める労働条件によるものとする」と定める労働契約法第7条が前提としている新規採用時の場合とは異なり、法律上のみなし規定によって労働条件は特定されているため、直ちに派遣先等の就業規則に定める労働条件が適用されるこ

443

第3部　派遣先、発注者への「労働契約申込みみなし」の適用をめぐって

とにはならず、派遣元等の労働条件のままということになる。そのため、労基法第15条に基づく労働条件の明示義務も適用とならないものと解される（労働契約法は、第1条で「この法律は、労働者及び使用者の自主的な交渉の下で、労働契約が合意により成立し、又は変更されるという合意の原則」を前提とするものとしているので、本制度のような片面的な「労働契約申込みみなし」による強制的な雇用関係の成立は、同法第6条、第7条の合意により「労働契約を締結する場合」とはならず、これらの条文は適用がないと解される）。

3　派遣労働者の特定禁止の問題との関係

　派遣先等における無期雇用派遣労働者に係る「申込みみなし」については、その実務上の取扱いで「派遣労働者の特定禁止」との関係で問題がある。というのは、派遣先等としては、派遣法第26条第6項及び「派遣先指針」で、派遣の役務を受け入れる労働者を特定することは禁止されており、無期雇用労働者として雇用することになるといっても、当該「申込みみなし」に対して承諾をした当該派遣労働者については、その能力、経験、技術その他労働契約に必要な労務の提供に関連する情報は全く受けておらず、不明なのである。

　また、請負契約の場合には、請負人が雇用し、請負業務に従事させているものであるから、発注者側としては当該請負人の雇用する労働者については、端的にいえば名前さえも知らない場合もあり得る。

　そこに突然、脱法目的による偽装請負に該当するからといって、その事実の発生のみによって生じた「労働契約申込みみなし」に対して「承諾する意思表示」をしたことで、発注者との間で労働契約が成立し、期間の定めのない労働者として（定年まで、さらに再雇用も含めると65歳まで就労する）発注者等の企業の直接雇用する労働者になるということについては、発注者等としては戸惑うばかりではないかとの現実的な問題がある。

444

第6章●派遣元等との労働契約が無期雇用の場合の「労働契約申込みみなし」の適用をめぐる問題

4 雇い替えの必要性
▶労働契約法第7条の不適用◀

「労働契約申込みみなし」が適用される場合は、派遣先等は、違法行為時点の派遣元等の就業規則で定める労働条件の内容をもって、労働契約の申込みをしたものとみなされ、それに対する労働者の承諾の意思表示により派遣先等との直接雇用が成立する。派遣先等との間で新規の直接雇用が成立するものの、その労働条件については通常の合意による採用の場合とは異なり、労働条件の内容は法律で「派遣元等における労働条件と同一」とされているので、私見によれば、前述のとおり派遣先等の就業規則に定める労働条件の適用は受けない。この場合に問題となるのは、いつまでも派遣元等の就業規則で定める労働条件のまま派遣先等での雇用関係が継続していくことになるのかという点である。

そこで、この点についても私見ではあるが、派遣元等の労働条件のままに直接雇用され、それが継続するのは、**図3−19**（442頁）の例でいえば、当該請負業務従事期間として定められていた請負人の労働者としての労働条件の保障期間中であり（偽装請負であっても派遣元等と当該労働者との労働契約自体は有効）、当該業務が終了した時点で請負人との間の労働条件と同一とする旨の保障関係も終了すると解される。すなわち、「その時点における当該派遣労働者に係る労働条件と同一の労働条件を内容とする」（法第40条の6第1項）との規定が有効なのは、当該時点における労働条件なので、その労働条件は当該請負業務に従事する期間に限られることになるからである。

その後、請負業務期間（偽装請負であっても労働条件はその期間中のもの）の予定期間が経過しても、みなし雇用となった労働者の雇用関係は、派遣先等との期間の定めのない雇用関係として継続することになる。そうした場合においては、派遣先等では「雇い替え」する必要があると解する。

「雇い替え」とは、当該労働者から履歴書等の提出を受け、派遣先等において就業規則の適用される自社の従業員としての社員体系上の格付

445

第3部　派遣先、発注者への「労働契約申込みみなし」の適用をめぐって

け、職務等級の中への組み込み等による継続雇用への移行を行うことをいう。これは、派遣労働者の特定禁止（派遣法第26条第6項）のため、当該労働者の住所はもとより一切の属性、職務キャリア等が不知のまま直接雇用関係が成立しているので、これを派遣先等との正式な労働関係に直す必要があるからである。

5　1年以内なら他社での適法請負業務後も遡った承諾は有効か

● 1　問題の所在

　無期雇用派遣労働者について「労働契約申込みみなし」が適用される場合に関して、第5類型の「脱法目的の偽装請負」に基づく実態上の派遣役務の受入れのケースが問題であることは前述したが、この中でも特に問題となるのが、請負人と当該労働者との労働契約が無期雇用であって、かつ、脱法目的の請負業務期間が終了し、発注者の事業場での請負業務の就労が終わった後、相当期間が経ってから（偽装請負で従事していた請負業務は終了）、みなされた「申込み」の撤回禁止期間の1年以内であることを理由に、元の発注者に対して、「承諾の通知」を発したという図3－20のケースのような場合である。

　すなわち、請負人であるA社に期間の定めなく雇用されている労働者が、A社と発注者である甲社との間の請負契約に基づいて甲社構内で従事していた業務が、脱法目的の偽装請負であった場合には、当該偽装請負期間中の日々の労務の提供（発注者側の役務の受入れ）自体が、違法行為となる。そこで、このケースにおいて違法な受入れとなる甲社での請負業務の従事期間中に、甲社のみなされた「申込み」に対する当該労働者の「承諾」の意思表示が、発注者の甲社になされた場合には、当日をもって発注者の甲社との間で直接労働契約が成立する。

　しかし、脱法目的の偽装請負の業務に従事していた期間中（図3－

第6章●派遣元等との労働契約が無期雇用の場合の「労働契約申込みみなし」の適用をめぐる問題

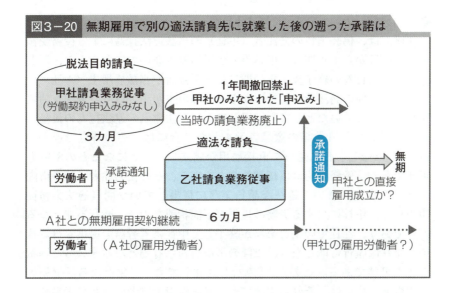

図3-20 無期雇用で別の適法請負先に就業した後の遡った承諾は

20）には、労働者が甲社への承諾の意思表示をせず、当該甲社内での業務が終了し、次に雇用主のA社と別の発注者の乙社との間で適法な請負契約が締結され、その請負契約に基づく適法な請負業務に従事するため当該労働者は乙社構内のA社現場で6カ月間就労した。その適法な他社発注の請負業務に従事した後に、まだ、偽装目的請負であった甲社での請負業務終了時から1年間の「申込み」の撤回禁止期間内であったとき、甲社に対して承諾の意思表示をした場合にまで、「労働契約申込みみなし」制度が適用されるのであろうか。たとえ甲社で当該労働者が従事した業務が脱法目的の業務であっても、当該請負業務期間はすでに終了し、しかも当該労働者が別の乙社の発注の適法な請負業務に就労した後に、元の発注者であった甲へ承諾の意思表示をした、というケースであるから、元の甲社では当該労働者が従事した当該業務はすでになくなっている場合等が考えられる。このような場合においても、雇用主のA社と甲社との間の偽装請負に基づく就労当時の労働契約が無期雇用であったときは、当該労働者から甲社への承諾の意思表示がなされれば、甲社との間に直接労働契約が成立することになるのか問題となる。

447

第3部　派遣先、発注者への「労働契約申込みみなし」の適用をめぐって

●2　「承諾」の効力の成否に関する見解

　法律上は、偽装請負の発注者（甲社）の当該違法行為による役務受領の終了の日から1年間は「申込み」が撤回できないのであるから、たとえ当該違法行為の終了後1年の間に当該労働者が当該雇用主（A社）の下において他の発注者（乙社）から当該雇用主が請け負った適法な請負業務に従事していたとしても、甲社における法律上の違法行為の最後の日を選択して後日承諾の意思表示をした場合には、その時点で過去の「申込みみなし」日に遡って直接雇用が成立したことになるとの解釈も可能である。労働契約は債権契約であるから、その後発注者乙社の構内のA社の現場において適法な請負業務に従事していた間（適法業務従事中）は、甲社に対する労務の提供が不能状態なので、履行不能となるだけであり、乙社での請負業務が終了して甲社にも労務を提供し得る状態になれば履行可能となり、以降の労働契約は有効となるといった解釈もまた可能である。この点、「みなし通達」でも「対象となる派遣先等が複数ある場合は、それらすべてから当該派遣労働者に対して労働契約の申込みをしたとみなすものであること。そのため、派遣労働者は承諾する相手を選ぶことができるものであること。」とされていることからすれば、行政解釈としては、他で就労した後であっても、前の「申込みみなし」が成立したいずれかの派遣先等を選んで承諾の意思表示をすることを肯定しているものと解される。

　しかし、従前の業務が発注者の甲社において請負業務終了のためなくなっている場合、甲社は当該労働者を雇用するため従事すべき業務を新たに創出したり、別の業務へ配置する等して、当該「申込みみなし」に応じて雇用すべき義務まで負うと解することは、「過剰規制」であるといえるのではなかろうか（小嶌典明『労働法改革は現場に学べ！』（労働新聞社）185頁では、「未解決の問題」の一つとして、「派遣先でもはや就業していない者に対しても『労働契約の申込みみなし』規定は適用されるのか」との問題点が指摘されている）。確かに、違法派遣を受け入れたことに対する制裁という観点からは、この場合にも「労働契約申込みみなし」を適用するべきとも考えられるが、すでに当該労働者は雇用主のA社と別の乙社を発注者とする適法な請負業務に就労することによって、脱法目的の偽装請負業務に従事することからは解放されてお

第6章●派遣元等との労働契約が無期雇用の場合の「労働契約申込みみなし」の適用をめぐる問題

り、当該労働者を甲社が直接雇用して雇用継続を保障すべき必要性は消滅しているので、派遣法第40条の6の立法目的からみても「労働契約申込みみなし」という手段により、直接雇用関係を成立させるという法による強制的適用関係は、消滅していると解する余地もあろう。

さらに、労働者がこの「承諾」をしないうちに、当該偽装請負業務への従事から自ら離脱し退職した場合も想定されるのであるから（転職の自由）、形式的に違法行為終了時から1年以内であるという理由から、いかなる場合でも承諾の意思表示が有効なものとして認められると解することはできないと思われる。特に、すでに発注者（甲社）において当該業務がなくなっており、その後1年以内とはいえ相当な期間が経過しているという場合には、信義則上その効力が否定されるケースがあってしかるべきではないだろうか。

449

第3部

第7章 派遣先等の派遣法違反についての善意無過失の立証をめぐる問題

第3部　派遣先、発注者への「労働契約申込みみなし」の適用をめぐって

1 「労働契約申込みみなし」の例外としての善意無過失

　派遣先等の直接雇用の「労働契約申込みみなし」が適用されない例外として、「ただし、労働者派遣の役務の提供を受ける者が、その行った行為が次の各号のいずれかの行為に該当することを知らず、かつ、知らなかったことにつき過失がなかったときは、この限りでない。」（派遣法第40条の6第1項ただし書）と規定されている。これは、いわゆる善意無過失の場合には、労働契約を申し込んだとみなされないということを規定している。本制度の適用上、派遣先等に係る「労働契約申込みみなし」に対し、承諾の意思表示をしたことにより、派遣先等との間に直接労働契約が成立したと主張する者は、

① 派遣法第40条の6第1項に定める第1号ないし第5号のいずれかに該当する違反行為を派遣先等が行ったことにより当該労働者に対して労働契約を申し込んだとみなされること

② 派遣先等に対して、その「申込みみなし」に応じて承諾する旨の意思表示をしたこと

を主張し、立証しなければならない。これが、民事上の請求原因となる権利の主張のあり方である。これに対し、派遣先等が、

①主張される違反事実を行ったことを知らなかったこと、かつ、

②知らなかったことについて過失がなかったこと

を主張し、立証しなければならない。これが民事上の抗弁ということになる（図3−21参照）。

　この場合、知っているか否かの主体は「労働者派遣の役務の提供を受ける者」であるから事業主ということになる。

　ところで、現代の社会では、事業主は通常会社等の法人であるので、現実には違反事実を知っているか否かは、法人の代表者の地位にある個人が認識していたか否かで判断されるということになる。しかし、代表者である社長等は、中小企業の場合は別として、一般には現場業務を行っていないので、現場において違法な派遣の役務の提供を受けたか否

452

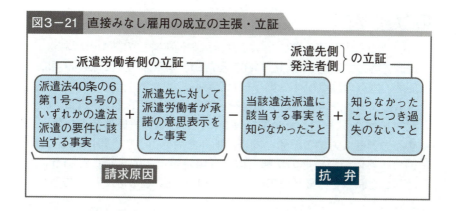

かについての認識がないのが普通であろう。そこで、労働者派遣に関して、代表者から権限を授権されている執行役員、部長、工場長等といった者であって、労働者派遣契約の締結や派遣役務の受領権限を有する者の知・不知といった事実の認識の有無が善意無過失を判断する対象となろう。

2 脱法目的の偽装請負の場合には特に知・不知問題が発生

　違法な派遣役務の提供を受けているという事実について、派遣先等の事業主が知っていたのか否かに関し、最も問題となるのは、脱法目的のいわゆる偽装請負等の場合（派遣法第40条の6第1項第5号）である。この点については、次のとおり通達されているところからも明らかである。これに示されているように、「免れる目的」という内心の意図が成立要件となっているからである。

第3部　派遣先、発注者への「労働契約申込みみなし」の適用をめぐって

> ▶ みなし通達
>
> 　いわゆる偽装請負等については、……他の4つの類型と異なり、派遣先等の主体的な意思が介在するため、善意無過失に係る論点に加え、固有の論点が存在するものであること。
>
> 　労働者派遣法等の規定の適用を免れる目的（以下「偽装請負等の目的」という。）で、請負契約等を締結し、当該請負事業主が雇用する労働者に労働者派遣と同様に指揮命令を行うこと等によって、いわゆる偽装請負等の状態（以下「偽装請負等の状態」という。）となった時点で労働契約の申し込みをしたものとみなされるものであること。
>
> 　偽装請負等の目的の有無については個別具体的に判断されることとなるが、「免れる目的」を要件として明記した立法趣旨に鑑み、指揮命令等を行い偽装請負等の状態となったことのみをもって「偽装請負等の目的」を推定するものではないこと。

　そうすると、①脱法目的で労働者派遣以外の名目で契約を締結したこと、②派遣法第26条第1項各号に掲げる事項を定めた労働者派遣契約を締結せず、①の契約に基づいて、労働者派遣の役務を受けたことが「労働契約申込みみなし」の成立要件である。そうするとこの要件に係る事実は、「労働契約申込みみなし」の成立の利益を受ける労働者側に立証責任があるといえる。特に脱法目的という派遣先・発注者側の「内心の意図」という主観的要件に関しては、それを推認させる間接事実を積み重ねた事実の立証が必要である。

第7章●派遣先等の派遣法違反についての善意無過失の立証をめぐる問題

3 脱法目的の立証責任は誰にあるか

　以上のように「労働契約申込みみなし」の成立要件である「この法律〔編注：労働者派遣法〕又は次節〔編注：労働基準法等の適用に関する特例等〕の規定により適用される法律の規定の適用を免れる目的」（派遣法第40条の6第1項第5号）で労働者派遣以外の名目で契約を締結したという脱法目的や、いわゆる偽装請負状態となっているとの事実の認識は、当該事業主の認識の問題であるが、前述のとおり、実際には契約締結権限の委任を受けた法人の役員、工場長や担当部長等法人から授権された者の認識ということになる。このような脱法目的や偽装請負の認識があったといった内心の意図等の立証は、一般には、外形的、客観的事実の立証の積み重ねによる推認となる。そこで、立証責任を負う労働者側としては、例えば、脱法目的の要件については、

① 派遣先（発注者）側が現場で働く請負人側の労働者を自社労働者と同じように指揮命令して業務を遂行していること

② 発注者の事業所等で当該労働者が業務を行う根拠が発注者と当該労働者の雇用主である請負事業主との間で締結された請負契約にあること

③ 派遣法第26条第1項各号に掲げる事項を定めた労働者派遣契約が結ばれていないこと

④ 労働局から調査を受けて、偽装請負として是正指導を受けたにもかかわらず、実態の改善をしないまま、請負業務を継続している、あるいは、抵触日後何ら実態を変更せずに、派遣契約から請負契約に切り替えたこと

といった事情があることなどを立証し、これらの間接事実から両会社間の請負契約については、派遣法の適用を免れる目的であったことが推認できる、といったような主張を行うこととなると解される。

　これに対して、派遣先（発注者）側としては、

① 初めから正当な請負目的の契約であったことから、脱法目的はな

455

第3部　派遣先、発注者への「労働契約申込みみなし」の適用をめぐって

　　かったこと
　②　現に行われている請負契約については請負人側において指揮命令
　　しており、請負の要件を充足していること
　③　脱法目的による派遣役務受領の事実はないこと
等を主張・立証することになろう。

4 法令を知らないことは善意か

　派遣先等による直接雇用の効果が成立するに至る「労働契約申込みみ
なし」について、派遣先側の「善意無過失」の抗弁が認められた場合に
は、「申込みみなし」の効力は発生しないことになる。これは、民事上
の請求原因・抗弁という民事訴訟法上の取扱いである。
　そのうちの「善意」、すなわち、「その行った行為が労働者派遣法違反
の類型のいずれかに該当することを知らなかった」という要件につい
て、「知らなかった」ということは、そのような行為が行われたという
事実を知らなかったということのほか、いずれかの類型に該当する役務
の提供を受けたということ自体の認識はあるが、その役務の提供が派遣
法違反であることを知らないことを含むのかという問題がある。
　しかし、法格言の一つとして、「法の不知は抗弁とならない」といわ
れているように、法律を知らなかったので違反であることを知らなかっ
たといっても、これは法律要件としての「不知」とは認められない。こ
のことは、刑法第38条第3項で「法律を知らなかったとしても、そのこ
とによって、罪を犯す意思がなかったとすることはできない。」と規定
されており、民事法上でも同様に考えられている。

456

5 無過失の立証とは

　善意か否かは知・不知の事実の問題（ただし、知らなかったという不存在の証明は悪魔の証明といわれているように「無」の立証は困難であり、存在した各種の事実をもって推認する間接事実による立証が必要である）となる。無過失とは「評価」のため、その立証においては、予見可能性の不存在を中心として、法的に「無過失」との評価に至るよう事実の立証を積み上げることとなる。過失とは、本質においては注意義務違反であり、一般には通常の弁識力を具有する通常人ならば、当然なすべきであると期待される程度の注意義務を尽くさないことである。しかし、「労働契約申込みみなし」に関する場合、労働者派遣契約や請負・業務委託契約という業務上の取引行為に関する評価事実であるから、当然、取引や業務の管理上の立場における職務上の注意義務となる。そこで、行為者の属する職業や社会的地位に応じて通常期待される程度の抽象的・一般的取引上の注意義務ということになり、いわゆる「善良な管理者の注意義務」ということになろう。

　この職務上の注意義務は、その前提として、予見可能性が存在することが必要であるが、この「予見可能性」とは、その者の職業等に応じて「予見することが可能であった」事実であることを意味する。したがって、無過失を主張する派遣先等は、行為者の当該契約に至る事前の認識や契約締結上の調査内容、社内決裁の状況等の間接事実から、違反類型に該当する行為であることについての予見可能性がなかったことを立証することとなる。

第3部　派遣先、発注者への「労働契約申込みみなし」の適用をめぐって

6 該当違反類型と善意無過失の立証の展開

　該当違反類型ごとにみると、労働者派遣法第40条の6第1項第1号の派遣禁止業務への派遣役務の受入れは、明白に禁止されている行為であるから、よく注意すれば判明するはずである。同第2号の無許可事業主からの派遣役務の受入れについては、労働者派遣契約の締結にあたって、許可番号の明示（派遣法第26条第3項）が必要なので、番号について偽造や偽称されたといった場合でない限り、これについての不知は、あまり考えられない。同第3号及び第4号の派遣可能期間の抵触日オーバーの要件については、事業所単位と個人単位のいずれの場合も、就業条件の明示事項であり、派遣先としても事業所単位に関しては通知事項であるから、その不知について過失を問われることは、これが通常の業務の管理上の定型的な実施事項であるという点からみて容易なことといえよう。

　ところが、前記各違反類型と異なり、同第5号の類型の場合には、「脱法目的」という派遣先等の側の主観的な内心の意図が、違反成立を主張する労働者側の立証事項となっていることから、善意無過失の抗弁との関係から問題となる。

　すなわち、「脱法目的」につき、労働者側は、偽装請負状態が現出されていた等の外形的な間接事実を立証して、裁判所により脱法目的であったことの事実上の推定がなされるよう主張・立証する。

　これに対し、派遣先等の側としては、「脱法目的はなかった」と主張することとなる（訴訟上は否認という位置付けになる）。もっとも、ただ単に「脱法目的はなかった」と主張するだけでは事実の立証にならないので、例えば適法な請負契約や業務委託契約であったことを積極的に立証するとともに、現実に脱法的偽装請負状態が現出した事実があったとしても、一時的・臨時的なもので、事業主側に認識のなかったこと（現場における一時的な現象で直ちに是正された等）、また、それが偽装請負であるとの予見可能性がなかったことの立証が必要となる。

458

第７章●派遣先等の派遣法違反についての善意無過失の立証をめぐる問題

　これら双方の主張・立証の結果、「脱法目的がある」との認定に至った場合、果たして派遣先等の善意無過失の抗弁が成立し得る余地があるのかという点が、本類型特有の問題である。脱法目的の立証責任は労働者側にあるので、その否認事実は派遣先側としては積極否認になる。そして、知らないこと及びそのことに過失がないことが抗弁になると思われる。

　なお、「みなし通達」では「……いわゆる偽装請負等に該当すると認識した時点が一日の就業の開始時点であれば当該日以降、認識した時点が開始時点より後であればその日の翌就業日以降初めて指揮命令を行う等により改めて『偽装請負等の状態となった』と認められる時点において、『偽装請負等の目的』で契約を締結し役務の提供を受けたのと同視しうる状態だと考えられ、この時点で労働契約の申込みをしたものとみなされるものであること。」との記載がある。「脱法目的」の契約による受入れが構成要件（労働者側立証）であるにもかかわらず、同通達の記載は単に偽装請負状態の認識があれば、直ちに当日の「労働契約申込みみなし」が成立するかのごとき誤解を与える可能性がある。「労働契約申込みみなし」に関する派遣法第40条の６は、派遣先等の側に、法律上の義務を課するという不利益を強制する法律要件であるため、法定の構成要件を逸脱した拡大解釈は認められない点についても留意しなければならない。

459

第3部

第8章
都道府県労働局長による「労働契約申込みみなし」に関する行政指導をめぐって

第3部　派遣先、発注者への「労働契約申込みみなし」の適用をめぐって

1 「労働契約申込みみなし」と行政指導

　派遣先等に対する「労働契約申込みみなし」制度については、今まで述べた労働者派遣法第40条の6に定める民事上の請求の方法による実現のほかに都道府県労働局長による行政指導の手続きを設けて、行政指導による実現の手段も定められている。すなわち、同法第40条の8第1項において、「厚生労働大臣は、労働者派遣の役務の提供を受ける者又は派遣労働者からの求めに応じて、労働者派遣の役務の提供を受ける者の行為が、第40条の6第1項各号のいずれかに該当するかどうかについて必要な助言をすることができる。」と定めている。この権限は、厚生労働大臣から都道府県労働局長（以下単に「労働局長」という）に委任されている（派遣法第56条第1項、同法施行規則第55条第2号）。「助言」とは、ある行為をすべきことまたはある行為について助けとなる進言をすることをいう。これは、派遣先等や派遣労働者側の申出に応じて労働局長が対応するものであり、労働局長としては、その申出に係る派遣法違反の事実の有無等について、判断を示して助言することになる。そこで、法違反行為か否かの判断にあたっては、同法第51条第1項に定める「この法律を施行するために必要な限度において、所属の職員に、労働者派遣事業を行う事業主及び当該事業主から労働者派遣の役務の提供を受ける者の事業所その他の施設に立ち入り、関係者に質問させ、又は帳簿、書類その他の物件を検査させることができる。」といった規定に基づき、職員による必要な調査等の上、同法第40条の6が定める「労働契約申込みみなし」が成立する違反行為に該当するか否かを判断して当事者にその旨助言することとなる。

　また、違反行為の類型に該当すると判断された場合、「第40条の6第1項の規定により申し込まれたものとみなされた労働契約に係る派遣労働者が当該申込みを承諾した場合において、同項の規定により当該労働契約の申込みをしたものとみなされた労働者派遣の役務の提供を受ける者が当該派遣労働者を就労させない場合には、当該労働者派遣の役務の

第8章●都道府県労働局長による「労働契約申込みみなし」に関する行政指導をめぐって

提供を受ける者に対し、当該派遣労働者の就労に関し必要な助言、指導又は勧告をすることができる。」（同法第40条の8第2項）とされ、いわゆる「行政指導」が行われることになる。

「行政指導」とは、「行政機関がその任務又は所掌事務の範囲内において一定の行政目的を実現するため特定の者に一定の作為又は不作為を求める指導、勧告、助言その他の行為であって処分に該当しないものをいう。」（行政手続法第2条第6号）。派遣法第40条の8の場合もこれと同様であり、「行政指導にあっては、行政指導に携わる者は、いやしくも当該行政機関の任務又は所掌事務の範囲を逸脱してはならないこと及び行政指導の内容があくまでも相手方の任意の協力によってのみ実現されるものであることに留意しなければならない。」（行政手続法第32条第1項）との行政指導の一般原則に従うとともに、「行政指導に携わる者は、その相手方が行政指導に従わなかったことを理由として、不利益な取扱いをしてはならない。」（同条第2項）との規定の拘束を受ける。

2 労働局長の勧告・指導に強制力があるか

「労働契約申込みみなし」に関する行政指導の仕組みは、**図3-22**のとおりである。すなわち、「労働契約申込みみなし」が適用される要件に該当する違反行為が派遣先等にあると労働局長が判断し、その旨の助言をした場合に、当該労働者が承諾の意思表示をしたにもかかわらず、派遣先等が当該労働者との労働契約の成立を否定し、「当該派遣労働者を就労させない場合」には、労働局長は派遣先等に対し、必要な助言・指導または勧告をすることができる（派遣法第40条の8第2項。なお、労働者に原則として就労請求権はないとされているのに、就労させよとの勧告ができるかという問題は後述する）。

ここでいう「指導」とは、派遣先等に対し、「就労させるよう教え導

463

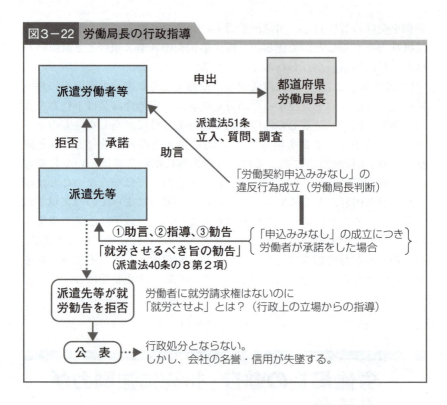

図3-22 労働局長の行政指導

くこと」であり、「勧告」とは、派遣先等に対し、当該労働者を「就労させる行動をとるように勧め、または促す行為」である。これはあくまでも前述のとおり、「派遣先等の任意の協力によって実現させる」ものであって、法的拘束力はない。したがって、「行政庁の処分その他公権力の行使に当たる行為」（行政事件訴訟法第3条第2項）には当たらないので行政訴訟としての「取消しを求める訴え」はできない。しかし、行政機関の指導や勧告であるから、法的拘束力は持たないにしても、これは事実上の尊重義務が内在するもので、社会的には命令的な効力を有する。まして、「当該派遣労働者を就労させるべき旨の勧告をした場合において、その勧告を受けた第40条の6第1項の規定により労働契約の申込みをしたものとみなされた労働者派遣の役務の提供を受ける者がこれに従わなかったときは、その旨を公表することができる。」（派遣法第

第8章●都道府県労働局長による「労働契約申込みみなし」に関する行政指導をめぐって

40条の8第3項）とされ、原則1カ月以内に公表することとされている（同法第49条の2第2項、「業務取扱要領」第8の7(4)(ロ)）。行政機関によって公表されることにより、このような不服従者について広く一般国民その他不特定多数の人々が知り得る状態に置かれるわけである。公表された企業にとっては、このことにより著しく名誉・信用が失墜することとなり、それが誤っていたりすると重大なダメージを受けることになる。そうすると、このような「公表」まで進めば事実上は行政処分と変わらない影響を持ってくると思われる。

　したがって、このような問題が生じたときは、派遣先・発注者は上申書等をもって事実関係を労働局長に十分に説明し、派遣先等の行為が違法でないこと等を明らかにしておく必要がある。

3 私法上就労請求権がないのに「就労させるべき勧告」とは

1 派遣先等に「就労させる義務」はない

　「労働契約申込みみなし」制度では、派遣法第40条の8第2項の要件に該当した派遣先等に対し、労働局長は行政指導としてその必要に応じ、「当該派遣労働者を就労させるべき旨」の勧告をすることができ、「労働者派遣の役務の提供を受ける者がこれに従わなかったときは、その旨を公表することができる」と規定されている（同法第40条の8第3項）。

　しかし、わが国の判例・通説においては、労働者が使用者に対して現実に「就労をさせよ」という、いわゆる就労請求権は原則として否定されている。すなわち、「労働契約においては、労働者は使用者の指揮命令に従つて一定の労務を提供する義務を負担し、使用者はこれに対して一定の賃金を支払う義務を負担するのが、その最も基本的な法律関係であるから、労働者の就労請求権について労働契約等に特別の定めがある

465

第3部　派遣先、発注者への「労働契約申込みみなし」の適用をめぐって

場合又は業務の性質上労働者が労務の提供について特別の合理的な利益を有する場合を除いて、一般的には労働者は就労請求権を有するものでないと解するのを相当とする。」（読売新聞見習社員解雇事件、東京高裁昭33・8・2決定、労民集9巻5号831頁）とする裁判例をはじめ、「雇用契約は、双務契約であって、契約の一方当事者である労働者は、契約の本旨に従った労務を提供する義務を負い、他方当事者である使用者は、提供された労務に対する対価としての賃金を支払う義務を負うが、特段の事情がない限り、雇用契約上の本体的な給付義務としては、双方とも右の各義務以外の義務を負うことはない。したがって、特段の事情がない限り、労働者が使用者に対して雇用契約上有する債権ないし請求権は、賃金請求権のみであって、いわゆる就労請求権を雇用契約上から発生する債権ないし請求権として観念することはできない。」（日本自転車振興会事件、東京地裁平9・2・4判決、労判712号12頁）とする判決まである。そして、「特約のある場合や、職務の性質上、就労について特別の利益がある場合は、例外的に就労請求権が肯定されるが、実際に就労利益を認めた例は1件にとどまり、例外の範囲はきわめて狭い」（土田道夫『労働契約法』（有斐閣）123頁）ものであり、この1件は調理人で料理長等の指揮を受け調理技術の錬磨習得を要し、少時でも職場を離れると著しく技量が低下すると認定されたケースである（スイス事件、名古屋地裁昭45・9・7判決、労経速731号7頁）。

　このように労働者の就労請求権が原則として否定されているのに、労働局長が派遣先等に対し、「就労させよ」といった勧告をすることは、義務のないことを求めるものであり、適当ではないのではないかとの疑問がある。

　ここでは、民事上の「就労請求権」の有無というより、行政指導上の観点から私法上の権利・義務とは別の行政指導上の裁量的行為と解すべきであろう。

2　就労勧告は任意協力を求める行政指導として可能か

　労働局長の「行政指導」は、「行政指導にあっては、行政指導に携わる者」は、「行政指導の内容があくまでも相手方の任意の協力によって

第8章●都道府県労働局長による「労働契約申込みみなし」に関する行政指導をめぐって

のみ実現されるものであることに留意しなければならない」（行政手続法第32条第1項）ものである。そこで、「就労勧告」が、派遣先等の任意の協力を求めるものにとどまるのであれば、このような勧告も可能とも解されよう。「行政指導として行う以上は、相手方の協力を得られる範囲内においてしか行わせることができない」（『逐条解説 行政手続法〔改正行審法対応版〕』（ぎょうせい）242頁）のである。しかしながら、「これに従わなかったときは、その旨を公表することができる」との公表措置が講ぜられる（派遣法第40条の8第3項）ことになっており、果たして任意の協力を求めるものにとどまるといえるか疑問である。

　また、かかる公表は、「行政指導に携わる者は、その相手方が行政指導に従わなかったことを理由として、不利益な取扱いをしてはならない。」（行政手続法第32条第2項）との規定に該当しないのかという懸念もある。すなわち、法定の公表は、「そのまま放置することが公益上支障を生じ又は国民に被害を及ぼす等の事態が予想されるような場合」（前掲書243頁）であるがゆえに、不利益取扱いに当たらないと解されているが、基本的には民事上の労働契約の成否に関わるものであるだけに公益上そのような必要があるか、本件がそのような場合に該当するといえるのか問題があろう。

3 行政指導の中止等の申出制度の新設

　他方、前記のとおり、原則として就労請求権が否定されているにもかかわらず、派遣法第40条の8第2項が「就労勧告」をし得る旨を定めていることにかんがみ、同条項が、同法第40条の6第1項に基づいて、労働契約の申込みをしたとみなされた派遣先等に、派遣労働者が承諾した場合には、民事上の派遣労働者と派遣先等との当事者間の立場とは別に、派遣先等に当該労働者を就労させることを公法的立場から義務付けていると解することもできなくはないであろう。

　そのような解釈に立った場合には、派遣先等は、労働局長の「就労勧告」の行政指導が法の規定する要件に適合しないと判断されるときは、行政手続法の改正によって平成27年4月1日から施行された「行政指導の中止等の申出制度」（同法第36条の2）を活用することができるかと

467

第3部　派遣先、発注者への「労働契約申込みみなし」の適用をめぐって

いう問題がある。

　すなわち、同条第1項では、「行政指導の中止等の求め」として、「法令に違反する行為の是正を求める行政指導（その根拠となる規定が法律に置かれているものに限る。）の相手方は、当該行政指導が当該法律に規定する要件に適合しないと思料するときは、当該行政指導をした行政機関に対し、その旨を申し出て、当該行政指導の中止その他必要な措置をとることを求めることができる。」とし、申出書の記載事項等を同条第2項で定めている。この点に関し、本件「公表」はそれ自体「法令に違反する行為の是正を求める行政指導」ではないことから該当しないと解されている。そこで、それ以前の「助言、指導又は勧告」は、「就労させない」という「労働者派遣の役務の提供を受ける者」に対する「法令に違反する行為の是正を求める」行政指導と解されるので、「中止その他必要な措置」の申出をもって対応できると解される。この制度は、まさに「いったん当該行政指導がなされた場合、その相手方は社会的な信用を失うなど、大きな事実上の不利益を受けるおそれがある。また、このような行政指導のうち、これに従わない場合にその事実を公表することとされているような場合には、その行政指導が、前提とする事実認定に誤りがあって違法であったとしても、その相手方は、当該行政指導に従わない事実を公表されることにより、社会的信用が更に損なわれることを恐れて、不本意ながら当該行政指導に従うという事実上の不利益を受けるおそれがある」（前掲書262頁）ことを救済するためのものであり、本件にも当てはまろう。

468

第4部

最新労働者派遣法対応の
派遣に関するモデル契約書例と解説
─適正な派遣の運用のために─

1 労働者派遣基本契約書と解説

2 労働者派遣個別契約書と解説

3 労働者派遣個別契約書の例〈一枚（表・裏）式〉

1　労働者派遣基本契約書と解説

 本契約書は、「基本契約書」（派遣元と派遣先の事業者間の取引契約の一種）であり、これに基づき労働者派遣契約の成立ごとに労働者派遣法第26条に定める「労働者派遣個別契約書」（同一内容が、派遣元事業者から当該契約に基づく派遣労働者に就業条件通知書として通知される）を作成しなければならない。本契約書は、筆者らが委員となって作成した日本人材派遣協会標準様式に、一部改正を加えたものである。

※以下「注」において、単に「法」とあるのは労働者派遣法を、「規則」とあるのは同法施行規則を指す。

　［派遣先］○○○株式会社（以下「甲」という。）と［派遣元］△△△株式会社（以下「乙」という。）は、乙がその労働者を「労働者派遣事業の適正な運営の確保及び派遣労働者の保護等に関する法律」（以下「労働者派遣法」という。）に基づき、甲に派遣するにあたり、次のとおり基本契約を締結する。

> **第１条（目的）**
> 　本契約は、乙が、労働者派遣法及び本契約に基づき、乙の雇用する労働者（以下「派遣労働者」という。）を甲に派遣し、甲が派遣労働者を指揮命令して業務に従事させることを目的とする。
> 　なお、本契約は、同法第２条第４号に定める紹介予定派遣（労働者派遣のうち、派遣元事業主が、労働者派遣の役務の提供開始前又は開始後に、派遣労働者及び派遣先について、職業紹介を行い、又は職業紹介を行うことを予定してするものをいう。）にも適用する。

 本基本契約書は「紹介予定派遣」（いわゆるtemp to perm）にも適用することとしているが、紹介予定派遣は、「労働者派遣契約＋職業紹介契約」の形態であり、その期間も最長６カ月間と制限されているので、本基本契約書の中に入れずに別途作成してもよい。

第2条（総則）

1. 甲及び乙は、労働者派遣を行い若しくは労働者派遣を受け入れるにあたり、それぞれ労働者派遣法その他関係諸法令並びに「派遣先が講ずべき措置に関する指針」（以下「派遣先指針」という。）及び「派遣元事業主が講ずべき措置に関する指針」（以下「派遣元指針」という。）並びに暴力団員による不当な行為の防止等に関する法令及び暴力団排除条例を遵守し、適正な業務を行うものとする。甲及び乙の各従事者についても同様とする。
2. 本契約は、特に定めのない限り、紹介予定派遣に係るものを含む本契約有効期間中のすべての労働者派遣に係る次条第1項の個別契約に適用する。

注 第1項は、関係法令及び「指針」の甲乙双方の遵守義務を定め、第2項は本契約が基本契約であることを明らかにしたものである。

　なお、本契約は事業者間の取引契約であるからいわゆる暴力団排除条項を定めた。この暴力団排除条項は「別紙」として定型書式を添付することとしてもよい。

第3条（個別契約）

1. 甲及び乙は、乙が甲に労働者派遣を行う都度、労働者派遣法及び同法施行規則等の定めに基づき、派遣労働者の従事する業務内容、就業場所及び組織単位（課）、就業期間、その他所定の事項について労働者派遣契約（以下「個別契約」という。）を締結する。
2. 乙は、前項の個別契約に基づく派遣就業の目的達成に適する（資格、能力、知識、技術、技能、信用、経験その他当該派遣目的に対応した適格性を有する）労働者の派遣を行い、甲に対し当該派遣労働者の氏名、性別、その他労働者派遣法及び同法施行規則等に定める事項を通知しなければならない。この場合の通知は、書面の交付若しくはファクシミリを利用してする送信又は電子メールの送信（以下「書面の交付等」という。）により行うものとする。また、通知した後に変更があった場合もその旨を通知するものと

第4部　最新労働者派遣法対応の派遣に関するモデル契約書例と解説

する。
3．紹介予定派遣を行う場合には、同制度に必要な事項を第1項の
　個別契約に加え定めるものとする。
4．甲及び乙は、各個別派遣契約書を当該労働者派遣の終了日より
　3年間保管するものとする。

注　(1)　第1項は、本契約が、派遣元と派遣先との企業間の私法上の取
　　　引契約であり、派遣法第26条の労働者派遣契約（公法上の義務）
　　　は別途各事業所間において、労働者派遣を行う都度個別に契約す
　　　ることを予定していること及びそれに記載すべき事項の基準を定
　　　めたものである。

　　(2)　第2項前段は、乙において個別契約に関し、派遣目的を達成す
　　　る債務の本旨に従った履行（民法第415条）をなすべき派遣労働
　　　者を選考して派遣する責務を負うことを定めたものである。すな
　　　わち、派遣契約の特徴として、甲においては派遣労働者について
　　　自社の業務に従事する者でありながら事前に選考や特定ができな
　　　いため、乙の派遣する労働者をそのまま信用して業務に従事させ
　　　ざるを得ないので、乙の適格者の派遣義務は重要である。そこで、
　　　本来なら「就業の目的達成に適する労働者の派遣」という文言の
　　　ままでもよいが、重要な義務なので、筆者としては「資格、能力、
　　　知識、技術、技能、信用、経験その他当該派遣目的に対応した適
　　　格性」と具体化した方がよいと考えるものである。

　　(3)　第2項後段は、派遣法第35条、同法施行規則（以下「規則」と
　　　いう）第27条～第28条に定める派遣先に対する派遣労働者に関
　　　する通知事項及び通知方法を定めたものである。
　　　　通知すべき事項は、①派遣労働者の氏名及び性別（派遣労働者
　　　が45歳以上である場合にあってはその旨ならびに当該労働者の氏
　　　名及び性別、派遣労働者が18歳未満である場合にあっては当該労
　　　働者の年齢ならびに氏名及び性別）、②無期雇用派遣労働者か有期
　　　雇用派遣労働者かの別、③法第40条の2第1項第2号（60歳以
　　　上）の派遣可能期間制限の適用のない者か否か、④社会保険資格
　　　取得届の提出の有無と資格取得届が提出されていない場合の具体

的な理由、⑤複数労働者の派遣で、就業条件等を異にする場合にはその組合せ等とその内容とされている。

　個人情報保護法上は、前記氏名等法令に定められた通知事項は個人情報の第三者への提供に当たる（同法第23条第1項）が、本件では「法令に基づく場合」であるから、この通知による個人情報の提供については本人の同意はいらない（同項第1号）。

　その余の任意記載事項については、個人情報保護法上は原則として第三者への提供に当たることからあらかじめ本人の同意を得ておく必要がある（同条本文）。

　なお、通知方法については、平成16年3月施行の派遣法施行規則改正により書面通知の方法が、「書面の交付等」（規則第27条第2項）と改正され、「書面の交付等」とは規則第22条の2第1号で「書面の交付若しくはファクシミリを利用してする送信又は電子メールの送信（以下「書面の交付等」という。）によ」ると定められたので、その旨規定した。

⑷　社会保険の加入状況について、派遣先は資格取得届に関し、その写し等の掲示を求めて確認しなければならない。

⑸　通知した後に通知事項に変更があった場合は、遅滞なく通知が必要である（派遣法第35条第2項）。

⑹　第4項の保存期間の定めは、法定の要件ではなく、派遣元管理台帳の保存義務が3年（派遣法第37条第2項）であり、当該記載事項と重複する事項が多いためその保管義務に合わせたものである。これは各相手方に対する保管義務であって、税務・経理上の保存年数とは別である。

第4条（派遣料金）

1．甲は、乙に対し、労働者派遣に対する対価として派遣料金（消費税は別途）を支払う。派遣料金は派遣業務の内容等により、その都度定める。

2．派遣料金及び料金の計算方法並びに派遣料金の支払方法等については、別途定める。派遣料金の決定にあたっては本契約書の第

第4部　最新労働者派遣法対応の派遣に関するモデル契約書例と解説

13条第7項（料金決定にあたっての勘案事項）に定める事項を勘
案して定めるものとする。
3．個別契約の期間中でも業務内容の著しい変更等により、派遣料
金の改定の必要が生じた場合には、甲乙協議の上、派遣料金の改
定をすることができる。
4．甲の従業員ストライキ、その他甲の責に帰すべき事由により、
派遣労働者の業務遂行ができなかった場合には、乙は債務不履行
の責を負わず甲に派遣料金を請求することができる。

注　⑴　本条は、労働者派遣取引契約の要素である派遣料金について定
めたものである。「派遣先指針」第2の9⑵に料金額の決定にあ
たっての留意事項が定められており、その内容は本契約書の第
13条第7項に定めたが、それに留意することを第2項のただし
書として定めた。
　⑵　甲の従業員のストライキ等争議行為は、甲の経営内部事情であ
るから、民法第536条第2項（債務者の危険負担等）の定めによ
り乙は派遣料金の請求をすることができる。

第5条（派遣先事業所単位の受入期間の期限と抵触日の通知等）
1．甲及び乙は、事業所その他派遣就業の場所（以下「事業所等」
という。）ごとの業務について、派遣可能期間の3年を超える期間、
継続して労働者派遣（派遣可能期間制限の対象外となる労働者派遣
（労働者派遣法第40条の2第1項各号のいずれかに該当するもの）
を除く。以下、この条において同じ。）を受け入れ又は行ってはな
らない。
2．甲は、その事業所等ごとの業務に係る労働者派遣について、個
別契約を締結するにあたり、あらかじめ、乙に対し、当該派遣可
能期間の制限に抵触することとなる最初の日（以下「事業所単位
の期間制限の抵触日」という。）を書面の交付等により通知するも
のとする。甲は、個別契約締結後に次項の規定により派遣可能期
間を延長した場合も、速やかに、乙に対して、同様の方法により

474

延長後の事業所単位の期間制限の抵触日の通知をするものとする。

3．甲は、第1項に定める3年間の派遣可能期間を延長しようとするときは、あらかじめ、当該事業所単位の期間制限の抵触日の1か月前の日までに、その事業所の過半数労働組合等（「労働者の過半数で組織する労働組合がある場合においてはその労働組合、労働者の過半数で組織する労働組合がない場合においては労働者の過半数を代表する者」をいう。）に対し、当該延長しようとする派遣可能期間をはじめ同法施行規則に定める事項を書面により通知し、その意見を聴くものとする。当該延長した派遣可能期間を更に延長しようとする場合も、同様とする。なお、1回の意見聴取で派遣可能期間を延長できるのは3年以内とする。

4．甲は、前項により意見を聴かれた過半数労働組合等が異議を述べたときは、延長前の派遣可能期間が経過することとなる日の前日までに、当該過半数労働組合等に対し、派遣可能期間の延長理由等について誠実に説明するものとする。

5．甲及び乙は、第2項の通知がなかった場合には、個別契約を締結してはならないものとする。

注 (1)① 平成27年の改正派遣法に基づく有期派遣雇用契約の労働者を派遣する場合には、「派遣先事業所」ごとの3年の派遣可能期間の制限と「派遣先の組織（課）及び個人労働者」ごとの派遣可能期間の制限があるが、本条項はそのうちの事業所単位の派遣期間の制限について、甲乙間で定めるものである。これは法律上の派遣可能期間の制限であり、甲乙当事者間の取引契約の中で定めるべき事項ではないが、労働者派遣の根幹に関わる事項であり、かつ派遣先が事業所ごとの抵触日を派遣元に通知しないときは、派遣契約（個別契約）を締結してはならない（法第26条第4項、第5項）とされている重要な事項でもあるので、甲乙当事者間の本件契約（私法上の権利義務を定める）においても契約上の重要事項として定めたものである。

② 本条項は、前述のとおり派遣可能期間の制限のうち事業所単位の派遣期間の制限について定めるものである。派遣先の事業

所単位の期間制限について、「事業所」とは雇用保険の適用事業所に関する考え方と基本的に同一であるとされているが（「業務取扱要領」第8の5(3)ハ）、労働保険の継続事業の一括手続きをしている場合、本社などの指定事業に一括される支店や営業所の扱いについて、「継続事業一括の申請を行い、支店や営業所ごとの複数の保険関係を本社などの1つの事業でまとめて処理することとしても雇用保険の適用事業所単位に変更があるわけではないので、原則どおり、支店や営業所ごとに雇用保険の適用事業所単位で判断することとなる。」とされている（厚労省「平成27年9月30日施行の改正労働者派遣法に関するQ&A」[第3集]）。そこで、支店や営業所ごととする原則に変わりがないので、この事業所単位は、労基法の36協定の場合の事業所単位と同一に解して差し支えないと思われる。

③　事業所単位の派遣可能期間は3年である。そこで第1項は、この原則を定めたものである（法第40条の2第2項、第3項）。

(2)　第2項は甲乙間で派遣個別契約を締結する場合における派遣先の派遣元への通知義務を規定したものである。これは派遣先しか当該事業所単位の派遣受入れの開始時やその後の派遣受入期間の延長状況が分からないため、甲における法の抵触日通知義務（法第40条の2第1項）を契約内容として定めたものである。

(3)　第3項は、派遣先における事業所単位の3年の派遣可能期間の延長手続きなどを定めたものである。

甲側において、派遣受入れ期間を延長するには、法第40条の2第3項、第4項の過半数労働組合等からの意見聴取手続きが必要であり、それは乙側にとっては重大な影響のある事項なのでその手続きを定めたものである。

(4)　第4項は、派遣先である甲側の実施事項であるが、派遣元である乙側にとっても影響のある重要な手続きなので（法第40条の2第5項、第6項）、甲乙間の民事上の契約としても定めたものである。

(5)　第5項は、法第26条第5項に基づいて、甲から本契約書第5条第2項の通知がないときの甲乙の個別契約の締結の禁止を定めたものである。乙は、甲からの通知に従い派遣労働者に当該抵触日

1　労働者派遣基本契約書と解説

を就労条件として明示しなければならない（法第34条第１項第４号）ためである。

第６条（派遣労働者個人単位の期間制限）

１．乙は、甲に対し事業所における組織単位（課）ごとの個別契約で定める業務について、３年を超える期間、継続して同一の派遣労働者に係る労働者派遣（期間制限の対象外となる労働者派遣（労働者派遣法第40条の２第１項各号のいずれかに該当するもの）を除く。）を行ってはならない。なお、乙は、当該期間制限に抵触することとなる最初の日（以下「個人単位の期間制限の抵触日」という。）を当該派遣労働者に明示する。

２．甲は、前条により事業所単位の派遣可能期間が延長された場合であっても、当該事業所等における組織単位（課）ごとの個別契約で定めた業務について、３年を超える期間、継続して同一の派遣労働者を受け入れてはならない。

注 (1)　第１項は、平成27年の法改正により、派遣先の事業所等における組織単位（課）ごとの業務について、同一労働者の派遣可能期間が３年とされたことに伴い、乙側の「派遣元事業主は、派遣先の事業所その他派遣就業の場所における組織単位ごとの業務について、３年を超える期間継続して同一の派遣労働者に係る労働者派遣（第40条の２第１項各号のいずれかに該当するものを除く。）を行ってはならない」（法第35条の３）との定めを契約内容としたものである。なお書きにおいては、乙側の自社の派遣する労働者に係る組織単位の同一業務について個人で３年経過後の「抵触日」の明示義務（法第34条第１項第３号）を定めており、これらの派遣法上の義務の重要性にかんがみ契約上（民事上）の甲乙間の義務としたものである。

　　　ここでいう事業所等における組織単位については、「課、グループ等の業務としての類似性や関連性がある組織であり、かつ、その組織の長が業務の配分や労務管理上の指揮命令監督権限を有す

477

第4部　最新労働者派遣法対応の派遣に関するモデル契約書例と解説

　　るものであって、派遣先における組織の最小単位よりも一般に大
　　きな単位を想定しているが、名称にとらわれることなく実態によ
　　り判断すべきものである。ただし、小規模の事業所等においては、
　　組織単位と組織の最小単位が一致する場合もあること。また、実
　　際上の取扱いとしては、派遣先における組織が指定されることか
　　ら、派遣先がこの基準に従って指定することが通常であると考え
　　られること。」(「業務取扱要領」第6の2(1)イ(ハ)②) とされている。
　(2)　第2項は、甲側の義務として「派遣先の事業所その他派遣就業の
　　場所における組織単位ごとの業務について、派遣元事業主から3
　　年を超える期間継続して同一の派遣労働者に係る労働者派遣(〔編
　　注：法第40条の2〕第1項各号のいずれかに該当するものを除
　　く。)の役務の提供を受けてはならない。」(法第40条の3) との
　　規定の重要性にかんがみ、当事者間の契約上の義務として定めた
　　ものである。

第7条（派遣労働者の特定を目的とする行為の制限）

　甲は、個別契約を締結するに際し、紹介予定派遣の場合を除き、
派遣労働者を特定することを目的とする行為（受け入れる派遣労働
者を選別するために行う事前面接、履歴書の送付要請、若年者への
限定、性別の限定、派遣労働者の指名等をいう。ただし、求める技
術・技能水準、経験年数等を指定するためのいわゆるスキルシート
の提供は除く。）をしないよう努めなければならない。また、乙は、
これらの行為に協力してはならない。ただし、派遣労働者又は派遣
労働者となろうとする者が、派遣就業を行う派遣先として、適当で
あるかどうかを確認する等のため、自らの判断の下に派遣就業開始
前に甲の事業所訪問若しくは履歴書の送付を行うこと又は派遣期間
中に派遣終了後の直接雇用を目的とした履歴書の送付を行うことは、
この限りではない。

注　(1)　派遣法第26条第6項及び「派遣先指針」第2の3で定める「特
　　　定禁止」及び年齢、性別による差別的取扱いの禁止に関し、派遣

478

先が不当に派遣の受入れを拒否してはならない旨を規定したものである。

⑵　（　）内については、「業務取扱要領」で「本取扱いは、あくまでも個々の派遣労働者の特定につながる行為をしないようにすることを目的とするものであり、業務に必要な技術や技能の水準を指定するため、技術・技能レベル（取得資格等）と当該技術・技能に係る経験年数などを記載するいわゆるスキルシートを送付することをもってこの規定に違反しているということにはならないこと。」（第8の15⑵）とされているので記載した。

　　なお、「スキルシートに『当社に就労経験を有すること』のような記述を行うことは、必要とする技術を明確にしていないほか、具体的な派遣労働者が特定される可能性が高いことから適当ではないこと。」（同）とされている点に留意すること。

⑶　本文ただし書以下の派遣労働者側が自ら派遣予定先の事業所を訪問したり、履歴書の送付を行うことは、「派遣元・先」の両「指針」でも許されているので念のため定めた。

第8条（金銭の取扱い、自動車の使用その他特別な業務）

　甲が、派遣労働者に現金、有価証券、その他、これに類する証券及び貴重品の取扱いをさせ、又は自動車を使用した業務その他特別な業務に就労させる必要がある場合には、個別契約にあたってその旨明示し、派遣中にかかる取扱いをさせる必要が付帯的に生じたときは、甲乙間で別途定める。

注　⑴　本条は、派遣先における金銭の横領その他トラブルと派遣元の損害賠償問題、同様に派遣先における自動車運転中の第三者加害についての損害賠償責任に関し、派遣元の責任を問うことや派遣元の派遣労働者への雇用主としての注意指導の問題があるので、あらかじめトラブルの予想される業務に従事させるにあたっては、特に留意すべき甲側の業務として乙に事前に通知し、その旨の明示をすることとしたものである。

第4部　最新労働者派遣法対応の派遣に関するモデル契約書例と解説

(2)　主たる派遣業務に付帯して、派遣後においてこのような業務を取り扱わせる必要が生じたときも同様とし、派遣元でも派遣労働者の注意指導上特に留意すべき事項であるから信義則上通知し協議する必要があるので「別途定める」旨の規定を置いた。

第9条（派遣先責任者）

1．甲は、労働者派遣法及び同法施行規則の定めに基づき、自己の雇用する労働者（法人の場合には役員を含む。）の中から、事業所等ごとに所定人数の派遣先責任者（物の製造業務派遣の場合には製造業務専門派遣先責任者を含む。以下同じ。）を選任するものとする。
2．派遣先責任者は、派遣労働者を指揮命令する者に対して、個別契約に定める事項を遵守させるほか、適正な派遣就業の確保のための措置を講じなければならない。

注　本条は、甲側において必要な派遣法第41条に定める派遣先責任者に関して規定したものである。選任すべき派遣先責任者の数は、派遣先事業所単位で次表のとおりである。

事業所の派遣労働者数	1〜100人		101〜200人	201人〜
派遣先責任者の数	1人以上		2人以上	以下100人ごとに1人追加
上記派遣労働者のうち製造業務従事労働者の数	1〜50人	51〜100人	101〜200人	201人〜
選任すべき製造業務専門派遣先責任者の数	0人	1人以上（上記と兼任でよい）	2人以上（1人は上記と兼任でよい）	以下100人ごとに1人追加（同左）

第10条（派遣元責任者）

1．乙は、労働者派遣法及び同法施行規則の定めに基づき、自己の雇用する労働者（法人の場合には役員を含む。）の中から、事業所ご

とに所定人数の派遣元責任者（物の製造業務派遣の場合には製造業務専門派遣元責任者を含む。以下同じ。）を選任するものとする。

2．派遣元責任者は、派遣労働者の適正な就業確保のための措置を講じなければならない。

注 本条は、乙側において必要な派遣法第36条で定める派遣元責任者に関して規定したものである。選任すべき派遣元責任者の数は、派遣元事業所単位で、次表のとおりである。

事業所の派遣労働者数	1～100人	101～200人	201人～
派遣元責任者の数	1人以上	2人以上	以下100人ごとに1人追加
上記派遣労働者のうち製造業務従事労働者の数	1～100人	101～200人	201人～
選任すべき製造業務専門派遣元責任者の数	1人以上（上記と兼任でよい）	2人以上（1人は上記と兼任でよい）	以下100人ごとに1人追加（同左）

第11条（指揮命令者）

1．甲は、派遣労働者を自ら指揮命令して自己の事業のために使用し、個別契約に定める就業条件を守って業務に従事させることとし、自己の雇用する労働者（法人の場合には役員を含む。）の中から就業場所における組織単位（課）ごとに指揮命令者を選任しなければならない。

2．指揮命令者は、業務の処理について、個別契約に定める事項を守って派遣労働者を指揮命令し、契約外の業務に従事させることのないよう留意し、派遣労働者が安全、正確かつ適切に業務を処理できるよう、業務処理の方法、その他必要な事項を派遣労働者に周知し指導する。

3．指揮命令者は、前項に定めた事項以外でも甲の職場維持・規律の保持・企業秘密及び個人情報等の漏洩防止のために必要な事項を派遣労働者に指示することができる。

第4部　最新労働者派遣法対応の派遣に関するモデル契約書例と解説

4．甲は、選任した当該指揮命令者が不在の場合の代行命令者については、派遣労働者にあらかじめ明示しておくよう努めるものとする。

注 (1)　本条は、派遣法第26条第1項第3号に規定する派遣先の指揮命令者の選任とその職務上の権限及び義務を定めたものである。

　　　なお、この指揮命令者は、平成27年の派遣法改正で新たに設けられた「組織」単位の派遣期間の制限に関して、組織単位とは、「労働者の配置の区分であって、配置された労働者の業務の遂行を指揮命令する職務上の地位にある者が当該労働者の業務の配分に関して直接の権限を有するものとして厚生労働省令で定めるものをいう。」（法第26条第1項第2号かっこ書）とされたので、留意しなければならない。

(2)　第2項は、指揮命令者が適切に派遣労働者の業務遂行の管理を行うことが労働者派遣業務の円滑な運営のポイントなので、この点を規定したものである。

(3)　第3項は、甲側における指揮命令者が行う派遣労働者の管理・規律の保持等の実務事項を定めた。

(4)　第4項は、重要な職務を有する指揮命令者であるから、その者が不在の場合の代行者を規定し、派遣労働者の管理・規律の保持等に万全を期することとした。

第12条（苦情処理）

1．甲及び乙は、派遣労働者からの苦情の申出を受ける担当者を選任し、派遣労働者からの申出を受けた苦情の処理方法、甲乙間の連絡体制を定め、個別契約書に記載する。

2．甲及び乙は、派遣労働者から苦情の申出があった場合には、互いに協力して誠意をもって適切かつ迅速な解決を図るよう努めなければならない。

3．前項により苦情を処理した場合には、甲及び乙は、その結果について必ず派遣労働者に知らせなければならない。

482

(1) 本条は、派遣就業の特性にかんがみ、派遣元と派遣先とが協力して派遣労働者の就業の適正を図るための苦情処理について定めるものである。すなわち、派遣法第36条の派遣元責任者、同法第41条の派遣先責任者の定め及び「派遣元指針」・「派遣先指針」に定める派遣元・派遣先責任者の苦情処理その他相互の連絡体制とトラブルの相互協力による解決処理に関して定めたものである。
(2) 第2項は、同法第40条第1項による取扱いを定めたものである。
(3) 第3項は、派遣労働者に知らせることにより結果を明確にし、再度のトラブルを防止しようとするものである。

第13条 （適正な就業の確保等）

1．乙は、甲が派遣労働者に対し、個別契約に定める労働を行わせることにより、労働基準法等の法令違反が生じないよう労働基準法等に定める時間外、休日労働協定、その他所定の法令上の手続等をとるとともに、適正な就業規則を定め、派遣労働者に対し、適切な労務管理を行い、甲の指揮命令等に従って職場の秩序・規律・企業秘密を守り、適正に業務に従事するよう派遣労働者を教育、指導しなければならない。
2．甲は、労働基準法等の諸法令並びに本契約及び個別契約に定める就業条件を守って派遣労働者を労働させるとともに、当該派遣就業が適正かつ円滑に行われるようにするため、セクシュアルハラスメントの防止及び職場における妊娠、出産等に関する言動に起因する問題についての雇用管理上の措置その他派遣先も男女雇用機会均等法、及び育児介護休業法上の事業主とみなされる各種の育児・介護に関する措置等に配慮するとともに、業務の円滑な遂行に資するための給食施設、休憩室、更衣室等の利用機会を与えるよう配慮し、また、診療所等の施設で派遣労働者の利用が可能なものについては便宜の供与等に努めるものとする。
3．甲は、乙が行う派遣労働者の知識、技術、技能等の教育訓練及び安全衛生教育並びに派遣労働者の自主的な能力開発について、可能な限り協力するほか、派遣労働者と同種の業務に従事する甲

第4部　最新労働者派遣法対応の派遣に関するモデル契約書例と解説

　の労働者に対して行う教育訓練等については、派遣労働者が当該業務に必要な能力を有している場合等を除き派遣労働者もその対象とするよう必要に応じた教育訓練に係る配慮を行うようにしなければならない。

4．乙は、派遣業務を円滑に遂行する上で有用な物品（例えば安全衛生保護具など）の貸与や教育訓練の実施をはじめとする派遣労働者の福利厚生等の措置について、必要に応じ、甲に雇用され、派遣労働者と同種の業務に従事している労働者との均衡に配慮して、必要な就業上の措置を講ずるよう努めなければならない。

　　また、甲は、乙の求めに応じ、派遣労働者と同種の業務に従事している労働者等の福利厚生等の実状を把握するために必要な情報を乙に提供する等の協力に努める。

5．乙は、派遣労働者の賃金の決定にあたっては、派遣労働者と同種の業務に従事する甲の労働者の賃金水準との均衡を考慮しつつ、派遣労働者と同種の業務に従事する一般の労働者の賃金水準や派遣労働者の職務の内容等を勘案するように努めるとともに、派遣労働者の職務の成果等に応じた適切な賃金を決定するよう配慮するものとする。

6．甲は、前項の賃金が適切に決定されるようにするため、乙の求めに応じ、その指揮命令下に労働させる派遣労働者が従事する業務と同種の業務に従事する甲の労働者の賃金水準に関する情報又は当該業務に従事する労働者の募集時の求人条件等を提供するよう配慮するものとする。

　　また、甲は乙が当該派遣労働者の職務の成果等に応じた適切な賃金を決定できるよう、乙からの求めに応じ、当該派遣労働者の職務の評価等に協力するよう努めるものとする。

7．甲は、派遣料金の額の決定にあたっては、その指揮命令下に労働させる派遣労働者の就業の実態、労働市場の状況等を勘案し、当該派遣労働者の賃金水準が、当該派遣労働者の従事する業務と同種の業務に従事している労働者の賃金水準と均衡が図られたものとするよう努めることとし、更新の場合の派遣料金の額の決定にあたっては、当該派遣労働者が従事する業務の内容及び当該業

484

務に伴う責任の程度並びに当該派遣労働者に要求する技術水準の変化を勘案するよう努めるものとする。

注 (1) 第1項は、甲側における派遣就業が的確に履行されるよう、乙が講ずべき措置を定めたものである。すなわち、36協定や時間外労働義務に関する就業規則は、派遣元である乙が整備する義務があり、個別契約に定める派遣労働を的確になし得べき法律上及び事実上の条件を調える義務がある。

(2) 第2項は、派遣先における派遣労働者の適法・適正な使用義務を定める派遣法第39条及び第40条、セクシュアルハラスメント防止措置など男女雇用機会均等法上の措置及び育児介護休業法上の措置について、派遣先（甲）もこれらの法律上事業主とみなされ責任を負う旨を定める派遣法第47条の2及び第47条の3の規定、ならびに派遣先での就業上の措置について定める「派遣先指針」第2の9に対応して、甲の義務を定めたものである。

(3) 第3項は、派遣法第40条第2項及び「派遣先指針」第2の9(3)に基づく規定である。

(4) 第4項は、同法第30条の3第2項の派遣元の配慮措置、及び「派遣元指針」第2の8(6)ホに基づく派遣元の派遣労働者の福利厚生等の措置等についての派遣先への均衡の配慮に関する定めと、これに対する派遣先の法第40条第3項に定める当該派遣就業が適切かつ円滑に行われるようにするための「派遣先指針」第2の9(1)後段に基づくそれぞれの措置について契約化したものである。

(5) 第5項は、同法第30条の3第1項の派遣元の派遣労働者の賃金の決定にあたっての派遣元の配慮義務を定めたものである。そして、その内容については「派遣元指針」第2の8(6)イ、ロで具体的に定められている。

(6) 第6項は、第5項の派遣元である乙における賃金が適切に決定されるようにするため、派遣先である甲の賃金水準等や情報の提供の配慮義務（法第40条第5項）を契約上規定したものである。「また、」以下の規定は、「派遣先指針」第2の9(1)に定める派遣先の職務評価協力義務を規定したものである。

485

第4部　最新労働者派遣法対応の派遣に関するモデル契約書例と解説

(7)　第7項は、「派遣先指針」第2の9⑵に基づく派遣契約にあたっての派遣先の派遣料金の決定についての努力義務ならびに派遣契約の更新の際における派遣料金の決定にあたっての勘案事項を定めたものである。この派遣料金は、労働者派遣で最も重要であり、「派遣元指針」第2の8⑹ハで「派遣元事業主は、労働者派遣に関する料金の額に係る派遣先との交渉が当該労働者派遣に係る派遣労働者の待遇の改善にとって極めて重要であることを踏まえつつ、当該交渉に当たるよう努めること。」とされている。

　　　しかし、これは取引上の自由決定事項であるので、派遣法上はここまで踏み込んだ事項は定められていない。

第14条（派遣労働者への説明の実施）

　甲は、派遣労働者の受入れに際し、派遣労働者が利用できる派遣先の各種の福利厚生に関する措置の内容についての説明を実施し、派遣労働者が円滑かつ的確に就業するために必要な、派遣労働者を直接指揮命令する者以外の派遣先の労働者との業務上の関係についての説明及び職場生活上留意を要する事項についての助言等を行うものとする。

注　本条は、派遣労働者が派遣先において適正に派遣就業をなし得るように、派遣の受入れにあたっての甲側における事前の説明措置を定めた（「派遣先指針」第2の12）。同指針では説明会等と規定しているが、甲側において同時に受け入れる派遣労働者の人数にもよるので、本契約においては「説明」にとどめた。

第15条（公民権行使等の時間）

1.　甲は、派遣労働者が就業時間中に、選挙権その他公民としての権利を行使し、又は公の職務を執行するために必要な時間を請求した場合においては、その権利の行使又は職務の執行に協力するものとする。ただし、権利の行使又は職務の執行に妨げがない限

り、甲は請求された時刻を変更することができる。
2．前項の場合、甲が代替者の派遣を請求するとき及び不就労時間の派遣料金の取扱い等は、甲乙協議の上対応するものとする。

> **注** 労基法第7条に定める選挙権その他の公民権の行使については、「派遣中の労働者の派遣就業に関しては、派遣先の事業のみを、派遣中の労働者を使用する事業とみなして」（派遣法第44条第2項）適用するものとされており、派遣先が使用者として責任を負う。また、派遣労働時間に関する事項であるため、トラブルが生じないようその取扱いを定めておく必要がある。特に裁判員の選任を受ける場合、これは公の職務の執行であり、派遣先である甲はそのための時間の請求を拒んではならない。労基法上の使用者の義務としては、時間の付与のみであり、その時間に対応する賃金の支払義務はなく「有給たると無給たるとは、当事者の自由に委ねられた問題である」（昭22・11・27基発第399号）とされている。そこで、この権利行使または職務の執行のために労務の提供ができなかった場合についての甲乙間の派遣料金（乙と派遣労働者間の賃金）の取扱いについても協議により定めることとなろう。

第16条（安全衛生等）

1．甲及び乙は、労働基準法・労働安全衛生法等に定める規定を遵守し、派遣労働者の労働条件・安全衛生の確保及び確保することにつき双方が確認できるよう必要な連絡調整を行うものとする。
2．乙は、労働安全衛生法に定める雇入れ時の安全衛生教育を行った上、甲に派遣しなければならない。なお、甲は、乙からの派遣労働者に係る雇入れ時及び作業内容変更時の安全衛生教育の委託の申入れがあった場合には、可能な限りこれに応じるように努めること。健康診断、医師面接指導等の結果に基づく就業上の措置を講ずるにあたって、当該措置に協力を求められた場合には、必要な協力を行う等、派遣労働者の安全衛生に必要な協力や配慮を行うものとする。

第4部　最新労働者派遣法対応の派遣に関するモデル契約書例と解説

3．甲は、乙の派遣労働者の就業場所における設備、機械、器材及び環境等の危険に関し、労働安全衛生法上の乙の派遣労働者の事業者とみなされ、乙は、当該事項について、派遣中の労働者を使用しないものとみなされることにかんがみ、派遣労働者の安全管理について適切な管理を行うものとする。乙は、甲の行う安全衛生管理に協力し、派遣労働者に対する教育・指導等を怠らないように努めるものとする。

4．乙は、派遣労働者に対し、必要に応じて雇入れ時の健康診断を行うとともに、派遣就業に適する健康状態の労働者を甲に派遣しなければならない。また、乙は、派遣労働者に対する一般健康診断を行い、就業上の措置を講ずることが必要な場合には甲に通知するものとする。

5．万一、乙の派遣労働者について派遣中に労働災害が発生した場合については、甲は、乙に直ちに連絡して対応するとともに、労働者死傷病報告の提出については、本契約第18条第3項によるものとする。

注 (1)　第1項は、一般的な安全衛生の確保について定めたものである。ただし、いわゆる過労死防止義務の安衛法上の根拠とされる同法第65条の3の「事業者は、労働者の健康に配慮して、労働者の従事する作業を適切に管理するように努めなければならない」という義務は、派遣先（甲）のみなし事業者としての義務となっている（労災保険の適用は、派遣元となっており、安全配慮義務とは分離されている）。

(2)　第2項に定めるとおり、雇入れ時の安全衛生教育義務は、派遣元（乙）の義務で、甲側に協力義務があるのでその旨を定めた。平成27年法改正に伴い、安全衛生に係る措置の「派遣先指針」第2の17及び「派遣元指針」第2の12が改正され、それぞれ「派遣労働者の安全衛生に係る措置を実施するために必要な協力や配慮を行うこと」、「派遣労働者の安全衛生に係る措置を実施するため、派遣先と必要な連絡調整等を行うこと」とされた。

(3)　第3項は、派遣就業に関して、設備、機械、器材等の物的な危険、

488

就業場所、使用原材料等の環境的危険及びエネルギーその他の動力、作業方法や構内管理等に係る危険に関する安衛法の規定の適用については、派遣法第45条第3項、第4項及び第5項に特例が定められている。すなわち、「労働者がその事業における派遣就業のために派遣されている派遣先の事業に関しては、当該派遣先の事業を行う者を当該派遣中の労働者を使用する事業者と、当該派遣中の労働者を当該派遣先の事業を行う者に使用される労働者とみなして、労働安全衛生法」(第3項)を適用し、「当該派遣元の事業の事業者は当該派遣中の労働者を使用しないものと、当該派遣中の労働者は当該派遣元の事業の事業者に使用されないものとみなす」(第5項)として、全面的に派遣先(甲)側の適用責任となっているので、本契約においてもそのことを念のために定めた。

(4) 第4項の雇入れ時の健診義務は、派遣元(乙)側の義務(ただし、安衛法上は、雇入れ時の健診は常時雇用する労働者のみに義務付けられているが、派遣先という乙の支配外の就労であること、甲は派遣労働者の選考、特定が禁じられており、派遣労働者が派遣就業に耐え得る健康状態であるかということをチェックできないこと等から、乙としては安衛法上の義務の有無にかかわらず雇入れ時の健診は行っておくべきであろう)であり、派遣元には派遣契約上の業務に適する労働者の派遣義務がある。そこで、派遣元としては、アレルギー、素因、既往症等による健康上の不適格業務に当該労働者を派遣してはならない。そのためには労働者自身にも健診結果や既往歴、素因等の申告を求めておかなければならないといえよう。

(5) 労働災害が発生した場合の労働者死傷病報告は、平成16年3月施行の派遣法改正に伴う労働安全衛生規則様式の改正で、甲乙両者がそれぞれ所轄労働基準監督署長に提出すべきこととなったが、この点については別条として本契約書第18条に定めている。

第17条(年次有給休暇)

1. 乙は、派遣労働者から年次有給休暇の申請があった場合には、

第4部　最新労働者派遣法対応の派遣に関するモデル契約書例と解説

原則として、甲へ事前に通知するものとする。
2．甲は、派遣労働者の年次有給休暇の取得に協力するものとする。ただし、通知された日の取得が業務の正常な運営に支障を来すときは、甲は乙にその具体的な事情を明示して、乙が当該派遣労働者に対し取得予定日を変更するよう依頼すること、又は必要な代替者の派遣を要求することができる。

注 年次有給休暇の適用は、派遣元の乙にある。そこで派遣先の甲としては、派遣労働者が年次有給休暇を取得したために不就業となった業務の不履行や遅滞等を受忍しなければならない義務はない（取引契約のため）ので、協力義務はあるとしても、代替者の派遣を要求することができる。

第18条（業務上災害等）
1．派遣就業に伴う派遣労働者の業務上災害については、乙が労働基準法に定める使用者の災害補償責任及び労働者災害補償保険法に定める事業主の責任を負う。通勤災害については、乙の加入する労働者災害補償保険法により、派遣労働者は給付を受ける。
2．甲は、乙の行う労災保険の申請手続等について必要な協力をしなければならない。
3．甲及び乙は、派遣労働者が労働災害により死亡又は負傷、疾病等が生じたときには、甲の事業場の名称等を記入の上、労働安全衛生法及び労働安全衛生規則の定めに従い、それぞれ所轄労働基準監督署長に労働者死傷病報告を提出しなければならない。
　　なお、甲は、前段の労働者死傷病報告を提出したときは、その写しを乙に送付しなければならない。

注 (1)　本条は、業務上災害の労災保険等の取扱いについて定めたものである。
　　(2)　第2項は、労働災害の発生の現場である甲の協力義務を定めたものである。なお、平成16年3月1日施行の派遣法改正で、製造

490

業務への派遣が認められたことから、安衛法の死傷病報告の様式が同規則改正により変更され、甲、乙がそれぞれ所轄労働基準監督署長に提出することと明記された。これにより、死傷病報告の提出は派遣先・派遣元の双方の義務とされ、また、甲から乙への写しの送付も規定されたことに注意すること。

第19条（派遣労働者の交替等）

1．派遣労働者が就業するにあたり、遵守すべき甲の業務処理方法、就業規律等に従わない場合、又は業務処理の能率が著しく低く労働者派遣の目的を達しない場合には、甲は乙にその理由を示し、派遣労働者への指導、改善、派遣労働者の交替等の適切な措置を要請することができる。

2．乙は、前項の要請があった場合には、当該派遣労働者への指導、改善、派遣労働者の交替等適切な措置を講ずるものとする。

3．派遣労働者の傷病その他、やむを得ない理由がある場合には、乙は甲に通知して、派遣労働者を交替させることができる。

4．乙は、派遣労働者の自己都合欠勤、事故による欠員その他、派遣労働者の人数に欠員が生じるおそれがある場合は、直ちに甲にその旨連絡するとともに、欠員が生じないよう措置をとり、また、欠員が生じた場合は直ちに、その欠員の補充を行わなければならない。ただし、甲においてその必要がない旨乙に連絡したときはこの限りでない。

5．甲の承諾のある場合を除き、前項の欠員等が生じたことによって、甲に損害が生じた場合は、乙は甲に対しその損害を賠償しなければならない。

注 (1) 不適格な派遣労働者による派遣契約の目的を達しない労働の提供は、乙側の債務不履行となるので、甲から乙への派遣労働者の交替要請に対する追完ないし代替履行の確保措置を定めておく必要がある。本条は、そのような場合の甲乙間の取扱いを定めたものである。

第4部　最新労働者派遣法対応の派遣に関するモデル契約書例と解説

　(2)　派遣契約の目的は、所定の人数の適格な労働者（業務を的確に行う者）の派遣にあり、欠員が生じたときその補充を行うことは派遣契約上の派遣元の債務である。

第20条（派遣労働者の個人情報の保護と適正な取扱い）

1．乙が甲に提供することができる派遣労働者の個人情報は、労働者派遣法第35条及び同法施行規則の規定により派遣先に通知すべき事項のほか、当該派遣労働者の業務遂行能力に関する情報に限るものとする。ただし、利用目的を示して当該派遣労働者の同意を得た場合及び紹介予定派遣において法令上許されている範囲又は他の法律に定めのある場合は、この限りではない。

2．甲における機密保持、情報管理の必要性及び安全衛生管理、事故等の緊急連絡、派遣業務の円滑な遂行のための必要性等から、乙は、あらかじめ利用目的を明示して、派遣労働者の同意を得て、住所（連絡先）、電話番号等必要事項を甲に通知することができるものとする。

3．甲は派遣労働者に対し、入退館、情報管理、事故対応等のため写真等個人識別を表示した証明書等を作成交付するものとし、乙は、派遣労働者にあらかじめ同意を得てその作成に協力するとともに、その有効な保持及び不正使用等の防止を図るものとする。

4．甲及び乙は、業務上知り得た派遣労働者の個人情報及び関係者の個人の秘密を正当な理由なく他に漏らし、又は開示する等してはならない。

注　(1)　本条は、派遣労働者の個人情報の取扱い及び守秘義務について定めたものである。派遣元が派遣先に提供する個人情報は、個人情報保護法上第三者への提供となるので、法令に基づく場合のほかは、本人の同意によらなければならない（同法第23条）。

　　(2)　なお、派遣法では、個人情報保護法の制定前から次のような同旨の規定を定めている。

1　労働者派遣基本契約書と解説

> **（個人情報の取扱い）**
> **第24条の３**
> 1　派遣元事業主は、労働者派遣に関し、労働者の個人情報を収集し、保管し、又は使用するに当たっては、その業務（紹介予定派遣をする場合における職業紹介を含む。次条において同じ。）の目的の達成に必要な範囲内で労働者の個人情報を収集し、並びに当該収集の目的の範囲内でこれを保管し、及び使用しなければならない。ただし、本人の同意がある場合その他正当な事由がある場合は、この限りでない。
> 2　派遣元事業主は、労働者の個人情報を適正に管理するために必要な措置を講じなければならない。
> **（秘密を守る義務）**
> **第24条の４**　派遣元事業主及びその代理人、使用人その他の従業者は、正当な理由がある場合でなければ、その業務上取り扱ったことについて知り得た秘密を他に漏らしてはならない。派遣元事業主及びその代理人、使用人その他の従業者でなくなった後においても、同様とする。

(3)　第２項は、個人情報保護法に対応し、甲における機密保持等や緊急連絡等のため、また派遣業務の円滑遂行のため甲の部内での自己紹介等の必要のために、乙はあらかじめ利用目的を明示した上で、派遣労働者の同意を得て必要な範囲内の派遣労働者の個人情報を甲に提供することができる旨定めたものである。

(4)　第３項は、甲における入退館やセキュリティ等のための写真付きの個人識別表示の身分証明書等の作成と、そのための個人情報の提供ならびに証明書の不正使用等の防止を乙に求めたものである。

第21条（企業秘密及び個人情報の守秘義務）

1．乙は、派遣業務の遂行により、知り得た甲及び取引先その他関係先の業務に関する営業秘密（経営、営業、生産、企画、財務、経理、人事、開発、研究、宣伝その他の企業情報をいう。）について、不当に漏洩し、開示し、又は不正に利用する等してはならず、派遣労働者にもその遵守を徹底させなければならない。本契約又は個別契約終了後においても同様とする。

第4部　最新労働者派遣法対応の派遣に関するモデル契約書例と解説

2．乙は、派遣業務の遂行により、知り得た甲の役員、従業員等及び取引先その他関係者の個人情報について、不当に漏洩し、開示し、または不正に利用する等してはならず、派遣労働者にもその遵守を徹底させなければならない。本契約又は個別契約終了後においても同様とする。

3．甲は、派遣労働者に対し、前2項に定める甲の営業秘密事項や個人情報の機密管理の教育を行い、また、乙を通じ甲あてに派遣労働者から前2項に定める守秘義務の履行に関する誓約書を提出させ、甲の機密保持の確保を図ることができるものとする。

4．甲は、乙の派遣労働者の派遣終了にあたっても、乙を通じ甲あてに派遣労働者より守秘義務の履行に関する確認誓約書を提出させるものとする。

注 (1)　第1項はいわゆる営業秘密（企業秘密）、第2項は派遣労働者が取り扱う個人情報の守秘義務について規定したものである。なお、本派遣契約上のいわゆる営業秘密及び個人情報の守秘義務を負うのは、契約当事者である派遣元の事業主（乙）であるから、派遣元事業主は自己の雇用する派遣労働者について、就業規則で派遣就業先に係る取り扱った業務上の秘密及び個人情報の守秘義務を定めるとともに、教育指導等の徹底を図り、また、個別労働契約等でもこれを確認する等防止措置を講じ、かつ、甲としてもその旨の守秘義務誓約書（これは甲直接でも、乙を通じた写しでもよい）を派遣労働者からとっておくことができる。

(2)　この点について、「個人情報保護法ガイドライン（通則編）」では、「個人情報取扱事業者は、法第20条に基づき自らが講ずべき安全管理措置と同等の措置が講じられるよう、監督を行うものとする。その際、委託する業務内容に対して必要のない個人データを提供しないようにすることは当然のこととして、取扱いを委託する個人データの内容を踏まえ、個人データが漏えい等をした場合に本人が被る権利利益の侵害の大きさを考慮し、委託する事業の規模及び性質、個人データの取扱状況（取り扱う個人データの性質及び量を含む。）等に起因するリスクに応じて、……必要かつ

494

適切な措置を講じなければならない。」とされている。

なお、「派遣社員等」については、平成15年策定時の経産省の「営業秘密管理指針」において、次のように述べられていることが参考となろう（なお、現行指針は平成27年1月28日に全部改正したものである）。

派遣社員は、一般の従業員と同様に、派遣先（受入先の企業）の指揮命令を受けて派遣先の業務に従事する。しかしながら、派遣社員は、あくまで派遣元（派遣会社）の従業員であり、派遣先と直接の雇用関係はない。派遣先の指揮命令権は、労働者派遣法に基づく派遣元・派遣先との間の派遣契約において規定されるものである。派遣社員に対してどのような業務に従事させるかについては、派遣契約で明確化する義務があるが、営業秘密管理に関する秘密保持規定については、特段の義務は課されていないため、どの程度の秘密保持義務を課す必要があるのかを派遣契約等で明確化する必要がある。
　その場合には、派遣社員と同程度の業務に従事している自社の従業員に対して課しているのと同等の秘密保持義務を遵守するよう規定することが望ましいと考えられる。

このように、法的義務の点では、派遣労働者は派遣先の従業員とは地位上は差異があるものの、営業秘密として表示を行いアクセスを制限するといった、物的・技術的管理の側面及び組織的管理の側面では、派遣先の従業員と同様に適用されるものと解される。

(3)　第2項では上記の見解と同様に個人情報保護法では、従業員とともに派遣労働者も「従業者」として取り扱われ、個人情報取扱事業者は、第20条に基づく安全管理措置を遵守させるよう、従業員に対し必要かつ適切な監督をしなければならないとされている（第21条）ことからこれを契約条文化した。

そして、「従業者」とは、個人情報取扱事業者の組織内にあって直接間接に事業者の指揮監督を受けて事業者の業務に従事している者等をいい、雇用関係にある従業員（正社員、契約社員、嘱託社員、パート社員、アルバイト社員等）のみならず、取締役、執行役、理事、監査役、監事、派遣社員も含まれる。

(4)　第3項の派遣労働者に提出を求めるいわゆる守秘義務誓約書については、派遣先の指揮命令に従い派遣先の業務に従事するもので

第４部　最新労働者派遣法対応の派遣に関するモデル契約書例と解説

あるから、派遣先としては、自社の従業員に課す程度の守秘義務誓約書の提出を求めるのは差し支えない。

第22条（公益通報者の保護）

甲及び乙は、派遣労働者が甲の業務に従事する場合において、甲の役員、従業員、代理人その他の者について公益通報対象事実が生じ、又はまさに生じようとしている旨を、甲若しくは甲があらかじめ定めた者、当該公益通報対象事実について処分若しくは勧告等をする権限を有する行政機関又はその者に対し当該公益通報対象事実を通報することがその発生若しくはこれによる被害の拡大を防止するために必要であると認められる者に通報したことを理由として、甲において個別契約の解除、派遣労働者の交替を求めること、その他不利益な取扱いをしてはならず、乙において派遣労働者に対して解雇その他不利益な取扱いをしてはならない。

注　(1)　公益通報者保護制度に関し規定したのは、コンプライアンスの観点から、公益通報をしたことを理由とする公益通報者の解雇の無効などを定めた公益通報者保護法への対応を明確にするためである。

　　「公益通報」とは、労働者（派遣労働者、請負人の労働者、公務員を含む）が、①当該労働者を自ら使用する事業者、②当該労働者が派遣労働者である場合の当該派遣労働者の派遣先事業者、③当該労働者が事業に従事する場合の①または②の取引事業者、またはその役員、従業員などについて、公益通報対象事実が生じ、または生ずるおそれがある旨を次のいずれかに通報することをいう。

イ　当該労務提供先または当該労務提供先があらかじめ定めた者（当該労務提供先が、外部ホットライン、親会社、顧問弁護士、労働組合などを内部通報先として定めた場合）。

ロ　当該犯罪行為などの事実について処分または勧告などをする権限を有する行政機関。

ハ　当該犯罪行為などの事実を通報することが、その発生、また

496

1　労働者派遣基本契約書と解説

はこれによる被害の拡大を防止するために必要であると認められる者（いわゆるマスコミ、消費者団体など）。

(2)　「通報対象事実」とは、個人の生命または身体の保護、消費者の利益の擁護、生活環境の保全、公正な競争の確保、そのほか国民の生命、身体、財産その他の利益の保護に関わる刑法、食品衛生法、証券取引法、JAS法、大気汚染防止法、廃棄物処理法、個人情報保護法、そのほかの法令に規定する犯罪行為などの事実をいう。

(3)　公益通報者が上記の場合においてそれぞれ当該相手先に公益通報をしたことを理由として事業者が通報者に対して行った解雇、降格、減給その他不利益な取扱いは無効とされる（同法第3条、第5条）。

第23条（日雇派遣の禁止等）

　乙は、甲に対しその業務を迅速かつ的確に遂行するために専門的な知識、技術又は経験を必要とする業務のうち、労働者派遣により日雇労働者（「日々又は30日以内の期間を定めて雇用する労働者」をいう。）を従事させても当該日雇労働者の適正な雇用管理に支障を及ぼすおそれがないと認められる業務として労働者派遣法施行令第4条第1項で定める業務について、労働者派遣をする場合又は雇用の機会の確保が特に困難であると認められる労働者の雇用の継続等を図るために必要であると認められる場合その他の場合で同条第2項で定める場合を除き、その雇用する日雇労働者について労働者派遣を行ってはならない。

注 本条の日雇派遣の原則的禁止については、派遣法第35条の4による。

第24条（甲の離職後1年以内の労働者派遣受入れの禁止）

1．甲は、個別契約締結後、労働者派遣法第35条に基づく当該派遣労働者の氏名、性別等の通知を受けた場合において、当該派遣労働者が甲（事業者単位）を離職した者であるときは、当該離職の

497

第４部　最新労働者派遣法対応の派遣に関するモデル契約書例と解説

日から起算して１年を経過する日までの間は、当該派遣労働者（60歳以上の定年退職者を除く。）を受け入れてはならない。また、本条項に抵触することとなるときは、乙に対して、その旨を書面の交付等により通知しなければならない。

２．乙は、甲の離職の日から起算して１年を経過する日までの間の者（60歳以上の定年退職者を除く。）と労働契約を締結しこの者を派遣労働者として甲（事業者単位）に労働者派遣をしてはならない。

３．甲及び乙が、本件派遣に関し必要な手続きをする際に、前２項に抵触することとなることを知ったときは、本件派遣を中止し、甲乙協議の上対応するものとする。

注 (1)　本条項は、派遣法第35条の５及び第40条の９の原則禁止について定めたものである。

(2)　「派遣先」とは、事業者単位で捉えられるものであり、例えば、ある会社のＡ事業所を離職した労働者を同じ会社のＢ事業所へ派遣することは、離職後１年を経過しない場合は認められないこと。なお、グループ企業への派遣に関しては、同一の事業者には該当しないため、離職した労働者についての労働者派遣の禁止対象になるものではないこと（「業務取扱要領」第７の15(3)ロ）。

第25条（知的所有権の帰属）

１．乙の派遣労働者が甲の派遣業務従事中に行った職務発明、職務考案、職務意匠、職務著作（プログラム含む。）、その他知的所有権はすべて甲に帰属し、甲の所有とする。

２．乙の派遣労働者の職務発明、職務考案、職務意匠についての権利の甲への帰属に係る補償金等の相当の経済上の対価の取扱いについては、甲の定める職務発明規程に従う。

３．甲の発意に基づき、乙の派遣労働者の作成した職務著作物は、甲の名義及び所有とし、甲の発意に基づく職務プログラムの著作物についても同様とし、乙及び乙の派遣労働者は補償金等の対価を請求できない。

498

注 (1) 最近は、派遣労働者の派遣先での業務として行った職務上の創作に係る知的所有権の帰属、職務発明の取扱い、その補償対価等の問題も出ているので、この点について特許法第35条の職務発明に関する規定が改正されて、平成28年4月1日から施行されている。

　本条項は、それに対応する規定である。すなわち、改正後の特許法第35条第3項は「従業者等がした職務発明については、契約、勤務規則その他の定めにおいてあらかじめ使用者等に特許を受ける権利を取得させることを定めたときは、その特許を受ける権利は、その発生した時から当該使用者等に帰属する。」と定めた。

(2) 第2項は、「従業者等は、契約、勤務規則その他の定めにより職務発明について使用者等に特許を受ける権利を取得させ……たときは、相当の金銭その他の経済上の利益……を受ける権利を有する。」（特許法第35条第4項）として発明完成と同時に使用者が原始的に特許を受ける権利を取得するにあたり、インセンティブ確保の観点から、従業者等の発明者に「相当の金銭その他の経済上の利益」を与えるものとされたことにかんがみ定めたものである。

(3) 派遣労働者が職務によって行った発明や創作の、いわゆる職務開発をめぐっての権利関係については、意匠法、実用新案法では特許法第35条の職務発明の規定が準用されており、同条には権利の帰属や補償対価の定めがなされている。

　ところが、著作権においては、「職務上作成する著作物の著作者」について「法人その他使用者（以下この条において「法人等」という。）の発意に基づきその法人等の業務に従事する者が職務上作成する著作物（プログラムの著作物を除く。）で、その法人等が自己の著作の名義の下に公表するものの著作者は、その作成の時における契約、勤務規則その他に別段の定めがない限り、その法人等とする。」（著作権法第15条第1項）として、当然当該法人等が権利者となるとし、プログラムは法人名義で公表されなくても法人を権利者と定めている。そこで第3項ではその旨を定めた。

(4) 特許法第35条にいう「従業者等」に派遣労働者が当たることは明らかではあるが、同法上、派遣元と派遣先のいずれが「使用者」、「法人」となるかが問題である。この点について、派遣法では、派

第4部　最新労働者派遣法対応の派遣に関するモデル契約書例と解説

遣労働者は派遣先に労務を提供し、派遣先の指揮命令を受けることとされているので労務提供の成果は派遣先に帰することから、派遣先が職務発明に係る権利を有する使用者となると解される。

第26条　（雇用安定措置）

1．乙は、事業所等における同一の組織単位（課）に継続して3年間派遣される見込みがある派遣労働者であって、当該派遣終了後も引き続き当該派遣労働者が就業することを希望している場合には、当該派遣労働者に対し、労働者派遣法第30条第2項の規定により読み替えて適用する同条第1項各号のいずれかの措置を講じなければならない。

2．乙が、甲に対し、同法第30条第2項の規定により読み替えて適用する同条第1項第1号に基づき、直接雇用の依頼をした場合には、甲は、それに対応するとともに本契約第28条第2項に基づく労働者の募集に係る事項の周知を講じるなど可能な対応をするものとする。

注 (1)① 　第1項は、派遣法第30条第2項に基づく派遣元である乙の「派遣先の事業所その他派遣就業の場所における同一の組織単位の業務について継続して3年間当該労働者派遣に係る労働に従事する見込みがある特定有期雇用派遣労働者に係る」同条第1項に定める雇用安定措置義務（下記①〜④）について規定したものであるが、これは甲にとっても協力義務となる重要なものであるから基本契約書として定めた。

　① 　派遣先への直接雇用の依頼

　② 　新たな就業機会（派遣先）の提供

　③ 　派遣元事業主における無期雇用

　④ 　その他安定した雇用の継続が確実に図られると認められる措置

　このうち、①を講じた場合であって直接雇用に至らなかった場合は、その後②から④のいずれかを講じなければならないも

500

のとされている（規則第25条の2第2項）。

　したがって、甲に係る上記の①の措置がポイントであるため基本契約書において定めるものである。

②　この雇用安定措置が必要なのは派遣元で、雇用する有期雇用派遣労働者であって派遣先の事業所その他派遣就業の場所における同一の組織単位の業務について、継続して1年以上の期間派遣労働に従事する見込みがある者等の一定の者（以下「特定有期雇用派遣労働者等」という）のうち「1年以上3年未満従事見込みの派遣労働者」については「努力義務」であり、「3年間従事見込みのある派遣労働者」については「措置義務」とされている。

　そこで本契約書では、3年間の派遣見込み（有期雇用の限度期間まで）のある措置義務対象者についてのみ規定した。

(2)①　第2項は、雇用安定措置義務の第一である「派遣先に対し、特定有期雇用派遣労働者に対して労働契約の申込みをすることを求めること」（法第30条第1項第1号、同条第2項）に関して定めた規定である。

　これは、乙から甲に対して自己の有期雇用する派遣労働者であって3年間甲の同一組織に派遣され、派遣期間の限度に達した者について、直接甲に雇用を依頼した場合の取扱いである。甲は当該派遣労働者を雇用する義務は負わないものの派遣元としては法第30条第1項第1号において、第一の講ずべき措置として定められている。そこで、「甲は直接雇用するように配慮するものとする。」といった規定が望ましい。

　また、本契約書第28条にも規定を置いているが、派遣先が「当該事業所その他派遣就業の場所において労働に従事する通常の労働者の募集を行うときは、当該募集に係る事業所その他派遣就業の場所に掲示することその他の措置を講ずることにより、その者が従事すべき業務の内容、賃金、労働時間その他の当該募集に係る事項を当該派遣労働者に周知しなければならない。」（法第40条の5第1項）との甲の情報提供義務が定められているので、これらによる対応など可能なものの実施は必要である。

第4部　最新労働者派遣法対応の派遣に関するモデル契約書例と解説

②　なお、「業務取扱要領」では「雇用安定措置のうち、派遣先への直接雇用の依頼については、直接雇用の依頼を受けた件数に対して派遣先が直接雇用した人数が著しく少ない場合は、派遣先に対してその理由を聴取し直接雇用化の推進に向けた助言・指導を行うものとすること。」（第7の2⑹リ）とされている。その根拠としては法第48条第1項の包括的行政指導権の規定が挙げられる。

第27条（甲の派遣労働者の雇入れ等）

1．甲は、個別契約期間中は乙の派遣労働者を雇用してはならない。
2．紹介予定派遣ではない労働者派遣の個別契約期間中に、甲が当該派遣労働者を雇い入れようとする場合には、労働者派遣法第30条第2項の規定により読み替えて適用する同条第1項第1号（直接雇用の依頼）、同法第40条の5第1項及び第2項（甲の労働者の募集）の場合を除き、甲、乙及び派遣労働者の三者の合意の下、当該個別契約を解除し、新たに紹介予定派遣契約を締結することができるものとする。
3．労働者派遣の個別契約終了後に、甲が当該派遣労働者を雇い入れようとする場合には、当該雇用が円滑に行われるよう、甲があらかじめその旨を乙に通知すること、乙が職業紹介事業の許可を有するときには、紹介手数料を支払うことその他の労働者派遣の終了後における当事者間の紛争を防止するために講ずる措置を個別契約に定めるものとする。なお、この場合の紹介手数料その他の取扱いについては、別途覚書によって定めるものとし、甲乙協議の上決定するものとする。

注　(1)　第1項の規定のように、甲が個別契約による派遣期間中に当該派遣労働者を雇用してはならない旨乙と契約することは適法である（甲が、派遣就業終了後に当該派遣労働者を雇用することや、当該派遣労働者が雇用されることは、逆に禁止してはならない）（派遣法第33条）。

1　労働者派遣基本契約書と解説

(2)　平成27年の法改正で、派遣先の同一の組織単位に３年間継続派遣された派遣労働者について、派遣元は雇用安定措置として第一に、派遣先へ直接雇用の依頼をしなければならないこと（派遣法第30条第２項、同条第１項第１号）、組織単位ごとの同一の業務に１年以上継続派遣されている特定有期雇用派遣労働者がいる場合に、引き続き同一の業務のために新たに雇い入れる場合の当該派遣労働者を雇い入れる努力義務（同法第40条の４）、及び派遣先が当該派遣の役務を受けている場所で、新たに労働者を募集する場合の派遣労働者への募集情報の周知義務（同法第40条の５）が新設された。

第２項は、これらの規定に基づき甲が派遣労働者を直接雇用する場合以外で、甲が当該派遣労働者を雇い入れる場合について定めたものである。

なお、派遣期間中に、甲が派遣労働者を直接雇い入れることについて、甲、乙及び派遣労働者の三者間の合意によることは差し支えなく、また紹介予定派遣に切り替えることも差し支えない。

(3)　第３項は派遣労働者の雇用安定措置として定める「派遣先指針」第２の6(1)ロを受けて規定したものである。

第28条　（労働者の募集に係る事項の周知）

1．甲は、当該同一の事業所において、１年以上の期間、継続して同一派遣労働者（無期雇用派遣労働者を含む。）を受け入れている場合であって、当該事業所等において正社員の募集を行うときは、労働者派遣法第40条の５第１項の規定に基づき、その募集情報を当該派遣労働者に周知するものとする。

2．甲は、当該同一の事業所等における同一の組織単位の業務に、継続して３年間受け入れる見込みがある派遣労働者について、乙から労働者派遣法第30条第２項の規定により読み替えて適用する同条第１項第１号の直接雇用の依頼があった場合で、当該事業所等の労働者（正社員を含む。）の募集を行うときは、同法第40条の５第２項の規定に基づき、その募集情報を当該派遣労働者に周知

503

第4部　最新労働者派遣法対応の派遣に関するモデル契約書例と解説

するものとする。

3．甲は、労働者派遣法第40条の5第1項及び第2項に基づき、募集情報の周知を行う場合は、あらかじめ、乙にその旨を通知するものとする。また、甲が、当該募集を行い、その募集に対し当該派遣労働者が応募した場合であって、甲と当該派遣労働者との間で労働契約が成立したときには、甲、乙及び派遣労働者の三者の合意の下、乙及び派遣労働者は退職手続をとらなければならない。

注　本条は、法第40条の5第1項、第2項の義務を契約化したものである。なお、第3項は、雇用関係の秩序維持の観点から念のため規定したものである。

第29条（労働契約の申込みみなし）

1．甲が、労働者派遣法第40条の6第1項各号に掲げる違法派遣を受け入れた場合（違法派遣について、甲が善意無過失（違法派遣に該当することを知らず、かつ、知らなかったことにつき過失がなかったときをいう。）である場合を除く。）には、その時点において甲が当該労働者派遣に係る派遣労働者に対し、その時点における当該派遣労働者に係る乙の労働条件と同一の労働条件を内容とする労働契約の申込みをしたものとみなす。

2．前項に基づき、派遣就業期間中に当該派遣労働者の甲への承諾により甲及び当該派遣労働者との間で労働契約が成立した場合には、甲は乙にその旨通知するものとし、この場合においては、乙及び派遣労働者は乙からの退職手続をとらなければならない。

3．本条に定める労働契約の申込みみなしに関し、甲、乙及び当該派遣労働者の間で紛争が生じた場合には、三者間で協議して円満解決を図るものとする。

注　本条は法第40条の6に定める違法派遣の役務を派遣先が受けた場合における「労働契約申込みみなし」制度に関して定めたものである。なお、第2項は、「労働契約申込みみなし」による甲への雇用が成立し

1　労働者派遣基本契約書と解説

た場合の乙からの退職手続きを定めたものである。第3項は、「労働契約申込みみなし」の適用をめぐって紛争が生じた場合の三者間の協議による解決を定めたものである。

第30条（派遣業務に関する損害賠償）

1．派遣業務の遂行において、派遣労働者が本契約又は個別契約に違反し、若しくは故意又は重大な過失により甲に損害を与えた場合は、乙は甲に損害賠償の責任を負うものとする。ただし、その損害が、指揮命令者その他甲が使用する者（以下、本条において「指揮命令者等」という。）の派遣労働者に対する指揮命令等（必要な注意・指示をしなかった不作為を含む。）により生じたと認められる場合は、この限りではない。

2．前項の場合において、その損害が、派遣労働者の故意又は重大な過失と指揮命令者等の指揮命令等との双方に起因するものであるときは、甲及び乙は、協議して損害の負担割合を定めるものとする。なお、甲は、損害賠償請求に関しては、損害の発生を知った後、速やかに、乙に書面で通知するものとする。

3．甲は、派遣労働者の故意又は過失によって営業秘密、個人情報等の不当な漏洩、開示、利用、加工、毀損等のセキュリティに関する事件若しくは事故が発生したときは、乙に連絡して速やかに甲乙協議して対応策を講じ、その損害の軽減、拡大防止に努めるものとする。

注 (1)　派遣契約も民事上の取引契約であるから、乙または乙の派遣労働者の故意または過失による相手方もしくは第三者の権利侵害行為に対しては、乙には損害賠償義務がある。しかし、派遣労働者は第一次的には派遣先の指揮命令に服して就業しているのであるから監督責任は派遣先にあるため、派遣元の責任は派遣労働者の契約違反もしくは派遣業務遂行上の故意または重大な過失の場合に限ることとした。この場合でも派遣労働者は甲の監督下にあるので、派遣元の本契約に基づく責任は身元保証契約類似の責任と

505

第4部　最新労働者派遣法対応の派遣に関するモデル契約書例と解説

なり、諸事情が斟酌され減額されると解される。

(2)　第2項は、甲乙の損害賠償負担割合について、客観的に定め難いことも考慮し「甲乙協議して定める」旨の規定とするものである。

(3)　第3項は、派遣労働者が万一甲等の営業秘密や取り扱う個人情報を不当に漏洩、開示、利用、加工、毀損等した場合、第一に必要なことは、それによる業務上の影響や被害者の損害を最小限に食い止めることであり、そのための甲乙の協力措置義務を定めたものである。

第31条（労働者派遣契約の中途解除等に関する損害賠償）

1．甲は、専ら甲に起因する自己のやむを得ない事由により、労働者派遣契約の期間が満了する前に当該派遣契約の解除を行おうとする場合には、乙の合意を得ることはもとより、あらかじめ相当の猶予期間をもって乙に解除の申入れを行うものとする。

2．甲は、自己の責に帰すべきやむを得ない事情により個別契約期間が満了する前に契約の解除を行おうとする場合には、当該派遣労働者の新たな就業機会の確保を図ることとする。ただし、紹介予定派遣の場合には派遣労働者の意思を確認の上、派遣労働者の新たな就業機会の確保を図ることとする。

3．甲は、前項に定める派遣労働者の新たな就業機会の確保ができない場合には、少なくとも当該派遣契約の解除に伴い当該派遣元事業主が当該労働者派遣に係る派遣労働者を休業させること等を余儀なくされたことにより生じた次の休業手当に相当する額以上の損害の賠償を行わなければならない。

(1)　派遣先による解除の申入れが相当の猶予期間をもって行われなかったことにより当該派遣元事業主が解雇の予告をしないときは30日分以上

(2)　当該予告をした日から解雇の日までの期間が30日に満たないときは当該解雇の日の30日前の日から当該予告の日までの日数分以上

4．甲は、その他、乙と協議した上で適切な善後処理方策を講ずる

ものとする。

5．甲の解除が信義則違反その他甲の責に帰すべき事由に基づく場合には、前項にかかわらず、甲は当該派遣契約が解除された日の翌日以降の残余期間の派遣料金に相当する額について賠償を行わなければならない。

6．甲及び乙の双方の責に帰すべき事由がある場合には、甲及び乙のそれぞれの責に帰すべき部分の割合について協議し円満な解決を図るものとする。

7．甲は、派遣契約の解除を行う場合であって、乙から請求があったときは、契約の解除を行う理由を乙に対し明らかにするものとする。

注 (1)　本条は派遣法第29条の２及び「派遣先指針」第２の６(4)について定めたものである。

(2)　第５項は、一般的な解約の場合で、「派遣先指針」にかかわらず甲に帰責事由のある場合の特例を定めたものである。

第32条（契約解除）

1．甲又は乙は、相手方が正当な理由なく労働者派遣法その他の関係諸法令又は本契約若しくは個別契約の定めに違反した場合には、是正を催告し、相当な期間内に是正がないときは、契約の全部又は一部を解除することができる。

2．甲又は乙は、次の各号の一に該当した場合には、何らの催告を要せず、将来に向かって本契約を解除することができる。

(1)　財産上の信用にかかわる仮差押、差押、強制執行又は競売等の申立てがあったとき。

(2)　民事再生、会社更生、破産、特別清算手続等の申立てがあったとき。

(3)　正当な理由なく公租公課を滞納して督促を受け、又はそのために差押を受けたとき。

(4)　財産上の信用にかかわる担保権の実行があったとき。

第4部　最新労働者派遣法対応の派遣に関するモデル契約書例と解説

⑸　支払いの停止があったとき。

⑹　手形交換所の取引停止処分があったとき。

⑺　法人を解散したとき。ただし、あらかじめ甲の書面による承諾を得た場合はこの限りではない。

⑻　労働者派遣法等関係諸法令に違反して、労働者派遣事業の許可を取り消され若しくは事業停止命令を受け、又はその有効期間の更新ができなかったとき。

⑼　その他前各号に準ずる行為があったとき。

3．本条に基づく解除については、損害賠償の請求を妨げないものとする。

注　本条は、一般的な契約の解除について定めたものである。

第33条（契約の有効期間）

1．本契約の有効期間は、契約締結日より〇年間とする。ただし、本契約の期間満了の2か月前までに甲乙いずれからも契約終了の意思表示のない限り、本契約は更に〇年間延長され、以降も同様とする。

2．本契約が有効期間満了又は解除により終了した場合といえども、すでに締結した個別契約については、別段の意思表示のない限り当該個別契約期間満了まで有効とし、それに関しては本契約の定めるところによる。

注　本契約の有効期間の定めと更新条件ならびに本契約の終了と個別契約の関係について定めたものである。

第34条（協議事項）

　本契約に定めのない事項及び本契約の条項の解釈につき疑義を生じた事項については、労働者派遣法その他の法令を尊重し、甲乙協議の上、円満に解決する。

本契約締結の証として本書2通を作成し、甲乙記名捺印の上、各1通を保有する。

　　　　年　　　月　　　日

　　　（甲）［派遣先事業主］住所　　　○○○株式会社代表者　　　印
　　　（乙）［派遣元事業主］住所　　　△△△株式会社代表者　　　印

第4部　最新労働者派遣法対応の派遣に関するモデル契約書例と解説

◆追加事項◆　紹介予定派遣も本契約当事者間で行う場合

※以下の条項を加える。

第○条（紹介予定派遣の取扱いに関する規定）

1．本条は、乙が職業安定法の職業紹介事業の許可を受けていることにかんがみ、派遣労働者に関し労働者派遣法第2条第4号に定める紹介予定派遣（労働者派遣の役務の提供の開始前又は開始後に当該労働者派遣に係る派遣労働者及び当該派遣労働者に係る労働者派遣の役務の提供を受ける者に対し、職業紹介を行い、又は行うことを予定してするものをいい、当該職業紹介により、当該派遣労働者が当該派遣先に雇用される旨が、当該労働者派遣の役務の提供の終了前に当該派遣労働者と当該派遣先との間で約されるものを含むもの）を甲に対し行う場合の取扱いを定めるものである。

> **注** 本項は甲乙間において紹介予定派遣を行う場合の同制度の定義と甲乙間の対応及び取扱いについて定めたものである。

［適正な紹介予定派遣措置の実施］

2．甲は、紹介予定派遣に係る派遣労働者の特定を行うにあたり、「派遣先指針」に基づき、直接採用する場合と同様に雇用対策法第10条及び同法施行規則第1条の3に基づく年齢にかかわりない均等な機会の確保並びに男女雇用機会均等法第5条及び第10条第1項に基づく「労働者に対する性別を理由とする差別の禁止等に関する規定に定める事項に関し、事業主が適切に対処するための指針」（平成18年厚生労働省告示第614号）並びに障害者雇用促進法第34条及び第36条の5に基づく「障害者に対する差別の禁止に関する規定に定める事項に関し、事業主が適切に対処するための指針」（平成27年厚生労働省告示第116号）の内容と同旨の内容の措置を講ずるものとする。

　なお、乙が障害者に対し、面接その他紹介予定派遣に係る派遣労働者を特定することを目的とする行為を行う場合に、障害者雇用促進法第36条の2又は第36条の3の規定による配慮措置を講ずるにあたって

は、当該障害者と話し合い、乙において実施可能な措置を検討するとともに、必要に応じ、甲乙協議等を行い対応するものとする。

注 (1) 本項は、適正な紹介予定派遣措置について、雇用対策法第10条及び同法施行規則第１条の３（募集及び採用における年齢にかかわりない均等な機会確保）、男女雇用機会均等法第５条（性別を理由とする差別の禁止）及び同法第10条に基づく「指針」、ならびに障害者雇用促進法第34条（障害者に対する差別の禁止）及び同法第36条の５に基づく「指針」を遵守し、適正な紹介を行うことを定めたものである。
　　　(2) なお書きは、「派遣元指針」第２の13⑶の内容を定めたものである。

[派遣期間]

3．甲は、紹介予定派遣を受け入れるにあたり、６か月を超えて同一の労働者派遣を受け入れないものとし、また、乙は、紹介予定派遣を行うにあたり、６か月を超えて同一の派遣労働者の労働者派遣を行わないものとする。

注 「派遣元指針」第２の13⑴及び「派遣先指針」第２の18⑴。

[適合業務の適性の明示]

4．甲は、紹介予定派遣契約の締結にあたり、特段の事情のある場合を除き、派遣労働者の能力発揮及び職業選択が容易になるよう、乙に紹介予定派遣契約に係る業務の内容及び派遣労働者の人数の他に、紹介予定派遣による職業紹介に係る求人予定業務の内容、当該職務を遂行するために必要とされる派遣労働者の適性、能力、技術、技能、知識等の程度、経験の有無、その他派遣労働者が紹介予定派遣を希望するにあたり必要とされる事項及び求人条件、その他職業紹介上必要事項を事前にできる限り明示するものとする。

注 「派遣先指針」第２の18⑶①及び②。

511

第4部 最新労働者派遣法対応の派遣に関するモデル契約書例と解説

[職業選択の自由]

5．紹介予定派遣は、派遣就業開始前又は開始後に甲及び派遣労働者の求人・求職の意思等をそれぞれ確認して職業紹介を行うもので、当事者の意思等のいかんによっては職業紹介（派遣開始前の場合は、当該派遣）が行われないことのあることを甲及び派遣労働者が了解して行われるものであることを甲及び乙は確認する。

注 紹介予定派遣の場合でも、職業選択の自由があり、当事者の意思を強制することはできない。「業務取扱要領」第7の22⑹イ。

[不採用理由の開示]

6．乙は、紹介予定派遣を行った派遣先が職業紹介を受けることを希望しなかった場合又は職業紹介を受けた派遣労働者を甲が雇用しなかった場合には、派遣労働者の求めに応じ、甲に対し、それぞれの理由を書面、ファクシミリ又は電子メールにより明示するよう求めるものとする。なお、甲から明示された理由を、乙は派遣労働者に対して書面、ファクシミリ又は電子メール（ファクシミリ又は電子メールによる場合にあっては、当該派遣労働者が希望した場合に限る。）により明示するものとする。

注 「派遣元指針」第2の13⑵、「派遣先指針」第2の18⑵。

[派遣期間の短縮]

7．派遣期間中に、乙による職業紹介が行われ、甲の選考により甲及び派遣労働者間で雇用契約が成立した場合には、甲、乙及び派遣労働者三者間の合意により労働者派遣期間を短縮することができる。

　　ただし、甲及び派遣労働者間の雇用関係が採用内定の場合には、甲は正式採用に至るまで又は派遣期間終了時まで派遣就業させなければならないものとする。

注 「業務取扱要領」第7の22⑶。

1 労働者派遣基本契約書と解説

[紹介予定派遣への変更]

8．個別派遣契約により、紹介予定派遣でない通常の派遣就業が開始された場合においても、派遣就業期間中に派遣労働者又は甲の希望に応じ、乙が派遣労働者に対し求人条件、求職の意思等の確認を行い派遣労働者及び甲が職業紹介を受けることに合意した場合には、紹介予定派遣に変更し、所定の措置をとるものとする。

甲が派遣労働者に対して、派遣就業終了後甲が労働者として雇用する旨の採用内定を行った場合も同様とする。

注 「業務取扱要領」第7の23。

[紹介手数料の支払い]

9．本件紹介予定派遣契約に基づき、乙が派遣労働者を甲に紹介し、雇用契約が成立した場合には、甲は乙に対し、あらかじめ厚生労働大臣に届けた手数料表の範囲内で紹介手数料を支払う。

また、前2項の派遣就業期間の短縮等の場合において、甲乙間で紹介手数料の設定を行う場合には、派遣期間の短縮に伴う乙の派遣料の減少を加味した紹介手数料を定めることができるものとする。

なお、紹介手数料その他の取扱いについては、別途覚書によって定めるものとする。

注 「業務取扱要領」第7の22(3)。

[別途協議]

10．前各項のほか、紹介予定派遣に関し必要な事項は、甲乙間で別途定めるものとする。

513

2　労働者派遣個別契約書と解説

［派遣先］○○株式会社（以下「甲」という。）と［派遣元］株式会社△△（以下「乙」という。）とは、次のとおり労働者派遣個別契約を締結する。

 (1)　この契約は労働者派遣法第26条に基づくものである。なお、甲乙間で労働者派遣基本契約を結んでいるときは、「甲乙間の平成○○年○○月○○日付で締結した労働者派遣（基本）契約書第○条に基づき、次のとおり労働者派遣個別契約を行う。」とする。
　(2)　労働者派遣事業の許可番号の明示が、同法第26条第3項に定められている。

　　※以下「注」において、「法」は労働者派遣法を、「令」は同法施行令を、「規則」は同法施行規則を指す。

　甲と乙とが締結した平成○○年○○月○○日付労働者派遣基本契約書に基づき、次の就業条件の下に労働者派遣個別契約を締結する。

1　従事業務の内容
　　従事業務の内容及び派遣人数は、次のとおりとする。
　　　経理業務及びそれに関連する業務　　　人数　○名

下記2〔編注：次頁〕の場所における次の業務

種類	従事業務の内容	派遣人数	派遣先組織
A	営業補助業務	○名	営業3課
B	事務補助業務	○名	管理2課
C	一般経理業務	○名	経理課

 (1)　法第26条第1項第1号。平成27年の派遣法改正により派遣内容としての従事業務の意義が大きく変更されて、労働者派遣契約により派遣する業務の内容という派遣契約上の意義のみとなり、

それ以外の派遣可能期間の区分の意義はなくなった。なお、労働者派遣は、派遣業務が中心であるが、関連・付随業務も可能なため「それに関連する業務」と記載しておく必要がある。

(2) 派遣人数と従事業務が多くなるときは、派遣先の組織単位と併せて列挙して記載する。

(3) 「業務取扱要領」によれば、業務の内容の記載について、次のように述べられている。

・ 業務の内容は、その業務に必要とされる能力、行う業務等が具体的に記述され、当該記載により当該労働者派遣に適格な派遣労働者を派遣元事業主が決定できる程度のものであることが必要であり、できる限り詳細であることが適当である。
・ 適用除外業務以外の業務に限られること。
・ 従事する業務の内容については可能な限り詳細に記載すること。
（例 環境関連機器の顧客への販売、折衝、相談及び新規顧客の開拓並びにそれらに付帯する業務）
・ 同一の派遣労働者が複数の業務に従事する場合については、それぞれの業務の内容について記載すること。
・ 業務の内容に令第4条第1項各号に掲げる業務が含まれるときは、日雇労働者派遣が可能な業務であることを労働者派遣契約当事者間で認識を共有するため、当該号番号を付すること。ただし、日雇労働者に係る労働者派遣が行われないことが明らかである場合は、この限りではない。

(第6の2(1)イ(ハ)①)

2　就業する事業所の名称、所在地、就業場所、組織単位
　　〒○○○－○○○○　○○県○○市○○町○丁目○番○号
　　○○株式会社　本店　総務部　経理課
　　連絡先電話番号（△△）○○○○－□□□□（内線○○○番経理課長）

注 (1) 法第26条第1項第2号。規則第21条の2で、この組織単位の「区分は、名称のいかんを問わず、業務の関連性に基づいて法第2条第4号に規定する派遣先（以下単に「派遣先」という。）が設定した労働者の配置の区分であって、配置された労働者の業務の遂行を指揮命令する職務上の地位にある者が当該労働者の業務の配

第4部　最新労働者派遣法対応の派遣に関するモデル契約書例と解説

分及び当該業務に係る労務管理に関して直接の権限を有するもの
とする。」とされている。

(2)　派遣労働者が実際に派遣就業する事業所その他の施設の名称、
所在地だけでなく具体的な派遣就業の場所及び組織単位（組織の
名称）も含むものである。原則として、派遣労働者の所属する部
署、電話番号等必要な場合に派遣元事業主が当該派遣労働者と連
絡がとれる内容であること。加えて、組織単位（課、グループ等）
を特定するために必要な事項（組織の長の職名）を明記すること
が望ましい。

3　指揮命令者
　　経理課長　　○○○○

注　(1)　法第26条第1項第3号。
　　(2)　派遣労働者を具体的に指揮命令する者の部署、役職及び氏名を
記載する。
　　(3)　従事組織及び人数が複数のときは、次のように記載する。
　　　　Ａ業務　営業部営業3課課長　　○○○○
　　　　Ｂ業務　総務部総務課課長　　○○○○
　　　　Ｃ業務　経理部経理課経理課長　　○○○○

4　派遣期間
　　平成○○年○○月○○日～平成○○年○○月○○日

注　(1)　法第26条第1項第4号。
　　(2)　派遣業務及び派遣人数が複数のときは次のように作成する。
　　　　Ａ業務　平成○○年○○月○○日～平成○○年○○月○○日（○名）
　　　　Ｂ業務　平成○○年○○月○○日～平成○○年○○月○○日（○名）
　　　　Ｃ業務　平成○○年○○月○○日～平成○○年○○月○○日（○名）
　　(3)　本件各派遣業務への受入れは、3年までは可能である。
　　(4)　「なお、甲が本件事業所で労働者派遣の役務の提供を受けた日か
ら3年を経過する日は平成○○年○○月○○日であることを、甲

516

2　労働者派遣個別契約書と解説

乙双方とも確認する。」といった事業所全体の派遣期間抵触日を確認しておいてもよい（同条第4項で派遣先に抵触日の通知義務が定められている）。

5　就業日
　日曜日、国民の祝日、土曜日を除く毎日。ただし、甲の業務の都合に応じ乙の就業規則に定めるところにより事前に派遣労働者本人に通知の上、休日の振替えにより休日を就業日とすることがある。

注　法第26条第1項第4号。

6　就業時間（就業の開始・終了の時刻）
　午前〇〇時から午後〇〇時まで
　ただし、甲の業務の都合によって乙の就業規則の定めるところにより、事前に派遣労働者本人に通知の上1日の実労働時間8時間（及び1週の法定時間の40時間）の範囲内で繰り上げ又は繰り下げの変更をすることがある。

注　法第26条第1項第5号。

7　就業時間外就業及び就業日外就業
　甲は、前記5及び6にかかわらず、次の範囲内において乙の就業規則及び時間外・休日労働協定の定めるところにより、就業時間外就業及び就業日外就業を命ずることができる。
　就業時間外就業　　1日〇時間でかつ、1か月〇〇時間、1年〇〇時間の範囲内
　就業日外就業　　　1か月〇日の範囲内（法定休日労働〇日以内）

注　規則第22条第2号。条文の順序だと後順位になるが、労働時間関係を分かりやすくまとめて記載した。

517

第4部　最新労働者派遣法対応の派遣に関するモデル契約書例と解説

8　休憩時間
　　午前○○時から午後○○時まで

注　法第26条第1項第5号。

9　安全及び衛生
　　甲の産業医作成の「作業と健康の手引き」及び事務作業マニュアル
　に定めるところによる。

注　法第26条第1項第6号。

10　派遣労働者からの苦情処理
　(1)　苦情の申出を受ける者
　　　　甲においては、人事部人事厚生課係長　　○○○○
　　　　　　　　　　　　電話番号○○−○○○○−1234　内線5678
　　　　乙においては、派遣事業運営係第1主任　　○○○○
　　　　　　　　　　　　電話番号○○−○○○○−9876　内線1234
　(2)　苦情処理方法、連携体制等
　　　①　甲における(1)記載の者が苦情の申出を受けたときは、直ちに派
　　　　遣先責任者の△△△△へ連絡することとし、当該派遣先責任者が
　　　　中心となって誠意をもって遅滞なく、当該苦情の適切かつ迅速な
　　　　処理を図ることとし、その結果について必ず派遣労働者に通知す
　　　　ることとする。
　　　②　乙における(1)記載の者が苦情の申出を受けたときは、直ちに派
　　　　遣元責任者の○○○○へ連絡することとし、当該派遣元責任者が
　　　　中心となって誠意をもって遅滞なく、当該苦情の適切かつ迅速な
　　　　処理を図ることとし、その結果について必ず派遣労働者に通知す
　　　　ることとする。
　　　③　甲及び乙は、各々自社内でその解決が容易であり、即時に処理
　　　　した苦情の他は、相互に遅滞なく通知するとともに、その結果に
　　　　ついて必ず派遣労働者に通知することとする。

518

2 労働者派遣個別契約書と解説

> **注** 法第26条第１項第７号、「派遣元指針」第２の３及び「派遣先指針」第２の７。

11 派遣元責任者
派遣事業部事業課長○○○○
（電話○○－○○○○－○○○○　　内線○○○○）

12 派遣先責任者
人事部　　次長△△△△
（電話○○－○○○○－○○○○　　内線○○○○）

> **注** 条文の順序から本項は後順位にあるが、苦情処理に関連するのでここに記載した。

13 労働者派遣契約の解除にあたって講ずる派遣労働者の雇用の安定を図るための措置
　(1) 労働者派遣契約の解除の事前の申入れ
　　　甲は、専ら甲に起因する事由により、この派遣契約の契約期間が満了する前にこの契約の解除を行おうとする場合には、乙の合意を得ることはもとより、あらかじめ相当の猶予期間をもって乙に解除の申入れを行うこととする。
　(2) 就業機会の確保
　　　甲及び乙は、この派遣契約の契約期間が満了する前に派遣労働者の責に帰すべき事由によらない事由によりこの派遣契約の解除を行った場合には、甲の他の事業所及び関連会社での就業をあっせんする等により、この派遣契約に係る派遣労働者の新たな就業機会の確保を図るものとする。
　(3) 損害賠償等に係る適切な措置
　　① 甲は、甲の責に帰すべき事由によりこの派遣契約の契約期間が満了する前に派遣契約の解除を行おうとする場合には、派遣労働者の新たな就業機会の確保を図ることとし、これができないときには少なくとも当該派遣契約の解除に伴い当該派遣元事業主が当

519

第4部　最新労働者派遣法対応の派遣に関するモデル契約書例と解説

　該労働者派遣に係る派遣労働者を休業させること等を余儀なくされたことにより生じた損害の賠償を行わなければならないものとする。この場合においての対応として、当該派遣元事業主が当該派遣労働者を休業させる場合は休業手当に相当する額以上の額について、当該派遣元事業主がやむを得ない事由により当該派遣労働者を解雇する場合は、派遣先による解除の申入れが相当の猶予期間をもって行われなかったことにより当該派遣元事業主が解雇の予告をしないときは30日分以上、当該予告をした日から解雇の日までの期間が30日に満たないときは当該解雇の日の30日前から当該予告の日までの日数分以上の賃金に相当する額以上の額について、損害賠償を行わなければならないものとする。当該予告を行わない場合には、甲は速やかに、当該派遣労働者の少なくとも30日分以上の賃金に相当する額についての損害賠償を行うこととする。

②　この場合において乙は、甲より当該派遣労働者の賃金額（通常の就業時間の1日分の賃金とし、通勤手当等の諸費用を含む。）の通知を求められた場合には、速やかに甲に通知するものとする。

③　その他に特別な事情が発生する場合等も含め、甲は、乙と十分に協議した上で適切な善後処理方策を講じるものとする。ただし、甲及び乙双方の責に帰すべき事由がある場合には、損害負担等の協議に関し甲及び乙のそれぞれの責に帰すべき部分の割合についても十分に考慮するものとする。

(4)　労働者派遣契約の解除の理由の明示

　甲は、この派遣契約の契約期間が満了する前にこの派遣契約の解除を行おうとする場合であって、乙から請求があったときは、この派遣契約の解除を行った理由を乙に対し書面、ファクシミリ又は電子メールで明らかにするものとする。

注　法第26条第1項第8号、「派遣元指針」第2の2(3)、「派遣先指針」第2の6(2)～(5)の各規定の定めを甲乙間の契約内容として定めて義務化したものである。

　一般に「労働者派遣個別契約書」は、1枚の用紙とすることが多い

520

が、本項目は長文にわたるので「裏面」に記載するか、別紙とするなど工夫すること。

14　派遣人員
　　1記載のとおり

注　法第26条第1項本文。派遣条件が異なるときは、それぞれ別に区分して派遣人員を記載すること。

15　福利厚生等の便宜供与
　　甲は、乙の派遣労働者に対し、甲が雇用する労働者が利用する診療所（健康診断を含む。）、給食施設、レクリエーション施設等の施設又は設備の利用、その他の福利の増進、就労の円満に資するものについて、甲の従業員と同様に利用することができるよう便宜を供与するように配慮するものとする。

注　(1)　法第26条第1項第10号、規則第22条第3号。法第30条の3第2項で配慮義務とされている。
　　(2)　健康診断やストレスチェックについての協力に関する事項についても、できれば規定を設けておくこと。

16　派遣先が派遣労働者を雇用する場合の紛争防止措置
　　労働者派遣の役務の提供の終了後、当該派遣労働者を甲が雇用する場合には、甲は乙にあらかじめ通知し、乙が有料職業紹介の許可を受けた事業者であることにかんがみ、職業紹介手続をとり派遣先は派遣元事業主に対して、手数料として支払われた賃金額の○分の○に相当する額を支払うものとし、もって紛争の防止を図るものとする。ただし、引き続き6か月を超えて雇用された場合にあっては、6か月の雇用に係る賃金として支払われた賃金額の○分の○に相当する額とする。

注　(1)　法第26条第1項第10号、規則第22条第4号。この手数料については、別途協議すると定めてもよい。

第4部　最新労働者派遣法対応の派遣に関するモデル契約書例と解説

　　⑵　「派遣先指針」第2の6⑴ロにおいて詳しく定められている。

17　派遣労働者を無期雇用派遣労働者又は60歳以上の者に限定するか
　否かの別。
　　無期雇用派遣労働者又は満60歳以上の者に限定しないこととする。

注　法第26条第1項第10号、規則第22条第5号。

18　紹介予定派遣の特例　（略）

注　派遣契約が紹介予定派遣に係るものである場合にあっては、当該職
　業紹介により従事すべき業務の内容及び労働条件その他の当該紹介予
　定派遣に関する事項（法第26条第1項第9号）。

19　特記事項〔法令上の必須項目でない〕
　⑴　甲及び乙は、派遣労働者に係る個人情報の保護に留意すること。
　⑵　乙及び派遣労働者は、甲及びその取引先その他の関係先の営業秘
　　密並びに甲の役員、従業員及び取引先その他関係者の個人情報の不
　　当な漏洩、開示、利用をしてはならない。
　⑶　乙の派遣労働者は、甲での就業にあたって守秘義務誓約書を提出
　　し、派遣就業の終了にあたっては、守秘義務履行の誓約確認書を提
　　出するものとする。
　⑷　乙は、あらかじめ派遣労働者の同意を得て甲のセキュリティ管
　　理、安全衛生管理、事故その他緊急連絡及び甲の入退館証明書（写
　　真付き）の作成等のために派遣労働者の住所、電話番号、写真その
　　他所要事項を甲に提出するものとする。
　　　甲は、これらの管理目的の範囲内で提供に係る個人情報を利用
　　し、派遣就業終了後に所要の廃却等の措置をするものとする。

注　個人情報保護法への対応措置であり、派遣法上の必要記載事項では
　ないが、個人情報の関係で必ず記載しておくべきである。

522

平成○○年○○月○○日

住所
甲［派遣先］　○○株式会社
代表取締役社長　　　　　　　　　　　　　　　　印
（または総務部長・工場長等）

住所
乙［派遣元］　株式会社△△　　　　　　　［派遣事業許可番号］
代表取締役社長　　　　　　　　　　　　　　　　印
（または派遣事業部長・事業所長等）

注 16で、甲が乙の派遣労働者を派遣終了後に直接雇用する場合や紹介予定派遣に切り替えて雇用する場合の手数料等の定めをする場合には、有料職業紹介事業の許可番号も記載しておく必要がある。

3 労働者派遣個別契約書の例〈一枚(表・裏)式〉

労働者派遣(個別)契約

2017年○○月○○日

派遣先○○株式会社(以下「甲」という。)と派遣元株式会社○○(以下「乙」という。)とは、下記内容で、労働者派遣契約を締結する。

就業場所	○○株式会社本社　総務部 〒　(住所) 連絡先 ○○-○○○○-○○○○
組織単位	総務部総務課(総務課長) (組織単位における期間制限に抵触する最初の日)2020年○○月○○日
業務内容	秘書業務及び一般事務業務
指揮命令者	総務部総務課　総務課長　○○○○(氏名) 連絡先　○○-○○○○-○○○○
派遣期間	2017年○○月○○日 ～ 2018年○○月○○日 (派遣先の事業所単位における派遣期間制限に抵触する最初の日) 2020年○○月○○日
就業日 就業時間	就業日／就業時間／休憩時間／契約時間 土曜日、日曜日、祝日を除く各日。／09時00分～18時00分／12時00分～13時00分／8時間00分 備考　就業日について、休日振替を行うことがある。
時間外労働 休日労働	時間外労働は、1日4時間、1か月45時間、1年360時間の範囲で命ずることができるものとする(乙の36協定の範囲内)。 休日は、土・日・祝日(就業先の営業日に準ずる)。 休日労働は、1か月に2日の範囲で命ずることができるものとする(乙の36協定の範囲内)。
派遣元責任者	株式会社○○　丸の内事業所次長　○○○○(氏名) 連絡先　○○-○○○○-○○○○
派遣先責任者	総務部総務課　総務部次長　○○○○(氏名) 連絡先　○○-○○○○-○○○○
苦情処理の申出先	派遣元：丸の内事業所　マネージャー　○○○○(氏名)　連絡先　○○-○○○○-○○○○ 派遣先：総務部総務課　係長　○○○○(氏名)　連絡先　○○-○○○○-○○○○
苦情の処理	苦情については上記申出先担当者を中心として甲乙が連携し誠意をもって適切かつ迅速に処理するものとし、その結果について必ず労働者に通知することとする。

3 労働者派遣個別契約書の例〈一枚（表・裏）式〉

契約解除にあたって講ずる派遣労働者の雇用の安定を図るための措置	(1) 労働者派遣契約の解除の事前申入れ、就業機会の確保及び損害賠償に係る適切な措置 ① 甲は、専ら甲に起因する事由により、労働者派遣契約の契約期間が満了する前に解除を行おうとする場合には、乙の合意を得ることはもとより、あらかじめ相当の猶予期間をもって乙に解除の申入れを行うこと。 ② 甲は、労働者派遣契約の契約期間が満了する前に派遣労働者の責に帰すべき事由以外の事由によって労働者派遣契約の解除が行われた場合には、甲の関連会社での就業をあっせんする等により、当該労働者派遣契約に係る派遣労働者の新たな就業機会の確保を図ること。 ③ 甲は、甲の責に帰すべき事由により労働者派遣契約の契約期間が満了する前に労働者派遣契約の解除を行おうとする場合には、派遣労働者の新たな就業機会の確保を図ることとし、これができないときには、少なくとも当該労働者派遣契約の解除に伴い乙が当該労働者派遣に係る派遣労働者を休業させること等を余儀なくされたことにより生じた損害の賠償を行わなければならないこと。例えば、乙が当該派遣労働者を休業させる場合は休業手当に相当する額以上の額について、乙がやむを得ない事由により当該派遣労働者を解雇する場合は、甲による解除の申入れが相当の猶予期間をもって行われなかったことにより乙が解雇の予告をしないときは30日分以上、当該予告をした日から解雇の日までの期間が30日に満たないときは当該解雇の日の30日前の日から当該予告の日までの日数分以上の賃金に相当する額以上の額について、損害の賠償を行わなければならないこと。その他甲は乙と十分に協議した上で適切な善後処理方策を講ずること。また、乙及び甲の双方の責に帰すべき事由がある場合には、乙及び甲のそれぞれの責に帰すべき部分の割合についても十分に考慮すること。 (2) 中途解除の理由の明示 　甲は、労働者派遣契約の中途解除を行おうとする場合であって、乙から請求があったときは、労働者派遣契約を中途解除する理由を乙に明示する。
安全衛生便宜供与	健康診断及びストレスチェックは、乙において行い、甲の健診センターの利用を含めその他派遣法第45条による。 甲は、派遣労働者に対し、甲の雇用する労働者が利用する休憩施設等の施設又は設備について、利用することができるよう便宜供与に配慮する。
紛争防止措置	派遣契約の契約期間中又は派遣契約期間終了後に、甲が当該派遣労働者を雇用しようとする場合は、事前に乙に通知し、乙が職業紹介事業者の許可を有するときは、別途職業紹介の手続をとり、紹介手数料を支払うものとする。
その他	派遣労働者を無期雇用派遣労働者又は60歳以上の者に限定するか否かの別 ：限定しない
派遣人数	2　名

（甲）〔派遣先〕　　　　　　　　　　　（乙）〔派遣元〕

事業所名　○○株式会社　　　　　　　事業所名　株式会社○○

住　　所　〒　　　　　　　　　　　　住　　所　〒

氏　　名　代表取締役　○○ ○○　　　氏　　名　代表取締役　○○ ○○

　　　　　　　　　　　　　　　　　　許可番号　派○○－○○○○○○

事項索引
（五十音順）

〈あ行〉

アウトソーシング ………… 30,58,71,**317**,340
安全管理体制 ……………………………… 73
安全配慮義務 ……………………… 80,134
意見聴取（派遣期間延長手続きとしての）
……………………… 66,371,**377**,476
移籍型出向（転籍） ……………… 298,**305**,315
委託先の監督 …………………………… **105**,246
一時的臨時的派遣 ………………… 32,54
一般労働者派遣事業 …………………… 7
　＊インディペンデント・コントラクター
　　→個人業務受託者
請負 …………………… 28,56,59,**62**
請負事業主ガイドライン
…………………… 204,222,238,243,252
請負と労働者供給との区分基準 ····· 186,188
ウラ手数料 ………………………… 332
ウラ派遣（かくれ派遣） ………… 334
応援派遣 ………………… 32,332,390
親会社の一部門の管理業務形態 ……… 339
親会社の業務代理形態の場合 ……… 340

〈か行〉

家事使用人 …………………… 42,46
家庭教師のあっせん ……………… 41
家庭教師の派遣 …………………… 42
家内企業への派遣 ………………… 43
過半数代表者 ……………… 8,372,377
勧告（労働者派遣法上の） ……… 35,360,463
間接事実 ……………… 454,455,457
機械・設備・資材等の自己調達
……………… 68,150,152,154,172,260,276
期間の定めのない労働契約（無期労働契
　約） ……………… 402,438,441
企業間人事異動 ……… 28,166,300,305,311,314
企業名等の公表 ……… 35,360,464,465
偽装請負 … 66,**69**,112,114,169,172,313,375,**379**,
　　384,393,440,446,453
　　──の目的（免れる目的）
　　……………… **384**,385,388,390,453,455
偽装出向 …………………… 311,320
行政指導 ……………………… 466
　＊都道府県労働局長による行政指導
　　→労働契約申込みみなし制度
　　──の中止等の申出制度 …………… 467
共同企業体（ジョイント・ベンチャー、

JV) ……………………………… 345
協同組合形態 …………………… **353**
「業」として行う場合 ……………… **30**
「業」として行わない派遣 ……… 33
業務委託（業務処理請負） ……… 28,63
　　──の再委託 ……… 177,181,328
クーリング期間（派遣期間の制限に係る）
……………………………… 373,389
区分基準 ……………… **167**,204,**259**
区分告示 ………… 51,59,68,**112**,167,221
警備業務 …………………………… 371
建設業務 …………………………… 370
現場責任者（現場代理人）……… 218,235,287
公益通報者の保護 ……………… 248,496
構内請負 ………… 75,81,148,158,313
高年齢者の派遣 ……………… 325,338,372
抗弁 ……………………… 452,456,458
公務員への派遣法の適用 ………… 279
港湾運送業務 …………………… 370
個人業務受託者 ……………… 167,173
個人情報 ……………………… 87
　　──データベース等 …………… 90
　　──取扱事業者 ……… 91,246
　　──の安全管理措置 … 93,**104**,246,494
　　──の開示 ……………… 95,492
　　──の収集 ……………… 98,102
　　──の取得 ……………… 92
　　──の第三者への提供 … 94,236,473,492
　　──の適正管理 ……………… 98
　　──の適正取扱い ……… 96,492
　　──の適正保管・使用 ……… 99
　　──保護法 ………………… **87**
　　　　──ガイドライン … 88,96,104
　　派遣労働者の──の秘密保持 … 98,495
　　要配慮 ……………… **89**,92,96,103
雇用安定措置 …………………… 5,9,500
雇用と使用の分離 ……………… 2,67

〈さ行〉

災害補償 …………………………… 80
三面関係（三者間の派遣労働契約関係）
………………………………… 13
指揮命令権 ……………………… 10
　　──の委託 ……… 10,15,300,317
　　──の貸与（または賃貸借類似の形態）
………………………… 15,196,300

死傷病報告 …………………………… 488
指定居宅介護サービス ………………… 43
自由化業務 ………………………………… 65
従業者 …………………………………… 105
就業機会の確保 …………………… 9,519
就業規則の最低基準効 ……………… 428
就業条件の明示 ……………… 8,35,458
就労勧告 ………………………………… 467
就労請求権 ……………………… 463,465
主張（責任）……… 422,452,455,458
出向（在籍型出向）
　……… 29,166,197,298,**308**,311,315
守秘義務 …… 106,138,151,177,198,245,492,493
　――誓約書 ……… 107,108,138,272,429,495
準委任 ………… 28,41,59,113,194,226,227
＊ジョイント・ベンチャー（JV）
　→共同企業体
承諾の意思表示 … 9,66,360,362,364,**400**
　派遣終了後の――の効力
　…………………… 412,414,415,446
使用人兼務取締役 ……………………… 37
職安法施行規則第4条 ………… 146,148,**186**
製造請負適正化ガイドライン
　…………………… **203**,222,242,256
製造業務派遣 ………………… 65,67,156,480
政令26業務 …………………… 7,29,280
セキュリティ管理 …… 64,102,131,171,242,271
善意無過失 …… 419,**452**,453,456,457
組織単位 …………………… 372,477,482,515

〈た行〉

代理店派遣 …………………… 29,47,53
地方公共団体の外部委託 ……………… 279
中間搾取 ………………………… 19,310
直接雇用の依頼 ………………………… 500
抵触日 ……… 57,372,375,406,411,431,474,517
　――の通知 ……… 372,474,517
店舗派遣 ………………………… 29,**47**
典型契約 …………………………………… 15
＊転籍→移籍型出向
登録型派遣 ………………………… 13,36
特定有期雇用派遣労働者 ……………… 500,503
特定労働者派遣事業 …………………… 7,371
独立性
　業務上の―― …… **151**,168,**172**,265,277
　経営上の―― ……………… 167,**171**,221
　事業としての―― …………… 60,**146**,162,221
　法律上の―― …… 146,151,168,**172**,265,277
　労務管理上の―― ………… 115,168,277
取締役 ……………………………………… 35

〈な行〉

二重派遣 ……………………… **324**,394
ネガティブリスト（化、方式）………… 7,29
年次有給休暇 ……………… 131,134,269,489

〈は行〉

配転（配置転換）……………………… 49,139
派遣可能期間
　………… 7,370,376,406,411,424,438,439,474
　――の延長 ……………… 8,57,371,377,476
派遣期間の制限
　――の適用がない場合 ………… 66,372,439
　個人単位の―― ……… 8,66,372,477
　事業所単位の―― ……… 8,66,371,475
派遣禁止業務 ……………… 7,31,370,374
派遣先管理台帳 ……………… 30,57,340,341
派遣先責任者 ……………… 30,57,340,480,483
　製造業務専門―― ……………… 480
派遣先への通知 ………… 102,195,366,472
派遣就業の場所 ……… 373,377,476,500,516
派遣元管理台帳 ………………………… 473
派遣元責任者 ………………… 480,483
　製造業務専門―― ……………… 481
派遣料金 …… 8,15,200,333,473,486
＊派遣労働関係→三面関係
派遣労働契約 …………………………… 14
派遣労働者 ……………………………… 35
　――の交替要求 ……………… 491
　――の特定 ……… 102,195,431,444,478,510
一人親方（フリーランス）………………… 38
秘密の保持・管理
　営業―― ……………… 107,138,493,505
　企業―― …… 137,157,172,198,270,481,492,493
　個人情報としての―― ………… 98,245,492
日雇派遣 ……………………… 8,497,515
プロジェクトチーム形態における労働者
　派遣 ……………………………… 351
補償と賠償の分離 ……………………… 80
補助業務の委託 ………………………… 293
ボランティアの派遣 …………………… 45

〈ま行〉

マージン率 ………………………………… 8
みなし雇用 …… 361,366,380,384,394,407
民事上の請求原因 ……………… 452,456
民事制裁 ……………………… 402,403
民事的効力 …………………………… 361
無期雇用派遣労働者 ………… 66,438,440,446
無期転換ルール ………………… 403,430

527

＊無期労働契約→期間の定めのない労
　働契約
無名契約（非典型契約）‥‥‥‥ 15,61,226
黙示の労働契約 ‥‥‥‥‥‥‥‥‥ 131,269
元方事業者 ‥‥‥‥‥‥‥‥‥‥‥‥ 77,243

〈や行〉

雇入れの努力義務 ‥‥‥‥‥‥‥‥ 360,503
有期雇用派遣労働者 ‥‥‥‥ 5,8,66,372,439

〈ら行・わ〉

履行不能 ‥‥‥‥‥‥‥‥‥‥ 408,415,448
立証責任 ‥‥‥‥‥‥ 421,454,455,457,458
労働協約
　——の一般的拘束力 ‥‥‥‥‥‥‥‥ 429
　——の規範的効力 ‥‥‥‥‥‥‥‥‥ 429
労働契約上の権利の（一部）譲渡 ‥‥‥ 300
労働契約の合意原則 ‥‥‥‥‥ 360,427,444
労働契約法第7条（就業規則法理）
　‥‥‥‥‥‥‥‥‥‥‥‥‥‥‥ 427,443
労働契約申込みみなし制度
　‥‥‥‥‥‥‥ 9,66,72,114,166,**360**
　——と就業規則法理との関係 ‥‥‥ 426
　——と申込みの撤回 ‥ 401,413,414,415,446
　——と労働協約の効力 ‥‥‥‥‥‥ 429
　——に基づき成立する労働契約（みな
　　し労働契約）‥‥‥‥‥‥‥‥ **364**,408
　　——における労働契約期間
　　　‥‥ 365,411,412,425,431,432,433,443
　　——における労働条件 ‥‥‥‥‥ **424**

　——の成立時期 ‥‥‥‥‥‥‥‥‥‥ 409
　——の雇止め ‥‥‥‥‥‥‥‥‥‥‥ 433
　——の対象となる違法行為 ‥‥‥‥‥ 370
　——の都道府県労働局長による行政指
　　導 ‥‥‥‥‥‥‥‥‥‥‥‥‥ **462**
多重請負形態の場合と—— ‥‥‥‥‥ 393
二重派遣の場合と—— ‥‥‥‥‥‥‥ 394
無期雇用派遣労働者の場合の——の適
　用 ‥‥‥‥‥‥‥‥‥‥‥‥‥‥ **438**
　——と雇い替え ‥‥‥‥‥‥‥‥‥ 445
労働者供給 ‥‥‥ 2,5,**17**,29,38,56,71,146,326,328
　——契約 ‥‥‥‥‥‥‥‥‥‥‥ 19,23,25
　——事業の禁止 ‥‥‥‥‥‥‥‥‥ 5,**17**
　——と請負との区分 ‥‥‥‥‥‥‥ 186
　——と出向との違い ‥‥‥‥‥‥‥ 309
　——と労働者派遣との違い ‥‥‥‥ 23
労働者性 ‥‥‥‥‥‥‥‥‥‥‥‥‥ 173
労働者派遣 ‥‥‥‥‥‥‥‥‥‥‥‥‥ 9
労働者派遣契約 ‥‥‥‥‥‥‥‥‥‥ 15
　——のあっせん・保証 ‥‥‥‥‥‥ 342
　——の中途解除 ‥‥‥‥‥‥‥‥‥ 506
労働者派遣事業
　——の許可基準 ‥‥‥‥‥‥‥‥ 99,202
　——の許可制 ‥‥‥‥ 7,29,31,34,353,371
労働者派遣法
　——の意義 ‥‥‥‥‥‥‥‥‥‥‥‥ 2
　——の目的 ‥‥‥‥‥‥‥‥‥‥‥‥ 4
労働条件の明示 ‥‥‥‥‥‥‥ 13,430,444
労働力需給調整（システム）‥‥‥‥ 2,4,7,20
労務費 ‥‥‥‥‥‥‥‥‥‥‥ 159,200,279

掲載裁判例一覧
（裁判年月日順）

[出典・掲載誌の略称]
民集……最高裁判所民事判例集　　労民集……労働関係民事裁判例集
労裁集……労働関係民事事件裁判集　高裁刑特報……高等裁判所刑事裁判特報
労判……労働判例　　労経速……労働経済判例速報　　判時……判例時報
判タ……判例タイムズ　　労判命令要旨集……年間労働判例命令要旨集

福岡地裁小倉支部昭23.11.9判決　労裁集1号122頁［朝日新聞社事件］………………… 255

大阪地裁昭30.12.20判決　判タ53号68頁［東亜自転車取締役労災保険不支給決定
取消事件］……………………………………………………………………………………… 37

名古屋高裁昭30.12.27判決　高裁刑特報3巻4号111頁［職業安定法、労働基準法
違反事件］……………………………………………………………………………………… 20

東京高裁昭33.8.2決定　労民集9巻5号831頁［読売新聞見習社員解雇事件］………… 466

札幌地裁室蘭支部昭43.2.29判決　労判54号4頁［王子製紙労組事件］………………… 254

名古屋地裁昭45.9.7判決　労経速731号7頁［スイス事件］……………………… 299,466

横浜地裁昭45.9.29判決　判時614号32頁［日本石油精製転籍事件］…………………… 299

最高裁大法廷昭45.11.11判決　民集24巻12号1854頁［和歌山県水害復旧工事事件］
……………………………………………………………………………………………………… 351

最高裁第二小法廷昭48.10.19判決　労判189号53頁［日東タイヤ事件］……………… 299

福岡地裁小倉支部昭48.11.27判決　判タ311号222頁［安川電機製作所事件］…… 49,52

大阪地裁昭49.7.4決定　労民集25巻4・5合併号317頁［高木電気出向拒否事件］…… 52

最高裁第三小法廷昭50.2.25判決　労判222号13頁［陸上自衛隊八戸駐屯地事件］… 82

浦和地裁平5.5.28判決　労判650号76頁［三広梱包事件］…………………………… **83**

大阪地裁平7.3.10決定　労判命令要旨集平成8年版48頁［かねます食品事件］……… 37

東京地裁平7.5.12判決　労判命令要旨集平成8年版50頁［ザ・ネットワーク・フ
ルセイル退職金請求事件］…………………………………………………………………… 38

大阪地裁平7.10.6決定　労判684号21頁［佐川ワールドエクスプレス事件］………… 38

最高裁第一小法廷平8.11.28判決　労判714号14頁［横浜南労基署長（旭紙業）
事件］………………………………………………………………………………………… **178**

東京地裁平9.2.4判決　労判712号12頁［日本自転車振興会事件］…………………… 466

松山地裁平15.5.22判決　労判856号45頁［伊予銀行・いよぎんスタッフサービス
事件］…………………………………………………………………………………………… 14

東京高裁平15.8.27判決　労判868号75頁［NHK西東京営業センター事件］………… **180**

仙台高裁平16.9.29判決　労判881号15頁［NHK盛岡放送局事件］…………………… 182

東京地裁平17.3.31判決　労判894号21頁［アテスト（ニコン熊谷製作所）事件］…… **84**

529

高松高裁平 18.5.18 判決　労判 921 号 33 頁［伊予銀行・いよぎんスタッフサービス事件］ ················· 14

大阪地裁平 19.4.26 判決　労判 941 号 5 頁［パナソニックプラズマディスプレイ（パスコ）事件］ ················· 360

最高裁第二小法廷平 21.3.27 決定　労判 991 号 14 頁［伊予銀行・いよぎんスタッフサービス事件］ ················· 14

東京高裁平 21.7.28 判決　労判 990 号 50 頁［アテスト（ニコン熊谷製作所）事件］ ················· 22, **84**

最高裁第二小法廷平 21.12.18 判決　労判 993 号 5 頁［パナソニックプラズマディスプレイ（パスコ）事件］ ················· 22, 71, 117, 360, 380

東京地裁平 25.9.26 判決　労判 1123 号 91 頁［ソクハイ（契約更新拒絶）事件］ ················· 176, 177, **182**

東京高裁平 26.5.21 判決　労判 1123 号 83 頁［ソクハイ（契約更新拒絶）事件］ ················· 176, 177, **182**, 185

最高裁第三小法廷平 27.7.21 決定　未登載［ソクハイ（契約更新拒絶）事件］ ················· 176, 177, **182**

〈著者紹介〉

安西 愈（あんざい まさる）

1938年香川県生まれ。1958年香川労働基準局採用（在職中、中央大学法学部通信教育課程卒業）、労働省労働基準局勤務を経て、1971年より弁護士（第一東京弁護士会）。第一東京弁護士会副会長、最高裁判所司法研修所教官、日本弁護士連合会研修委員長、東京地方最低賃金審議会会長、中央大学法科大学院客員教授等を歴任。

著書に、『人事の法律常識』（日経文庫、日本経済新聞出版社）、『雇用法改正 人事・労務はこう変わる』（同）、『部下をもつ人のための人事・労務の法律』（同）、『労働時間・休日・休暇の法律実務』（中央経済社）、『採用から退職までの法律知識』（同）、『企業間人事異動の法理と実務』（同）、『新版 労働者派遣法の法律実務（上下巻）』（労働調査会）、『そこが知りたい！労災裁判例にみる労働者の過失相殺』（同）、『労働災害と企業の刑事責任』（同）、『紹介予定派遣の法律実務と活用事例』（同）ほか多数。

多様な派遣形態とみなし雇用の法律実務

──派遣・請負・業務委託・出向・協業等、労働契約申込みみなし制度の問題──

平成29年10月16日　初版発行

　　　　著　者　安西　愈
　　　　発行人　藤澤　直明
　　　　発行所　労働調査会
　　　　　　　　〒170-0004　東京都豊島区北大塚2-4-5
　　　　　　　　TEL 03-3915-6401
　　　　　　　　FAX 03-3918-8618
　　　　　　　　http://www.chosakai.co.jp/

　　　　©Masaru Anzai, 2017
　　　　ISBN978-4-86319-614-8　C3032

落丁・乱丁はお取り替えいたします。
本書の全部または一部を無断で複写複製することは、法律で認められた場合を除き、著作権の侵害となります。